Die verletzte Diva

Hysterie, Körper, Technik in der Kunst des 20. Jahrhunderts

Kunstverein München
Siemens Kulturprogramm, München
Städtische Galerie im Lenbachhaus, München
Galerie im Taxispalais, Innsbruck
Staatliche Kunsthalle Baden-Baden

OKTAGON

Die verletzte Diva

Hysterie, Körper, Technik in der Kunst des 20. Jahrhunderts

herausgegeben von

SILVIA EIBLMAYR
DIRK SNAUWAERT
ULRICH WILMES
MATTHIAS WINZEN

mit Texten von

CHRISTINA VON BRAUN, ELISABETH BRONFEN
SILVIA EIBLMAYR, GILLES DELEUZE
GEORGES DIDI-HUBERMANN, PETER GORSEN
THOMAS LISCHEID, KÄTE MEYER-DRAWE
IRIT ROGOFF, KARIN SAGNER-DÜCHTING
KLAUS THEWELEIT, MATTHIAS WINZEN
SLAVOJ ŽIŽEK

Inhalt

Content

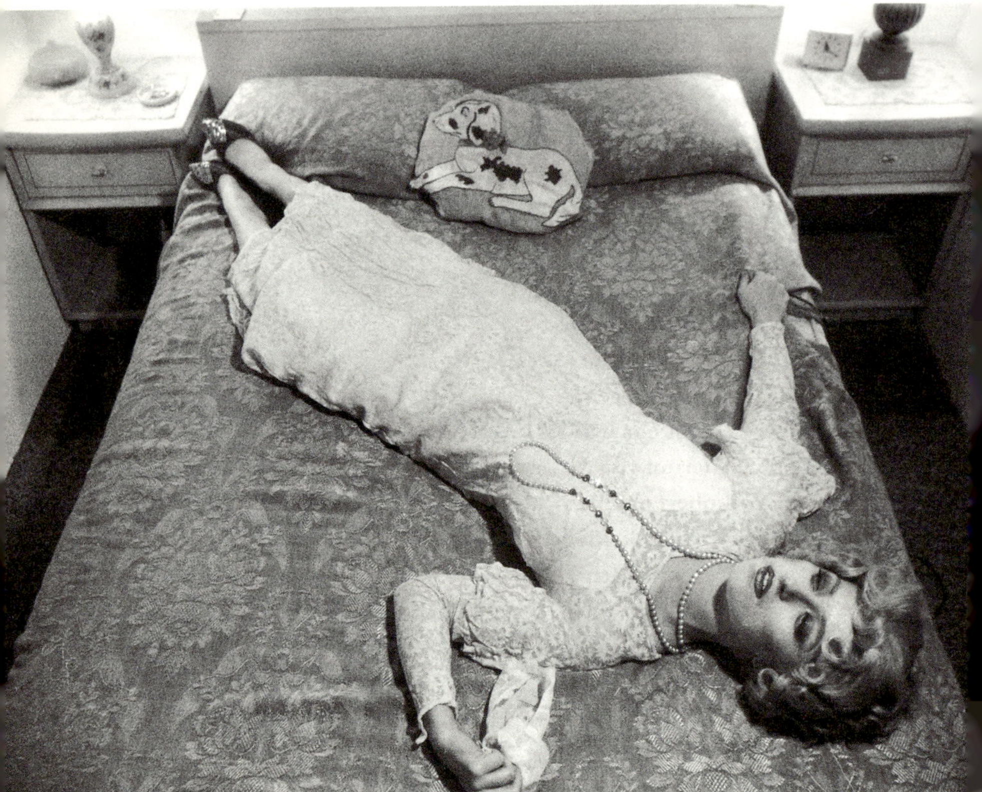

Vorwort

Foreword

Der Jahrtausendwechsel bietet nicht nur Anlass zu Feier oder Apokalypse, sondern auch für eine produktive Retrospektive im Hinblick auf einen kulturellen und gesellschaftlichen „Stand der Dinge“. Diese Gemeinschaftsausstellung basiert auf einer intensiven Auseinandersetzung mit dem technologischen Fortschritt, den gesellschaftlichen Entwicklungen und der künstlerischen und symbolischen Umsetzung von Phänomenen, die die menschliche Erfahrung im Laufe des 20. Jahrhunderts grundlegend verändert haben. Die Suche nach einem Generalthema für das verflossene bzw. – ausblickhaft – für das nächste Jahrhundert kann dabei das Konflikt- und Aufbruchspotential des Jahrhunderts aufzeigen. Das Demontieren und Unterlaufen von akademischen Konventionen und konservativen Normen gehört anerkanntermaßen zu den Avantgarde-Bewegungen. Im Sinne einer weiteren Ausdifferenzierung und Verschränkung von künstlerischen und theoretischen Erkenntnissen zielt diese Ausstellung auf Innovation und die aktuelle Bedeutung von Theorien und Bildern ab.

Die Tatsache, dass die emanzipatorischen Aufbrüche der letzten Jahrzehnte immer mit einer Modernismus-Kritik in Verbindung standen und diese wiederum von Minderheiten und Randgruppen schärfer und präziser artikuliert und neu definiert wurden, bot Anlass, in dieser Ausstellung eine diskurs-kritische Perspektive zu verfolgen. Eine konkrete Fragestellung nach den zentralen intellektuellen Themenkomplexen und ästhetischen Recherchen, die in den letzten Jahrzehnten wirksam waren und auch in nächster Zukunft für das fortschrittliche intellektuelle Feld tragfähig sein werden, lässt die Fundamente dieser Bewegung im Feminismus, in der Befragung der Geschlechterdifferenz sowie der unterschiedlichen symbolischen und realen Ausgrenzungen aufleuchten. Die durch Hinterfragen der Geschlechtsdifferenz getragene und gegen Ausgrenzung gerichtete, emanzipatorische Befreiungsbewegung hat alle großen Umwälzungen vorangetrieben. Als unterschwellige und manchmal vordergründige Erzählung werden die Ergebnisse der feministischen Kritik hier als Grundstruktur einer Neuinterpretation der künstlerischen und gesellschaftlichen Fakten herangezogen.

Ein Ausstellungsprojekt, das von fünf Institutionen getragen wird, kann nur durch den vollen Einsatz aller Beteiligten gelingen, denen hiermit ausdrücklich gedankt sei.

Unser Dank gilt auch den Künstlerinnen und Künstlern, die uns beim Zusammentragen der zahlreichen Werke geholfen haben. Ferner danken wir den privaten und öffentlichen Leihgebern, die genannt werden oder anonym bleiben wollen.

Wir danken dem Bayerischen Staatsministerium für Wissenschaft, Forschung und Kunst für die finanzielle Förderung im Rahmen des Programms „Bayern 2000 – Erbe und Auftrag".

The turn of the millennium provides not only an occasion for celebrations, or for an apocalyptic mood, but also for a productive review of the cultural and social "state of things". This jointly-organised exhibition represents an intense debate with technological progress, social developments, and the artistic and symbolic transposition of phenomena that have fundamentally altered human experience in the course of the 20th century. The search for an overall heading for the past century – and in anticipation of the one to come – brings to light the century's potential for conflict and new departures. As we well know, the dismantling and subverting of academic conventions and conservative norms are aspects of the avant-garde movements. This exhibition focuses on innovation and the current significance of theories and images with a view to a further differentiation and interlinking of artistic and theoretical insight.

The fact that the emancipatory departures of the past decades have always been associated with a critique of modernity, and that this latter has been articulated and redefined by minorities and peripheral groups in ever more stringent and precise ways, provided the

motivation to adopt a discourse-critical standpoint in this exhibition. A concrete inquiry into the major intellectual themes and aesthetic research endeavours that have made an impact over the past decades, and will also be of significance for progressive intellectuals in the near future, allows the foundations of this movement to shine through in feminism, the questioning of the gender difference, and the various symbolic and real compartmentalisations. The emancipatory liberation movement, borne by that questioning of the gender difference and opposed to compartmentalisation, has been the driving force behind all the major upheavals. The findings of feminist criticism – as a subliminal and sometimes foreground narrative – will be drawn on here as the basis for a new interpretation of the artistic and social givens.

An exhibition project supported by five different institutions can only succeed with the total dedication of all those involved. I would therefore now like to express my sincerest thanks to them all. Thanks are also due to the artists, male and female, who helped us to be able to get so many works together. We would also like to thank the private and public lenders, those who wished to be named and those who preferred to remain anonymous. We are of course very grateful for the fact that this exhibition is supported by Bayerisches Staatsministerium für Wissenschaft, Forschung und Kunst within the scope of the fund "Bayern 2000 – Erbe und Auftrag".

Galerie im Taxispalais, Innsbruck · **Silvia Eiblmayr**
Lenbachhaus und Kunstbau, München · **Helmut Friedel, Ulrich Wilmes**
Siemens Kulturprogramm · **Michael Roßnagl**
Kunstverein München · **Dirk Snauwaert**
Staatliche Kunsthalle Baden-Baden · **Matthias Winzen**

translated by Pauline Cumbers

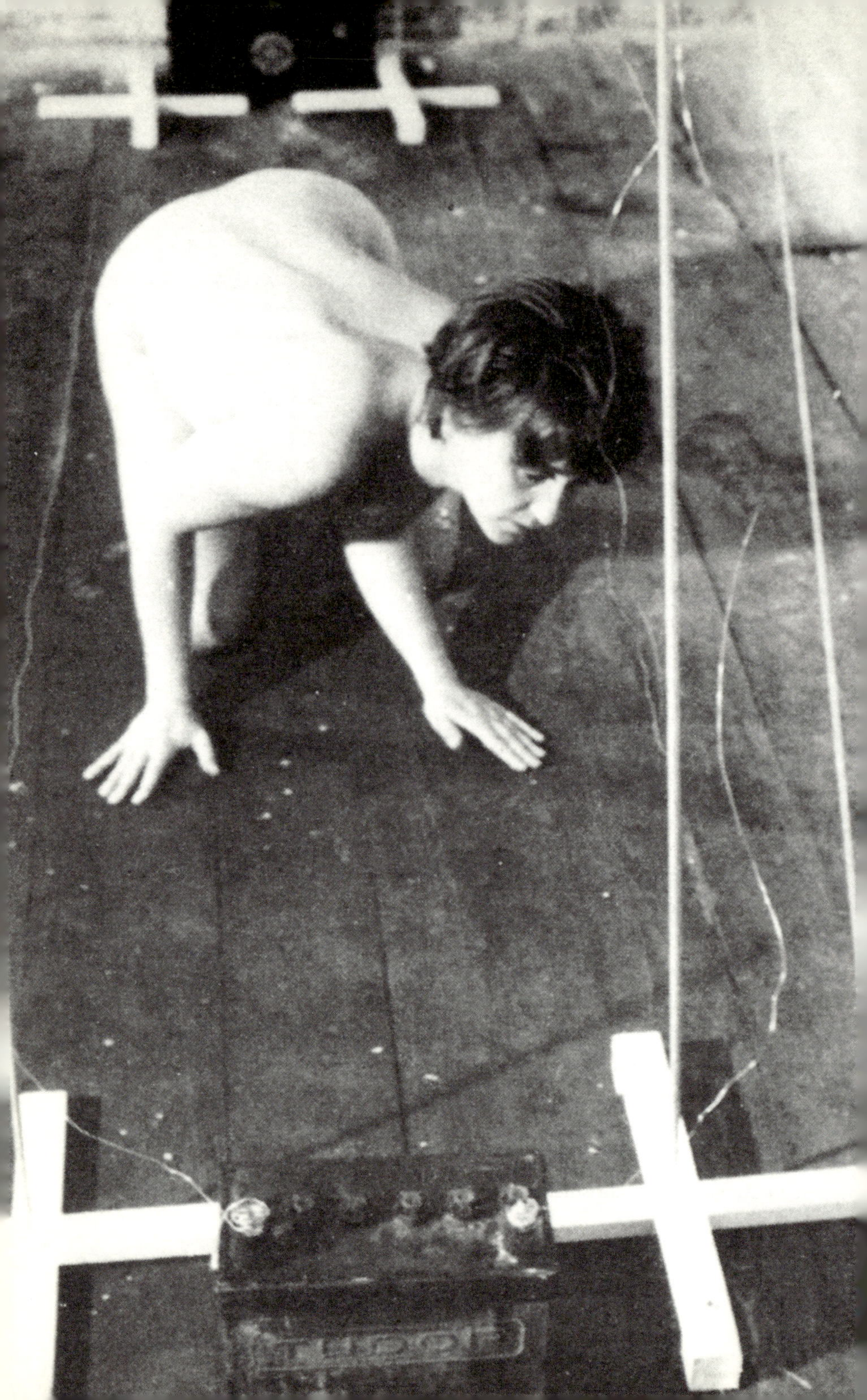

SILVIA EIBLMAYR

Die verletzte Diva

Hysterie, Körper, Technik in der Kunst des 20. Jahrhunderts

Der Ausstellungstitel *Die verletzte Diva* ist ein geliehener, dem Projekt als Metapher während seines Entstehungsprozesses zugefallen.[1] In der mythisierten Figur und zugleich realen Person, die sich hinter der „Verletzten Diva" verbirgt, verschränken sich exemplarisch auf persönlicher und historischer Ebene Realität und Phantasma der Moderne: Gemeint ist die Schauspielerin Hedy Lamarr, berühmt geworden durch die erste Nacktrolle der Filmgeschichte, in „Ekstase" (1933), dann in Hollywood als „schönste Frau der Welt" zu einer Ikone stilisiert, die nicht zufällig auch von Andy Warhol aufgegriffen wurde. Lamarr war darüberhinaus Erfinderin einer während des Zweiten Weltkriegs entwickelten Funkfernsteuerung für Torpedos.[2] Das unkonventionelle, gespaltene Bild der „Diva", das die nachträgliche Anerkennung Lamarrs als Erfinderin liefert, spiegelt perfekt die Widersprüchlichkeit der Weiblichkeitsphantasien der Moderne, um deren „Klischee-Frauen" im weitesten Sinn es in diesem Projekt geht.

Die Metapher der „Diva" schiebt sich nun, der machtvollen Ausbreitung der massenmedialen Kulturindustrie in diesem Jahrhundert folgend, vor „Dora", die hysterische Patientin Freuds, deren Name ebenfalls exemplarisch für dieses Projekt steht. Im „Fall Dora" sind es zwei Aspekte, die für die hysterische Struktur, die hier im Zusammenhang mit der Kunst der Moderne verfolgt wird, besonders hervorzuheben sind: Erstens das Thema der Problematisierung von scheinbar gesicherter Geschlechtsidentität, der unterdrückte Anteil der Bi- und Homosexualität, der mit zu den Ursachen der hysterischen Symptombildung zählt.[3] Zweitens die signifikante Rolle, die Bilder (als reale Objekte) in Doras Analyse spielen.[4] Die beiden Bilder, mit denen sie sich identifiziert, repräsentieren paradigmatisch die ambivalente Aufgliederung christlich-abendländischer „Weiblichkeit" in die („Sixtinische“) Madonna und die Nymphe. Dora begegnet sich in ihren Phantasien selbst als Bild, in das sich das männliche Begehren projektiv einschreibt. Sie begehrt sich selbst in diesen Bildern jedoch, wie ihre Träume enthüllen, auch von einer männlichen Position aus. So kommentiert Freud Doras Erläuterung, sie habe in Bezug auf das in der Wiener Secession ausgestellte Bild *Nymphen im Walde*, die Vorstellung in den Wald hineinzugehen, als „symbolische Sexualgeographie“.[5]

Freud hatte die komplexe Geschichte der Hysterikerin (und des Hysterikers) zum Sprechen gebracht, um so die Ursachen ihrer Symptome aufzuspüren, und um in der Folge ein Konzept des Unbewussten und seine grundsätzlichen Zweifel an der Idee einer Identität des Subjektes zu entwickeln. Welche phantasmatische Rolle die Hysterikerin im vor-freudianischen Kontext einnehmen konnte, beschreibt Georges Didi-Huberman im Beitrag des Katalogs. (ABB. 1) In der Klinik des 19. Jahrhunderts fungiert die Hysterikerin im buchstäblichen Sinne des Wortes als „Klischee-Frau“: Die Oberflächen der Körper der hysterischen Frauen reagierten auf die Agitation durch die Ärzte wie Schreib- oder Zeichenflächen. Die Haut reproduziert für jeden, „der dort zu klischieren“ wünscht, graphische Zeichen, Buchstaben, Farbveränderungen – als Effekt, als Simulation, als Symptom: „Die Haut hat ihr Gefühl (sens) verloren, um den Sinn des Anderen (sens de l'autre) zu empfangen.“[6]

Die hier beschriebenen Phänomene des „Dermographismus“ und die Metaphorik, die die Mediziner dafür fanden, ereignen sich in eigenartiger Koinzidenz mit den modernen Verfahren der Bild- und Reproduktionstech-

ABB. 1

André Brouillet,
Une leçon clinique de Charcot,
1887, Radierung

nik, die das 19. Jahrhundert hervorgebracht hat. Der Abdruck, das Relief, die Entstehung einer Spur (trace) oder eines Schriftbildes auf der Haut, die Farbeffekte, das Klischee selbst, verweisen auf die Fotografie und deren technische und chemische Prozesse ebenso wie auf die Drucktechnik. „Das dermographische Symptom", schreibt Didi-Huberman, „wäre hier eine Art des Blättrigwerdens (feuilletage), des Abblätterns (exfoliation), der Verrücktheit (folie) eines Subjekt-Begriffs."[7]

Die Hysterikerin erscheint also am Ende des 19. Jahrhunderts als (pathologisiertes) Ausdrucksmedium einer kollektiven Erfahrung der Moderne, die für Walter Benjamin durch das „Chockerlebnis" gekennzeichnet ist.[8] Die damit einhergehende „Krise des Subjekts" als Konsequenz des im 19. Jahrhundert einsetzenden allgemeinen Rationalisierungsprozesses, dem Produktionsweisen und soziale Lebensformen gleichermaßen unterliegen, verbindet sich für Benjamin mit einer „Krise der Wahrnehmung". Der hier sich offenbarende Bruch mit den Konventionen einer repräsentativen Praxis, der in der Kunst seine radikale Wirkung zeigt, hat entscheidende Ursachen in der Automatisierung, Mechanisierung und Elektrifizierung etc. im Allgemeinen, in der Entwicklung der „telematischen" Medien (Telegrafie, Telefon, Phonograph) wie eben auch in der Bild- und Schriftproduktion im Besonderen (Fotografie, Film, moderne Druckverfahren).

Die verletzte Diva besetzt nun jene Schnittstelle, an der die im 19. und 20. Jahrhundert technisch aufgerüsteten und transformierten Bild-, Sprach- und Tonmedien und ein damit verbundenes Phantasma von „Weiblichkeit" aufeinandertreffen. Die „Diva" verkörpert die massenmediale Version eines mythischen und ästhetischen Ideals, der Göttin Venus, die sich in der Moderne in zwei Figuren aufspaltet: In „Olimpia", den Automaten, und „Olympia", die Prostituierte.[9] „Olimpia" und „Olympia" antizipieren auf paradigmatische Weise die künstlerischen Konzepte des 20. Jahrhunderts. Die „Säkularisierung" des klassischen, abendländischen Symbols der Schönheit – Baudelaires „Verlust des Schönen" – findet hier ihren Ausdruck in zwei miteinander verschränkten Phantasien vom menschlichen Körper: Dies ist zum einen der Automat, die Vorstellung vom Körper als Apparat, als mechanisiertes Objekt. Zum anderen impliziert die Verwandlung von Venus in die Prostituierte im malerischen Konzept Manets und seiner Nachfolger tendenziell die Phantasie vom Körper als „niedrige Materie", die sich mit einem formalen Transformationsprozess verknüpft, innerhalb dessen Logik in den fünfziger- und sechziger Jahren das Konzept vom „Körper als Material" entwickelt wird. Beiden Repräsentationsmodellen gemeinsam ist die strukturelle Auflösung des anthropomorphen Körperbildes, die ihren Niederschlag in metaphorischen und metonymischen Transformationen des Signifikanten „Körper" in nicht mimetische Modelle und Figurationen, in Fragmente, Objekte und/oder Materialien findet. Trotz ihrer scheinbaren Gegensätzlichkeit – und hier hat die Hysterie ihren Ort – verkörpern beide gleichermaßen das Phantasma einer erotisch-ekstatischen, entfesselten, dämonisierten „Natur", die dem „Weiblichen" zugewiesen wird. (ABB. 2)

In der Logik der Geschichten von „Olimpia" und „Olympia" (bei E.T.A. Hoffmann wie auch bei Manet) kommt dem Blick eine entscheidende strukturelle Rolle zu, in der die künftigen Manifestationen im Feld des Sehens bereits vorweggenommen sind. Der Blick erscheint hier in seiner Funktion als kontrollierende und strafende Instanz, zugleich kommen auch die voyeuristischen und fetischistischen Potentiale ins Spiel, die die mediale Ästhetik des 20. Jahrhunderts bestimmen werden. Über die Blickstruktur – die provokant blickende Prostituierte, der vor den Augen des Beobachters zerspringende Automat – wird die Position des (immer männlich vorausgesetzten) Betrachters problematisiert – eine Problematik, die zurückschlägt auf die (geschlechtsspezifisch) scheinbar garantierte Identität des Subjekts.

So ist auch Benjamins Metapher von der „Zertrümmerung der Aura" direkt mit dem Blick verbunden. Der von ihm konstatierte „Verlust des Blicks" – vom „auratischen Kunstwerk" dem Schauenden noch zurückgegeben – charakterisiert die Moderne und die sie dominierenden neuen Bildmedien. Der Apparat nimmt das Bild des Menschen auf, ohne ihm seinen Blick zurückzugeben:

Dem Blick wohnt aber die Erwartung inne, von dem erwidert zu werden, dem er sich schenkt. Wo diese Erwartung erwidert wird […], da fällt ihm die Erfahrung der Aura in ihrer Fülle zu. […] Die Aura einer Erscheinung erfahren, heißt, sie mit dem Vermögen belehnen, den Blick aufzuschlagen.

Das Subjekt der Moderne muss im Schockerlebnis die Erfahrung machen, dass die „Erwartung, die dem Blick des Menschen entgegendrängt, leer ausgeht."[10]

ABB. 2

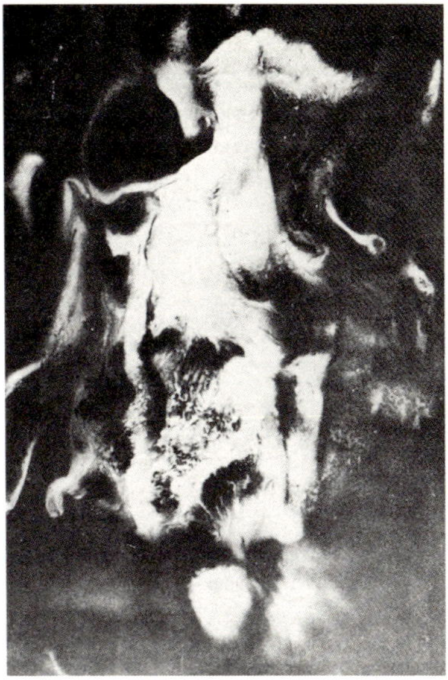

Raoul Ubac, *La nébuleuse*, 1939, s/w Fotografie, Brûlage, Paris, Musée National d'art moderne – Centre Georges Pompidou

Benjamin beschreibt am Beispiel von Baudelaire, wie dieser Verlust seine imaginären Figuren erzeugt. Das Schöne, in Gestalt einer Frau, verweigert dem Dichter seinen Blick: „Baudelaire beschreibt Augen, von denen man sagen möchte, dass ihnen das Vermögen zu blicken verloren gegangen ist." Vor diesen Augen findet sich der Betrachter in demselben Zustand des Befremdens wie vor seinem eigenen Spiegelbild – ein Befremden, das Benjamin grundsätzlich für den Menschen, der vor der Kamera posiert, feststellt. Die spiegelnden, blicklosen Augen erscheinen dann dämonisiert: Es sind die Augen von Nixen, Satyrfrauen und Prostituierten, in deren bedrohlichen Bann sich der Dichter begibt.[11]

Das heißt, es ist „die Frau", die in den Repräsentationen der Moderne zur Symptomfigur wird. Die komplexe Verknüpfung von technologischem Fortschritt und inszenierter Geschlechterbeziehung wird über den weiblichen Körper ausgetragen. In der Ästhetik der Avantgarden erscheint dieser dann unter einem doppelten Vorzeichen: sowohl als die scheinbar destruktive Ursache der Transformation als auch als Objekt und Ausdruck dieser Destruktion. „Die Frau" wird als „Zerstörerin" und „Zerstörte" zugleich inszeniert.

Genau im Schnittpunkt dieser gegensätzlichen Darstellungsfunktionen steht die Hysterikerin. Für die Konservativen war sie der Beweis für den Niedergang (die „Degeneration") der Kultur und die behauptete Minderwertigkeit des „Weiblichen". Für die Künstler des Expressionismus, Dadaismus und Surrealismus hingegen war sie Sinnbild für die erotische Entfesselung, den Exzess, beides Topoi der Moderne, die mit den antibürgerlichen und antirationalen Tendenzen dieser Bewegungen einhergingen, und die in den radikalen, formverändernden und formauflösenden Darstellungsweisen zum Ausdruck kamen.

Der Begriff des „Automatismus", den die Surrealisten als ihr Produktionsprinzip kreiert haben, verweist einerseits unmittelbar auf die schrift- und/oder bildproduzierenden Maschinen. Er steht aber im surrealistischen Programm und in der surrealistischen Kunst auch in direktem Zusammenhang mit dem erotisch-ekstatischen „Weiblichen". 1928 feiern Breton und Aragon in der Zeitschrift *La Révolution surréaliste* den „50. Jahrestag der Hysterie (1878–1928)" und bezeichnen diese als die „größte poetische Entdeckung des 19. Jahrhunderts".[12] Als Beleg dienen ihnen die Fotografien der Patientinnen Charcots, welche der Arzt in ihren jeweiligen „attitudes passionelles", die er ihnen diagnostisch zugewiesen hatte, ablichten liess.[13]

An eben dieser Stelle erfährt der Begriff des „Mediums" eine historisch relevante Bedeutungsverschiebung, deren Angelpunkt „die Frau" bildet: Sie ist das paraspsychologische „Medium", das den künstlerischen Prozess inspiriert (Bretons revolutionäre Muse Nadja), und sie erscheint zugleich in einem funktionellen Zusammenhang mit dem „Medium" in der McLuhan'-

ABB. 3

Yves Klein
Action spectacle, Paris 1960

ABB. 4

Pablo Picasso
Les Desmoiselles d'Avignon, 1907
Öl auf Leinwand, 244 x 238 cm,
New York, Museum
of Modern Art

schen Bedeutung des Begriffs. Das heißt, der weibliche Körper wird strukturell mit der bild- oder textproduzierenden Maschine verschränkt, und zwar in der oben beschriebenen ambivalenten Funktion: Die „sexuell-ekstatische, hysterische Frau" wird zum Signifikanten für die Apparatur – die (re)-produzierende Maschine – und sie repräsentiert zugleich auch das Produkt, das diese Maschinerie hervorbringt, das „Bild". Dies nicht nur in einem imaginären sondern auch einem körperlich-materiellen Sinn, denn tendenziell zielt der künstlerische Prozess auf die Auflösung, die seit den späten fünfziger Jahren unter aggressivem Vorzeichen vollzogene Zerstörung des Bildes als Objekt. Historisch fällt diese nachfolgende „Erweiterung" des Bildes mit dem Happening, dem Aktionismus, der Performance und Body Art aber auch mit der Pop Art zusammen.[14] (ABB. 3)

Innerhalb der Logik dieser Struktur ist „die Hysterikerin" nicht nur in einer passiven Rolle präsent, als „Klischee-Frau", sondern auch als eine aktive, produktive Instanz, die scheinbar den künstlerischen Prozess vorantreibt. Die Auflösung des anthropomorphen, mimetischen Abbildes des Körpers bedingt eine „Hysterisierung" der Form, die demnach immer auf die Methodik und den Effekt der technologischen Bilderzeugung verweist. Die Fotografie und der Film liefern dabei nicht nur die Bilder der hysterisierten Körper, ihre technologischen Verfahrensweisen bilden vielmehr selbst die Auslöser für diese „Hysterisierung". Die „hysterische Frau" ist der „cadavre exquis", die „köstliche Leiche", bei der sich der Witz des surrealistischen Montageprinzips mit dem „Nichtwissen", der Verleugnung, verbindet, wo dem Zeichner jener Teil der zu vervollständigenden Figur, an dem er weiterzeichnet, verborgen bleiben muss.

Das imaginäre „Weibliche" der Hysterikerin – „Olympia" oder „Olimpia" – operiert gleichsam „als die verborgene Unterseite" der radikalen Moderne, ob in Picassos *Demoiselles d'Avignon* (1907) (ABB. 4) oder Picabias *Voilà, la fille née sans mère* (1916/17). „Die Frau" symbolisiert auf ambivalente Weise das Bedrohungs- und zugleich auch das innovativ-revolutionäre Potenzial, mit dem das (männliche) Subjekt der modernen, technologisierten Zivilisation im Allgemeinen und der Künstler durch die spezifische Herausforderung der Fotografie, des Films und der neuen Produktions- und Reproduktionstechniken im Besonderen konfrontiert sind.

Die Phantasmen des „Weiblichen", die lustvolle Dämonisierung der Prostituierten – Manets *Olympia* wurde von der zeitgenössischen Kritik als „verwesender Kadaver" bezeichnet[15] –, oder die ironische „Junggesellen-Autonomie" des Künstlers – Duchamp gab mit dem *Großen Glas* die Malerei auf, die er „olfaktorische Masturbation" nannte[16] – handeln zugleich auch von der Selbstreferenzialität des Systems Kunst in der Moderne. In diesen Figuren geht es um die Autonomisierung der Form und um die Reflexion der neuen Produktionsbedingungen, die wiederum ein geändertes Verhältnis zwischen Kunst und Betrachter, Künstler und Auftraggeber mit sich gebracht haben. Der Foto-Automat ersetzt potenziell den Künstler, der seine Dienste nun öffentlich feilbieten muss. Das Kunstwerk formt sich „geheimnisvollerweise" von selbst[17], ein Prozess, der auf den hysterischen, erotisch-exzessiven, weiblichen Körper verschoben wird. Für „die Frau" wird eine ihr scheinbar eigentümliche, gewaltsame „Natur" imaginiert, die für diese Entwicklung verantwortlich gemacht wird. Mit wenigen Ausnahmen wie z.B. bei Salvador Dalí wurde der männliche Körper in diesen Szenarien ausgespart, auch wenn sich zeigen lässt, dass sich dahinter auch eine männliche Phantasie der Selbstauflösung verbirgt.[18] „Bist du es Nadja?", fragt Breton. „[...] Ich höre dich nicht. Wer da? Bin ich es allein? Bin ich es selbst?"[19]

Die weibliche Selbstinszenierung

Für die Künstlerinnen der dadaistischen und surrealistischen Bewegung bildet die Instrumentalisierung des weiblichen Körpers eine strukturelle Vorgabe, die sich direkt in ihren Werken niederschlägt. Hannah Höchs

Küchenmesser Dada richtet sich ironisch gegen bürgerliche Weiblichkeitsmythen und patriarchalisches Machtgehabe. Der „Einsatz des Messers“ als Metapher für die Zerstörung des Tafelbildes entwickelte im Laufe des Jahrhunderts in den weiblichen Selbstinszenierungen eine eigene, mit der Doppelpositionierung „der Frau“ zusammenhängende Dialektik. Die hysterische Struktur, die sich in den Selbstdarstellungen von Frauen offenbart, besitzt ein zusätzliches Moment: So setzen die Künstlerinnen ihre Körper zwar auch in einen strukturellen Zusammenhang mit dem Bild, ohne jedoch den männlichen Avantgardeausdruck direkt zu übernehmen. Sie bauen vielmehr eine zusätzliche Reflexionsebene ein: Bewusst und unbewusst inszenieren sie ihren instrumentellen Status innerhalb des Repräsentationssystems, indem sie auf dessen Funktionsweise Bezug nehmen. Die symbolischen Grenzen, die der „Frau als Bild“ gesetzt werden, werden als Konflikt sichtbar. Soweit die vorgeblich erotisch-exzessive (in den Bildern der Männer wirksame) „Weiblichkeit“ übernommen wird, wird diese durch Bilder von Verletzung, Fesselung, Lähmung und von scheiternden Ausbruchsversuchen aus dem Bild konterkariert. Die Aggression, die sich gegen das Bild als symbolische Form richtet, kehrt so in einer Umkehrbewegung zum eigenen Körper zurück.

Beispielhaft für diese Struktur, die sich bis in die jüngsten Selbstdarstellungen von Künstlerinnen aufzeigen lässt, sind der *Traum vom 21. Dezember*

ABB. 5
ABB. 6

Valentine Hugo,
Rêve du 21. Décembre 1929, 1929,
Öl auf Leinwand, verschollen

Toyen, *Relâche*
(Heute keine Vorstellung), 1943,
Öl auf Leinwand,
110 x 53 cm, Galerie Alsová,
Südböhmen/Tschechien

(1929) (ABB. 5) von Valentine Hugo oder *Relâche* (1943)[20] von Toyen (ABB. 6). Ein wesentlicher Aspekt ist dabei die Inszenierung der Verletzung und deren gleichzeitige Leugnung. Die schöne Frau auf Hugos *Traum* weiß offenbar nichts von den ihr Gesicht verletzenden Krallen des Tieres, dessen bedrohlicher Blick den ihren verdoppelt. In den neunziger Jahren führt Orlan, auf die Illusionsmaschine der Massenmedien anspielend, während einer an ihrem Körper und ihrem Gesicht ausgeführten Operation, über Satellitenleitungen Gespräche, ganz so als sei dieser Körper abtrennbar von ihrer Stimme.[21] Die voyeuristisch an der Balettstange zur Schau gestellte Frau im Bild *Relâche* tritt ihren (letalen) Rückzug unter die Oberfläche des Bildes an, in das ihre Füße bereits „versunken" sind. In allen drei genannten Arbeiten ist – wie generell in den Werken der Ausstellung – der Zusammenhang von Körper und Bild- bzw. Repräsentationsstruktur von zentraler Bedeutung. Im sadistischen Szenario bei Toyen verschwindet der Körper nicht in die Wand, die in der Logik des oberen Bildraumes nicht mehr existiert, er verschwindet in das Bild. Dessen Oberfläche weist hier eine offene, (die Schütt-Technik vorwegnehmende) malerische Struktur auf, die in völligem Gegensatz zu dem minuziös gemalten Körper steht. Bei Hugo scheinen die Krallen des Tieres den Bildträger, das Papier oder die Leinwand, von der Rückseite bzw. vom Inneren des Bildes her zu durchstoßen, wodurch das Bild als Projektionsfläche in seiner Materialität virtuell „verletzt" wird. Dorothea Tanning lässt in *Jeux d'enfants* (1942) (ABB. 7) drei junge Mädchen ein hyste-

ABB. 7

Dorothea Tanning,
Jeux d'enfants, 1942,
Öl auf Leinwand, 32 x 14 cm,
Privatsammlung

risches, „prae-aktionistisches" Spektakel vollführen, bei dem Haut, Haare, Kleider, Tapete und Leinwand in einer Sinnverschiebung auf das Bild, dessen Material und Struktur selbst verweisen. Das heißt, die Ikonographie und Aussage dieser Bilder erweitern sich durch einen bildtechnischen und damit medienkritischen Ansatz, der über den Status „der Frau", ihre symbolische und soziale Positionierung Auskunft gibt. Die signifikanten formalen und materialbezogenen Aspekte in der (illusionistischen) Malerei bei Hugo, Toyen oder Tanning – wie in den surrealistischen Produktionen ganz allgemein – erhalten ihre historische Bestätigung und künstlerische Bewertung im Rückblick aus der Perspektive der performativen Kunst, die seit den fünfziger Jahren den Großteil der Selbstdarstellungen ausmacht.

Exzess und Kontrolle

In den vierziger und fünfziger Jahren wird die vom Spät-Surrealismus und Existenzialismus geprägte Kunst mit einer sich rapide entwickelnden Konsumgesellschaft und den neuen Massenmedien konfrontiert. In diesem „Zusammenstoß" finden die radikalen Neuformulierungen von Kunst statt, die den Paradigmenwechsel der sogenannten Postmoderne kennzeichnen: Das Happening, die Aktionskunst und die Pop Art übernehmen Elemente von Dada und Surrealismus (Artaud wird in den USA und Europa zu einer wichtigen Bezugsfigur) und brechen die gültigen Kategorien des Tafelbildes und der Skulptur auf.

Die Theatralität, die die surrealistische Kunst kennzeichnet und die mit der „Hysterisierung" der Form einhergeht, kommt in einer Kunst, die die Grenzüberschreitung zur Aktion, zum realen theatralischen Auftritt vollzieht, voll zum Tragen. Das „Bild" erweitert sich zu einem „Schauplatz", auf dem Künstler und Künstlerinnen als ihre eigenen Protagonisten agieren. In den späten siebziger Jahren werden die „Errungenschaften" der Performance „wieder in das Bild (tableau) investiert".[22]

Indem der Körper selbst zum künstlerischen Material erklärt und in den gestalterischen Prozess miteinbezogen wird, findet ein geschlechtsspezifischer Paradigmenwechsel statt. Auch der männliche Körper wird jetzt in einem ambivalenten Status zwischen Subjekt und Objekt inszeniert, wobei er bezeichnenderweise feminisiert wird. In der passiven, „leidenden" Rolle wird der männliche Akteur in jene widersprüchliche, hysterische Struktur eingebunden, die vorher hauptsächlich „der Frau“ vorbehalten war. Zugleich verliert der weibliche Körper (der weibliche Akt) seine historische Bedeutung für den männlichen Künstler. Die Geschlechterrollen werden jedoch nicht nur in der Aktionskunst, sondern auch in der Pop Art fragwürdig, obwohl diese, der Populärkultur folgend, mit den gängigen Weiblichkeitsstereotypen aus den Medien und der Werbung arbeitet.

Sowohl der Männerkörper als „hysterisierter Teil des Bildes“ als auch der „männliche Held“ als Medien-Ikone (in direkter Nachbarschaft zu Warhols Suppendose) relativieren das Bild des männlichen Künstlers (Subjekts) – nun abgelöst von der männerbündischen Avantgarde. Warhols Ausspruch, er möchte am liebsten ein Automat sein, markiert exakt die Verschiebung des nun überholten Konzepts des Automatismus auf die Ebene der Massenmedien.[23]

In den Befreiungsgestus, mit dem die Aktionskunst gegen künstlerische und gesellschaftliche Konventionen auftrat, ist von Anbeginn eine Gegenfigur eingeschrieben: Eine kontrollierende Instanz, die der Akteur/die Akteurin in der Aktion ausspielt, gegen die er/sie aufbegehrt und der er/sie sich zugleich unterwirft. Der in der Aktion inszenierte, konzeptuell als künstlerisches Material behandelte Körper macht die Spaltung zwischen Subjekt- und Objektstatus auf radikale und reale Weise sichtbar. Diesem theatralisch vorgeführten Widerspruch folgend, werden nun am Körper selbst jene Gesetze vollstreckt, die gerade überwunden werden sollen. Im Kontext der visuellen Künste sind dies auch die Gesetze des Repräsentationssystems selbst, seiner Apparaturen, Medien und herrschenden Blickstruktur. Dieses „Laboratorium der Macht“ (Foucault) lässt den, der darum weiß, das Machtverhältnis „internalisieren“, in welchem „er gleichzeitig beide Rollen spielt“, und „[...] zum Prinzip seiner eigenen Unterwerfung [wird]“.[24]

In einer Analyse der Aktions- und Körperkunst geht es darum, die konzeptuelle Errichtung und gleichzeitige Dekonstruktion dieses „Laboratoriums“ zu verfolgen. Der (selbst-)verletzte, manipulierte und zur Schau gestellte „hysterische“, explizit sexuelle Körper, der im Schmerz, im Schock und in der Scham das Reale (Lacan) wiederkehren lässt, und vielfach sofort Abwehr auslöst, handelt von Machtstrukturen, mit denen sich die jeweiligen künstlerischen Konzepte auseinandersetzen. In seiner Aktion *Psycho-Dramolett* (1971) (ABB. 8) stigmatisiert sich Günter Brus mit einer „weiblichen“

ABB. 8

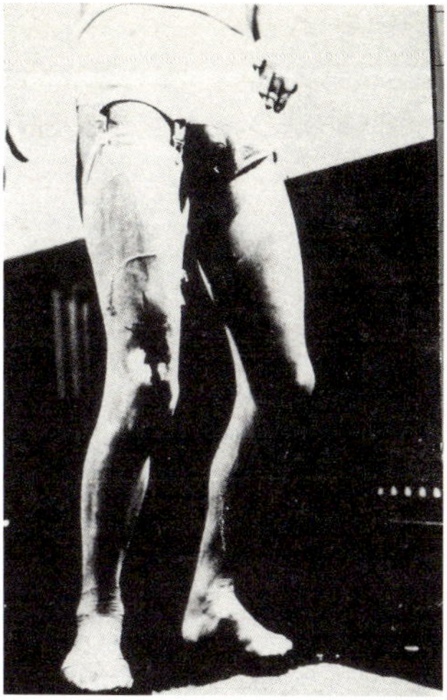

Günter Brus,
Aktion *Psycho-Dramolett*, 1971,
München, Filmstandfoto

Wunde, in der Aktion *Zerreißprobe* (1971) zeigt er, dass der programmatische Versuch der Wiener Aktionisten, zu einer „direkten wirklichkeit" (Brus) jenseits der Repräsentation zu gelangen, eine Unmöglichkeit ist, die er in hysteroformer Selbstentäußerung dem Publikum vor Augen führt.

Künstler und Künstlerinnen, die wie Bruce Nauman, Valie EXPORT oder Dan Graham nicht von der Malerei, sondern von einem medien-, wahrnehmungs- und sprachkritischen sowie skulpturalen Kontext ausgehen, untersuchen den Körper in diesen strukturellen Zusammenhängen. Nauman, der sich als wasserspeiende Figur in einem Garten aufstellt (*Artist as Fountain*, 1967), setzt in dem Video *Wall Floor Positions* (1968) seinen Körper in Bezug zum umgebenden Raum, wobei er dieses Körper-Raum-Verhältnis in unterschiedlichen Haltungen (den „attitudes" von Charcot vergleichbar) durchspielt. Valie EXPORT schließt im *Tapp und Tastkino* (1968) (ABB. S. 177) ihren Körper direkt mit der Apparatur des Kinos kurz. Die Akteurin trägt den Kinosaal als Schachtel über dem nackten Oberkörper, die Brüste sind die Leinwand, die jedoch vom Publikum nicht gesehen, sondern hinter einem Vorhang nur betastet werden darf. Die Künstlerin stellt mit dieser provokanten, im öffentlichen Stadtraum (Stachusplatz, München) durchgeführten Aktion die voyeuristische Struktur des Kinos und damit verbundene geschlechtsspezifische Normen zur Schau. Bei ihrer

Aktion *Hyperbulie* (1973) sind es elektrisch geladene Drähte, die in der Funktion eines (Bilder)-Rahmens die Akteurin schmerzhaft daran erinnern, dass sie sich nicht außerhalb der ihr zugewiesenen Grenzen bewegen soll. (Hyperbulie bedeutet „krankhafter Bewegungsdrang“). Dan Graham rekonstruiert komplexe „Maschinerien“, in denen er das Publikum in einer Art Versuchsanordnung zu „Sehen-Gesehen-Werden“ auftreten lässt. Dieses reagiert mit Befremden und hysterischem Gelächter.

Die Mechanismen der Kontrolle werden in besonderer Weise in den weiblichen Selbstinszenierungen sichtbar, die den Großteil der seit den sechziger Jahren unter feministischem Vorzeichen stehenden Arbeiten ausmachen. Kennzeichnend ist eine Doppelstruktur von Affirmation und Verneinung, von Auflehnung und Unterwerfung, die den „Körper-Befreiungsdiskursen“ vom Werk her widersprechen. In diesem Sinne enthalten diese Arbeiten viel mehr als nur Kritik an patriarchalischen Unterdrückungsmustern. Sie beschreiben eine Struktur und damit eine Politik des Begehrens, das „die Frau“ nicht voluntaristisch verwerfen kann. In einem Teil der feministischen Literatur und Theorie erlebt die Hysterikerin in den siebziger Jahren eine erneute Mythisierung. Vergleichbar jener durch die Surrealisten, wurde sie nun für die feministische Revolte in Anspruch genommen.[25] Dies geschah im Rekurs auf einen „authentischen“, jenseits der Verdrängung georteten, weiblichen Körper, der „der Frau“ ihr subversives Potenzial garantierte. Die Film- und Literaturtheoretikerin Jacqueline Rose bezweifelt diesen Rekurs und plädiert für die Anerkennung einer hysterischen Struktur des Begehrens, das nicht zu Gunsten einer „essenziellen“ Weiblichkeit unterdrückt werden dürfe.[26]

Die Selbstinszenierungen der Künstlerinnen bestätigen den von Rose geäußerten Zweifel. Es handelt sich dabei um keinen „essenziell weiblichen“ Diskurs, sondern um eine reflexiv-kritische, manchmal ironische Auseinandersetzung mit den Bildern selbst, dem strukturellen Zusammenhang zwischen Weiblichkeitsstereotypen und dem Funktionieren der Repräsentationssysteme. Wenn Joan Jonas in dem Video *Vertical Roll* (1971) aufgrund der „Bildstörung“ des nach oben rollenden Bildes mit ihrem Kopf ständig an der oberen Kante des Monitorrahmens „anstößt“, verweist sie metaphorisch auf ein Gewaltmoment des Mediums selbst. In einer kritischen Weiterführung der Pop Art übernehmen Künstlerinnen die Bilder aus der

Werbung, dem Kino, der Medizin und anderen alltäglichen Kontexten, um in den hier enthaltenen Botschaften das imaginäre „Weibliche" und die symbolische Positionierung „der Frau" sichtbar zu machen. Annette Messager sammelt Bilder von Frauen, die von Schmerz, Unruhe, Niedergeschlagenheit etc. gezeichnet sind: *Attitudes et expressions diverses* (1973). Martha Rosler lässt ein Elternpaar im angelernten TV-Betroffenheitsjargon über ihre an Anorexie verstorbene Tochter sprechen: *Losing: A Conversation With the Parents* (1976). Cindy Sherman bearbeitet das gesamte Register der westlichen Bildproduktion, in denen sie sich selbst als die immer wieder „Andere (Frau)" bis zur Selbstauflösung inszeniert.

Mary Kelly nimmt in *Corpus* (1984–85)[27] direkt Bezug auf Charcots „attitudes passionelles". Sie knüpft die (historische) Verbindung zwischen dem Phantasma, das die Hysterikerin vor hundert Jahren abdeckte, und der rationalisierten Alltagserfahrung von Frauen in den achtziger Jahren, die in einer medial bestimmten, jugendfixierten Gesellschaft unter der Nichtbeachtung leiden, die mit ihrem Älterwerden einhergeht.

Die poststrukturalistische Theorie und Kritik und eine zunehmende Körperbesessenheit in der Alltagskultur haben während der letzten zwei Jahrzehnte die Fragen von Repräsentation, Körper, „gender" bei Künstlerinnen und Künstlern gleichermaßen beeinflusst.[28] Die Transzendierung und Problematisierung von Geschlechterrollen und -beziehungen, zusammen mit einer sozialen Emanzipation der Homosexualität haben das Interesse an der aktionistischen und feministischen Kunst neu entfacht. Zugleich wurde in der Werbung, Mode- und Popmusik-Industrie eine Homogenisierung des Käuferpotenzials forciert, die stark mit dem Bild des feminisierten, ebenfalls „zum Bild gewordenen" Mannes operiert. Michael Jackson ist die „Pop-Diva" des zu Ende gegangenen Jahrhunderts, die für das ideologische Versprechen der (biotechnisch garantierten) ewigen Jugend, des Überschreitens der Grenzen der Klasse, der Rasse (rassistischerweise von schwarz zu weiß) und des Geschlechts, also für die Virtualität des Körpers schlechthin steht.

[1] Richard Brem, „Verletzte Diva"; in: Richard Brem/Theo Ligthart (Eds.), *Hommage à Hedy Lamarr*, Wien 1999, S. 9–23; mit großem Dank an Richard Brem, der dem Projekt den Titel lieh.

[2] Die aus Wien stammende Hedy Lamarr (Hedwig Kiesler, *1914, †2000) emigrierte 1937 über London nach Hollywood, wo sie zum absoluten Star avancierte. Zusammen mit dem französischen Avantgardekomponisten Georges Antheil entwickelte sie das „Frequency Hopping", eine Technologie für ein Fernsteuerungssystem von Signalen, das bis heute sowohl im militärischen als auch im zivilen Bereich (z.B. bei GSM-Mobiltelefonen) genutzt wird. Lamarr hat sich aufgrund einer über sie erschienenen Skandalbiografie, die auch ihre Erfindung unterschlug, und die sie vergeblich bekämpft hatte, in den siebziger Jahren aus der Öffentlichkeit zurückgezogen. Die Kunsthalle Wien widmete Hedy Lamarr 1999 eine Ausstellung, zu der das oben zitierte Buch erschien, dem auch diese Angaben entnommen sind.

[3] Sigmund Freud, „Bruchstück einer Hysterie-Analyse" (1905, [1901]), in: ders., *Studienausgabe,* Bd. 4: *Hysterie und Angst*, S. 87–186;

[4] Christina von Braun, „Männliche Hysterie – weibliche Askese. Zum Paradigmenwechsel in den Geschlechterrollen", in: Karin Rick (Ed.), *Das Sexuelle, die Frauen und die Kunst,* Tübingen 1987, S. 11–20. Von Braun beschreibt die Selbstfeminisierung des männlichen Künstlers/Autors im 19. Jahrhundert, wie z.B. bei Novalis, Flaubert und Mallarmé, die sich selbst als Hysteriker bezeichneten.

[5] Ibid., S. 166–167: „Hinter der ersten Situation des Traumes verbarg sich also, wenn diese Deutung richtig war, eine Deflorationsphantasie, wie ein Mann sich bemüht, ins weibliche Genital einzudringen."

[6] Georges Didi-Huberman, „Graphische Ekstase", in dieser Publikation, S. 288; vgl. ders., *Invention de l'hystérie. Charcot et l'iconographie photographique de la Salpêtrière*, Paris 1982.

[7] Ibid., S. 288.

[8] Walter Benjamin, „Charles Baudelaire. Ein Lyriker im Zeitalter des Hochkapitalismus", in: ders., *Gesammelte Schriften*, Bd. 1, 2, Frankfurt/M. 1974, S. 652–653.

[9] „Olimpia" aus: E.T.A. Hoffmann, *Der Sandmann* (1817), Frankfurt/M. 1986; Edouard Manet, *Olympia* (1863), Öl auf Leinwand, 130 x 190 cm, Paris, Musée d'Orsay; E.T.A. Hoffmanns „Olimpia" ist eine unbekannte Schönheit, die von der Hauptfigur der Geschichte, Nathanel, begehrt und durch das Fenster fasziniert bei ihrem Tanz beobachtet wird. Zu dessen Entsetzen ist sie aber ein Automat, der vor seinen Augen in seine Einzelteile zerspringt. Freud hatte am *Sandmann* seinen Begriff des „Unheimlichen" entwickelt. Die vorrangige Bedeutung des Blicks als bedrohliche und täuschende Instanz durchzieht seine Analyse wie die Geschichte generell.

[10] Walter Benjamin, „Über einige Motive bei Baudelaire"; wie 8, op. cit., S. 646 u. 648.

[11] Ibid., S. 648.

[12] *La Révolution Surréaliste*, Nr. 11, 1928.
[13] Wie 6, Didi-Huberman, op. cit.; Didi-Huberman beschreibt den Zusammenhang zwischen der Hysterie und der Fotografie. Er zeigt, wie Charcot, der sich als den „Erfinder der Hysterie“ bezeichnete, die Ikonographie inszenierte, der sich seine Patientinnen in ihren Posen, die er „attitudes passionelles“ nannte, unterwarfen.
[14] Silvia Eiblmayr, *Die Frau als Bild. Der weibliche Körper in der Kunst des 20. Jahrhunderts*, Berlin 1993, 2. Auflage 1997.
[15] Georges Bataille, *Manet*, Genf 1955, S. 17, zit. bei Yves-Alain Bois, „La valeur d'usage de l'informe“; in: Yves-Alain Bois/ Rosalind Krauss, *L'informe, mode d'emploi*, Centre Georges Pompidou, Paris 1996.
[16] Siehe Thierry de Duve, „The Readymade and the Tube of Paint“, in: *Artforum International*, May 1986, S. 110.
[17] Michael Wetzel, „Die Zeit der Entwicklung. Photographie als Spurensicherung und Metapher“, in: Georg Christoph Tholen/Michael O. Scholl (Eds.), *Zeit-Zeichen*, Weinheim 1990, S. 265–280; Wetzel kritisiert Paul Virilio für dessen einschränkende Definition des Zeitmoments in der Fotografie: „Die Zeitlichkeit in der Fotografie muss so immer aus dem Gesamtprozess ihrer Entstehung heraus begriffen werden, also aus der Verschränkung der Zeit der Belichtung und der Zeit der Entwicklung.“ (S. 268) Er verweist in diesem Zusammenhang auf die phantasmatische Komponente, die der Fotografie innewohnt: „An dieser Re-Produktivität oder besser Konzeptivität des Mediums entzündet sich andererseits die ganze magische Metaphorik des poetischen Diskurses, der das rein technische Implement umkleidet.“ (S. 269)
[18] Es ist auffallend, dass Breton im „1. Surrealistischen Manifest“ (1924) hysterische oder somatische Symptome erwähnt, wenn er auf den „psychischen Automatismus“ zu sprechen kommt: Hamsun arbeitete im Zustand des Hungers, de Chirico malte seine ersten Bilder unter Migräne und Koliken. Siehe André Breton, *Die Manifeste des Surrealismus*, Reinbek 1980, S. 24.
[19] André Breton, *Nadja* (1928), Frankfurt/M. 1994, S. 111.
[20] Siehe Rita Bischof (Ed.), *Toyen*, Frankfurt/M. 1987; Anne de Margerie, *Valentine Hugo. 1887–1968*, Paris 1983; Valentine Hugo war eng mit der Gruppe der Surrealisten verbunden. Das Bild *Revue du 21. Décembre 1929* (1929) ist verschollen. Toyen, (Marie Cerminovà), eine der bedeutendsten Künstlerinnen des tschechischen Surrealismus bzw. des gesamten Surrealismus, befand sich zum Zeitpunkt der Entstehung von *Relâche* (Heute keine Vorstellung) während des Krieges in einer verzweifelten Lage in der Tschechoslowakei.
[21] Orlan, die sich seit den achtziger Jahren der ästhetischen Chirurgie als künstlerischem Gestaltungsmittel bedient, unterhielt sich während der 7. Operation, die sie an ihrem Körper und Gesicht durchführen ließ, mit Museumsleuten in Paris, Tokio und New York. Der Titel dieser Arbeit ist *Omnipresence* (1993).
[22] Douglas Crimp, „Pictures“, in: *October*, Nr. 8, spring 1979, S. 75–88, Wiederabdruck in: Brian Wallis (Ed.), *Art After Modernism. Rethinking Representation*, New York 1984, S. 155–187; Crimp bezieht sich auf Arbeiten von Cindy Sherman, Jack Goldstein und

Sherrie Levine, die er folgendermaßen kommentiert: "The extent to which this experiment fully pervades their work is not, however, immediately apparent, for its theatrical dimensions have been transformed and, quite unexpectedly, reinvested in the pictorial image." (S. 177)

[23] Dass ausgerechnet Andy Warhol das Opfer der Radikalfeministin Valerie Solanas wurde, die ihn 1969 zu erschießen versuchte und schwer verletzte, ist ein tragischer Aspekt in seinem Leben als „Medien-Diva". Siehe Valerie Solanas, *S.C.U.M. Manifest zur Vernichtung der Männer*, Reinbek 1983; (*SCUM Manifesto. Society for Cutting Up Men*, 1968).

[24] Michel Foucault, *Überwachen und Strafen. Die Geburt des Gefängnisses*, Frankfurt/M. 1994 (1. Auflage 1976).

[25] Siehe Helène Cixous, „Schreiben, Feminität, Veränderung", in: „Das Lächeln der Medusa. Frauenbewegung, Sprache, Psychoanalyse", in: *Alternative* Nr. 108/109, 19. Jg., Juni/August 1976, Berlin (aus: *La jeune née*, Paris, 1975); Helène Cixous, *Portrait de Dora*, Paris 1976; Michèle Montrelay, „Inquiry into Femininity", in: *m/f* 1, 1978.

[26] Jacqueline Rose, "Dora – Fragment of an Analysis", (1978), in: dies., *Sexuality in the Field of Vision,* London 1986, S. 27–47.

[27] *Corpus* ist Teil I aus der vierteiligen Arbeit *Interim* (1984–89) von Mary Kelly. Katalog *Interim*, The New Museum of Contemporary Art, New York 1990.

[28] Das exemplarische Szenario seit den achtziger Jahre für das Gegensatzpaar „Exzess und Kontrolle" liefert die Krankheit AIDS, für die Konservativen die Bestätigung ihres moralischen Kampfes gegen sexuelle Liberalisierung.

SILVIA EIBLMAYR

The Wounded Diva

Hysteria, Body and Technology in the 20. Century Art

The exhibition title, *The Wounded Diva*, is a borrowed one, a metaphor that happened to become part of the project while it was evolving.[1] In the mythic figure, but also in the real person hidden behind the "wounded Diva" the reality and phantasm of modernity merge exemplarily on both a personal and historical level. This has to do with the actress Hedy Lamarr who became famous by playing the first naked role in the history of film, in *Ecstasy* (1933). She was then made an icon by Hollywood as the "most beautiful woman in the world" – and it is certainly no coincidence that Andy Warhol took it up again. In addition to that, Lamarr also invented a radio remote control system for torpedoes developed during the 2nd World War.[2] The unconventional, split image of the "Diva" Lamarr, who was only much later recognized as an inventor, perfectly epitomizes the contradictoriness of modernist fantasies of femininity. This project will largely focus on modernism's "cliché-women", around whom this project revolves.

In the wake of the unyielding advance of mass media and the cultural industry in this century, "Dora", Freud's hysterical patient, whose name is also exemplary for this project, has yielded to the metaphor of the "Diva". In connection with the "case of Dora" two aspects of the hysterical structure that have been addressed in connection with modern art should be emphasized in particular. The first one is the issue of a seemingly secured gender identity, the suppressed portion of bi- and homosexuality that is one of the causes of the formation of hysteric symptoms.[3] Secondly, imagery (as real objects) play a significant part in Dora's analysis.[4] The two images she identifies with paradigmatically represent the ambivalent division of Christian-Western "femininity" in the ("Sixtinian") Madonna and the nymph. In her fantasies, Dora encounters herself as an image in which male desire has been inscribed through projection. However, her desire is directed to herself, as her dreams reveal, even from a male position. Freud comments Dora's interpretation accordingly to the effect that she had the idea of going into the woods as "symbolic sexual geography" in reference to the painting *Nymphs in the Woods*, exhibited at the Vienna Secession.[5]

Freud gave voice to the complex history of the female (and male) hysteric in order to trace the causes of their symptoms and thus subsequently develop a concept of the unconscious and its basic doubts vis-à-vis the idea of an identity of the subject. In his contribution to the catalogue, Georges Didi-Huberman describes the fantasmatic role of the hysteric in a pre-Freudian context. In the 19th century clinic, the hysteric literally functioned as a "cliché-woman". (ILL. 1) The surfaces of the bodies of hysterical women reacted to the agitation exerted by doctors like writing or drawing surfaces. The skin reproduces for anyone trying "to make clichés" on it graphic signs, letters, colour changes – as effect, as simulation, as symptom. "The skin has lost its sensation (sens) so as to be receptive to the feeling of the other (sens de l'Autre)."[6]

The "dermographology" phenomena described here and the metaphors invented by doctors for it coincided strangely with the modern procedures of imaging and reproduction technologies brought forth by the 19th century. The print, the relief, the creation of a trace or of a text image on the skin, the colour effects, and the cliché itself, all refer to photography and its technical and chemical processes as well as to the technique of printing. "The dermographic symptom," Didi-Hubermann writes, "would here be a sort of foliation (feuilletage), of exfoliation, the folly (folie) of a notion of the subject."[7]

At the end of the 19th century the hysteric emerges as a medium (now associated with pathology) for expressing a collective experience of the modern age, one that, according to Walter Benjamin, was characterized by the "experience of shock".[8] The concomitant "crisis of the subject" as a result of the process of general rationalization beginning in the 19th century, on which modes of production and social forms of life are both contingent, is in Benjamin's view accompanied by a "crisis of perception". The break with the conventions of a representative practice that becomes evident here, shows its radical effect in the arts. It was decisively triggered by automatization, mechanization and electrification, etc., in general, and by the development of "telematic" media (telegraphy, telephony, photography) as well as the production of images and text, in particular (photography, film, modern printing techniques).

The "wounded Diva" now occupies the interface where the image, speech and sound media that had become more technically sophisticated and transformed in the 19th and 20th century and the related phantasm of "femininity" meet. The "Diva" embodies the mass media version of a mythic and aesthetic ideal, the goddess Venus who is split into two figures in the modern age: In "Olimpia", the automaton, and "Olympia", the prostitute.[9] "Olimpia" and "Olympia" anticipate in a paradigmatic way the artistic concepts of the 20th century. The "secularization" of the classical, western symbol of beauty – Baudelaire's "loss of beauty" – finds its expression here in two interrelated fantasies of the human body: on the one hand, the automaton, the idea of the body as an apparatus, as mechanized object. On the other hand, the transformation of Venus into a prostitute in the painterly concept of Manet and his successors tends to imply the fantasy of the body as "lowly matter". The latter is linked with a formal process of transformation within whose logic the concept of "body as material" was developed in the fifties and sixties. Both representational models share the structural dissolution of the anthropomorphous image of the body reflected in the metaphorical and metonymical transformations of the signifier "body" in non-mimetic models and figurations, in fragments, objects and/or materials. Notwithstanding their seeming contradictoriness – and here hysteria has its place – both equally embody the phantasm of an erotic-ecstatic, unfettered, demonized "nature" that is attributed to the "female". (ILL. 2)

Within the logic of the stories of "Olimpia" and "Olympia" (in E.T.A. Hoffmann as well as in Manet) the gaze plays a decisive structural role in which the future manifestations are already anticipated in the field of vision. The gaze is presented here in its function as controlling and sanctioning authority, while at the same time voyeuristic and fetishistic potential comes to bear – a potential that was to shape the media aesthetics of the 20th century. The position of the observer (still assumed to be male) is addressed by way of the structure of the gaze: the prostitute with the provocative gaze, the automaton exploding before the very eyes of the beholder. It is an issue that backfires on the seemingly ensured (gender-specific) identity of the subject. (ILL. 3)

Thus Benjamin's metaphor of the "disintegration of aura" is also directly related to the gaze. The "loss of the gaze" noted by him – given back to the viewer by the "auratic artwork" – is characteristic of modernity and its dominating new pictorial media. The apparatus documents the image of man without giving him back his gaze.

But looking at someone carries the implicit expectation that our look will be returned by the object of our gaze. Where this expectation is met [...] there is an experience of the aura to its fullest extent. [...] To meet with the aura of an object we look at means to invest it with the ability to look at us in turn. The modern subject is to experience in a state of shock that "an expectation running up man's gaze is not fulfilled.[10]

Benjamin uses the example of Baudelaire to describe how this loss creates his imaginary figures. The beauty, in the guise of a woman, rejects the gaze of the poet. "Baudelaire describes eyes of which one would like to think that they have lost the ability to see." Before these eyes the beholder is in the same state of alienation as in front of his own reflection – an alienation that Benjamin basically observes in a person posing in front of the camera. The reflecting, gazeless eyes then appear demonized: these are the eyes of female satyrs, nymphs, and prostitutes to whose threatening sway the poet submits.[11] (ILL. 4)

That is to say, it is "the woman" who becomes a symptomatic figure in modern representations. The complex connection between technological advances and staged gender relationship is constituted by way of the female body. In the avant-garde aesthetics this then appears under a double star: both as the seemingly destructive cause of transformation as well as object and expression of this disintegration. "The woman" is staged as both "destroying" and "destroyed".

The hysteric is situated at the interface of these contrary representational functions. For the conservatives she was evidence for the decline (the "degeneration") of culture and the alleged inferiority of the "female". Contrastingly, for expressionist, dadaist and surrealist artists, she was emblematic of an unleashed eroticism, excess, both of which were modernist topoi concomitant with the anti-bourgeois and anti-rational tendencies of these movements and which became manifested in the radical, form-altering and form-dissolving modes of representation.

The notion of "automatism" created by the surrealists as their principle of production refers, on the one hand, to text and/or image producing machines. It also relates directly to the erotic-ecstatic "female" in the surrealist program and in surrealist art. In 1928 Breton and Aragon celebrated the "50th anniversary of hysteria (1878–1928)" in the journal *La Révolution Surréaliste*, referring to it as the "greatest poetic discovery of the 19th century."[12] To corroborate this, they used photographs of Charcot's women patients whom the doctor had portrayed in their given "attitudes passionelles" which he had attributed to them in his diagnosis.[13]

It is here that the concept of "medium" marks a historically significant shift in meaning that hinges on "the woman". She is the (parapsychological) "medium" inspiring the artistic process (Breton's revolutionary muse Nadja) and she also appears in a functional context with the "medium" in McLuhan's sense of the word. That is to say, the female body is dovetailed structurally with the image or text producing machine in the ambivalent function described above: the "sexual-ecstatic, hysterical woman" becomes the signifier for the apparatus, the (re)producing machine, and she also simultaneously represents the product that this machine produces, the "image". This is not just meant in an imaginary but also in a physical-material sense, since the artistic process tends to strive for dissolution, the destruction of the image as object that has taken place since the late fifties as an aggressive move. Historically, this subsequent "extension" of the image converges with happening, actionism, performance and body art as well as pop art.[14] (ILL. 3)

Within the logic of this structure the "hysteric" woman is not just present in a passive role as "cliché-woman" but also as an active, productive authority which seems to be a driving force behind the artistic process. The disintegration of the anthropomorphic, mimetic image of the body entails a "hysterization" of form that is always indicative of the methodology and effects of technological image production. Photography and film do not just supply the images of the hysteric body, their technological procedures actually trigger off this "hysterization". The "hysteric woman" is the "cadavre exquis", the "exquisite cadaver" where the wit of the Surrealist montage principle merges with the "non-knowledge" (denial) in which the part of the figure to be completed must remain hidden to the person drawing it (ILL. 4).

The imaginary "female" aspect of the hysteric – "Olympia" or "Olimpia" – almost operates "as the hidden lower side" of radical modernism, be it in Picasso's *Demoiselles d'Avignon* (1907) or Picabia's *Voilà, la fille née sans mère* (1916/17). "The woman" symbolizes in an ambivalent way the potential threat but also the innovative-revolutionary potential with which the (male) subject of modern, technological civilization in general and the artist through the specific challenge of photography, film and the new production and reproduction techniques in particular are confronted.

The phantasms of the "female", the pleasurable demonization of prostitutes – Manet's *Olympia* was termed a "rotting cadaver"[15] by contemporary critics or the ironic "bachelor autonomy" of the artist – Duchamp gave up painting after the *Big Glass* which he called "olfactory masturbation"[16] – also deal with the self-referentiality of the system of modern art. These figures have to do with form becoming autonomous and with the reflection on new production conditions that in turn have entailed a changed relationship between art and beholder, artist and patron. The photo machine potentially replaces the artist who is now forced to publicly offer his services for sale. The artwork "mysteriously" evolves by itself[17], a process which is relegated to the hysteric, erotic-excessive, female body. For "the woman" a seemingly alien, violent "nature" is imagined which is made responsible for this development. With only few exceptions, as for instance Salvador Dalí, the male body is omitted in these scenarios, even if it can be shown that a male fantasy of self-dissolution also lurks behind it.[18] "Is that you Nadja?", Breton asks, [...] I can't hear you. Who's there? Is it just me? Is it me myself?"[19]

A Woman's Mise-en-Scene of Her Self

For female artists of the Dadaist and Surrealist movement the instrumentalization of a woman's body provides a structural model that is directly reflected in their works. Hannah Höch's *Kitchen Knife Dada* is an ironic attack against the bourgeois myths of femininity and patriarchal demonstrations of power. The "use of the knife" as a metaphor of the destruction of the easel painting developed in women's *mise-en-scenes* of themselves is based on a separate dynamic related to the dual positioning of "the woman". The hysterical structure that becomes evident in the self-presentations of women takes on an additional dimension. Women bring their body to bear in a structural connection with the image but without directly adopting the male expression of avant-garde. Rather, they incorporate an additional level of reflection. Consciously and unconsciously they stage their own instrumental status within the representational system by making direct reference to its functioning. The symbolic limits that are set to the "woman as image" become visible as a conflict. To the extent the allegedly erotic-excessive "femininity" (at work in the images of men) is adopted, it is juxtaposed by images of injury, paralysis and unsuccessful attempts to break out of the image. The aggression directed against the image as a symbolic form returns to its own body in a sort of reversed movement.

Exemplary for this structure that can be detected in the most recent self-representations of female artists are the *Dream of 21. December 1921* (1929) (ILL. 5) by Valentine Hugo or *Relâche* (1943)[20] by Toyen (ILL. 6). An important aspect here is the staging of the wound and its concurrent denial. The beautiful woman in Hugo's *Dream* apparently knows nothing about the claws of the animal wounding her face. The animal's threatening gaze redoubled her own. In the nineties, Orlan alluded to the illusion machinery of the mass media. While surgery was being performed on her body and face, she engaged in conversations that were transmitted via satellite, as if her body was detached from her voice.[21] The woman so voyeuristically displayed at the ballet bar in the picture *Relâche* embarks on her (lethal) retreat under the surface of the picture in which her feet are already "sunk". In all of the three works cited and, in more general terms, in all of the works in the exhibition, the nexus of body and image or representational structure is central. In Toyen's sadistic scenario the body does not vanish into the wall that no longer exists in the logic of the upper pictorial space. It vanishes into the picture whose surface here shows an open painterly structure (anticipating the pouring technique) that contrasts radically with the meticulously painted body. At Hugo the claws of the animal seem to pierce the surface of the painting, the paper or the canvas from the back or from within, inflicting a "virtual wound" to the materiality of the picture as a projection surface. In *Jeux d'enfants* (1942) (ILL. 7) Dorothea Tanning makes three young girls perform a hysterical, "pre-actionist" spectacle in which skin, hair, clothes, wallpaper and canvas are semantically shifted to refer to the picture, its material and structure. This means that the iconography and statement of these paintings is expanded by means of a pictorial-technical and thus media-critical approach that makes a statement on the status "of the woman" and her symbolic and social position.

The significant formal and material-related aspects in the (illusionistic) paintings of Hugo, Toyen or Tanning – as, generally speaking, in surrealist works – assume their historical confirmation and artistic value in retrospect from the perspective of performative art that accounts for most of the self-representations since the fifties.

Excess and Control

In the forties and fifties, art that had evolved under the influence of late Surrealism and Existentialism was confronted with a quickly growing consumer society and the new mass media. In this "collision" radical new manifestations of art emerged, which was to characterize the paradigm shift of the so-called postmodernism: happening, action art and pop art borrowed elements from Dada and Surrealism (in the USA and in Europe Artaud became an important figure) and broke up the valid categories of the easel painting and sculpture.

The theatric quality typical of surrealist art and accompanied by a "hysterization" of women deploys its full impact in an art that transcends the boundary to action, to the actual theatric performance. The "picture" becomes expanded into a "setting" in which both male and female artists appeared as their own protagonists. In the late seventies, the "feats" of performance were "reinvested in the pictorial image (tableau)."[22]

Once artists declared the body an artistic medium incorporated in the creative process a gender-specific paradigm shift took place. Even the male body was now staged in an ambivalent position between subject and object and was, interestingly enough, feminized. In the passive, "suffering" role the male actor was included in the contradictory, hysterical structure that was previously mainly reserved for "the woman". At the same time, the female body (the female nude) lost its historical significance for the male artist. Gender roles were called into question in action art as well as in pop art, even though the latter, bowing to popular culture, worked with the common stereotypes of femininity originating in the media and advertisement.

Both the male body as "hysterisized part of the picture" and the "male hero" as media icon (with a close affinity to Warhol's soup can) relativize the image of the male artist (subject) – now detached from the male fraternizing avant-garde. Warhol's claim that he would most like to be an automaton clearly reflects the shift of the now obsolete concept of automatism to the level of the mass media.[23]

From the very outset, the liberating thrust of action art's opposition to artistic and social conventions was inscribed with a counter-figure, an authority of control played out by the the actor in the action, against which he or she rebels and at the same time subjects himself or herself to. The body staged in the action and conceptually employed as a material makes the tension between subject and object status visible in a radical and real way. In keeping with this contradiction presented in theatrical terms those laws are now enforced on the body that were to be overcome. In the context of the visual arts these laws also include the laws of the representational system itself, its apparatuses, media and dominant gaze structure. This "laboratory of power" (Foucault) allows someone who is privy to it to "internalize" the power relation by "simultaneously playing both roles" and "becoming [...] the principle of his own subjection."[24]

One objective of an analysis of action and concept art is to trace the conceptual construction and simultaneous deconstruction of this "laboratory". The (self)-wounded, manipulated and displayed "hysterical", explicitly sexual body allows the real (Lacan) to return in pain, shock and shame, often immediately triggering defense. It has to do with power structures which the given artistic concepts deal with. In his action *Psycho-Dramolett* (ILL. 8), Günter Brus stigmatized himself with a "female" wound; in the action *Zerreißprobe* (1971) he shows that the attempt of the Viennese actionists to achieve a "direct reality" (Brus) beyond representation is impossible – as he demonstrates to the public in a hysterically charged self-renunciation.

Artists like Bruce Nauman, Valie EXPORT or Dan Graham, who do not proceed from painting but rather from a media, perception and language-critical as well as sculptural context, study the body in these structural constellations. Nauman poised himself as water-spewing figure in a garden (*Artist as Fountain*, 1967) and in the video *Wall Floor Positions* (1968) he related his body to the surrounding space, experimenting with this body-space relationship in various poses (similar to Charcot's "attitudes"). In *Tapp und Tastkino* (1968) (ILL. P. 177) Valie EXPORT strapped the cinematic apparatus onto her body. The actor carries the cinema as a box on the bare upper half of her body with her breasts as the canvas that cannot be seen by the audience, only touched behind a curtain. With this provocative action in a public urban space (Stachusplatz, Munich), the artist reveals the voyeuristic structure of cinema and its related gender-specific norms. In her action *Hyperbulie* (1973), it is electrically charged wires that function as a (picture) frame and thus painfully remind the actor that she must not move outside the boundaries assigned to her. (Hyperbulia refers to the "pathological urge to move.") Dan Graham reconstructs complex "machines" in which he lets the audience appear in a sort of experimental setup on "seeing and being seen". The onlookers react with hysterical laughter and surprise.

The mechanisms of control become particularly visible in the woman's *mise-en-scene* of her self which account for most of the works made since the sixties that are informed by feminism. Characteristic here is a dual structure of affirmation and negation, rebellion and submission that contradict the "discourses of body liberation" in the work. In this sense, these pieces involve much more than just a critique of patriarchic patterns of suppression. They describe a structure and thus also a politics of desire that cannot be readily rejected by "the woman". Since the seventies, the hysteric is once again being mythicized in part of feminist literature and theory. In a comparable way as the Surrealists, she is now being used for the cause of the feminist revolt.[25] This was possible by recourse to an "authentic" female body beyond suppression, a body that would ensure "the woman" her subversive potential. The film and literary theoretician Jacqueline Rose questioned this recourse, appealing for the recognition of a hysteric structure of desire that should not be suppressed in favour of an "essential" femininity.[26]

The self-stagings of female artists confirm the doubts expressed by Rose. At issue here is not an "essentially female" discourse but a reflexive, critical and sometimes ironic preoccupation with the images themselves, the structural context between stereotype notions of femininity and the functioning of the representational systems. When Joan Jonas in the video *Vertical Roll* (1971) keeps "bumping" against the upper edge of the monitor frame as a result of "interference", she is referring metaphorically to a violent aspect implicit in the medium itself.

In a critical continuation of pop art the women artists take over images from advertisement, film, medicine and other everyday contexts to reveal the imaginary "female" dimension in the messages contained here and the symbolic positioning of "the woman". Annette Messager collects images of women characterized by pain, restlessness, despondency, etc. in *Attitudes et expressions diverses* (1973). In *Losing: A Conversation With the Parents* (1976), Martha Rosler has parents speak about their daughter who succumbed to anorexia in an emotionally charged voice influenced by television. Cindy Sherman processes the whole scale of western image production in which she stages herself as the forever *Different (Woman)* to the point of self-dissolution.

In *Corpus* (1984–85)[27] Mary Kelly refers directly to Charcot's "attitudes passionelles". She establishes a (historical) link between the phantasm that covered the hysteric a hundred years ago and the rationalized everyday experience of women in the eighties suffering from the non-recognition accompanying aging in a society governed by the media and obsessed with youth.

Poststructuralist theory and critique and an increasing obsession with the body in everyday culture over the past two decades have equally influenced issues related to representation, body and gender in both male and female artists.[28] The transcendence of and preoccupation with gender roles and relationships, in tandem with the social emancipation of homosexuals, have sparked a new interest in actionist and feminist art. At the same time, a homogenization of buyer potential has been promoted in advertisement, fashion and the pop music industry. This process draws heavily on the image of the feminized man who has "become an image". Michael Jackson is the "Pop Diva" of the century that has just ended.

He is emblematic for the ideological promise of eternal youth (guaranteed by biotechnology), the transcending of boundaries of culture, race (in a racist fashion, from black to white) and of gender, that is to say, for the virtuality of the body as such.

translated by Camilla Nielsen

NOTES

[1] Richard Brem, "Verletzte Diva", in: Richard Brem/Theo Lighart (ed.), *Hommage à Hedy Lamarr*, Vienna 1999, pp. 9–23. Special thanks go to Richard Brem who gave the project its title.
[2] Hedy Lamarr, who was originally from Vienna (Hedwig Kiesler, *1914, † 2000) emigrated first to London and then to Hollywood in 1937. There she succeeded in becoming a veritable star. Together with the French avant-garde composer Georges Antheil she developed "Frequency Hopping", a technology for the remote control of signals. This system is still used for military and civilian purposes (e.g., in cellular phones). As a consequence of a scandal-oriented biography that also made no mention of her invention she retreated from public life in the seventies after futilely protesting against the biography.
[3] See Sigmund Freud, "Fragment of an analysis of a case of hysteria", in: *Standard Edition*, 7:7-122, London 1953.
[4] Cristina von Braun, "Männliche Hysterie – weibliche Askese. Zum Paradigmenwechsel in den Geschlechterrollen", in: Karin Rick (ed.), *Das Sexuelle, die Frauen und die Kunst*, Konkursbuch, Tübingen 1987, pp. 11–20. Von Braun describes the self-feminization of the male artist/author in the 19th century, as for instance in Novalis, Flaubert and Mallarmé, who referred to themselves as hysterics.
[5] Ibid., p. 166–167. "If this interpretation was correct, then there was a fantasy behind the first dream situation, namely the fantasy of a man trying to penetrate female genitalia."
[6] Georges Didi-Huberman, "Graphische Ekstase", in this publication, p. 302, see ibid., *Invention de l'hystérie. Charcot et l'iconographie de la Salpetrière*, Paris 1982.
[7] Ibid., p. 302.
[8] Walter Benjamin, "Charles Baudelaire: A Lyric Poet in the Era of High Capitalism", translated from: *Gesammelte Schriften*, 1, 2, p. 652–653.

[9] "Olimpia" from E.T.A. Hoffmann, *Der Sandmann* (The Sandman) (1817), Frankfurt/M. 1986; Edouard Manet *Olympia* (1863), oil on canvas, 130 x 190 cm, Paris, Musee d'Orsay; E.T.A. Hoffmann's "Olimpia" is an unknown beauty who is the desire of Nathaniel, the main figure of the story. Mesmerized, he watches her dancing in front of the window. To his great dismay he sees that she is an automaton who bursts into single pieces before his very eyes. Freud developed his notion of the "uncanny" on the basis of the "sandman". The primacy of the gaze as a threatening and deceptive authority is a red thread that extends through his analysis as well as through history in general.

[10] Walter Benjamin, *On Some Motifs in Baudelaire*, London 1973, pp. 185–186.

[11] Ibid., p. 186.

[12] *La Révolution Surréaliste*, no. 11, 1928.

[13] See 6, Didi-Huberman, op. cit.; Didi-Huberman describes the connection between hysteria and photography. He shows how Charcot, who called himself the "inventor of hysteria", staged the iconography which his patients yielded to in their poses, which he referred to as "attitudes passionelles".

[14] Silva Eiblmayr, *Die Frau als Bild. Der weibliche Körper in der Kunst des 20. Jahrhunderts*, Berlin 1993, 2nd ed. 1997.

[15] Georges Bataille, *Manet*, Geneva 1955, p. 17, cit. Yves-Alain Bois, "La valeur d'usage de l'informe", Yves-Alain Bois, Rosalind Krauss, *L'informe, mode d'emploi*, Centre Georges Pompidou, Paris 1996.

[16] See Thierry de Duve, "The Readymade and the Tube of Paint", in: *Artforum International*, May 1986, p. 110.

[17] Michael Wetzel, "Die Zeit der Entwicklung. Photographie als Spurensicherung und Metapher", in: Georg Christoph Tholen/Michael O. Scholl (eds.), *Zeit-Zeichen*, Weinheim 1990, pp. 265–280. Wetzel criticizes Paul Virilio for his restrictive definition of temporality in photography: "Temporality in photography must always be grasped from the total process of its emergence, that is, both in terms of the time of exposure and the time of development." (p. 268) In this connection he refers to the fantasmatic component inherent in photography: "On the other hand, all of the magical metaphors of poetic discourse adorning the purely technical instrument emerge from this re-productivity, or better, from the conceptuality of the medium." (p. 269)

[18] It is striking that in the "1st Surrealist Manifest" (1924) Breton mentions hysteric or somatic symptoms, when speaking about "psychic automatism". Hamsum worked in a state of hunger, de Chirico started painting while plagued by migraine headaches and colics.

[19] André Breton, *Nadja* (1928), New York 1960, p. 111.

[20] See Rita Bischof (ed.), *Toyen*, Frankfurt/M. 1987; Anne de Margerie, *Valentine Hugo. 1887–1968*, Paris 1983. Valentine Hugo was closely linked to the group of the surrealists. The image *Rêve du 21. Décembre 1929* (1929) was lost. Toyen, (Marie Cerminovà), one of the most important artists of the Czech surrealism or of the surrealist movement, was in a desperate situation during the war in Czechoslovakia, when *Relâche* came into being.

[21] During the seventh operation she had performed on her body and face Orlan, who has used cosmetic surgery as an artistic medium since the eighties, conversed with museum people in Paris, Tokyo and New York. The title of this piece is *Omnipresence* (1993).

[22] Douglas Crimp, "Pictures", in: *October*, Nr. 8, spring 1979, pp. 75–88; reprinted in Brian Wallis (ed.), *Art After Modernism. Rethinking Representation*, New York, 1984, pp. 155–187. Crimp refers to works by Cindy Sherman, Jack Goldstein and Sherrie Levine which he commented on as follows: "The extent to which this experiment fully pervades their work is not, however, immediately apparent, for its theatrical dimensions have not been transformed and quite unexpectedly, reinvested in the pictorial image."(p. 177)

[23] That precisely Andy Warhol became a victim of the radical feminist Valerie Solanas who tried to shoot him in 1969 and seriously injured him is a tragic aspect in his life as "media-Diva", see Valerie Solanas, *S.C.U.M. Manifesto for Cutting Up Men*, 1968.

[24] Michel Foucault, *Discipline and Punish: The Birth of the Prison*, New York.

[25] See Helène Cixous, "Schreiben, Feminität, Veränderung", in: "Das Lächeln der Medusa. Frauenbewegung, Sprache, Psychoanalye", in: *Alternative*, no. 108/109, 19th vol., June/August 1976 (from: *La jeune née*, Paris 1975); Helène Cixous, *Portrait de Dora*, Paris 1976; Michèle Montrelay, "Inquiry into Femininity"; in: *m/f* 1, 1978.

[26] Jacqueline Rose, "Dora – Fragment of an Analysis" (1978), in: ibid., *Sexuality in the Field of Vision*, London 1986, pp. 27–47.

[27] *Corpus* is part 1 of the four-piece work *Interim* (1984–89) by Mary Kelly. Catalogue *Interim*, The New Museum of Contemporary Art, New York, 1990.

[28] Since the eighties the exemplary scenario for the dichotomy of excess vs. control has been provided by the disease AIDS. For the conservatives it serves as a basis for confirming their moral struggle against sexual liberalization.

PETER GORSEN

Die stigmatisierte Schönheit aus der Salpêtrière

Kunst und Hysterie im Surrealismus und danach

Die Psychiatrie war für die frühen Theoretiker und Literaten des Surrealismus zentrales Studienobjekt. André Breton dachte damals noch an eine Karriere als „médecin d'asile". Zum Wehrdienst rekrutiert bereitete er sich zwischen 1916 und 1919 an verschiedenen Hospitälern auf seinen künftigen Beruf vor und schloss mit dem Grad eines „médecin auxiliaire" ab.[1] Der Bewunderer Freuds, Jean-Martin Charcots und Joseph Babinskis, dessen Praxis er am neurologischen Zentrum der Salpêtrière in Paris schätzen lernte,[2] wurde in den surrealistischen Manifesten von 1924 und 1930, dem *Lettre aux médecins-chefs des asiles de fous* (1925), zum erbitterten Gegner der psychiatrischen Institution. Er ergriff Partei für die gesellschaftlich ausgegrenzten Geisteskranken und buchte ihre Halluzinationen und Delirien auf der Positivseite einer Einbildungskraft, die alle Konventionen missachte und als kompensatorische Kreativität für die soziale Stigmation anzusehen sei.

Wir wissen heute, welches Fachwissen und welche Lehrbücher zum Hysterie-Problem Bretons „antipsychiatrischem" Gesinnungswandel zugrunde lagen und in seinen Manifesten und literarischen Arbeiten verwertet wurden.[3] Aber auch die 1907 französisch übersetzte Paranoia- und Schizophrenielehre Emil Kraepelins, der letztere noch unter dem Begriff „Dementia praecox" abhandelte, war Breton ausschnitthaft bekannt. Ein schwärmerischer Brief des Medizinstudenten von 1916 an Theodor Fraenkel lässt ahnen, welchen Gebrauch er künftig von seinem Krankheitswissen zu machen gedachte, wenn es heißt: „Démence précose, paranoia, états crépusculaires. O poésie allemande, Freud et Kraepelin."[4]

Bei Freud bedankte sich Breton für dessen Untersuchungsmethoden, die er „im Kriege gelegentlich selbst bei Kranken hätte anwenden können."[5]

Gemeint ist die Technik der „freien Assoziation", die er nun wie einst Freud bei der Analyse seiner Träume auf sich selbst anzuwenden gedachte. Es galt, die Zensur zwischen dem Bewussten und dem Vor- und Unbewussten auszuschalten, um „einen so rasch wie möglich fließenden Monolog" zu erzielen, „der dem kritischen Verstand des Subjekts in keiner Weise unterliegt, der sich infolgedessen keinerlei Zurückhaltung auferlegt und der so weit wie nur möglich, gesprochener Gedanke wäre"[6]. Die von Breton und Soupault 1921 veröffentlichten *Les champs magnétiques* waren das erste Ergebnis dieses ungehemmten „Denk-" und „Redestroms",[7] das 1924 schließlich zur fundamentalen Definition des Surrealismus als „reiner psychischer Automatismus"[8] verallgemeinert wurde. Die Auslieferung an das unkontrollierte Assoziieren beim Schreiben und Zeichnen hat eine durchaus angestrebte Ähnlichkeit mit dem Verlust der Selbstkontrolle im Wahnsinn. Breton verkündet gleich zu Beginn des ersten Manifestes, es sei „wahrlich nicht die Angst vor dem Wahnsinn, die uns zwingen könnte, die Fahne der Imagination auf Halbmast zu setzen"[9]. Andererseits geht er nicht so weit, die Phantasie den bewunderten Freiheiten und Möglichkeiten des Wahnsinns unterzuordnen. Die momentane Abwesenheit der Vernunft und des Verstandesurteils im automatischen Produzieren ist mehr einem gefährlichen Spiel vergleichbar, das notfalls abgebrochen werden kann, während der den gleichen Regeln folgende psychische Automatismus des Wahnkranken einem unausweichlichen Zwang gehorcht. Das surrealistische Bündnis mit den extremen Ausdrucksmöglichkeiten der Paranoia, Schizophrenie und Hysterie folgt einer Doppelstrategie, die ebenso vom Risiko wie der Absicherung gegenüber der Psychose bestimmt ist. Die Angst, sich der verrückten Schönheit auszuliefern, ihrer Anarchie und Absurdität zu verfallen, steht das ebenso intensive Bemühen einer Umwertung des Krankheitssymptoms zu poetisch-ästhetischem Ausdruck gegenüber.

Eine Nagelprobe auf die Kreativität der Psychose erfolgte 1928 in der März-Ausgabe der Zeitschrift *La Révolution Surréaliste* durch das von Aragon und Breton verfasste, von Fotografien begleitete Manifest *Le Cinquantenaire de l'Hystérie (1878–1928)* (ABB. 1) und einen Auszug aus Bretons Dokumentar-Roman *Nadja*, der im gleichen Jahr bebildert in Buchform erschien. Aus beiden Texten geht hervor, dass das konvulsivische Schönheitsideal der Surrealisten durch die umwertende Transformation der damals psychiatrisch

ABB. 1

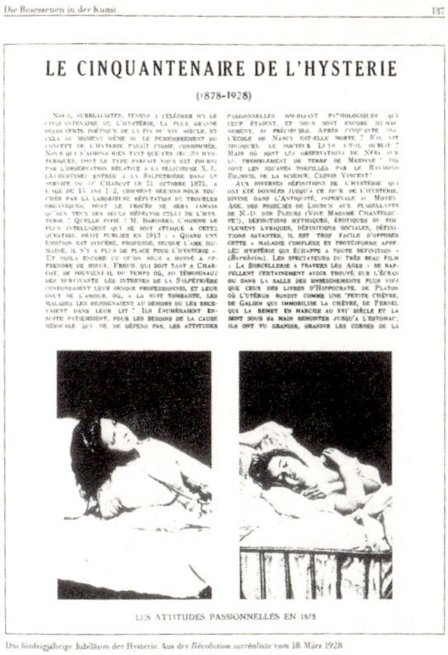
Die Besessenen in der Kunst 137

LE CINQUANTENAIRE DE L'HYSTERIE

(1878-1928)

Nous, surréalistes, tenons à célébrer ici le cinquantenaire de l'hystérie, la plus grande découverte poétique de la fin du XIXe siècle, et cela au moment même où le démembrement du concept de l'hystérie paraît chose consommée. Nous qui n'aimons rien tant que ces jeunes hystériques, dont le type parfait nous est fourni par l'observation relative à la délicieuse X. L. (Augustine) entrée à la Salpêtrière dans le service du Dr Charcot le 21 octobre 1875, à l'âge de 15 ans 1/2, comment serions-nous touchés par la laborieuse réfutation de troubles organiques, dont le procès ne sera jamais qu'aux yeux des seuls médecins celui de l'hystérie? Quelle pitié! M. Babinski, l'homme le plus intelligent qui se soit attaqué à cette question, osait publier en 1913: « Quand une émotion est sincère, profonde, secoue l'âme humaine, il n'y a plus de place pour l'hystérie ». Et voilà encore ce qu'on nous a donné à apprendre de mieux. Freud, qui doit tant à Charcot, se souvient-il du temps où, au témoignage des survivants, les internes de la Salpêtrière confondaient leur devoir professionnel et leur goût de l'amour, où, à la nuit tombante, les malades les rejoignaient au dehors ou les recevaient dans leur lit? Ils énuméraient ensuite patiemment, pour les besoins de la cause médicale qui ne se défend pas, les attitudes passionnelles soi-disant pathologiques qui leur étaient, et nous sont encore humainement, si précieuses. Après cinquante ans, l'école de Nancy est-elle morte? S'il vit toujours, le docteur Luys a-t-il oublié? Mais où sont les observations de Néri sur le tremblement de terre de Messine? Où sont les zouaves torpillés par le Raymond Roussel de la science, Clovis Vincent?

Aux diverses définitions de l'hystérie qui ont été données jusqu'à ce jour de l'hystérie, divine dans l'Antiquité, infernale au Moyen Âge, des possédés de Loudun aux flagellants de N.-D. des Pleurs (Vive Madame Chantelouve!), définitions mythiques, érotiques ou simplement lyriques, définitions sociales, définitions savantes, il est trop facile d'opposer cette « maladie complexe et protéiforme appelée hystérie qui échappe à toute définition » (*Bernheim*). Les spectateurs du très beau film « La Sorcellerie à travers les âges » se rappellent certainement avoir trouvé sur l'écran ou dans la salle des enseignements plus vifs que ceux des livres d'Hippocrate, de Platon où l'utérus bondit comme une petite chèvre, de Galien qui immobilise la chèvre, de Fernel qui la remet en marche au XVIe siècle et la sent sous sa main remonter jusqu'à l'estomac; ils ont vu grandir, grandir les cornes de la

LES ATTITUDES PASSIONNELLES EN 1878

Das fünfzigjährige Jubiläum der Hysterie. Aus der *Révolution surréaliste* vom 18. März 1928

Le Cinquantenaire de l'Hystérie, aus: *La Révolution Surréaliste* vom 18.3.1928

bekannten hysterischen und schizophrenen Ausdrucksphänomene zustande kam. Bekannt war Charcots auf 1878 datierbarer Entschluss, die nach Träumen entstandenen Lähmungen hysterischer Patienten durch Hypnose „künstlich zu reproduzieren"[10] und sie in typischen fotografischen Momentaufnahmen festzuhalten. Es waren die Fotos der jugendlichen, attraktiven Augustine,[11] die die Surrealisten hinrissen, von der „größten poetischen Erfindung am Ende des 19. Jahrhunderts" zu sprechen,[12] während sie die psychiatrische Nosographie der Hysterie ablehnten. Tatsächlich verdankten sich aber auch die bewunderten Fotos der Augustine dem selektiven Blick und klassifikatorischen Ordnungsprinzip Charcots, die auch ästhetisch motiviert und kunsthistorisch beeinflusst waren. Auf diesen Zusammenhang achteten die Surrealisten nicht.

Aragons und Bretons Ausführungen zur „Hysteriefeier" münden in die Schlussfolgerung: „Die Hysterie ist kein pathologisches Phänomen, sondern darf als ein in jeder Hinsicht herausragendes Ausdrucksmittel angesehen werden."[13] Wir wissen heute, dass dieser Satz gegen eine Definition Joseph Babinskis gerichtet war, der die Hysterie als „état pathologique" erklärt, der durch Suggestion hervorgebracht und durch Gegensuggestion beseitigt werden könne.[14] Um jede Diskriminierung zu vermeiden, wurde der Terminus Hysterie durch Überredungskunst, den „Pithiatismus", ersetzt. Mit der Kritik an Babinski hatte sich Breton der Auffassung Hyppolythe Bernheims angenähert, der den neurologischen Ursprung der von Charcot beschriebenen hysterischen Verlaufsformen bezweifelte und sie als antrainierte „bloße Kunstprodukte" der Kliniker auswies.[15]

Mit dem im surrealistischen Manifest zustimmend zitierten[16] Bernheim, war die neurologische Stigmatisierung der Hysterie vom Tisch und die im Manifest versammelten Künstler waren in die paradoxe Lage versetzt, sich mit einem Krankheitsphantom und kulturell hervorgebrachten Ausdrucksphänomen aus der verhassten Klinik der Salpêtrière auseinanderzusetzen. Die ästhetische Aufwertung der bewunderten Hysterie zu einem herausragenden Ausdrucksmittel blieb davon unberührt. Das Lob der Hysterie wird von der paradigmatischen Schönheitsdefinition in *Nadja*, wo Breton sein kurzes Liebesverhältnis mit einer geistesverwirrten (schizophrenen) Frau schildert und deren Gespräche und Zeichnungen dokumentiert, übernommen. Hier heißt es kurz und bündig: „Die Schönheit wird KONVULSIVISCH sein oder sie wird nicht sein."[17] Im durch Versalbuchstaben hervorgehobenen Schlüsselwort CONVULSIVE schwingt seine psychiatrische Bedeutung von krampfartig oder krampfend mit, während sie in Max Hölzers verbreiteter Übersetzung als BEBEN verfehlt wird.[18] Die in *Nadja* angesprochene „Schönheit [...] im Dienste der Leidenschaft"[19] ist eine Reminiszenz an die „attitudes passionnelles" der hysterischen Körpersprache nach Charcot. Eine Erweiterung der Schönheitsdefinition erscheint 1934 im *Minotaure* und

ABB. 2

Anonym, aus: *Minotaure* 1937

ABB. 3

Man Ray, *Explosante fixe*,
aus: *Minotaure* 1934,
und aus: *L'amour fou* 1937

in dem drei Jahre später erschienenen Buch *L'amour fou*, das die für Breton zentrale Synthese von Verrücktheit und Liebe entfaltet: „Die konvulsivische Schönheit wird erotisch-verhüllt, berstend-starr, magisch-umstandsbedingt sein oder sie wird nicht sein."[20] Das Begriffspaar „berstend-starr" (explosante-fixe) legt den Vergleich mit den tonisch-klonischen Konvulsionen nahe, die Charcot als typisch für die „epileptoide Phase" des „großen hysterischen Anfalls" angenommen hat. Der Anspannung und Versteifung der Muskulatur, dem Starrkrampf des Körpers im tonischen Stadium, korrespondiert ein heftig bewegter, zuckender, zitternder Körper im klonischen Stadium. Aus gegensätzlichen motorischen Strebungen, Passivität und Aktivität, genereller aus Stillstand und Bewegung, setzt sich das paradoxe Erscheinungsbild der hysterischen Konvulsion zusammen.[21] Ihre antagonistische „Schönheit, weder dynamisch noch statisch", wie es noch in *Nadja* heißt,[22] wird später in *L'amour fou* wieder aufgegriffen und in der „Fotografie einer Lokomotive ..., die man Jahre hindurch dem Delirium des Urwalds überlassen hätte", imaginiert.[23] Ein passendes anonymes Foto wird 1937 im *Minotaure* nachgereicht (ABB. 2). In *L'amour fou* zitiert Breton die Fotografie der Ausdruckstänzerin Prou del Pilar von Man Ray, die schon 1934 entstanden ist und jetzt unter dem Titel *Explosante fixe* (ABB. 3) definitorisch vereinnahmt wird.[24]

Die herangezogenen Fotobilder demonstrieren, für Breton kann sich konvulsivische Schönheit „nicht anders manifestieren, als in der Bejahung des wechselseitigen Verhältnisses, das den betreffenden Gegenstand in der Ruhe wie in der Bewegung bestimmt,“[25] ihn also zugleich explosiv und starr, offen erotisch und verhüllt (Meret Oppenheim in der Fotografie Man Rays von 1933) (ABB. 4), magisch und umstandsbedingt, nämlich dem Zauber und der Kausalität gehorchend, definiert. Die surrealistische Bemächtigung der Wirklichkeit realisiert sich in der Einheit der Gegensätze (coincidentia oppositorum). Der fotografische Blick auf die Körperwelt, sei es des Tanzes oder der Hysterie, fixiert den Bewegungsablauf in einem für ihn typischen Moment – als dialektisches Bild. Augustine, die Gallionsfigur der surrealistisch gefeierten Hysterie, sollte der „erbärmlichen“, eindimensionalen Diagnostik der Psychiater in der Salpêtrière entrissen werden. „Quelle pitié!“ Diese Rüge aus dem Manifest von Aragon und Breton war eine ironische Anspielung auf die „Pitié (Salpêtrière)“ von Paris, wo letzterer seine psychiatrische Ausbildung unter Babinski erfuhr.[26]

Das Mädchen Augustine, dessen fotografisch illustrierte Krankengeschichte (es wurde mit 15 Jahren in die Salpêtrière aufgenommen) im zweiten Band der *Iconographie photographique de la Salpêtrière* von Bourneville und Régnard (1877–80) den Wortführern Aragon und Breton komplett vor

ABB. 4

Man Ray, *Érotique voilée*, aus: *Minotaure* 1934

ABB. 5

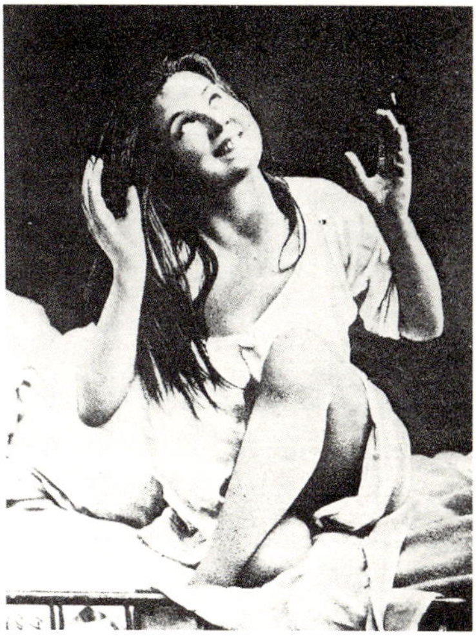

Extase, aus:
D.-M. Bourneville/P. Régnard (Eds.), *Iconographie photographique de la Salpêtrière*, Paris 1878

Augen stand, wurde die frühreife Diva des konvulsivischen Schönheitsideals. (ABB. 5) Ihre Lähmungen und Verletzungen, in der Salpêtrière auf Klischees reduziert, wurden zu „wunderbaren“ Stigmen ästhetisiert. Didi-Huberman moniert moralisch zu Recht an der surrealistischen Liaison von Hysterie und Schönheit, dass man auf den Spuren des Augenmenschen und Auch-Kunsthistorikers Charcot sich weiterhin „an den doch so schmerzvollen Gestikulationen einer armen Vedette namens Augustine“ nicht sattsehen konnte,[27] aber er vergisst, dass das Heer der Schmerzensfrauen und Schmerzensmänner, der schöne Schein des Martyriums, ein nicht wegzudenkender Teil der abendländischen Kunst ist, von deren Geschichte die surrealistische Revolution sich nicht völlig befreien konnte.

Dalí hatte 1933 im *Minotaure* die PSYCHOPATHOLOGISCHE PARALLELE von Schönheit und Hysterie gleichfalls mit Berufung auf Charcot thematisiert.[28] In der „sculpture hystérique“ sind konvulsivische Form und Ausdruck der Ekstase zu einer Synthese zusammengezwungen. Die illustrierende Collage (ABB. 6) kombiniert die Gebärdensprache des hysterischen Anfalls, den verzückten Gesichtsausdruck im Somnambulismus, die labyrinthische Anatomie der Ohrmuschel, mit dem floralen Jugendstilornament einer Anstecknadel und einer verklärten Karyatide im Art Nouveau-Stil, zu einem Analogiezauber miteinander verwandter „onirischer Elemente“. Das

ABB. 6

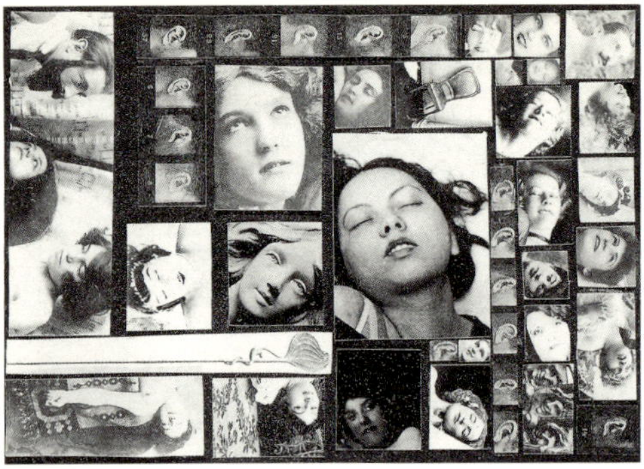

Salvador Dalí, *Le phénomène de l'extase*, aus: *Minotaure* 1933

konvulsivisch Schöne Bretons erfuhr darüber hinaus eine „kannibalische" Ausweitung durch Dalís Definition: „Die Schönheit wird essbar sein oder nicht sein."[29] Der kannibalische Surrealist begnügte sich nicht mehr mit einem *Hysterischen und Aerodynamischen Frauenakt* (1934), auf den das männliche Gelüst seine phallischen Projektionen wirft (ABB. 7), sondern imaginiert nun eine vollständigere, mehr als visuelle Schönheit, die die Regression auf den oralsadistischen Eros des Kindes, der das Verschlingen des zu sehenden geliebten Objekts einschließt, reaktiviert. Auch die konvulsivisch wogenden Bauten eines Antoni Gaudí, seine *Casa Milá* in Barcelona, die weiche, organische Art Nouveau-Plastik, die Dalís Essay „Von der schaurigen und essbaren Schönheit, der Modern Style-Architektur" illustrieren, fallen dem hungrigen, kannibalischen Schönheitssinn zum Opfer.

ABB. 7

Salvador Dalí, *Hysterischer und Aerodynamischer Frauenakt*, 1934

ABB. 8

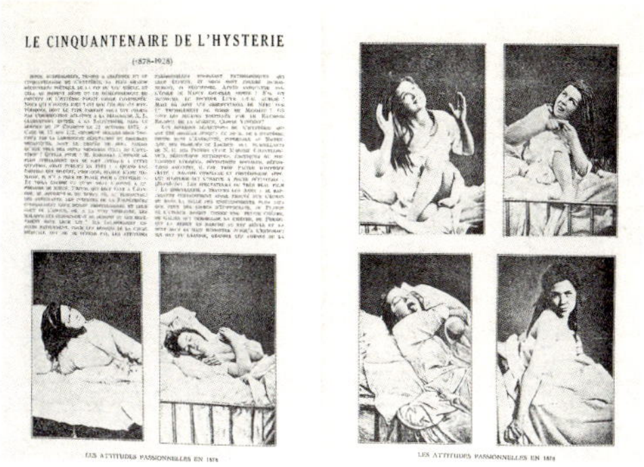
LE CINQUANTENAIRE DE L'HYSTERIE
(1878-1928)

Le Cinquantenaire de l'Hystérie, attitudes passionnelles 1878, aus: *La Révolution Surréaliste*, vom 18.3.1928

So weit waren Aragon und Breton nicht gegangen. Ihre Begeisterung für Augustines Ekstasen und Krisen schreckte vor einer weiteren Primitivisierung des konvulsivisch Schönen zurück. Die sechs ausgewählten Abbildungen ihres Manifestes (ABB. 8) favorisieren jene „leidenschaftlichen Haltungen und Gebärden", die bei aller Motorik vorrangig den affektgeladenen Ausdruck ausspielen. Sie erscheinen dem Betrachter weniger unheimlich als die clowneske und dämonische Artistik der „grossen Bewegungen", deren „unlogische" Verrenkungen in der prominenten Kreisbogenstellung, dem „arc de cercle", gipfeln. Unterschwellig aber setzte der Surrealismus mit Dalí an der Spitze (ABB. 9) die Regression ins Unheimliche, Befremdliche und Schaurige fort. Dies zeigt der hohe surrealistische Anteil der erotischen Konvulsionäre wie Bellmer, Benoit, Boiffard (ABB. 10, 11), Cahun, Ernst, Freddie (*The Definitive Rejection of a Request for a Kiss*, 1940; vgl. S. 87), Kertész (*Distortion*

ABB. 9

Salvador Dalí, *Arc de cercle*, 1937

ABB. 10
ABB. 11

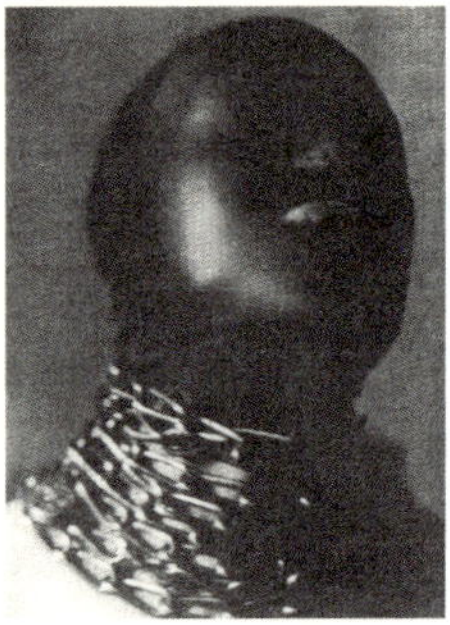

Jacques-André Boiffard,
ohne Titel, 1930

#20, 1933; vgl. S. 87), Magritte (*L'exercise de l'acrobate*, 1928; vgl. S. 249), Masson (*Scène érotique*, 1928), Molinier (*Les jummeles amoureuses*, 1967; vgl. S. 85), Man Ray (*Primat de la matière sur la pensée*, 1929; vgl. S. 79), Ubac (*Affichez vos poèmes, Affichez vos images*, 1935; vgl. S. 83), um nur die bekanntesten neben Dalí zu nennen. Auch wurde die Hysterie eine Angelegenheit der Mann zu Frau-Konvertiten, die von Duchamp, den Man Ray als *Rrose Sélavy* (1921) porträtierte, über Magrittes poetisch verklausulierte *Les jours gigantesques* (1928), der die hysterische Metamorphose des Mannes zur Frau malerisch bewältigte, bis zu den Fotomontagen und Performances Moliniers führte, die Urs Lüthi (*My Lability is my creativity*, 1970; vgl. S. 265) und Klauke (*Self Performance*, 1972/73; vgl. S. 247) in den siebziger Jahren fortsetzten.

Charcot und Richer waren der Konvulsion schon in den kunsthistorischen Besessenheitsdarstellungen laufend und quer durch die Stile begegnet.[30] Der Surrealismus hat ihre Neugierde auf Ekstasen, Stigmatisationsphänomene und den Somnambulismus fortgesetzt, um sie für eine „profane Erleuchtung", wie Walter Benjamin einschränkend ausgeführt hat,[31] zu nutzen. Gesucht wird demnach ein „Leibraum", der das Bild aus seiner kontemplativen Gefangenschaft befreit, es in Funktion setzt und damit einen revolutionären Handlungsraum eröffnet. Erst wenn „sich Leib und Bildraum so tief durchdringen", dass es zur „revolutionären Entladung" kommt, werde sich der „anthropologische Materialismus" der „Révolution Surréaliste" erfüllen.[32]

Die surrealistische Idee von revolutionärer Entladung ist ausdrücklich auf die „physische Kreatur" und nicht nur auf den „inneren Menschen" (Benjamin), die Psyche, den Geist bezogen. Die Kontraktionen der Muskel, das Konvulsionssyndrom der Hysterie, gehören in die Kompetenz des Leibraums. Es scheint, dass die fotografisch illustrierten surrealistischen Manifeste der Fotografie mehr Entladungsenergie, handlungsauslösende Kraft, zugetraut haben als den traditionellen piktogrammatischen und skulpturellen Medien der surrealistischen Kunst.[33] Die Fotos von Krampfposen und extrem gesteigerten Affekten, das technologisch fortschrittlichere Medium, erweckten auf direktem Wege das Verlangen nach einer kompensatorischen Leiblichkeit, die den Zwangszusammenhang von Verdrängung und klassisch-statischer Ästhetik sprengt.

Nicht zufällig hat Hans Bellmer das konstruierte Modell der Puppe gegenüber ihren frei assoziierten, anagrammatischen Fotografien marginalisiert. Für diese und ihre outrierten graphischen Fortsetzungen gilt, was Freud an den Körpern Hysterischer aus Charcots Klinik zuerst auffiel: „[...] comme si l'anatomie n'exitait pas, ou comme si elle n'en avait nulle connaissance."[34] Bellmers Puppen und Marionetten aktivieren das schon von Freud bemerkte „Unheimliche des epileptischen Anfalls" für jeden Beschauer, der hinter dem gewohnten, beseelten Körperbild die verborgenen „automatischen Prozesse" ahnt.[35] Und Michel Leiris konstatiert an Jacques-André Boiffards Fotografien maskierter Köpfe (von D.W. Seabrook) (ABB. 10–11) die Faszination „durch etwas, das uns fremd ist". Die maskierte Person wird „durch ihre Maske viel beunruhigender und mysteriöser, und da ihr unterschlagenes Gesicht sie beinahe anonym werden liess, erhält sie durch diese harte Kopfbewehr aus Leder oder Metall, durch jene strenge Geometrie, die sie teilweise verbirgt, eine bestürzende Allgemeinheit"[36].

Der physische Automatismus des großen hysterischen Anfalls erfüllt in allen Stadien die surrealistische Vorschrift: Er ist ein passiver, spontan erduldeter Zustand, eine „motorische Ohnmacht" (Didi-Huberman) parallel zur psychischen; bar jeder Kontrolle durch das Bewusstsein kommt es im sensomotorischen Bereich zur zwangsmäßigen Entladung noch nicht angepasster seelischer Kräfte.

Carl Einstein hatte weit vorausschauend die „romantische Generation" der Surrealisten als „Regression zu einer Primitive", ihre „halluzinative Kunst" als „System einer Besessenheit [...] mit der Kraft einer idée fixe" bezeichnet.[37] „Wachsein gilt nun als gehemmter Traum, als verminderte Halluzination, während das Unbewusste oder der Automatismus der

Analogien nun zum wichtigen Mittel des Findens und Erfindens erhoben wird; man kehrt zur Mantik zurück."[38] Einstein dachte vorrangig an die ornamental niedergeschriebenen Zeichnungen und Malereien André Massons wie *Scène érotique* von 1928, an die kompositorisch konsolidierten automatischen „Sandbilder" und totemistischen Darstellungen. Der assoziationsverspielten, dem Mythischen zugewandten Malerei (Miró) und Skulptur (Arp, Giacometti) im Surrealismus müssen aus heutiger Rückschau die automatistisch inspirierten Werke der Carrington, Tanning, Toyen, Zürn und Meret Oppenheim (*Ma gouvernante*, 1936; vgl. S. 256) an die Seite gestellt werden.

Die poetische Sublimation des Automatismus und seines unbewussten Phantasiepotenzials fand ihre Fortsetzung in den sechziger Jahren beim Wiener Aktionismus durch Brus, Nitsch und Schwarzkogler, nun allerdings im bewussten Zugriff auf die Entladungsenergien des fotografischen Mediums und der „Materialaktion" (Muehl). Dabei wurde bereits wie in den späteren Videoperformances der Body Art die travestierende Strategie des hysterischen Mannes eingeschlagen, worauf zuletzt Louise Bourgeois in ihrer Installation *Cell* (1989–93) kritisch reflektiert hat.

Anders als die Fotografie und Manifestliteratur, die mit fotografischen Bildern korrespondierenden Texte Bretons, haben Malerei und Collage im Surrealismus ihr anregendes Material aus der Psychiatrie selten als Readymade und Zitat angeeignet. Dies gilt auch für den Collagenroman von Max Ernst *Une semaine de bonté* (1934), der einen Zusammenhang mit der Ikonographie der Hysterie erkennen lässt und ihn gleichzeitig imaginativ verrätselt. Angekündigt ist „ein Bilderbuch von Güte, Liebe und Menschlichkeit", in dem die Bilder wie Tage in einem Wochenkalender aufeinanderfolgen. Jedem Tag der am Sonntag beginnenden Woche ist ein anderes „Element" und ein „Beispiel" zugeordnet, dem Samstag das Element „Die Lust" und „Das grosse Einmaleins" als Beispiel. Das zehn Collagen umfassende Wochenende zeigt weibliche Figuren mit den bekannten Konvulsionen des hysterischen Anfalls, die Charcots Koautor Paul Richer durch Strichfiguren, übersichtlich geordnet auf einer Bildtafel der typischen und variierenden Haltungen und Gebärden in ihrem Verlauf, graphisch illustriert hat. Dieses körpersprachliche Reglement der Hysterie verbirgt sich in dem von Ernst ausgewählten Beispiel „Das grosse Einmaleins", das er mit dem Element „Lust" scheinbar widersprüchlich liiert. Im zweiten surrealistischen

Max Ernst,
Une semaine de bonté
(Der Weissen Woche Wochenende),
1934

ABB. 12

ABB. 13

Manifest von 1930 hatte Breton die Bewunderung der Ikonen hysterischer Mädchen aus der Salpêtrière erneuert: „Gloire, avons-nous dit, Aragon et moi, à l'hystérie et à son cortège de femmes jeunes [...]", und er knüpfte daran den Glauben des Surrealismus „nicht nur an die Revolution, sondern auch an die Liebe"; mit anderen Worten: „Das Problem der Frau ist auf dieser Welt das wunderbarste und beunruhigendste."[39] Die Frau, die Liebe, die Hysterie bilden den unlösbaren, poetischen Knoten, den der surrealistische Collagenroman weiterknüpft.

Das auf Holzstiche des 19. Jahrhunderts rekurrierende Material offeriert auf den ersten sechs Bildseiten die schöne Hysterikerin in einem Boudoir, das auf Herrenbesuch schließen lässt. (ABB. 12) Die folgenden Seiten zeigen die explosive Heldin auf dem Weg nach draußen, wie in die Luft gehoben und von der Schwerkraft befreit. (ABB. 13) Der kreisförmig gebogene Leib auf den beiden letzten Seiten transformiert den abstrusen „arc de cercle" zu

Max Ernst,
Une semaine de bonté
(Der Weissen Woche Wochenende),
1934

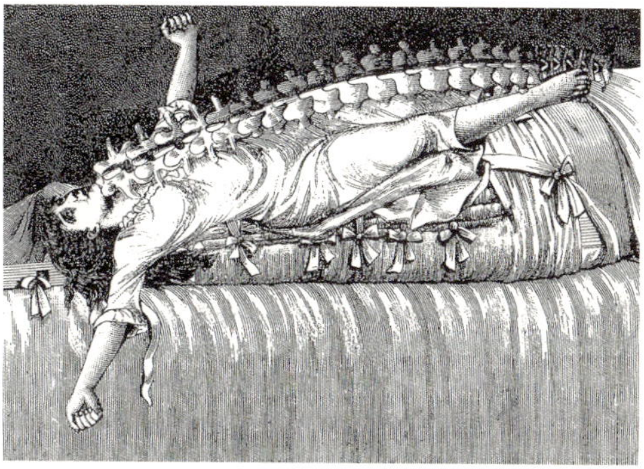

ABB. 14

ABB. 15

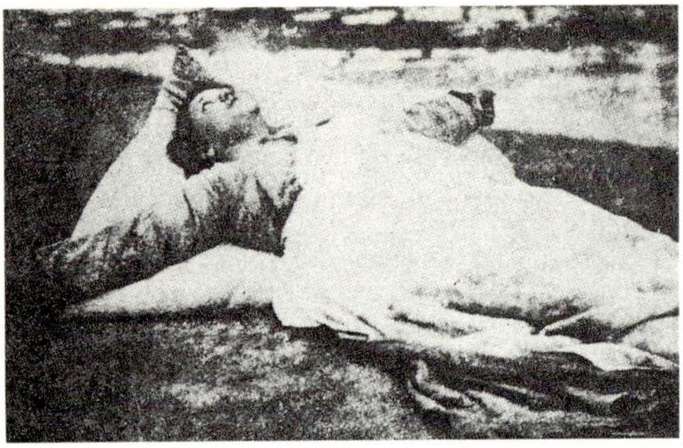

Augustine, Attaque: Crucifiement, aus: D.-M. Bourneville/P. Régnard (Eds.), *Iconographie photographique de la Salpêtrière*, Paris 1878

einer Metapher befreiender Sprengkraft. Zweifellos partizipieren die poetischen Erfindungen an der Faszination der Vorlagen, die – ob nun als Fotografie, Strichzeichnung oder in graphischer Ausführung vorliegend – Max Ernst nicht preisgegeben hat. Er hält sich erwartungsgemäß nicht an Charcots und Richers schematische Phasenabfolge, sondern wählt aus und mischt Konvulsionen und Leidenschaften, Muskel- und Seelenkrampf zu einem Bilderbogen, an dessen Ende, dies ist gewiss, nicht der Erschöpfungszustand im Delirium steht, sondern eine Ekstase suggeriert wird.

Die surrealistische „occultation“ entzieht sich der obduzierenden Analyse, die hier nicht angestrebt ist,[40] weil sie den erwähnten vertrackten Knoten der Poesie nicht lösen kann. Die zehn Collagen der Wochenend-Serie zeigen, wie der Poet an die Arbeit geht: Wie er die kataleptische Haltung, den Starrkrampf der wie gekreuzigt daliegenden Hysterischen durch ein weiteres Element, das Skelett eines Tieres, das einer veterinärmedizinischen

ABB. 16

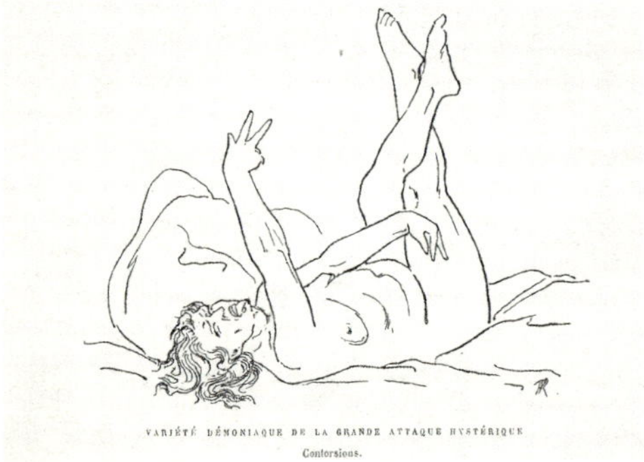

Variété démoniaque de la grande Attaque hystérique, aus: J.-M. Charcot/P. Richer, *Les démoniaques dans l'art*, Paris 1887

ABB. 17

Max Ernst,
Une semaine de bonté
(Der Weissen Woche Wochenende),
1934

Anatomie entnommen sein mag, zu einer Leidenshaltung vertieft, die an der psychiatrischen Vorlage, ob gezeichnet oder fotografiert, gar nicht ablesbar ist. (ABB. 14, 15)

Auch das fünfte Bild entlässt den Betrachter aus der dürren Didaktik der „epileptoiden Phase", während der die extrem verkrampften Gliedmaßen sich steif und senkrecht aufrichten und der akrobatische Körper ein Opfer der Selbstzerfleischung zu werden droht. (ABB. 16) Max Ernst hat die Besessene wiederum in ein Boudoir hineinkomponiert, dem die vorangegangene Szene eine amouröse Bedeutung verliehen hat. Das durcheinandergewirbelte Bettzeug, das autistische Wüten gegen sich selbst können nun mit umgekehrten Vorzeichen als Abwehrkampf und Befreiungsakt gegenüber einem

ABB. 18
ABB. 19

Max Ernst,
Une semaine de bonté
(Der Weissen Woche Wochenende), 1934

ABB. 20

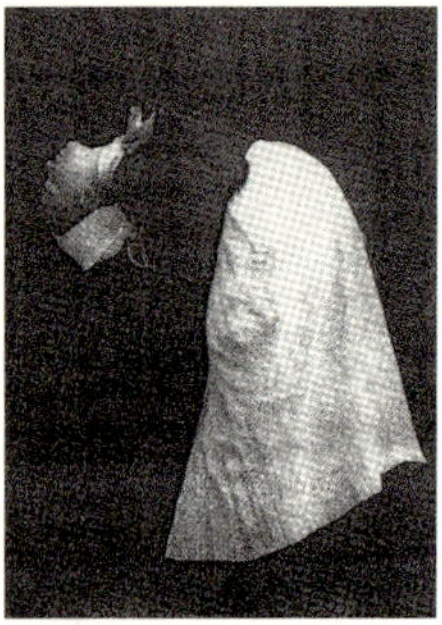

Hysterische Konvulsion, aus: D.-M. Bourneville/P. Régnard (Eds.), *Iconographie photographique de la Salpêtrière*, Paris 1879–1880

Angreifer gesehen werden. (ABB. 17) Der tetanisch gestreckte Leib wird im sechsten Bild von einem Wind, der die flatternden Laken wie barocke Flügel eines engelhaften Wesens aufbläht, nach oben gesogen. Die anschließenden Szenen setzen die profane Himmelfahrt in die Lüfte fort. Zuletzt kombiniert Max Ernst die Entladung des jetzt kreisbogenartig extrem nach hinten durchgestreckten Leibes mit einem steinernen Pier samt eisernem Haltering, dann mit einem geborstenen Pfeiler auf einer jäh abbrechenden Freitreppe. (ABB. 18, 19) Es sind dies archaische Symbole der menschlichen Gefangenschaft und Erdhaftung, die nun vollends durch die Sprengkraft des Leibes überwunden zu sein scheinen. Die poetische Metamorphose des Morbus hystericus (ABB. 20, 21), den auch Augustine verkörperte, ist abgeschlossen. Treu der surrealistischen Antithetik von „explosante-fixe" imaginiert die Collage im Zusammenstoß von harten, tektonischen und weichen, organischen Bildelementen ein Sinnbild konvulsivischer Schönheit.

ABB. 21

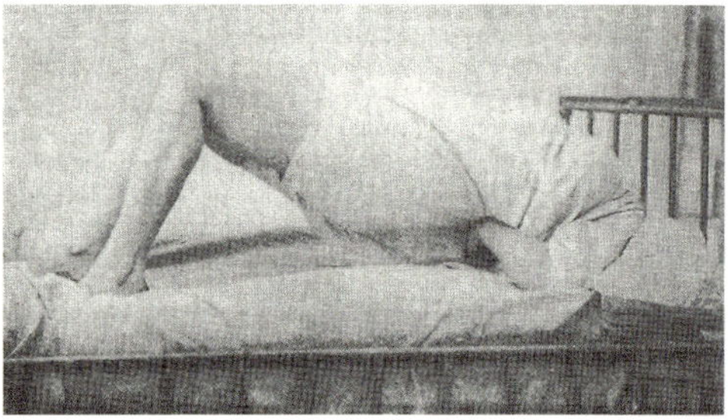

Hystero-epileptischer Anfall: Arc de cercle, aus: D.-M. Bourneville/P. Régnard (Eds.), *Iconographie photographique de la Salpêtrière*, Paris 1879–1880

[1] Marguerite Bonnet, *André Breton. Naissance de l'aventure surréaliste*, Paris 1988, S. 70f.
[2] André Breton, *Œuvres complètes*, Bd. 1, Paris 1988, S. 618f.
[3] Alain Chevrier, „Charcot et l hystérie dans l'œuvre d'André Breton", in: Marcel Gauchet/Gladys Swain, *Le vrai Charcot. Les chemins imprévus de l' inconscient*, Paris 1977, S. 250–282.
[4] Marguerite Bonnet, „La rencontre d'André Breton avec la folie. Saint-Dizier, août – novembre 1916", in: *Folie et psychanalyse dans l'éxpérience surréaliste*, Sous la direction de Fabienne Hulak, Nizza 1992, S. 117.
[5] André Breton, *Die Manifeste des Surrealismus*, Reinbek 1968, S. 24.
[6] Ibid.
[7] Wie 5, op. cit., S. 25.
[8] Ibid., S. 26.
[9] Ibid., S. 12.
[10] Sigmund Freud, „Charcot", in: *Gesammelte Werke*, Bd. 1, S. 33. Nach Bonnet und Chevrier soll sich das Stichdatum 1878, das von einer „Fünfzigjahrfeier der Hysterie" zu sprechen erlaubt, nur auf den im gleichen Jahr erschienenen zweiten Band von insgesamt dreien der *Iconographie photographique de la Salpêtrière* von D. M. Bourneville und P. Régnard beziehen, der sich im Besitz von Breton befand; wie 3, op. cit., S. 253.
[11] Dokumentiert und kritisch ausführlich kommentiert bei Georges Didi-Huberman, *Erfindung der Hysterie. Die photographische Klinik von Jean-Martin Charcot*, München 1977.
[12] Louis Aragon/André Breton, „Le Cinquantenaire de l'hystérie" (1878–1928), in: *La Révolution Surréaliste*, No. 11, Quattrième année, 15 Mars 1928, S. 20.
[13] Wie 12, op. cit., S. 22.
[14] Wie 3, op. cit., S. 267.
[15] Günther Gödde, „Charcots neurologische Hysterietheorie – Vom Aufstieg und Niedergang eines wissenschaftlichen Paradigmas", in: *Luzifer-Amor*, 7. Jg., Heft 14, 1944, S. 30.
[16] Wie Chevrier nachweist, aus Hyppolythe Bernheim, *L' hystérie: définition et conception, pathogéne, traitemont*, Paris 1913; siehe auch wie 3, op. cit., S. 261.
[17] André Breton, *Nadja*, Edition entièrement revue par l' auteur, Paris 1963, S. 155: „La beauté sera CONVULSIVE ou ne sera pas."
[18] André Breton, *Nadja*, Pfullingen 1960, ders., Frankfurt/M. 1976, S. 127.
[19] Wie 18, op. cit., 1976, S. 125.
[20] André Breton, *L'amour fou*, übersetzt von Friedhelm Kemp, Frankfurt/M. 1975, S. 22.
[21] Jean-Martin Charcot und Paul Richer, *Die Besessenen in der Kunst*, ed. und mit einem Nachwort versehen von Manfred Schneider, Göttingen 1988, S. 118ff. – Didi-Huberman, wie 11, op. cit., S. 138f.
[22] Wie 18, op. cit., S. 126.
[23] Wie 20, op. cit., S. 15.
[24] *Man Ray. La photographie à l'envers*, Sous la direction d'Emmanuelle de l'Ecotais et Alain Sayag, Ausst.-Kat. Centre Georges Pompidou, Paris 1998, S. 228.
[25] Wie 20, op. cit., S. 14.
[26] Wie 3, op. cit., S. 254.
[27] Wie 11, op. cit., S. 167.
[28] Salvador Dalí, *Die Unabhängigkeits-*

erklärung der Phantasie und Erklärung der Rechte des Menschen auf seine Verrücktheit, Axel Matthes/Tilbert Diego Stegmann (Eds.), München 1974, S. 223.
[29] Wie 28, S. 225. – Siehe Peter Gorsen, „Der ‚kritische Paranoiker'. Kommentar und Rückblick", in: *28*, S. 487f. – *Minotaure*, No. 3–4, 1933, S. 76: „La beauté sera comestible ou ne sera pas."
[30] Jean-Martin Charcot/Paul Richer, *Les démoniaques dans l'art*, Paris 1887, ders., *Les difformes de les malades dans l'art*, Paris 1888
[31] Walter Benjamin, „Der Sürrealismus. Die letzte Momentaufnahme der europäischen Intelligenz", in: ders., *Angelus Novus, Ausgewählte Schriften*, Bd. 2, Frankfurt/M. 1966, S. 215.
[32] Ibid.
[33] Rosalind Krauss möchte sogar die „Photographie aus ihrer exzentrischen Position gegenüber dem Surrealismus in eine Position" versetzen, „die absolut zentral und [...] definitiv für ihn ist". In: *Das Photographische. Eine Theorie der Abstände*, München 1998, S. 110.
[34] Sigmund Freud, *Gesammelte Werke*, Bd. 1, S. 51.
[35] Ibid., Bd. 12, S. 237.
[36] Michel Leiris, „Das ‚caput mortuum' oder die Frau des Alchemisten" (1931), in: ders., *Das Auge des Ethnographen, Ethnologische Schriften*, Bd. 2, Frankfurt/M. 1978, S. 259f.
[37] Carl Einstein, *Die Kunst des 20. Jahrhunderts* (1931), 3. erweiterte Auflage, Uwe Fleckner/Thomas W. Gaethgens (Eds.), Berlin 1966, S. 161, 164.
[38] Wie 37, op. cit., S. 165.
[39] André Breton, *Manifestes du Surréalisme*, Paris 1962, S. 213, deutsche Übersetzung wie 5, S. 93.
[40] Ich kenne die Besorgnisse von Werner Spies, die er im Katalog der Max Ernst-Retrospektive der Berliner Nationalgalerie, Köln 1999, mitteilt, dort S. 16.

PETER GORSEN

The Stigmated Beauty from the Salpêtrière

Art and hysterica in Surrealism and after

Psychiatry was a central focus of study for the early theoreticians and writers of surrealism. André Breton was considering a career as a "médecin d'asile" at the time. Once recruited for military service, he prepared for his future profession at various hospitals between 1916 and 1919 and completed his training as a "médecin auxiliaire".[1] An admirer of Freud, Jean-Martin Charcot and Joseph Babinski, whose practice at the neurological centre of the Salpêtrière in Paris he learned to appreciate,[2] he declared himself a strong opponent of psychiatric institutions in the surrealist manifestos of 1924 and 1930, as well as in the *lettre aux médecins-chefs des asiles de fous* (1925). He took sides with the socially marginalized mental patients and ascribed their hallucinations and deliriums to an imaginative power that was beyond all convention, considering them a form of creativity that compensated for social stigmatisation.

Today we know which scientific expertise and which textbooks on hysteria were the basis for Breton's "anti-psychiatric" attitude, incorporating them into his manifestos and literary work.[3] Breton was also familiar with parts of Emil Kraepelin's teachings on paranoia and schizophrenia translated into French in 1907, in which the term "dementia praecox" was still used to denote schizophrenia. The enthusiastic letter of the then medical student written to Theodor Fraenkel in 1916 gives an idea of how Breton would use his knowledge about the disease: "Démence précoce, paranoïa, états crépusculaires. O poésie allemande, Freud et Kraepelin."[4] [Precocious dementia, paranoia, twilit states. O Germanic poetry, Freud and Kraepelin.]

Breton thanked Freud for his methods of investigation which "he himself had practised occasionally upon the sick during the war."[5] What he referred to was the technique of "free association", which he wanted to use for analysing his own dreams as Freud had done. The aim was to eliminate the censure between the conscious, on the one hand, and the pre-conscious and the unconscious, on the other hand, so as to achieve "a monologue poured out as rapidly as possible over which the subject's critical faculty had no control – the subject himself throwing reticence to the winds – and which as much as possible represents spoken thought."[6] *Les champs magnétiques* published by Breton and Soupault in 1921 were the first result of this unrestrained "flow of thought and speech."[7] In 1924, this was eventually put into the more general phrase of a "pure psychic automatism"[8] that became the basic definition of surrealism. The resemblance between the act of surrendering to an uncontrolled process of association during writing and drawing and the loss of self-control in insanity was intentional. At the beginning of the first manifesto Breton declared that "it was probably not the fear of madness that would force us to hang the flag of imagination at half-mast."[9] Nevertheless, he did not go so far as to subordinate imagination to the liberties and possibilities admired in madness. The momentary suspension of reason and judgement during automatic production was more comparable to a dangerous game that can be discontinued when necessary, whereas the psychic automatism of the insane that follows the same rules is driven by inexorable compulsion. The surrealist alliance with the extreme expressions of paranoia, schizophrenia and hysteria pursued a double strategy that was determined just as much by a risk of, as by a safeguard against psychosis. The fear of surrendering to mad beauty, of falling prey to its anarchy and absurdity was paralleled by intensive efforts to reevaluate the symptom of disease by transforming it into a poetic-aesthetic expression.

The creativity of psychosis was put to the proof in the March 1928 issue of the magazine *La Révolution Surréaliste*, which presented Aragon's and Breton's manifesto *Le Cinquantenaire de l'hystérie* (1878–1928) and was accompanied by photographs (ILL. 1) and an extract from Breton's documentary novel *Nadja*, published as an illustrated book in the same year. Both texts show that the surrealists' ideal of convulsive beauty originated in the process of reevaluating and transforming the expressive phenomena of hysteria and schizophrenia then known in psychiatry. The surrealists were aware of Charcot's decision, probably made in 1878, to "artificially reproduce"[10] via hypnosis the paralyses suffered by patients as a result of traumas and to record typical poses in photographic snapshots. It was the photographs of young attractive Augustine[11] that enthralled the surrealists, who considered them the "most important poetic invention of the late 19th century,"[12] while they rejected the psychiatric nosography of hysteria. In fact, the acclaimed photos of Augustine were attributable to Charcot's selective eye and his classifying principle of order, motivated by aesthetics and influenced by art history. This aspect, however, was ignored by the surrealists.

Aragon's and Breton's comments on the "anniversary of hysteria" culminated in the conclusion: "Hysteria is not a pathological phenomenon but may be considered a form of expression that is in every respect outstanding."[13] Today we know that this statement was directed against Joseph Babinski's definition, who had explained hysteria as an "état pathologique" that could be evoked by suggestion and removed by counter-suggestion.[14] To avoid discrimination, the term "hysteria" was replaced by the euphemism "pithiatism". With his criticism of Babinski, Breton had come closer to Hyppolythe Bernheim's approach, who questioned the neurological causes of the different forms of hysterical development described by Charcot and classified them as "mere artificial products" of the clinicians trained in this direction.[15]

With Bernheim, whom the Surrealist manifesto quoted affirmatively,[16] the neurological stigmatisation of hysteria had come to an end. The artists represented in the manifesto were now in the paradoxical position of being confronted with a phantom disease and a phenomenon of expression culturally developed by the detested Salpêtrière clinic. This did not have any effect on the aesthetic transmutation of hysteria into an extraordinary form of expression. The praise of hysteria is reflected in the paradigmatic definition of beauty in *Nadja*, where Breton described his brief love affair with a mentally disoriented (schizophrenic) woman and documented her statements and drawings. Here it is stated concisely: "Beauty will be CONVULSIVE or it will not be at all."[17] The psychiatric meaning of the key term CONVULSIVE printed in capital letters is cramp-like or spasmodic, erroneously rendered as BEBEN [the shakes] in Max Hölzer's German translation.[18] The "beauty [...] in the service of passion"[19] referred to in *Nadja* – evokes the "attitudes passionnelles" of the body language of hysterics described by Charcot. An expanded definition of beauty was presented in *Minotaure* in 1934 and in Breton's *L'amour fou*, a book published three years later. In this work Breton presented the synthesis of insanity and love so essential to him. "The convulsive beauty will be erotically veiled, explosively fixed, magically circumstantial, or it won't be at all."[20] The pair of concepts "explosive fixedness" (explosante-fixe) suggests an analogy with the tonoclonic convulsions Charcot assumed was typical of the "epileptoid phase" of the "major hysterical fit". The tensing and stiffening of the muscles, the rigidity of the body in the tonic state corresponds to the wild, twitching and shaking body in the clonic state. The paradoxical manifestations of the hysteric convulsion consist of the opposing motor forces of passivity and activity, and in more general terms of standstill and movement.[21] Its antagonistic "beauty, neither dynamic nor static" as it is still called in *Nadja*[22] is taken up later in *L'amour fou* and imagined as the "photograph of a steam engine left to the delirium of the jungle for years."[23] A fitting anonymous photo was eventually published in the *Minotaure* in 1937 (ILL. 2). In *L'amour fou* Breton referred to Man Ray's photo of the interpretative dancer Prou del Pilar, that had already been taken in 1934 and was now monopolized under the title *Explosante fixe* (ILL. 3) for purposes of definition.[24]

As demonstrated by the photographs, convulsive beauty for Breton could not "manifest itself without the consideration of the reciprocal relationship that binds the object in motion to its inert form,"[25] that defines it at the same time as explosive and still, explicitly erotic and veiled (Meret Oppenheim in Man Ray's photograph of 1933 (FIG. 4), magical and circumstantial, i.e. subject to magic and causality. The surrealist usurpation of reality is realised by a coincidence of opposites (coincidentia oppositorum). The photographic view of the corporeal world, be it that of dance or hysteria, records the sequence of movements during a typical moment in the form of a dialectic image. Augustine, the figurehead of the hysteria celebrated by the surrealists, was to be saved from the "pitiful" one-dimensional diagnoses of the psychiatrists of the Salpêtrière. "Quelle pitié!" This reprimand from Aragon's and Breton's manifesto was an ironic allusion to the "Pitié (Salpêtrière)" of Paris, where Breton had received psychiatric training under Babinski.[26]

The issuers of the manifesto, Aragon and Breton, were familiar with the case history of Augustine (admitted to the Salpêtrière clinic at the age of 15) that was comprehensively documented and illustrated with photographs in the second volume of the *Iconographie photographique de la Salpêtrière* by Bourneville and Regnard (1877–80). The girl became the precocious diva of the convulsive ideal of beauty (ILL. 5). Her paralyses and injuries reduced to mere clichés in the Salpêtrière were aestheticised into "wonderful" stigmas. Didi-Huberman criticised the surrealists' love affair with hysteria and beauty quite rightly from a moral perspective, for following in the footsteps of the eye-obsessed art historian Charcot for their never being tired of watching the "ever so painful gesticulations of a poor vedette called Augustine."[27] He forgot, however, that the ecce homo in its many beautiful male and female guises of martyrdom were an integral part of Occidental art, which the Surrealist revolution could not completely escape.

Dalí had also addressed the PSYCHOPATHOLOGIC PARALLEL between beauty and hysteria in the *Minotaure* magazine in 1933 in his reference to Charcot.[28] In "sculpture hystérique", convulsive form and the expression of ecstasy were forced into a synthesis. The collage (ILL. 6) that illustrates this merges the language of a hysterical fit, the ecstatic facial expression of somnambulism and the labyrinthine anatomy of the ear conch with the floral art-deco ornament of a brooch and a transfigured caryatid in art nouveau style into an analogic spell of "oneiric elements" related to one another. Moreover, Breton's convulsive beauty was given a "cannibalistic" connotation in Dalí's definition. "Beauty will be edible or it will not be at all."[29] The cannibalistic surrealist no longer contents himself with a "hysterical and aerodynamic female nude" (1934), onto which the phallic projections of male desire are cast (ILL. 7), but imagines a more comprehensive and more than mere visual beauty that reactivates a regression to a child's oral-sadistic Eros, which includes devouring the loved object. Also the convulsively swaying buildings of Antoni Gaudí, his *Casa Milá* in Barcelona, the soft, organic art-nouveau sculptures illustrating Dalí's essay "Of the terrifying and edible beauty of modern style architecture" fall prey to the hungry cannibalistic sense of beauty.

Aragon and Breton had not gone that far. Their enthusiasm for Augustine's ecstasies and crises shrank from any further primitivizing of the convulsively beautiful. The six selected illustrations of their manifesto (ILL. 8) favored those "passionate postures and gestures" that – among all the motoric movements – accentuated the affective expression. To the observer they are less terrifying than the clownish and demonic artistry of "grand movements" and "illogical" contortions culminating in the famous "arc de cercle" posture. Nevertheless, Surrealism with Dalí at its head (ILL. 9) subliminally continued its regression to the sinister, the disconcerting and the gruesome. This is reflected in the high proportion of Surrealists among erotic convulsionaries such as Bellmer, Benoit, Boiffard, Cahun, Ernst, Freddie (*The Definitive Rejection of a Request for a Kiss*, 1940, p. 87), Kertész (*Distortion #20*, 1933, p. 87), Magritte (*L'exercise de l'acrobate*, 1928, p. 249), Masson (*Scène érotique*, 1928), Molinier (*Les jummeles amoureuses*, 1967, p. 85), Man Ray (*Primat de la matière sur la pensée*, 1929, p. 79), Ubac (*Affichez vos poèmes, Affichez vos images*, 1935, p. 83), to mention the best known besides Dalí. Hysteria also became a matter for man-to-woman converts, which ranged from Duchamp photographed as *Rrose Sélavy* (1921) by Man Ray and Magritte's poetically moderated work *Les jours gigantesques* (1928), in which the hysterical metamorphosis of man-into-woman is pictorial, to the photomontages and performances of Molinier, which were continued by Urs Lüthi (*My Lability is my creativity*, 1970, p. 265) and Klauke (*Self Performance*, 1972/73, p. 247) in the seventies.

Charcot and Richer had come across the subject of convulsion in depictions of obsessions throughout the history of art and across all styles.[30] Surrealism had intensified their curiosity about ecstasy, stigmatisation phenomena and somnambulism, which they wanted to use for "profane illumination" as Walter Benjamin explained.[31] What was sought was a "corporeal area" to free the image from its contemplative captivity, giving it a function and opening up a revolutionary arena of action. Only when "body and image interpenetrate" that a "revolutionary release takes place," will the "anthropologic materialism" of the "Révolution Surréaliste" become true.[32]

The surrealist idea of revolutionary release explicitly refers to the "physical creature" and not only to the "inner person" (Benjamin), the psyche, or the intellect. Muscular contractions, hysteria's convulsion syndrome, pertain to the body. It seems that the photo-illustrated surrealist manifestos found photography capable of a higher release of energy and activating power than the traditional pictographic and three-dimensional media of surrealist art.[33] The photos of cramped poses and extremely exaggerated emotions, depicted in this technically more progressive medium, directly aroused the desire for a compensatory corporeality that burst the bonds that forcibly link repression with classically static aesthetics.

It was no coincidence that Hans Bellmer marginalised the constructed model of the doll as opposed to its freely associated, anagrammatical photographs. What Freud had first noted on the bodies of hysterics at Charcot's clinic applies to them and their exaggerated graphic successors: "Comme si l'anatomie n'existait pas, ou comme si elle n'en avait nulle connaissance."[34] [As if anatomy didn't exist or as if she had no consciousness of it.] Bellmer's dolls and puppets activated in the viewer a feeling for the "uncanniness of the epileptic fit" already observed by Freud, which allows any observer to sense latent "automatic processes" behind the familiar soulful image of the body.[35] And Michel Leiris identified in Jacques-André Boiffard's photographs of masked heads (by D.W. Seabrook) (FIG. 10, 11) the fascination "with something alien to us." The masked person becomes "much more frightening and enigmatic from a mask since the hidden face makes him/her almost anonymous. He/she is given an alarming universality by means of the head armour of leather or metal, i.e. the strict geometry that partly conceals him/her."[36]

The "physical" automatism of the major hysterical fit complies at all stages with the surrealist rule. It is a passive, spontaneously endured state, a "motoric fainting fit" (Didi-Huberman) parallel to the psychic one under no conscious control, a compulsory release of still unadjusted psychic forces takes place in the sensorimotor system.

Carl Einstein had very foresightedly called the "romantic generation" of the surrealists a "regression to the primitive" and their "hallucinatory art" a "system of obsession [...] with the power of an idée fixe."[37] "Being awake is now considered an inhibited dream, reduced hallucination, while the unconscious or the automatism of analogies is now idealised as the most important technique of discovering and inventing. It is a return to the mantic."[38] Einstein was mainly thinking of the ornamental drawings and paintings of André Masson, e.g. his *Scène érotique* of 1928, the compositionally consolidated automated "sand pictures" and totemistic depictions. In retrospect, the automatistically inspired works of Carrington, Tanning, Toyent, Zürn and Meret Oppenheim (*Ma gouvernante*, 1936, p. 256) must be seen alongside the associatively playful, mythical painting of Miró and the sculpture of Arp and Giacometti.

In the sixties the poetic sublimation of automatism and its unconscious imaginative potential was continued in the Wiener Aktionismus (Viennese Actionism) of Brus, Nitsch and Schwarzkogler, but now under conscious use of the energy release of the photographic medium and "material action" (Muehl). Already then the travestying strategy of the hysterical male was adopted, as in later video performances of body art on which Louise Bourgeois critically reflected in her installation *Cell* (1989–93).

Unlike photography and manifesto literature and Breton's texts illustrated photographically, surrealist painting and collage rarely adapted its inspiring psychiatric material to readymade solutions or quotations. This is also true for Max Ernst's collage novel *Une semaine de bonté* (1934) that suggests a connection with the iconography of hysteria but at the same time encodes it imaginatively. It is introduced as "a picture book of kindness, love and humaneness," in which pictures follow one another like the days in a weekly calendar. Every day of the week beginning with Sunday is assigned a different "element" and a "(side)play". Saturday is assigned "lust" as an element and "the multiplication table from eleven to twenty" as an example. The weekend consisting of ten collages shows female figures with the known convulsions of the hysterical fit that were depicted by Charcot's co-author Paul Richer as stick figures in typical and varying positions and gestures and arranged sequentially. This body language of hysteria is latent in the example of "the multiplication table from eleven to twenty" chosen by Ernst, which he juxtaposed with the seemingly contradictory element "lust". In the second surrealist manifesto of 1930, Breton reaffirmed his admiration for the icons of hysterical girls from the Salpêtrière: "Gloire, avons-nous dit, Aragon et moi, à l'hystérie et à son cortège de femmes jeunes [...]" [We, Aragon and I, said glory to hysteria and its cortege of young women] and he links to it the belief of surrealism "not only in revolution but also in love." In other words: "Woman's problem is the most wonderful and most disturbing in this world."[39] Woman, love and hysteria form an inextricable, poetic knot which the surrealist collage novel continues tying.

The first six illustrated pages of wood-engravings, based on those from the 19th century, depict the beautiful hysteric in a boudoir that suggests an imminent visit from a gentleman. (ILL. 12) The following pages show the explosively charged heroine leaving the room as if floating in air and freed from gravity. (ILL. 13) The circularly arched body on the last two pages transforms the abstruse "arc de cercle" into a metaphor of an explosive release. Undoubtedly, his poetic creations reflect his fascination with the originals – whether available as photographs, stick drawings or prints – who were never revealed by Max Ernst. As to be expected, he did not keep to Charcot's and Richer's schematic order of hysteria's phases, but chose and mixed convulsions and passions, muscular and psychic spasms, to create a sequence of pictures which certainly do not end in an exhausted state of delirium, but instead suggest a state of ecstasy.

Surrealist occultism rejects the dissecting analysis, which is not an aim of this paper either,[40] as it is incapable of unravelling the noted intricate knot of poetry. The ten collages of the weekend series show how the poet goes about his work, how he emphasises the cataleptic posture, the hysteric rigidly prone as though crucified, by adding another element, the skeleton of an animal that could have been taken from a veterinary anatomy book and creates an attitude of suffering that is not at all discernible in the drawn or photographed psychiatric original. (ILL. 14, 15)

Also the fifth picture exempts the observer from any kind of dry didacticism of the "epileptoid stage", in which the dreadfully cramped extremities rise rigidly and vertically, and the acrobatic body threatens to fall prey to self-laceration. (ILL. 16) Max Ernst placed the obsessed in a boudoir to which the preceding scene had lent an amorous meaning. The rumpled sheets, the autistic raging against oneself can now be seen as an act of self-defense and liberation vis-à-vis an assailant. (ILL. 17) In the sixth picture, the tetanically elongated body is wafted by the wind that fills the fluttering sheets like the baroque wings of an angelic being. The profane ascension is continued in the following scenes. In the end, Max Ernst combines the propulsion of the body stretched backwards in an almost circular arc with a stone pier and its iron guard ring, then with a split pillar on a broken-off flight of stairs. (ILL. 18, 19) These are archaic symbols of man's earth-bound subjection to gravity that now seem to have been overcome completely by the explosive force of the body. The poetic metamorphosis of the morbus hystericus (ILL. 20, 21), also embodied by Augustine, is brought to completion. True to the surrealist antithesis of "explosante-fixe", in the clash between hard/tectonic and soft/organic pictorial elements, the collage thus conjures up a symbol of convulsive beauty.

translated by Heidemarie Markhart

NOTES

[1] Marguerite Bonnet, *André Breton. Naissance de l'aventure surréaliste*, Paris 1988, pp. 70f.
[2] André Breton, *Œuvres complètes*, vol. 1, Paris 1988, pp. 618f.
[3] Alain Chevrier, "Charcot et l'hystérie dans l'œuvre d'André Breton", in: Marcel Gauchet/Gladys Swain, *Le vrai Charcot. Les chemins imprévus de l'inconscient*, Paris 1977, pp. 250–282.
[4] Marguerite Bonnet, "La rencontre d'André Breton avec la folie. Saint-Dizier, août–novembre 1916", in: *Folie et psychanalyse dans l'expérience surréaliste*, sous la direction de Fabienne Hulak, Nice 1992, p. 117.
[5] André Breton, *Die Manifeste des Surrealismus*, Reinbeck 1968, p. 24.
[6] Ibid.
[7] See 5, op. cit., p. 25.
[8] Ibid., p. 26.
[9] Ibid., p. 12.
[10] Sigmund Freud, "Charcot", in: *Gesammelte Werke*, vol. 1, p. 33. According to Bonnet and Chevrier, the key date 1878 (which made it possible to speak of a "fiftieth anniversary of hysteria") refers only to the second volume of "Iconographie photographique de la Salpêtrière" (consisting of three volumes) by D.-M. Bourneville and P. Régnard that was published in that year and owned by Breton, also Chevrier, see 3, op. cit., p. 253.
[11] Documented and critically annotated by Georges Didi-Huberman, *Erfindung der Hysterie. Die photographische Klinik von Jean-Martin Charcot*, Munich 1977.
[12] Louis Aragon/André Breton, "Le Cinquantenaire de l'hystérie (1878–1928)", in: *La Révolution Surréaliste*, no. 11, Quatrième année, 15 mars 1928, p. 20.
[13] See 12, op. cit., p. 22.

[14] See 3, op. cit., p. 265.

[15] Günther Gödde, "Charcots neurologische Hysterietheorie – Vom Austieg und Niedergang eines wissenschaftlichen Paradigmas", in: *Luzifer-Amor*, vol. 7, issue 14, 1944, p. 30.

[16] As documented by Chevrier, from Hyppolythe Bernheim, *L'hystérie: définition et conception, pathogénie,* traitement, Paris 1913; also see 3, op. cit., p. 261.

[17] André Breton, *Nadja,* Edition entièrement revue par l'auteur, Paris 1963, p. 155: "La beauté sera CONVULSIVE ou ne sera pas."

[18] André Breton, *Nadja*, Pfullingen 1960, ibid., Frankfurt/M. 1976, p. 127.

[19] See 18, 1976, op. cit., p. 125.

[20] André Breton, *L'amour fou*, translated by Friedhelm Kemp, Frankfurt/M. 1975, p. 22.

[21] Jean-Martin Charcot/Paul Richer: *Die Bessessenen in der Kunst*, Manfred Schneider (Ed.), Göttingen 1988, pp. 118; see 11, Didi-Huberman, op. cit., pp. 138.

[22] See 18, 1976, op. cit., p. 126.

[23] See 20, op. cit., p. 15.

[24] Man Ray, *La photographie à l'envers*, sous la direction d'Emmanuelle de l'Ecotais/Alain Sayag, Centre Georges Pompidou, Paris 1998, p. 228.

[25] See 20, op. cit., p. 14.

[26] See 3, op. cit., p. 254.

[27] See 11, op. cit., p. 167.

[28] Salvador Dalí, *Die Unabhängigkeitserklärung der Phantasie und Erklärung der Rechte des Menschen auf seine Verrücktheit*, Axel Matthes/Tilbert Diego Stegmann (Eds.), Munich 1974, p. 223.

[29] See 28, op. cit., p. 225; see Peter Gorsen, "Der 'kritische Paranoiker'. Kommentar und Rückblick", in: 28, pp. 487. – *Minotaure*, No. 3–4, 1933, p. 76: "La beauté sera comestible ou ne sera pas."

[30] Jean-Martin Charcot /Paul Richer, *Les démoniaques dans l'art*, Paris 1887, in: ibid., *Les difformes des malades dans l'art*, Paris 1888.

[31] Walter Benjamin, "Der Sürrealismus. Die letzte Momentaufnahme der europäischen Intelligenz", in: ibid., *Angelus Novus. Ausgewählte Schriften*, vol. 2, Frankfurt/M. 1966, p. 215.

[32] Ibid.

[33] Rosalind Krauss even wanted "to free photography from its eccentric position vis-à-vis Surrealism" and put it into an "absolutely central and […] definitive" position instead. In: *Das Photographische. Eine Theorie der Abstände*, Munich 1998, p. 110.

[34] Sigmund Freud, *Gesammelte Werke*, vol. 1, p. 51.

[35] Ibid., vol. 12, p. 237.

[36] Michel Leiris, "Das caput mortuum oder die Frau des Alechmisten" (1931), in: idem, *Das Auge des Ethographen. Ethnologische Schriften*, vol. 2, Frankfurt/M. 1978, pp. 259.

[37] Carl Einstein, *Die Kunst des 20. Jahrhunderts* (1931), third enlarged edition, edited by Uwe Fleckner/Thomas W. Gaethgens, Berlin 1966, p. 161, 164.

[38] See 37, op. cit., p. 165.

[39] André Breton, *Manifestes du Surréalisme*, Paris 1962, p. 213, German translation see 5, op. cit., p. 93.

[40] I am aware of the concern expressed by Werner Spies in the catalogue of the Max Ernst retrospective at the Berlin National Gallery, Cologne 1999, see catalogue p. 16.

Frau

Maschine

Medium

Woman

Machine

Medium

Der Automat „Olimpia", „die Frau als Maschine", bestimmt die Phantasien in der künstlerischen Produktion der Männer bis in die fünfziger Jahre. Yves Klein lässt den Automatismus in seiner *Action spectacle* (ABB. 3, S. 16) kulminieren. Die Frauen, seine „Modelle", die er als seine „lebenden Pinsel" bezeichnet, werden von ihm, der sich bei der Produktion seines Werks „die Hände nicht schmutzig macht", dirigiert. In seinem metaphysisch-religiös geprägten Konzept transformiert er, der männliche Künstler, dank seiner „Spiritualität" das Materielle, das „Fleisch", das für ihn durch den weiblichen Körper repräsentiert wird, in das „Immaterielle".[1]

Klein vollzieht diese „Transsubstantiation", wie er es nennt, vor dem Hintergrund der Medien, des Fernsehens und der Weltraumfahrt, die für ihn implizit einen neuen, eben immateriellen Kunstbegriff erfordern. Die erotisch-ekstatische Frau ist hier sein Medium, seine Maschine, durch und über deren Körper dieser Prozess abläuft.

Ob in den humoristischen Maschinenskulpturen von Jean Tinguely oder Begriffen wie „Sexbombe" und „Bikinimädchen" (ABB. 1), angesichts der zerstörerischen Technologie des Kalten Krieges manifestiert sich ein kollektives Phantasma zwischen weib-

Report zeigt Auswirkung der Atomtests im Pazifik

Die Dokumentation über die Folgen der US-Atomversuche auf dem Bikini-Atoll zeigt zum Teil geheimes Filmmaterial: „Radio Bikini" (21.50 Uhr, FS 1). Anfangs machten die Amerikaner kein Hehl daraus, im Gegenteil: 750 Kameras hielten den Atompilz im Jahre 1946 für einen Propagandastreifen fest, der den Einsatz der Bombe gegen Japan nachträglich rechtfertigen sollte (im Bild rechts wird die „Atomtorte" angeschnitten). Erst als das Unternehmen außer Kontrolle geriet, verschwanden die Filme.

ABB. 1
Offizielle Feier der amerikanischen Atomtests auf dem Bikini-Atoll, 1946

The automaton "Olimpia", " the woman as machine", shaped male fantasies in artistic production up until the fifties. Yves Klein's *Action spectacle* (ILL. 3, P. 16) is a culmination of automatism. Women, his "models", whom he refers as his "living brushes" are directed by him, who "does not get his hands dirty" when creating his works. In his approach, influenced by metaphysical and religious motifs, he, the male artist, transforms the material by virtue of his "spirituality", the "flesh", which he sees as represented by the female body, into the "immaterial".[1]

Klein consummates this "transubstantiation", as he calls it, against the backdrop of the media, television and space travel, which for him implicitly demands a new, immaterial notion of art. The erotic, ecstatic woman is his medium here, his machine. This process takes place through and over her body.

A collective phantasm becomes manifest between body and machine (ILL. 2), be it in the humoristic machine sculptures of Jean Tinguely or in words such as "sex bomb" and "bikini girl" in the wake of the destructive Cold War technology. (ILL. 1) lichem Körper und Maschine. (ABB. 2) Im Unterschied zu jenen weiblichen Selbstinszenierungen, in denen der Körper mit dem „Apparat" der Bildproduktion verschränkt wird, wie z.B. in Valie EXPORTS *Tapp und Tastkino* (ABB. S. 177), und die einen kritisch-dekonstruierenden Effekt haben, haben die „Männerphantasien" immer einen mythisierenden, oft auch kompensatorischen Charakter. Der Exzess, der Überschuss, der in einer zunehmend rationalisierten und disziplinierten Gesellschaft abgespalten und teilweise in die Maschine, die Fabrikation selbst (Auto, Flugzeug, Film etc.) verlagert wird, ist nun im (hysterischen) weiblichen Körper lokalisiert.

Raoul Ubacs Fotografie *La nébuleuse* (1939) (ABB. 2, S. 15) zeigt einen weiblichen Akt, der sich selbst auflösend, in Flammen zu stehen scheint – im surrealistischen Programm Ausdruck für ekstatische „Weiblichkeit". Der reale Verformungsprozess beruht dabei auf der Technik der „brûlage", einer Verformung des Negativs durch Erhitzen mittels einer Flamme.

Der surrealistische Dichter René Crevel beschreibt in *Mon corps et moi* seine Angst vor der re-produzierenden Frau, die wie ein Kommentar zu Hans Bellmers *Maschinen-*

ABB. 2
Hans Bellmer
Die Maschinengewehrschützin, 1937,
New York, Museum of Modern Art

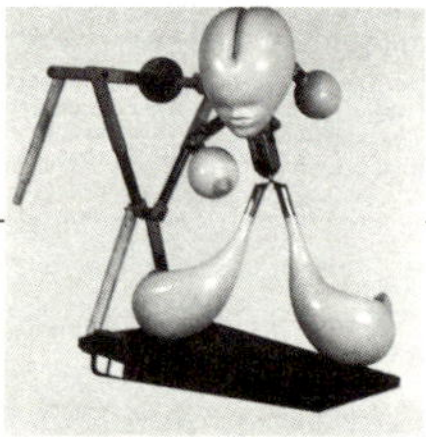

ABB. 3
Man Ray
Erotique violée, 1934,
s/w Fotografie

As opposed to those female self-stagings in which the body merges with the image-producing "apparatus", as, for instance, in Valie EXPORT's *Tapp und Tastkino* (ILL. P. 177), and which have a critical, deconstructive effect, "male fantasies" always have a mythicizing, often compensatory character. In an increasingly rationalized, disciplined society, the excess, the surplus is broken away and partly shifted to the machine and the manufacturing process itself (cars, airplanes, film, etc.). Now it is localized in the (hysteric) female body.

Raoul Ubac's photograph *La nébuleuse* (1939) (ILL. 2, P. 15) shows a female nude that seems to be dissolving, going up in flames. In the surrealist program this was an expression for ecstatic "femininity". The real deformation process was based on the technique of "brulâge", a deformation of the negative by heating it with a flame.

In *Mon corps et moi*, the surrealist poet René Crevel describes his fear of the re-producing woman who, as Hans Bellmer comments on his *Machine Gunneresse* (1937) (ILL. 2) recalls a variant of the "prayer mantis" demonized by the surrealists.[2] Crevel *gewehrschützin*, (1937) (ABB. 2) einer Variante der von den Surrealisten dämonisierten „Gottesanbeterin", anmutet.[2] Crevel vergleicht die Frau mit einem Fotoautomaten: „Wenn man bedenkt, dass diese Passantin ein Foto von mir machen könnte: Einen Sohn. Das macht mir Angst. Zwei Groschen in einen Schlitz. Und in neun Monaten ein Resümee meines Porträts."[3]

Der „Schock der Moderne" hat seinen Auslöser ganz wesentlich in den Erfindungen der Physik, der Chemie, welche die Produktionsweisen und sozialen Lebensformen auf revolutionäre Weise verändert haben, so dass das Gefühl der Illegitimität, das diese Entwicklung begleitet, auf kompensatorische Weise mit einer imaginären, dämonisierten weiblichen „Natur" verknüpft wird.

Auf den immanenten Widerspruch der Verwendung von Naturmetaphern für technische Erfindungen, deren Besonderheit ja gerade darin liegt, dass es für sie kein Vorbild in der Natur gibt, hat Hans Blumenberg aufmerksam gemacht. Die „Sprachlosigkeit" sei der „Ausdruck für das mehr oder weniger bestimmte Gefühl der Illegitimität dessen, was der Mensch da für sich beansprucht. Der Topos der Naturnachahmung ist

ABB. 4
Vièrge,
Le laboratoire d'électrothérapie à la Salpêtrière, 1887

compares the woman with a photo machine: "If one considers that this passerby could take a photograph of me: a son. This frightens me. Two pennies put in a slot. And in nine months a resume of my portrait."[3]

The "shock of modernism" was triggered off by inventions in physics, chemistry and technology that all changed production modes and ways of life in a revolutionary way. It now seems that the feeling of illegitimacy accompanying this development is linked in a compensatory fashion with an imaginary, demonized female "nature".

Hans Blumenberg called our attention to the immanent contradiction in the use of metaphors of nature for technical inventions, since the specificity of the latter is to be found in the fact that there is no model for them in nature. The "speechlessness" is the "expression for the more or less certain sense of illegitimacy of what man claims as his own. The topos of the imitation of nature is supposed to cover up the incomprehension of primeval human nature, which is intended as a metaphysical force."[4] (ILL. 3, ILL. 4) eine Deckung gegenüber dem Unverstandenden der menschlichen Ursprünglichkeit, die als metaphysische Gewaltsamkeit vermeint ist.“[4] (ABB. 3, ABB. 4)

Paul Virilio zitiert Meliès, der sich zum Filmtrick und dessen Möglichkeiten zur Produktion von völlig neuen Bildern äußerte: „Der intelligent angewandte Trick erlaubt es heute, das Übernatürliche, das Imaginäre, ja sogar das Unmögliche sichtbar zu machen.“ Der Trick von dem Meliès spricht, verdankt sich der Maschinerie des Films, in diesem Fall der Kamera, die falsch funktionierte. Da sie blockierte, wurden zeitlich ablaufende Ereignisse simultan auf einem Filmstreifen aufgenommen. Meliès berichtet darüber: „Als ich den zusammengeflickten Film später vorführte, sah ich einen Omnibus der Linie ‚Madeleine – Bastille‘ sich plötzlich in einen Leichenwagen verwandeln, und Männer in Frauen. Damit war der Trick der Vertauschung gefunden, Stopptrick genannt, und zwei Tage später führte ich die ersten Metamorphosen von Männern in Frauen durch.“[5]

Die Symbolik beider Szenen spricht für sich. Es erscheint nicht zufällig, dass die Möglichkeit, die der Film zur Metamorphose bot, zuerst für die Verwandlung eines Mannes in eine Frau verwendet wurde, als sei es wiederum die Frau, deren „magische“ Kräfte dem Mann – dem von der Krise (der Wahrnehmung) bedrohten Subjekt – seine Identität raube.

Paul Virilio quotes Meliès, who commented on the film trick and its possibilities for producing completely new images as follows: “A trick that is shrewdly used allows us today to make the supra-natural, the imaginary, even the impossible visible.” The trick Meliès talks about is indebted to the machinery of film, in this case he used a camera that did not function properly. Since the film was blocked, temporal successions of events were simultaneously documented on a strip of film. Meliès, reporting on this: “When I later presented the patched up film I saw a bus of the ‘Madeleine-Bastille’ line suddenly become transformed into a hearse and men into women. This is how the trick of exchange was found, which is referred to as stop trick, and two days later I performed the first metamorphoses of men into women.”[5]

The symbolism of both scenes needs no further comment. It does not appear purely coincidental that the possibilities of metamorphosis offered by film were first used to transform a man into a woman, as if it were the woman, whose “magic” powers could steal a man – the subject threatened by the crisis (of perception) – his identity.

Silvia Eiblmayr
translated by Camilla Nielsen

[1] Paul Wember, *Yves Klein*, Köln 1969, S. 14. Klein sieht eine Parallele zu seiner „Immaterialisierung" in den „Schatten von Hiroshima", wo die unter dem Atomblitz verbrennenden Menschen wie bei einer Fotobelichtung ihre Umrisse an den Häuserwänden hinterließen, op. cit., S. 16.

[2] Die „Gottesanbeterin", eine Art der Fangheuschrecken, faszinierte die Surrealisten, weil das Weibchen nach dem Sexualakt das Männchen tötet, und weil sie sich noch nach deren Tötung eine Zeit lang bewegt. In der Gottesanbeterin treffen sich die Phantasien vom Automaten und der dämonischen, re-produzierenden „Natur" der Frau. Siehe Silvia Eiblmayr, „Automatismus und Medien: Die Frau als Symptom", in: Marie-Luise Angerer (Ed.), *The Body of Gender. Körper. Geschlechter. Identitäten*, Wien 1995, S. 171–185.

[3] René Crevel, *Mon Corps et moi*, Paris 1924. Crevel setzte seinem Leben selbst ein Ende; sein Werk ist von Hass gegen die Mutter gezeichnet.

[4] Hans Blumenberg, „Nachahmung der Natur" (1957), in: ders., *Wirklichkeiten, in denen wir leben*, Stuttgart 1986, S. 55–103, S. 60–61. Blumenberg führt das Beispiel der Brüder Wright an, die in Bezug auf ihre Flugmaschine von der Nachahmung des Vogelflugs sprechen, obwohl ihre Erfindung, die Luftschraube, von „reiner Technizität", ohne Vorbild in der Natur ist.

[5] Paul Virilio, *Ästhetik des Verschwindens*, Berlin 1986, S. 16.

---

[1] Paul Wember, *Yves Klein*, Cologne 1969, p. 14. Klein sees a parallel to his "immaterialization" in the "shadow of Hiroshima", where people burning under a nuclear cloud left their contours on the walls of houses as in a photographic exposure.

[2] The praying mantis, fascinated the surrealists because the female kills the male after the sexual act and because it still moves for some time after it is killed. In the praying mantis some fantasies of the automaton and the demonic, re-producing "nature" of the woman merge. See Silvia Eiblmayr, "Automatismus und Medien: Die Frau als Symptom", in: Marie-Louise Angerer (ed.), *The Body of Gender. Körper. Geschlechter. Identitäten*, Vienna 1995, pp. 171–185.

[3] René Crevel, *Mon Corps et moi*, Paris 1924. Crevel committed suicide. His œuvre was influenced by the hatred he felt for his mother.

[4] Hans Blumenberg, "Nachahmung der Natur" (1957), in: ibid., *Wirklichkeiten, in denen wir leben*, Stuttgart 1986, pp. 55–103, pp. 60–61. Blumenberg cites the Wright brothers, who in reference to their flying machine spoke of the imitation of the flight of a bird, even though the invention of the former, the airscrew, is "purely technical" and without any model in nature.

[5] Paul Virilio, *Ästhetik des Verschwindens*, Berlin 1986, p. 16.

HANS BELLMER
La Poupée, 1935–1937,
Silbergelatineabzug, Vintage,
17,8 x 17,9 cm,
Sammlung Dietmar Siegert

KAREL TEIGE
o.T., um 1942, Collage,
35 x 55 cm,
Sammlung Dietmar Siegert

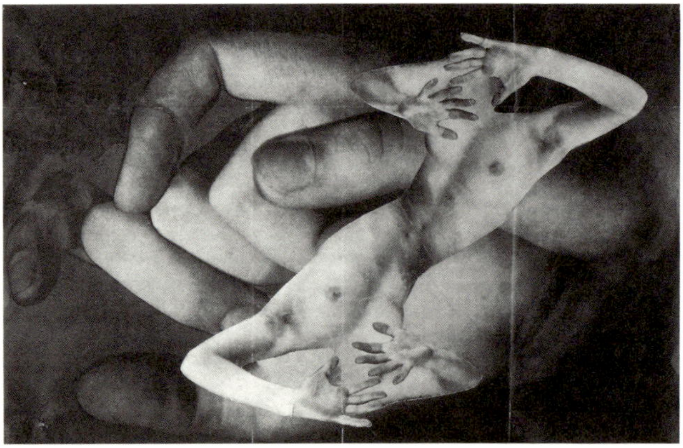

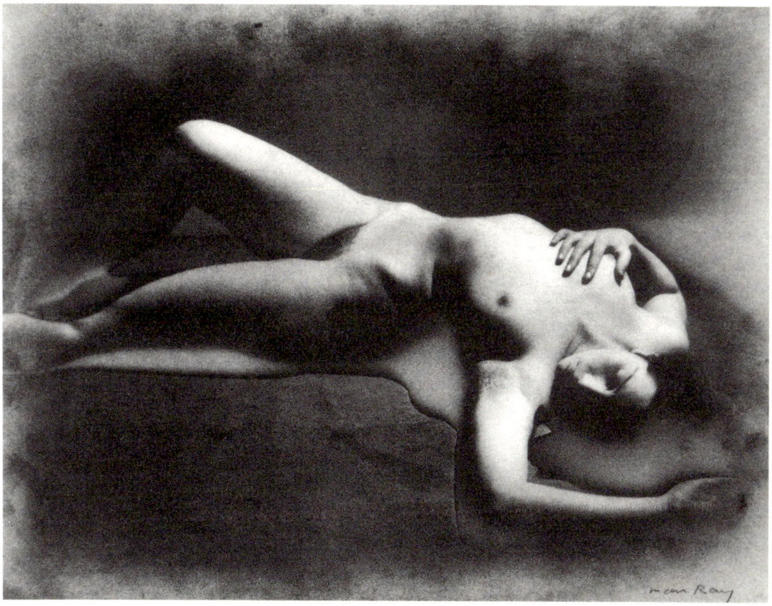

MAN RAY

Primat de la matière sur la pensée,
1929, Solarisierte Fotografie,
Vintage, 21,5 x 27,2 cm,
Arturo Schwarz

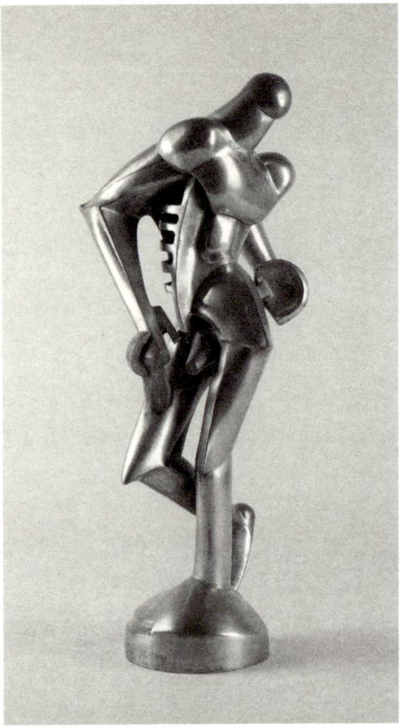

HANS BELLING
Organische Formen (Schreitender),
1921, Bronze, versilbert,
Höhe: 53,4 cm, München,
Städtische Galerie im Lenbachhaus und Kunstbau

GERMAINE KRULL
o.T. (Aktstudie), 1924,
Silbergelatineabzug,
21,8 x 16 cm,
Sammlung Dietmar Siegert

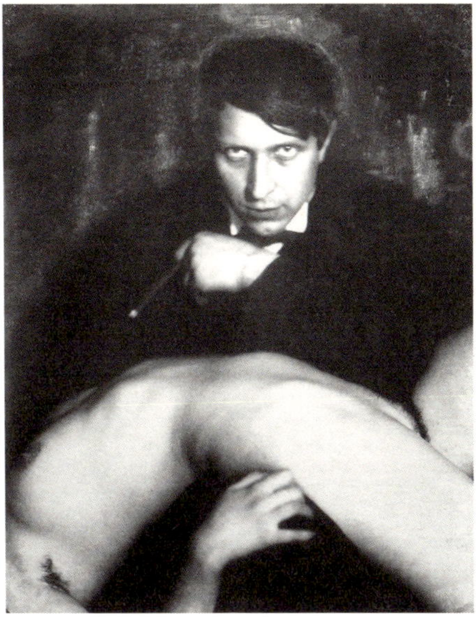

FRANTISEK DRTIKOL
Selbstporträt, 1923,
Fotografie (neuer Abzug),
29,7 x 23,8 cm,
Privatsammlung

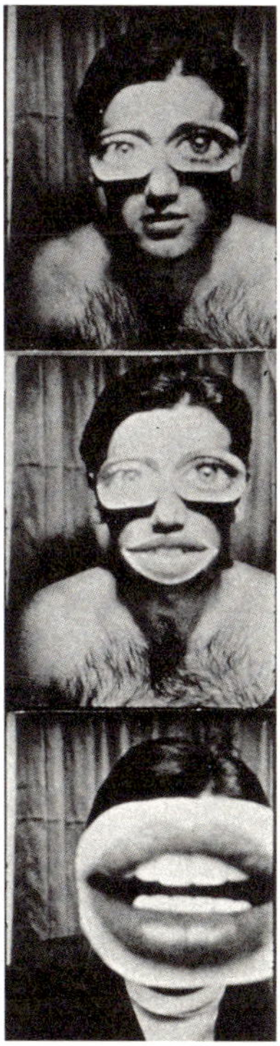

PETER WEIBEL
A love story, 1967, Fotomontage
aus Automatenfotos,
sechs Fotos zu je 4 x 5 cm,
Besitz Valie EXPORT

RAOUL UBAC

Affichez vos poèmes,
affichez vos images, 1935,
s/w Fotografie,
Sammlung Dietmar Siegert

Raoul Ubacs *Affichez vos poèmes, affichez vos images* nimmt im Titel und in der Umsetzung des Kunstwerks in ein Plakat einen wesentlichen Aspekt der konzeptuellen Kunstpraxis vorweg: Es enthält die Kritik an der Institution Kunst und hinterfragt zugleich die kategoriale Bestimmung des Kunstwerks wie auch dessen Präsentationsform, Ort und Ausstellungsraum. Ubacs provokante Formulierung ist eine wörtliche Umsetzung von Batailles „Heterologie“ und antizipiert darüberhinaus den aktionistischen Einsatz von Fleisch als künstlerisches Material.

Die Fotografie zeigt die angeschnittene untere Gesichts- und Halspartie einer Frau, aus deren Mund eine rohe Rinderzunge hängt. Der Hals der Frau wirkt durch einen Spiegeleffekt überlang, wodurch die Silhouette der Figur eine dezidiert phallische Form erhält. Ubac inszeniert in dieser Übertragung die phallische Frau mit einer „vagina dentata“, deren Zähne ein rohes Stück Fleisch umschließen. Das Phantasma der kastrierenden Frau wird von ihm mit dem Zeichen des „Abjekten“ versehen. Das bedrohliche, fleischfressende Raubtier „Frau“ wird jedoch in einer Umkehrung auch zur Gejagten, zum Beutetier, das seine Kehle in einer archetypischen Unterwerfungshaltung dem potenziellen Angreifer darbietet.

Raoul Ubac's *Affichez vos poèmes, affichez vos images* anticipates an important aspect of conceptual art practice in its title and in the transformation of the artwork into a poster. It contains a critique of the institution of art and also calls into question the categorical definition of the artwork as well as its form of presentation, place and exhibition space. Ubac's provocative expression is a literal interpretation of Bataille's "Heterologie". It also anticipates the actionist use of meat as an artistic material.

The photograph depicts the slashed lower face and neck of a woman, a raw cow tongue is hanging out of her mouth. A reflection exaggerates the length of the woman's neck so that the silhouette of her figure assumes a strikingly phallic look. In this work Ubac stages the phallic woman with a "vagina dentata" whose teeth grip a raw piece of meet. The phantasm of the castrating woman is equipped with the sign of the "abject". The woman depicted as a menacing, carnivorous wild animal, however, is inverted so that it also becomes the hunted animal, the prey that in a archetypical pose of submission holds up its throat to the potential attacker.

Silvia Eiblmayr
translated by Camilla Nielsen

AFFICHEZ VOS POEMES

Les ficelles de poils détachés et suspendus aux arêtes de plâtres raidis en œil de photographies obcènes.

Les domestications des visages comestibles de pelures et de cheveux Les chaises débandant les pavillons de jambes horlogères entrouvrant de fausses ombrelles charnues boîtes emplies de pilules jadis d'écolières aux cols rigides enrubannés de poils détachés d'une plage noire d'où saigne sur son sable une voiture sexuée en forme de langue aux roues en forme précisément d'oreilles endormies

Le grenier rêve de la chute d'une échelle de fruit blond

La constitution d'un rocher de nourriture d'où jaillit la source intime d'une chevelure sur mesure Le linge en peaux étendu aux fenêtres des récipients de médailles féminines, les écailles des doigts de caoutchouc mou, tirés des vitrines d'alcôves éclatées

Le robinet des fantômes sur les croûtes d'escaliers majuscules et automnaux

Les cachots nouveaux d'un creux rempli de perles roses et de pluie

CAMILLE BRYEN

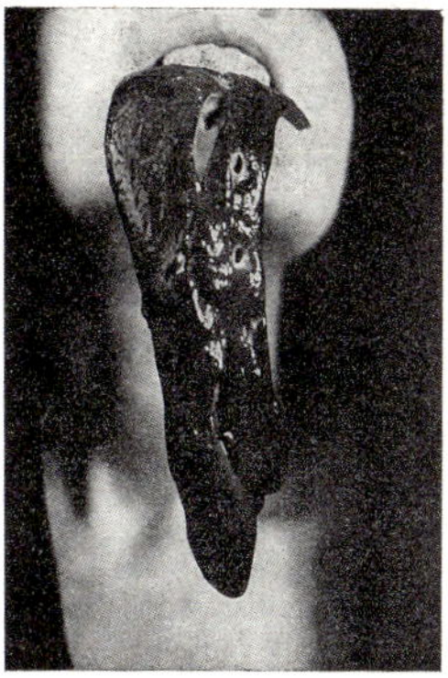

Image irrationnelle. Raoul Michelet

LA TÊTE DE MORT AUX PIEDS SALES

I

mi figue
mi raisin
l'alphabet des mandragores
le chardon
les chimères
la langue de la femme aimée
comme une feuille de papier buvard
comme une assiette de fraises
comme la naissance des seins
sur une tartine de beurre

II

le gel impertinent
des yeux sodomisés...
la braise d'une langue
sous la cendre du rire...
le crâne épanoui en pieds
comme des mauves...
le pain des écrouelles...
Un poulpe ouvre ses tiroirs
et donne à ses instincts
la viande faisandée du cœur...

III

La main de la pluie dans la chambre noire
Déjoue les cheveux de ronces et d'ardoise
Le cadavre rouge de la chute d'eau

HENRI BARANGER

Actuation.

AFFICHEZ VOS IMAGES

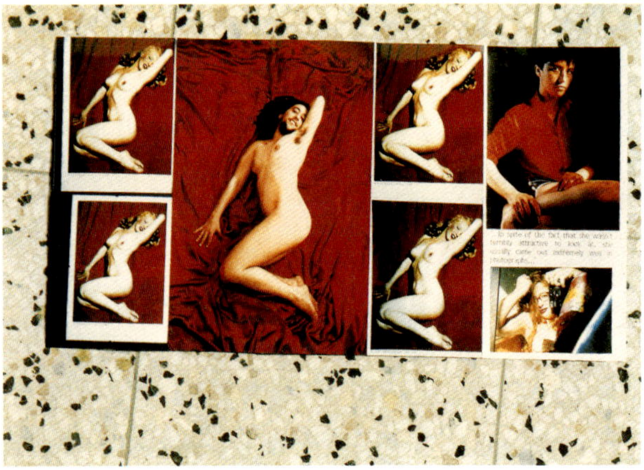

ELKE KRYSTUFEK
Daydream series, 1996, Farbfoto aus der 11-teiligen Fotoarbeit, gesamt: 70 x 100 cm, Courtesy Galerie Georg Kargl, Wien

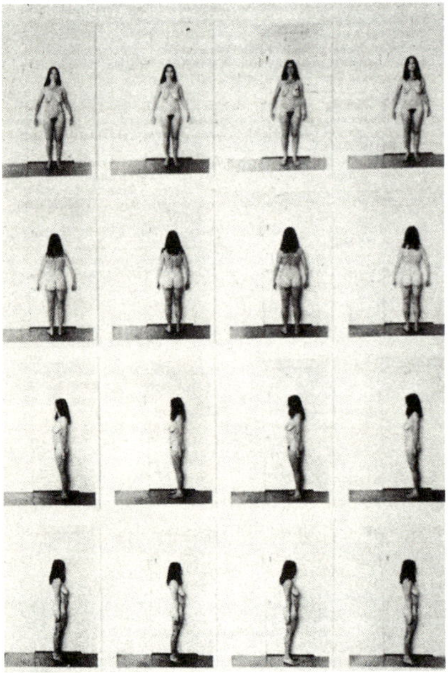

ELEANOR ANTIN
Carving: A Traditional Sculpture, 1972, (Detail), 16 von 128 s/w Fotos, die eine Gewichtsabnahme dokumentieren, je 17,8 x 12,7 cm, Courtesy Galerie Ronald Feldman, New York

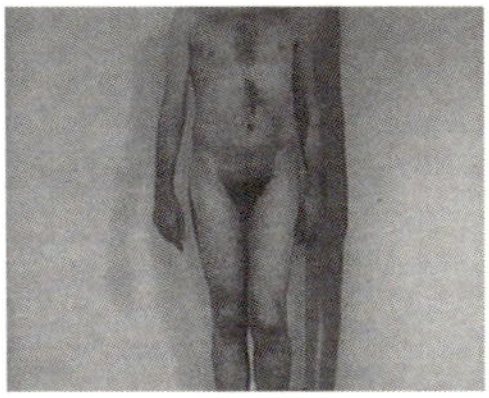 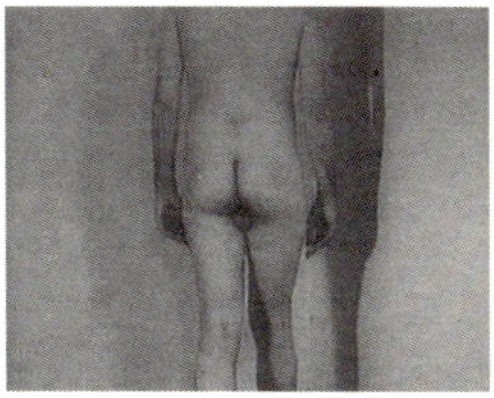 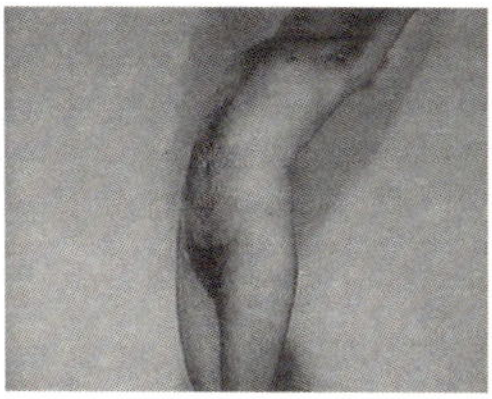

VITO ACCONCI
Conversions, 1971, Video,
New York, Electronic
Arts Intermix

PIERRE MOLINIER
Les jummeles amoureuses, 1967,
Fotomontage, 13 x 18 cm,
Wien–Frankfurt,
Sammlung Gorsen/Koeck

CAROL RAMA
Appassionata, 1940, Aquarell auf Papier, 34 x 23 cm, Turin, Galerie Giancarlo Salzano

JOAN JONAS
Vertical Roll, 1972, Video-Still, New York, Electronic Arts Intermix

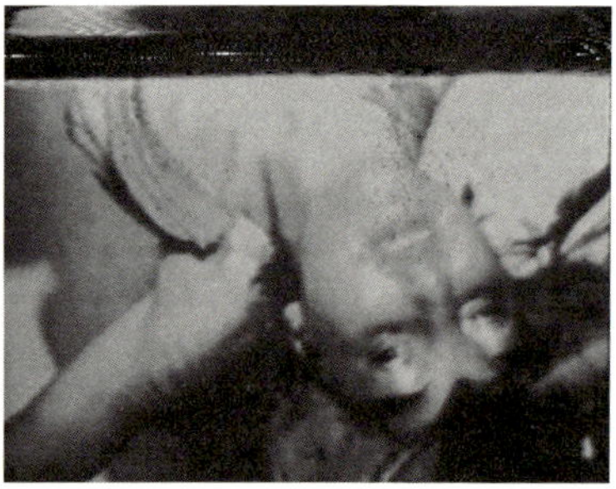

GINA PANE
Action Psyché, 1973, 3 Farbfotografien, je 40 x 110 cm, Brüssel, Privatsammlung, Courtesy Galerie Christine and Isy Brachot

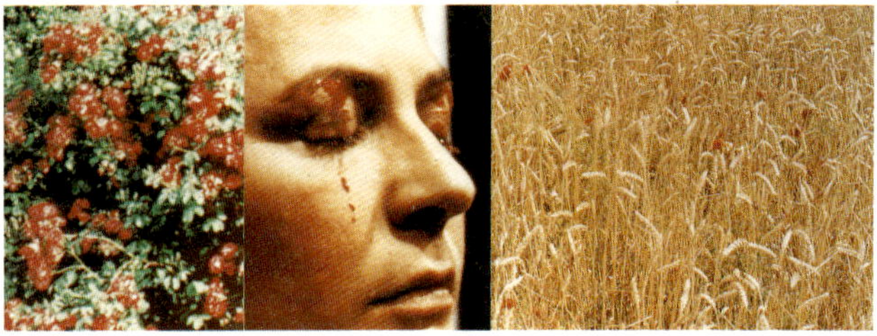

WILHELM FREDDIE
The Definitive Rejection of a Request for a Kiss, 1940, Öl auf Holz, 21 x 33,5 cm, Kopenhagen, Sammlung Birger Raben-Scov

ANDRÉ KERTÉSZ
Distortion #20, 1933, Silbergelatineabzug, 24 x 11,6 cm, München, Stadtmuseum

MARIA LASSNIG

Doppelselbstporträt mit Kamera, 1974,
Öl auf Leinwand, 180 x 180 cm,
Wien, Österreichische Galerie im Belvedere

Maria Lassnig gibt in diesem Doppelselbstporträt einen Einblick in den komplexen Zusammenhang zwischen ihrer Körperwahrnehmung, der bildlichen Umsetzung ihrer körperlichen Zustandsgebundenheit und den Mechanismen des Sehens. Die Künstlerin erscheint dabei auf zwei Bildebenen, wie bei einem Bild im Bild: In einem der Porträts verweigert sie den Blick, in dem anderen sucht sie ihn, indem sie sich selbst aufmerksam mit der Filmkamera beobachtet. Lassnig setzt hier den Gegensatz von Sehen und Nicht-Sehen-(Können) sowie von spiegelbildlichem Realismus und einer Art Anamorphose, welcher der Kopf unterworfen wird, in Szene. In Anbetracht der immer wiederkehrenden Monstren, in die sich Lassnig in ihrer Malerei verwandelt hat, ist es bemerkenswert, auf welches Objekt der hier verformte Kopf der Künstlerin verweist: Es ist eine Kamera, oder vielmehr deren Balgenauszug, der darauf schließen lässt, dass hier eine länger zurückliegende Erinnerung, das Stillhalten vor der Fotokamera, im Spiel ist. Die somatische Reaktion, die Körperwahrnehmung, verknüpft sich also mit einer frühen Erfahrung der Künstlerin mit der fotografischen Aufnahmetechnik. An anderer Stelle gibt Lassnig ein weiteres Beispiel dieses Beziehungsmuster: „Oft fühle ich die Kranznaht wie die Spange eines altmodischen Radiokopfhörers."

In this double self-portrait Maria Lassnig gives us a glimpse of the complex interplay between her perception of the body, the pictorial translation of her dependence on a physical state and the visual mechanisms. Here the artist appears on two pictorial levels, as in a picture within a picture. In one portrait she rejects the gaze, while in the other she seeks it, attentively observing herself with the film camera. Lassnig stages the opposition of seeing and not being able to see as well as that of reflective realism and a certain kind of anamorphosis, which the head undergoes. Given the ever-recurring monsters into which Lassnig has transformed herself in her painting, it is interesting to see what object the deformed head of the artist is directed at. It is a camera, or rather the plate you pull out, which allows us to conclude that what is at play here is a memory of something in the remote past, the frozen position in front of the camera. The somatic reaction, the perception of the body, is linked with an early experience the artist had with photographic techniques. In a different context Lassnig illustrates this relational pattern as follow: "I often feel the fissure like the clamp of an old-fashioned radio headphone."

Silvia Eiblmayr
translated by Camilla Nielsen

OPER

ANNE-MIE VAN KERCKHOVEN
Headnurse I, II, III, 1998–1999, Fotografie zur Installation, Gent, Stedelijk Museum voor Actuele Kunst

MICHAELA MELIÁN
Hysterikerin (Phantombild Bertha Pappenheim), 1999, Installation: Diaprojektion, Motoren, Spiegel, Prisma, Projektoren, Satin, Besitz der Künstlerin

DOUGLAS GORDON
Hysterical, 1994/1995,
Video Installation s/w, zwei Leinwände, je 300 x 400 cm, Southhampton, City Art Gallery

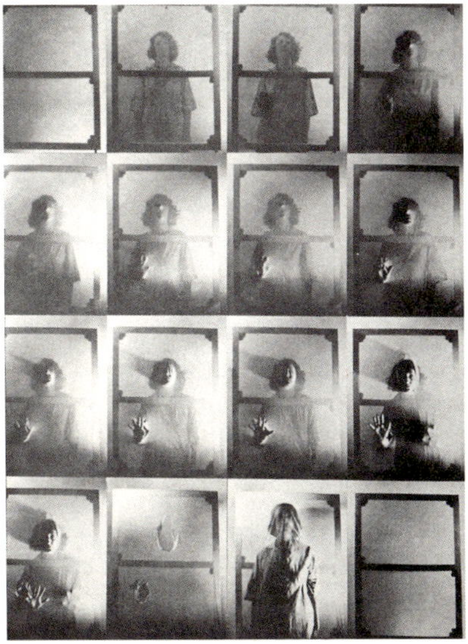

HELENA ALMEIDA
Tela Habitada (Bewohnte Leinwand), 1976, 16-teilige Fotoarbeit, s/w, gesamt 160 x 120 cm, Lissabon, Fondação Gulbenkian

GEORGE HURREL
Marlene Dietrich, 30er Jahre,
Silbergelatineabzug, 34 x 27 cm,
Sammlung Dietmar Siegert

ZOE LEONHARD
Pin-up #1 (Jennifer Miller Does Marilyn Monroe), 1995,
Cibachrome, 145,5 x 105 cm,
New York,
Galerie Paula Cooper

CINDY SHERMAN
Untitled (Marilyn), 1982,
Fotografie, 50,8 x 40,6 cm,
München, Sammlung Lothar
Schirmer, Courtesy Galerie
Monika Sprüth, Köln

CINDY SHERMAN
Untitled #119, 1983, Fotografie, 116,3 x 239,3 cm, München, Sammlung Lothar Schirmer, Courtesy Galerie Monika Sprüth, Köln

CHRISTINA VON BRAUN

Die Stimme der Diva

Die Begriffe Diva und Verletzung scheinen zunächst schwer miteinander vereinbar zu sein: Diva leitet sich vom lateinischen Wort für das „Göttliche" her und verweist so per se auf eine Form von Unverletzlichkeit und Unsterblichkeit. Dennoch ergibt die Zusammensetzung „verletzte Diva" in gewisser Weise Sinn. So scheint die Diva ihre Kraft geradezu aus der Verletzung zu beziehen: Aus dem versehrten Körper, der dennoch Unsterblichkeit erlangt hat. Worin besteht nun die Verletzlichkeit, die der Diva eine solche Macht verleiht? Auf der Suche nach erklärenden Beispielen stößt man – nicht unversehens – auf die Märtyrer und den Gekreuzigten selbst. Der Heiland als Diva? Das mag für die einen blasphemisch klingen. Die anderen werden jedoch durchaus bestätigen, dass für sie die Diva an die Stelle gerückt ist, an der sich einst das Kreuz befand.

Manche Nonnen im Mittelalter glaubten, sie seien schwanger, weil Jesus an sie gedacht hatte; kein Wunder, dass Operntunten, Nonnen eines namenlosen Ordens, glauben, die durch das Ohr eindringenden Stimmen seien Manifestationen des Heiligen Geistes. […] Hören heißt metaphorisch: geschwängert werden – mit Gedanken, Klang und Empfindung.[1]

Gleichwohl gelingt der Vergleich von Jesus und Diva nur bedingt: Der eine besitzt einen gemarterten Leib, die andere gemarterte Nerven, der eine reizt mit dem Versprechen der Auferstehung, die andere mit aufsehenerregenden Versprechen. Darüber hinaus erhebt der eine Anspruch auf einen „göttlichen Vater", die andere Anspruch auf eine göttliche Stimme. Liegt aber nicht gerade in diesen Unterschieden ihre Verwandtschaft? Und wenn die „Diva" nichts anderes wäre als das zur Stimme gewordene Zeichen und die geistigen Buchstaben der Schrift, die – einst abgeleitet aus dem gesprochenen Wort – in ihr wieder einen Körper, einen göttlichen Körper, angenommen hätten? Findet mit dem Auftritt der Diva nicht die seit zweitausend Jahren erwartete und heiß ersehnte Wiederkehr des Heilands statt – diesmal allerdings ohne Kreuz und mit einer „Passionsgeschichte" versehen, die

ABB. 1

Katalepsie, hervorgerufen durch ein grelles Licht, aus: D.-M. Bourneville/P. Régnard (Eds.), *Iconographie photographique de la Salpêtrière*, Bd. 3, Paris 1879–1880

sich auf jeder Bühne (nicht nur in Oberammergau) hören und sehen lassen kann.

Ich träume von einem ungeteilten Raum (wo an den Türen keine binäre Symbolik Women und Men trennt, W und M, das M ein umgestülptes W), und so wende ich mich der Oper zu, die ein doppeltes Vergnügen verspricht und eine Heilung für den Riss durch die Seele.[2]

Diese Ansicht gilt es im folgenden zu erläutern. Als Jesus geboren wurde – dabei ist es unerheblich, ob es einen historischen Jesus gab oder ob dieser als „beleibtes Zeichen" als „Fleisch gewordenes Wort"[3] zu lesen ist –, hatten die Zeichen der Alphabetschrift das Gesicht des Abendlandes zutiefst verändert. Sie hatten darüber hinaus den Gedanken aufkommen lassen, dass es ein Abendland gibt. Doch die Buchstaben hatten auch dem Körper die Zunge entrissen; sie hatten sein Gestammel – des Gebets oder der Liebe – in abstrakte Zeichen übertragen. Lesen, sammeln konnte man diese Zeichen, mit distanziertem Auge betrachten. Sie blieben sogar erhalten, wenn der sprechende Körper, der sie niedergeschrieben hatte, schon längst unter der Erde lag. Freilich konnte man sie nicht auf der Zunge zergehen lassen. Die Zeichen des Alphabets waren nicht zu schmecken, zu riechen und nicht einmal zu hören. Die phonetischen Zeichen entzogen sich den

Nahsinnen – und das hatte Folgen: Die Buchstaben verboten dem Körper, Lust wie Schmerz zu empfinden. War das Alphabet eingeschaltet, so wurde der Körper ausgeschaltet. Aber der Körper ließ sich diese „Bevormundung" nicht ohne weiteres gefallen: So betrat zeitgleich mit der Alphabetschrift die Hysterika die Bühne des abendländischen Geschehens. Sie trat an, der verlorenen Zunge einen Körper zu verleihen.

Ihre Stimme ließ auf lange Versuche schließen, das Inakzeptable zu domestizieren. [...] Wenn man die halberstickte Stimme der Callas genoss, erklärte man seine Affinität mit verborgenen Dingen. – Ihre Stimme schlug dramatischen Vorteil aus der Annahme des Zuhörers, dass die Oper ihren planmäßigen Gang nehmen würde. Sie lauerte den Hörern auf.[4]

Die Hysterika ergriff das Wort mit ihren Verrenkungen, Krämpfen und Erstickungsanfällen. Ihre Symptome sprachen eine Sprache, die jeder sehen und hören konnte. Und alle Symptome teilten dieselbe Geschichte mit: die Geschichte von der herausgerissenen Zunge, vom Körper, dem die Sprache entzogen wird. Es waren zumeist weibliche Körper, die diese Geschichte erzählten und seither viele Male weitergaben. Sie erzählen sie immer wieder aufs Neue, erfinden wundersame Details – den „globus hystericus" zum Beispiel, mit dem die arme, gefangene Stimme um Entlassung fleht. Und sie verkünden ihre Geschichten nicht mit Worten, sondern mit Körperbildern und physischen Zeichen. (Bis Freud, dieser Spielverderber, kam und die Worte unter den Bildern ausgrub, was, wie er sagte, dazu beitrug, dass sie „zerbröckeln" und „undeutlich werden".)[5]

Ein Hauptgrund, weshalb die Stimme als etwas Weibliches erscheint, liegt darin, dass die Organe, die sie hervorbringen, dem Blick verborgen bleiben. [...] Handbuchautoren beschreiben die Epiglottis als Efeublatt oder stellen sich die Glottis vor als [...] aufwendig inszenierte Alternativen zu unseren langweiligen Genitalien, unseren vom Schleim alter Geschichten überzogenen Genitalien, die so eingesperrt sind in die Vergangenheit, dass sie uns die Freiheit nur versprechen können, wenn wir für sie eine völlig neue Geschichte verfassen würden.[6]

Als Jesus geboren wurde, gab es die einen Körper, die ihrer verlorenen Stimme nachtrauerten. Es gab aber auch die anderen Körper, die den Zustand der Körperlosigkeit für das göttlichste Ziel hielten. Für sie war die diesseitige, leibliche Existenz ein Täuschungsmanöver der „Archonten", der Kräfte des Bösen, die das „reine", fließende, ungreifbare Licht in der „Welt" gefangen hielten. Und da die sichtbare Welt nichts anderes als Lug und Trug sei, so sagten sie, müsse jeder bestrebt sein, sich seines erbärmlichen Leibes zu entledigen, um sich wieder mit dem „wahren Leib" in der Welt des Lichts zu vereinigen. Das heißt, als Jesus geboren wurde, da war eine große Not entstanden, denn die einen wollten den guten alten Leib auf ihrer Zunge wiederhaben und die anderen wollten nur ein Zeichen ohne Leib ihr eigen nennen. Was blieb dem Menschensohn da anderes übrig als zu zeigen, dass auch ein Zeichen einen Leib „haben" kann? Mehr noch: ein Leib „sein" kann. Darum ließ er sich ans Kreuz schlagen. (Dasselbe Symbol, das im Christentum das Kreuz darstellt, bedeutet übrigens im semitischen Alphabet einfach nur „Zeichen".) Erst im Leiden und der Sterblichkeit erweist es sich, ob ein Leib „echt" ist oder nur Simulation. Nur derjenige, der wirklich blutet und vor aller Augen stirbt, hat einen „echten" Körper. Und wenn je etwas vor aller Augen geschehen ist, dann dieses Sterben. Man denke an die unzähligen Zeugnisse dieses Todes in der christlichen Kunst: Nichts hat das Auge über Jahrhunderte so gebannt wie dieses Körper gewordene Zeichen, „das zu sterben fähig war". (Genau genommen ist dieser Bild gewordene Tod das einzige Thema nicht nur der christlichen, sondern auch der postchristlichen Kunst. Jedes Bild versucht bekanntermaßen den Beweis zu erbringen, dass es mehr als ein Zeichen ist.) Im Mittelalter fingen die Bilder sogar an zu bluten und zu weinen. Im „verletzten Kultbild" kündigte sich die verletzte Diva an.

Die Oper macht, dass ich mich zweigeschlechtlich fühle, die Idee der Heterosexualität blüht in meinem Kopf auf. Violetta und Alfredo lieben sich in meinem Blutkreislauf, und so ist mein Körper nicht einfach ein Körper – zwei zuvor widerstrebende Ströme begegnen sich. Die Oper erregt mich nicht sinnlich (die Oper ist kein Aphrodisiakum), aber sie stellt mir ein illusorisches heterosexuelles Festmahl auf, das ich gierig verzehre – ich umfasse, meistere, überwältige es.[7]

Mit Kreuzigung und Eucharistie konnte der Widerspruch zwischen Hysterika und Gnostiker schlagartig gelöst werden. Die einen konnten ihre Behausung und ihr Heil im „reinen Zeichen" finden, und die anderen hatten dennoch einen „echten" Körper. Diese „Ehe" des Zeichens mit dem hysterischen Leib sollte zum Motor des abendländischen Fortschritts werden. Freilich war und blieb es eine konfliktreiche Ehe: „Streitkultur" würde man heute sagen. Denn das Zeichen segelte unter dem Banner der Berechen-

ABB. 2

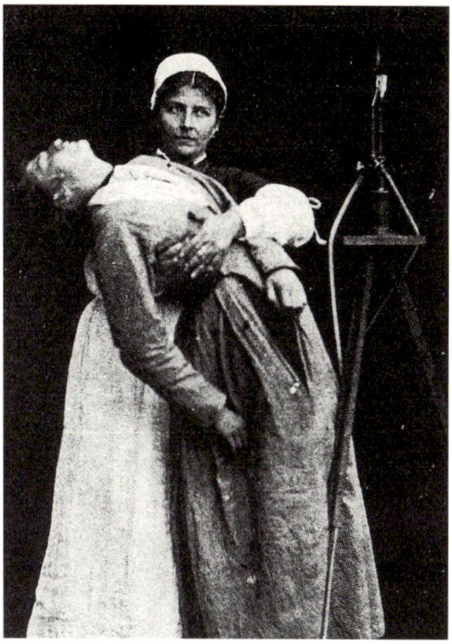

Lethargie als Effekt des plötzlichen Ausschaltens des Lichts, aus: D.-M. Bourneville/ P. Régnard (Eds.), *Iconographie photographique de la Salpêtrière*, Bd. 3, Paris 1879–1880

barkeit, während die unberechenbare Hysterika viele Klippen und Unwetter erfand, das Zeichen von seinem gradlinigen Weg abzubringen. Aber diese Manöver sollten nur den Geist des Zeichens schärfen. Ja, die Homogenität des Zeichens bedurfte geradezu der hysterischen Unberechenbarkeit, um sich – im Akt ihrer Auslöschung – immer wieder neu zu beleben.

Ein wichtiges Ziel des frühen Phonographen war es, die Stimme vom Körper zu trennen und die Illusion von Autonomie und eigenem Willen bei der Erzeugung der Töne auszulöschen. Eine Broschüre aus dem Jahre 1878, die den Phonographen feiert, behauptet, dieser könne Töne „mit und ohne Wissen und Zustimmung ihrer Quelle" einfangen. Diese eingefangenen Stimmen waren oft die von Frauen, doch der Wunsch, den Klang zu fangen, war männlich. Und es war dies ein in enger Kollaboration betriebenes Begehren.[8]

Die hysterische Unberechenbarkeit wurde zum Treibstoff für den Motor des „reinen Zeichens". Je unberechenbarer sich der hysterische Körper gebärderte, desto mehr hatte das Zeichen damit zu tun, Maß und Synchronität herzustellen: die Synchronität der Stimmen, der Zungen, der Kehlen.

Ihre Stimme dringt in mich ein, macht mich zum „Ich", ich werde zu einem Inneren, indem etwas in mich eingedrungen ist. Die Sängerin dringt osmotisch durch die poröse Membran des Selbst und widerlegt die Fiktion, dass die Körper getrennte, begrenzte

Einzelpackungen sind. Die Sängerin zerstört die Teilung zwischen ihrem eigenen Körper und dem unseren, denn ihr Klang dringt in den Organismus ein. Höre ich Leontyne Price zu oder verleibe ich sie mir ein, verschlucke ich sie, lerne ich sie inwendig auswendig? Sie wird Teil meines Gehirns. Und ich beginne zu glauben – reinste Illusion! –, dass sie mein Ich aus sich herausspinnt.[9]

Dies ist keine einfache Konstellation für eine Ehe, wenn man bedenkt, dass diese „Ehe" in einem einzigen Körper geführt wurde. Jesus sei das Haupt der Kirche, sagte Paulus, und die Gemeinde sein Leib. „Weil es ein einziges Brot gibt, sind wir Vielen ein einziger Leib", schreibt er.[10] In Christus bilden die einzelnen „Glieder" einen unteilbaren Leib.[11] Dennoch „heiratet" Christus diesen, seinen eigenen Leib bei der Kommunion, um, wie Mann und Frau, mit ihm „ein Geist und ein Fleisch" zu werden.[12]

Wenn ich einer Oper zuhöre, verkleide ich mich innerlich als das Geschlechtsrollensystem, als die Ehelichkeit in Person; ich werde zu Braut und Bräutigam; ich nehme das ganze System in mich auf, weil ich davon träume, ich könnte es so zerreissen und neu zusammensetzen – so, wie ein Tenor seine Männlichkeit ganz zu Stimme macht und sie dadurch unvertraut werden lässt. Die Oper kann im wirklichen Leben nichts verändern, aber sie verändert unsere Phantasien, und ich kann keine Trennungslinie zwischen privaten Sehnsüchten und öffentlichen Zuständen ziehen, zwischen der Oper im Kopf und der blutenden Welt.[13]

So seltsam diese „Ehe mit dem eigenen Leib" auch war, sie hielt nahezu zweitausend Jahre. Und sie war fruchtbar, mehrgebärig. Es entstanden Kinder wie Orgelpfeifen. Wo aber blieben die Stimmen in der Ehe von „Vatersprache", der Sprache der Zeichen, und „Muttersprache", der Sprache der

ABB. 3

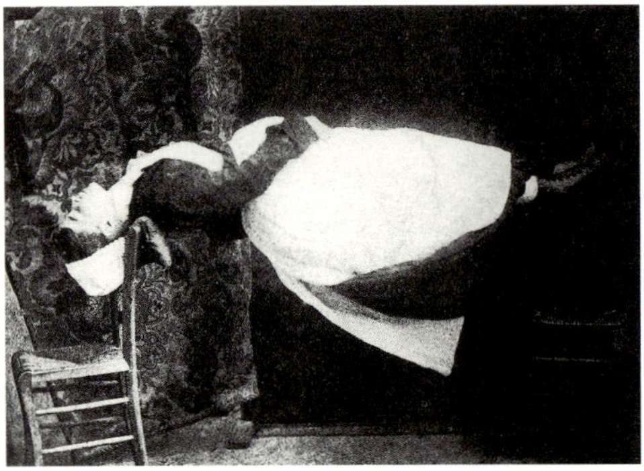

Augustine: Lethargie, aus: D.-M. Bourneville/P. Régnard (Eds.), *Iconographie photographique de la Salpêtrière*, Bd. 3, Paris 1879–1880

Zunge? Über lange Zeit sprachen die Ehepartner kaum ein Wort miteinander. Beide hatten ihre eigene Sprache, jeder und jede seine und ihre eigene Stimme. Das „Haupt" verkündete in den Worten der Vatersprache seine eigene Geschichte – und mit Geschichte war hier nicht die Erzählung gemeint, sondern: Historia, harte Fakten, Wissenschaft und Theologie. „Für die gebildeten ‚litterati' ist historisch beglaubigt, was die lateinische Schrift tradiert oder bezeugt: Der Durchgang durch die lateinische Schriftfassung gewährleistet historische Glaubwürdigkeit auch für die volkssprachliche Dichtung."[14]

Der hysterische Leib dagegen sprach mit zugeschnürter Kehle. Mit seinen Verrenkungen und Symptomen erzählte er von den Geschichten, für die es keine Augenzeugen und keine lateinische Schriftauffassung gab. Er berichtete von den kreisrunden Bewegungen der Zeit und von der Schlange, die sich in das Dunkel der Unterwelt verkrochen hatte. Anders als die „Vatersprache", war die „Muttersprache" vom Ohr bestimmt, von einer Öffnung des Körpers, die der Willen nicht zu schließen vermag und die nicht Pforte des Wissens, sondern des Glaubens war. In dieses „Loch" drang das Wort Gottes ein. Die Vorstellung des christlichen Mittelalters, laut der Maria die „Botschaft des Engels mit ihren Ohren gläubig aufgenommen hatte",[15] war an den vielen Darstellungen abzulesen, die die Empfängnis Mariae als ein Eindringen des Wort Gottes in ihr Ohr zeigen. Das Ohr – und die Botschaft, die es aufnimmt – versetzte den Christen in den Zustand der „Hörigkeit" gegenüber dem Glauben.[16]

Das Loch in der Schallplatte hat mich immer fasziniert. Alles an der Plattenoberfläche hat sich verbündet, um diese Öffnung zu betonen: die Preisangabe umkreist es, das Etikett und das runde Fenster in der Schutzhülle nehmen seine Gestalt auf. Wenn man eine alte Melba-Platte aus dem Cover nimmt, sieht man im Inneren der Schutzhülle eine Photographie der Diva, als sei die runde Mitte dieser Hülle ein Fenster in eine sich zurückziehende, hermetische Welt. – Das Loch macht keine eindeutige anatomische Anspielung. Es macht viele. Es entspricht nicht auf reduktionistische Weise – nicht einmal im Unbewussten des Hörers – einem bestimmten Teil des menschlichen Körpers. Aber zu mir hat es immer von der Leere inmitten der aufgezeichneten Stimme gesprochen, von der Leere am Mittelpunkt des Lebens eines lauschenden Hörers und den Mehrdeutigkeiten in jedem Sexualkörper, den homosexuellen Leib eingeschlossen, was die korrekten und unangemessenen Funktionen seiner Öffnung angeht.[17]

Im Mittelalter galten die Augen als „Einfallspforte der Sünde“: Eva, so beteuerte der karolingische Theologe Hrabanus Maurus (gest. 856), habe per „oculos“ den Tod verursacht. Indem sie nach „visibilia“ verlangte, habe sie den Blick auf die „invisibiles virtutes“ verloren. Die Augen galten als „Vorboten der Unzucht“ („anuntii fornicationis“), als wirksamste Waffe der luxuria.“[18] Durch die Augen definierte sich aber auch die „Vatersprache“ (die mit der Sünde nicht viel am Hut hatte). „Grundlegend für das Mittelalter ist die Geschichtsauffassung des Isidor von Sevilla, der den Begriff ‚historia‘ von der optischen Wahrnehmung ableitet und die Überzeugung vertritt, niemand habe in der Antike Geschichte geschrieben, der nicht selbst Augenzeuge des Berichtes gewesen sei.“[19] Der Heilige Geist, das Wort Gottes wurde als Lichtstrahl gedeutet, und genau dieser „stechende“ Blick verlieh der „Vatersprache“ ihre Zeugungskraft. Während die Darstellung der Verkündigung als „Empfängnis durch das Ohr“ immer seltener wurden, erschien Christus immer häufiger als sichtbarer Buchstabe auf dem Papier.

Der menschgewordene Gottessohn wurde vom Vater diktiert, im Schoss Mariens vom Heiligen Geist auf jungfräuliches Pergament (pellis virginae) geschrieben, der Welt zur Kenntnis gebracht in der Offenbarung der Geburt, „korrigiert“ (correctus) in der Passion, „abgeschabt“ (rasus) bei der Geisselung, „punktiert“ (punctatus) und durchstochen bei der Durchbohrung der Wunden, auf das Lesepult gestellt im Akt der Kreuzigung (super pulpito positus in crucifixione), „illuminiert“ (illuminatus), d.h. mit roten Buchstaben versehen durch die Vergiessung des Blutes, „gebunden“ (illigatus) in der Auferstehung und schließlich zur Disputation gestellt (disputatus) bei der Himmelfahrt, als die Engel fragten: „Wer ist jener König der Herrlichkeit? Wer ist jener, der aus Edom kommt?“ Geöffnet und aufgeschlagen (apertus et explicatus) wird das „Christus-Buch“ im letzten Gericht.[20]

Die Vorstellung, dass Christus und der Körper inkarnierte Buchstaben seien und dass Gott bei seiner Zeugung auf – oder in – den Frauenkörper schreibe, galt nicht nur für die Religion. Sie prägte auch die Geschlechterbeziehung. Im Lied eines unbekannten Verfassers aus dem späten 15. Jahrhundert spiegelt sich die „Ehe“ von „Vatersprache“ und „Muttersprache“ wider:

Wer zärtliche Liebe genießen will, dem gebe ich den Rat und den Hinweis, sich an die Studenten zu halten; die wissen, was Zucht und Ehre ist. Sie können bei zärtlichen Frauenzimmern das abc schreiben; ihr Schreiben tut niemandem weh, die Frauen ‚machen es sanft. Nun schreib, schreib, mein feiner Schreiber, nun schreib auf, was mein Herz sich wünscht! Es soll dir auch immer wohl ergehen – der Federkiel ist so hart.[21]

ABB. 4

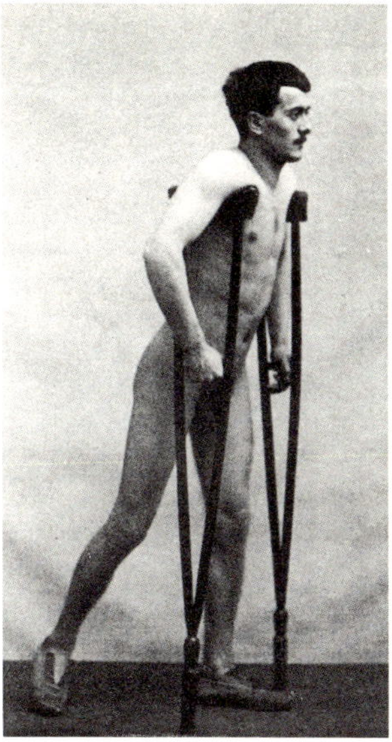

Hysterische halbseitige Lähmung, aus: J. P. Charcot/P. Richer/A. Londe/G. de la Tourette u.a., *Nouvelle iconographie de la Salpetrière, clinique des maladies du système nerveux*, 28 Bde., Paris 1888–1918

Dieser Text entstand kurz nachdem Gutenberg die Druckerpresse – mit ihren Bleibuchstaben in der Gestalt von „Matrix“ und „Patrix“ – erfunden hatte. Das heißt, die Tatsache, dass sich die „Vatersprache“ über die Augen definierte und der „Federkiel“ im Geschlechtsverkehr eine Rolle spielte, verdankte sich der Verbreitung der Schrift.[22] Diese Verbreitung stand wiederum in engem Zusammenhang mit der Entwicklung der Zentralperspektive, durch welche die Männlichkeit mit „Sehen“ und die Weiblichkeit mit „Gesehen werden“ gleichgesetzt wurden. Mit Buchdruck und Zentralperspektive hatten „Vatersprache“ und „Muttersprache“ einen neuen Ehebund geschlossen.

Text. Musik. Im Englischen gibt es eine alliterative Affinität zwischen words *und* woman *und zwischen* music *und* man, *während im Italienischen* parole *sich zu* padre *stellt und* musica *zu* madre *passt. Wir wissen, dass Text und Musik in ein System von Geschlechtsspezifika gehören – es ist ja ein Gemeinplatz, dass die Sprache maskulin ist und die Musik feminin. Die Oper verkündet dieses Ordnungsschema – und hilft uns, es zu vergessen. Beim Zuhören vergessen wir den Unterschied von Text und Musik, Männlich und Weiblich, weil die Oper eine Bastardform ist, ein Zwitter, und die Unterscheidung verwischt.*[23]

ABB. 5

Frank Horvat,
Park der Attraktionen,
Los Angeles 1963

Von hier aus beginnt der Siegeszug des Notationsystems, das alsbald die Musik und schließlich auch die Stimme selbst den Zeichen der Schrift unterwerfen wird; hier beginnt die Karriere der verletzten Diva. Allerdings muss sie sich zunächst noch mit dem Leib des Kastraten begnügen, wobei bereits in seiner Verletzung selbst die Aura der verletzten Diva aufleuchtet. Die Alphabetschrift hatte das Hören und Sprechen den visuellen Zeichen unterworfen, aber mit dem Buchdruck begann die „Vatersprache", sich nicht nur den Körper, sondern auch die Stimme der Hysterika anzueignen. Je mehr die „Muttersprache" durch den Mangel an Augenzeugen für „ihre" Geschichte verstummte, desto tiefer penetrierte „His Master's Voice" ihr Ohr – so tief bis schließlich die Ehepartner „ein Fleisch und ein Geist" wurden, „Vatersprache" und „Muttersprache" mit einer Stimme zu sprechen begannen.

Es ist kein Zufall, dass der Phonograph von zusammenarbeitenden Männern erfunden wurde, denn es gibt viele Beispiele für die Zusammenarbeit von Schriftstellern und Wissenschaftlern im 19. Jahrhundert, um Geheimnisse unter Kontrolle zu bringen und nachzuvollziehen, die man sich als feminin und reproduktiv vorstellte. Der Phonograph war wie die Psychoanalyse oder das Telephon oder Kubismus und Surrealismus eine kollaborative männliche Erfindung, die mit den Grenzen von (oft weiblicher oder mütterlicher) Stimme und Identität spielte und die Stimme als Emanation des männlichen Willens erscheinen ließ. – Der Phonograph konnte reproduzieren, durch die von Männern gemachte Erfindung konnte er als Frau sprechen. Der Phonograph konnte – einer medizinischen Zeitschrift zufolge –, das Schluchzen der Hysterie, den Seufzer der Melancholie, den Schluckauf der Erschöpfung, den Schrei der Gebärenden in den ver-

schiedenen Stadien der Wehen wiedergeben. Obwohl er ein Werkzeug des männlichen Träumens und der männlichen Selbstverewigung war, war er reproduktionsfähig: das Original, von dem die Aufnahmenkopien gemacht wurden, hieß „mother“, Matrix, Mutter.[24]

Ist es unter diesen Umständen verwunderlich, dass das Stimm-Recht den Frauen gewährt wird? Wenn „His Master's Voice“ mit weiblicher Stimme spricht, wenn aus der Kehle von „Vatersprache“ und „Muttersprache“ ein gemeinsamer Kanon ertönt, wer wollte noch – wer könnte noch – der „Muttersprache“ das Recht verweigern, im Chor mitzusingen? A Voice of one's own? Nein: One Voice in one room. Es ging um das Sakrament der Vermählung, um die Unauflösbarkeit der Ehe, es ging um die Angleichung der Geschlechter, um die Lust im „Wir“, das kein Ich und kein Du mehr kennt.

Ich wende mich der Oper zu, weil sie die Struktur der Vermählung enthält. Ich glaube nicht an Eheschließungen, wie sie auf Standesämtern und in Synagogen stattfinden, aber ich glaube an die Ehe als Phantasie. Ich beanspruche „Hochzeit“ für den Hörer, dessen Inneres von der doppelten Artikulation der Oper – Worte/Musik – entzweigerissen wird und der die Naht wieder zunähen möchte.[25]

Die Diva macht die „Vatersprache“, das Zeichen sichtbar, hörbar. Ist Christus das verkörperte Buch, so haben in ihr die Buchstaben des Alphabets wieder eine Stimme, einen Körper angenommen. Sie hat die Wunde geschlossen, die die herausgerissene Zunge hinterlassen hatte. Kein Mezzosopran, kein Tenor und kein Bass kann diese Wunde schließen – nur der Sopran, die Göttliche, diese Erbin der Hysterika, deren zugeschnürte Kehle nun endlich geöffnet, die wunderbarsten, ekstatischsten und unberechenbarsten Töne von sich zu geben vermag.

Die Diva darf singen, aber nicht zu lange; ihr wird die Macht zugestanden, sich mit einer Melodie in höchste Höhen zu erheben, doch nur unter gewissen Bedingungen, und wenn die Stimme versagt, dann zeigt sie uns, wie armselig und partiell ihr Triumph gewesen ist. Die Stimmkrise ist eine Form von Kommunikation. Sie sagt uns, dass die Oper eine Kunst der Unterbrechung, des Risses, der körperlichen Gefahr ist. Die Sängerin in der Stimmkrise ist für ihre Erhabenheit bestraft worden. Aber die Stimmkrise ist auch der Moment, da die schwulen Bedeutungen der Oper zu sprechen beginnen – da im Augenblick der Verletzlichkeit und des Zusammenbruchs die Diva den Beweis erbringt, dass das mühelose Singen eine Maskerade war und jetzt ihr angeknackstes, geschwächtes misstönendes Selbst unverhohlen zum Vorschein kommt.[26]

ABB. 5

Mordre la route,
aus: *Fantaisies photographique*,
Paris 1943

Hat nun die verletzte Diva die Erbschaft der Hysterika angetreten? Nicht ganz, denn die Hysterika suchte mit den Zeichen und Symptomen ihres Körpers die herausgerissene Zunge zu ersetzen; sie stand im Zeichen der „Muttersprache". Die Diva hingegen verkörpert die mündlich gewordene Schriftlichkeit. Ihre Arie ist die Stimme des Zeichens. Darin liegt ihre Funktion und ihre Anziehungskraft. „Die Callas", so Leonard Bernstein, „war reine Elektrizität."[27] Oft wird diese Technik gewordene Hysterie jedoch mit der Unberechenbarkeit der „ursprünglichen Hysterie" verwechselt.

Ich verehre sie, weil sie Fehler gemacht hat und weil sie Ausdruckskraft höher zu schätzen schien als Schönheit. Wir glauben nicht mehr an die Natur, aber die Callas vertrat die Wirkung des Naturhaften gegen den Anschein der Ordnung und bot annehmbare, verdauliche Anarchie, eine Folge von Klängen am Rand des Chaos – aber als Genuss. Hier lag die Gefahr, die Verlockung: Sie war vollkommen durcheinander und sie war eine Göttin.[28]

Und wenn das Chaos und die Anarchie dieser Göttin nichts anderes als die Batterien und Frequenzen wären, an denen der „Volksempfänger" hängt?

[1] Wayne Koestenbaum, *Königin der Nacht. Oper, Homosexualität und Begehren*, Stuttgart 1996, S. 19 (*The queens throat*, New York 1993).
[2] Ibid., S. 235.
[3] Joh. 1, 14ff.
[4] Wie 1, op. cit., S. 184.
[5] Sigmund Freud, *Gesammelte Werke*, Bd. 1, Frankfurt/M. 1952, S. 282f.
[6] Wie 1, op. cit., S. 214f.
[7] Ibid., S. 52f.
[8] Ibid., S. 64.
[9] Ibid., S. 56f.
[10] 1 Kor. 10:17.
[11] Röm. 12:5; 1 Kor. 12: 12,27.
[12] Eph. 5:23 u. 28.
[13] Wie 1, op. cit., S. 236.
[14] Horst Wenzel, *Sehen und Hören, Schrift und Bild. Kultur und Gedächtnis im Mittelalter*, München 1995, S. 59f.
[15] Klaus Schreiner, „Si homo non pecasset ...", in: Klaus Schreiner/Norbert Schnitzler (Eds.), *Gepeinigt, begehrt, vergessen. Symbolik und Sozialbezug des Körpers im späten Mittelalter und in der frühen Neuzeit*, München 1992, S. 52.
[16] Siehe Martin Burckhardt, *Metamorphosen von Raum und Zeit. Eine Geschichte der Wahrnehmung*, Frankfurt/M.–New York 1994, S. 138ff.
[17] Wie 1, op. cit., S. 74f.
[18] Wie 15, op. cit., S. 52.
[19] Wie 14, op. cit., S. 60.
[20] Petrus Berchorius: Reductorium Morale, zititiert nach Klaus Schreiner, „... wie Maria geleicht einem puch. Beiträge zur Buchmetaphorik des hohen und späten Mittelalters", in: *Archiv für Geschichte des Buchwesens*, Bd. 11, 1971, Sp. 1449f.
[21] Wie 17, op. cit., S. 437.
[22] Siehe Martin Burckhardt, *Vom Geist der Maschine. Eine Geschichte kultureller Umbrüche*, Frankfurt/M. 1999, siehe vor allem Kapitel: Muttergottes Weltmaschine, S. 118–142.
[23] Wie 1, op. cit., S. 236.
[24] Ibid., S. 64f.
[25] Ibid., S. 264f.
[26] Ibid., S. 169.
[27] Ibid., S. 182.
[28] Ibid., S. 182.

CHRISTINA VON BRAUN

The Voice of the Diva

At first glance, the concept of "diva" scarcely seems compatible with that of being wounded. After all, the word diva derives from the Latin for "divine" and therefore implies a kind of invulnerability and immortality. Nevertheless, the compound term "wounded diva" does make sense in a certain context. For the diva appears almost to draw her strength from being hurt, from the damaged body that attains immortality against all odds. But where does the vulnerability exactly lie that gives the diva so much power? The search for explanations brings to mind – not unexpectedly – martyrs and the crucified Christ himself. The Saviour as a diva? Some may find such a suggestion blasphemous. Others, however, will readily agree that, for them, the diva has taken the place once occupied by the cross.

Nuns in the Middle Ages believed they were pregnant because Jesus had thought of them; no wonder, then, that opera queens, nuns of an unnamed order, believe that voices entering through the ear are forms of the Holy Ghost. [...] To hear is, metaphorically, to be impregnated – with thought, tone and sensation.[1]

All the same, the comparison between Jesus and the diva is only partly valid. One has a tortured body, the other tortured nerves. One lures with the promise of resurrection, the other with sensational promises. One lays claim to a divine father, the other to a divine voice. But is it not precisely in these differences that their kinship resides? And what if the diva were nothing but the sign incarnated in the voice, the spiritual letters of the scripture, which – formerly derived from the spoken word – have now become re-incarnated in the divine body of the diva? Is the diva's appearance on stage not the occasion of the Saviour's second coming, expected and desired for two thousand years, only this time without a cross and provided with the story of a passion that would go down well on stages everywhere – not just in Oberammergau?

I dream of an undivided space, no W, no M, the M an upside down W: and so I turn to opera, which promises double pleasure, a solution to the soul's rift.[2]

This view can be explained as follows. By the time Jesus was born – and it is of no consequence in this context whether there was indeed a historical Jesus or whether he is to be read as a "sign incarnate" or the "word made flesh"[3] – the signs of alphabetical script had brought about profound changes in the western world. Moreover, they had given rise to the idea that there was an Occident in the first place. But letters had also torn the tongue out of the body. They had transformed its stammering – in prayer or of love – into abstract signs. These signs could be read, collected and contemplated with a detached eye. They survived even when the speaking body that had written them down had long since departed this earth. It is true that they could not be savoured on the tongue. The signs of the alphabet had no taste, no smell, nor even a sound. The phonetic signs eluded the immediate senses, which had consequences: letters forbade the body to feel pleasure or pain. Once the alphabet was engaged, the body was disengaged. But the body did not accept this regimentation without resistance. Hence, at the same time as alphabetical script, the hysteric came onto the western scene, setting out to give the lost tongue a body.

Her voice gave evidence of long attempts to domesticate the unacceptable. [...] Enjoying Callas's muffled voice, one declared affinity with hidden things. – Her voice dramatically took advantage of the listener's assumption that the opera would go as planned. She ambushed.[4]

So the hysteric began to speak in contortions, convulsions and choking fits. Her symptoms spoke a language everybody could see and hear. And all the symptoms told the same story of a ripped-out tongue, of a body robbed of its language. It was mainly female bodies that told this story and passed it on many times since. They keep telling it over and over again, inventing wondrous details, such as the globus hystericus, with which the poor trapped voice begs to be released. They announce their stories not in words but with bodily images and physical signs. (Until that spoilsport Freud turned up and proceeded to dig up the words behind the images, which, according to him, made them "crumble" and "become indistinct".[5])

One major reason voice has been marked as feminine is that the organs of its production are hidden from view. [...] Other voice manual writers describe the epiglottis as an ivy leaf, or imagine the epiglottis as [...] elaborate alternatives to our dreary genitals, genitals so slimy with story, so padlocked into history, that they will offer us freedom only if we rewrite them from scratch.[6]

When Jesus was born, some bodies mourned the loss of their voices. But there were others that considered the state of bodiless existence the most divine goal. For them, bodily existence in this life was a deception perpetrated by the Archontes, evil forces who kept the pure, flowing, intangible light imprisoned in the world. As the visible world, to them, was nothing but falsehood and deception, they held that everyone should strive to rid themselves of their wretched bodies in order to reunite with the "true body" in the world of light. Thus the birth of Jesus caused great anxiety. Some wanted the taste of the "good old body" back on their tongues and others only wanted a sign without a body. What could the Son of Man do but demonstrate that a sign can "have" a body after all? Or even: that a sign can "be" a body. That is why he let himself be crucified. (By the way, the symbol that denotes the cross in Christianity simply means "sign" in the Semitic alphabet.) Only by suffering and dying can a body prove whether it is real or mere simulation. Only somebody who actually bleeds and dies in full public view can be said to have a real body. And if anything ever took place in full public view, it was this particular act of dying. Consider the innumerable testimonies to this death in Christian art. For centuries, nothing has managed to captivate the eye more than this sign made flesh, which was "capable of dying." (Strictly speaking, this death turned image is the only subject of not only Christian but also post-Christian art, for every painting tries to prove that it is more than a sign.) During the Middle Ages, pictures could even start to bleed or weep. The "wounded devotional image" anticipated the wounded diva.

Opera makes me feel two-gendered, the idea of heterosexuality blooming inside my head. Violetta and Alfredo are making love in my bloodstream and thus my body isn't just one body. Two formerly thwarting rivers meet. Opera doesn't arouse me (opera isn't an aphrodisiac), but it presents me with an illusory heterosexual feast which I greedily eat, containing, mastering and overpowering it.[7]

The Crucifixion and the Eucharist provided an instant solution to the conflict between the hysteric and the Gnostics. While the latter were able to find their home and their salvation in the "pure sign", the former still had a "real" body. This "marriage" between the sign and the hysterical body was to become the motor of western progress. Admittedly, it was always a marriage with plenty of conflict (today we would call it a "culture of conflict"). For the sign sailed under the flag of predictability, while the unpredictable hysteric invented rocks and storms in order to divert the sign from its steady course. But these manoeuvres served only to sharpen the wit of the sign. It could even be said that the homogeneous nature of the sign needed hysterical unpredictability so that – in the very act of its extinction – it could be revived again and again.

One important ambition of the early phonograph was to separate the voice from the body, and to take away the illusion of will and autonomy surrounding an utterance. An 1878 pamphlet, celebrating the phonograph, claimed it could captivate sounds "with or without the knowledge or consent of the source of their origin." These captivated voices were often women's, but the wish to captivate was male. And it was a desire fostered collaboratively.[8]

Hysterical unpredictability became the fuel for the motor of the "pure sign". The more unpredictable the behaviour of the hysterical body, the harder the sign had to work on establishing proportion and synchronism: the synchronism of voices, tongues, and throats.

Her voice enters me, makes me a "me", an interior, by virtue of the fact that I have been entered. The singer, through osmosis, passes through the self's porous membrane, and discredits the fiction that bodies are separate, boundaried packages. The singer destroys the division between her body and our own, for her sound enters our system. I am sitting in the Met at Leontyne Price's recital in 1985 and Price's vibrations are inside my body, dressing it up with the accouterments of interiority. Am I listening to Leontyne Price or am I incorporating her, swallowing her, memorizing her? She becomes part of my brain. And I begin to believe that she spins out my self, not hers.[9]

This is no easy set-up for a marriage, considering that this "marriage" was conducted within a single body. Jesus is the head of the church, said St Paul, and the congregation his body. "For we being many are one bread and one body," he wrote.[10] In Christ, the individual "limbs" form one indivisible body.[11] Nevertheless, Christ, "marries" this, his own body, at Holy Communion, in order to become "one spirit and one flesh" with it, like man and wife.[12]

When I listen to opera, I dress up, inwardly, as the gender system, and as conjugality itself; I become bride and groom; I swallow the system because I dream that by taking it on, I might abrade and reconfigure it, just as a tenor, by vocalizing maleness, makes it unfamiliar. Opera can change nothing in real life, but it alters our fantasies, and I can't draw the line between private wishes and public conditions, between opera-in-the-head and the bleeding world.[13]

Strange as this "marriage with one's own body" was, it has lasted almost two thousand years. And it was fruitful and fertile, producing entire broods of children. But where in that marriage were the voices of the "father tongue", the language of the signs, and the "mother tongue", the language of the tongue? For a long time, the spouses exchanged scarcely a word. Each had his/her own language, his/her own voice. The "head" promulgated its own history in the words of the father tongue – a history which was no story but historia, hard facts, science and theology. To the educated "men of letters" anything handed down or certified in Latin script had historical authenticity. Transmission via a written Latin version guaranteed historical credibility even for vernacular literature.[14] The hysterical body, on the other hand, spoke with a constricted throat. Its contortions and symptoms told stories for which there were neither eyewitnesses nor any written Latin version. It told of the circular motions of time and of the snake that had crept away into the darkness of the underworld. Unlike the "father tongue", the "mother tongue" was determined by the ear, by a bodily orifice which could not be closed at will and which was the gateway not of knowledge, but of faith. Into this "hole" entered the Word of God. The idea current in the Christian Middle Ages according to which Mary "had taken in the angel's message through her ears, in faith,"[15] was illustrated in many representations of the Conception showing God's word penetrating her ear. The ear – and the message it takes in – put Christians into a state of "bondage" to faith.[16]

I've always been fascinated by the spindle hole. Everything on the record's face conspires to highlight it: the price circles it; the label and the round window in the protective paper envelope echo its shape. Remove a vintage Melba record from its sleeve and you see, printed on the inside of the envelope, a photograph of the diva, as if the round center of the envelope were a window onto a retreating, hermetic world. – The hole makes no single anatomical allusion. It makes many. It isn't reductively equal, even in the listener's unconscious, to any part of the human body. But it has always spoken to me of the emptiness at the center of a recorded voice and the emptiness at the center of a listener's life and the ambiguities in any sexual body, including a homosexual body, concerning the proper and improper function of orifices.[17]

In the Middle Ages, the eyes were considered "the entrance gates for sin." According to the Carolingian theologian Hrabanus Maurus (who died in 856), Eve had brought about human mortality through her eyes (per "oculos"). By demanding visible things ("visibilia"), she lost her ability to see invisible virtues ("invisibiles virtutes"). The eyes were considered the harbingers of fornication ("anuntii fornicationis") and the most effective weapons wielded by lust ("luxuria").[18] Equally defined by the eyes, however, was the "father tongue", which did not have much truck with sin. "Of fundamental importance for the Middle Ages is Isidore of Seville's view of 'history'. He derived the term historia from visual perception and was convinced that in the classical world no one wrote history who had not been an eyewitness of what they reported."[19] The Holy Spirit, or Word of God, was interpreted as a ray of light, and it was precisely this "piercing" look which gave the "father tongue" its procreative power. While depictions of the Annunciation as a "conception through the ear" became increasingly rare, the interpretation of Christ as visible writing on paper became more common.

The Son of God incarnate was dictated by the Father, written down in Mary's womb by the Holy Ghost onto virginal parchment (pellis virginae), made known to the world with the Revelation of his Birth, corrected (correctus) in the Passion, erased (rasus) during the scourging, pricked (punctatus) when he was pierced with wounds, placed on a lecturn in the act of Crucifixion (super pulpito positus in crucifixione), illuminated (illuminatus), i.e. decorated with red letters when his blood was shed, bound (illigatus) by the Resurrection and finally disputed (disputatus) at the Ascension when the angels asked: "Who is this King of Glory? Who is he who comes from Edom?" "The Book of Christ" will be opened and explained (apertus et explicatus) at the Last Judgement.[20]

The idea that Christ and the body were letters incarnate and that God wrote onto, or into, the female body at conception, was not confined to religion. It influenced the relationship between the sexes as well. A song by an unknown author dating from the late 15th century reflects the "marriage" of "father tongue" and "mother tongue":

I advise anyone wanting to experience tender love to follow the students' example: they know about decency and honour. They know how to write the abc on sweet ladies.

Their writing does not hurt, it makes women tender. Now, write, write, my fine pen, write down what my heart desires! You should always be happy – for your quill is so hard.[21]

This text was written shortly after Gutenberg's invention of the printing press, which had letters made of lead called "matrix" and "patrix". In other words: the fact that "father tongue" was defined by the eyes and the "quill" played a part in sexual intercourse was due to the dissemination of writing.[22] There was a close link, too, between this dissemination and the development of perspective in the visual arts. Perspective caused masculinity to become equated with "seeing" and femininity with "being seen". With the advent of printing and perspective, "father tongue" and "mother tongue" were joined in a new bond of marriage.

Words. Music. In English there is alliterative affinity between words *and* woman, *and* music *and* man, *while in Italian,* parole *lines up with* padre *and* musica *matches* madre. *We know that words and music are gendered properties; it's a commonplace idea that language is masculine and that music is feminine. Opera preaches this scheme – and helps us forget it. Listening, we forget the difference between words and music, masculine and feminine, because opera is a bastard genre, a hybrid, erasing distinctions.*[23]

This is where the system of musical notation began its triumphal procession, subjugating music and finally the voice itself to written signs. This is where the career of the wounded diva was launched. For the time being, she had to make do with the body of the castrato, in whose wound the aura of the wounded diva already flared up. Alphabetical script had subjected hearing and speaking to visual signs, but with the advent of printing the "father tongue" not only began to assimilate the body but also the voice of the hysteric. The farther the "mother tongue" withdrew into silence due to the lack of eyewitnesses to her story, the deeper "His Master's Voice" penetrated her ear – so deeply that the spouses finally become "one flesh and one spirit," and "father tongue" and "mother tongue" began to speak with one voice.

It's no coincidence that the phonograph was invented by men in collaboration, for there are many cases of nineteenth-century writers or scientists collaborating in order to control and impersonate mysteries imagined to be feminine and reproductive. The phonograph, like psychoanalysis or the telephone or cubism or surrealism, was a male collaborative invention that played with the boundaries of voice and identity (often female or maternal) and made voice seem an emanation of male will. – The phonograph could reproduce, through the invention of men, it could speak as a woman. The phonograph, according to a medical journal, would "reproduce the sob of hysteria, the sigh of melancholia, the singultus of collapse, the cry of the puerperal woman in the different stages of labor." Though a tool of male reverie and self-perpetuation, it was able to reproduce. The original from which recorded copies were made was called a "mother".[24]

Is it surprising, under these circumstances, that we speak of giving women a voice, i.e. equal rights? When "His Master's Voice" speaks with a female voice, when a combined canon emanates from the throats of "father tongue" and "mother tongue", who would – who even could – deny the "mother tongue" the right to join the choir? A Voice of One's Own? No, One Voice in One Room. This was about the sacrament of marriage, its indissolubility, the assimilation of the sexes, the joy of the "we" no longer conscious of the "I" and the "you".

I turn to opera for its marital structure. I don't believe in marriage as it takes place in city halls and synagogues, but I believe in marriage as a fantasy. I claim "marriage" for the listener whose mind is torn in two by opera's dual articulation – words, music – and who wishes to resew the seam.[25]

The diva makes "father tongue", the sign, both visible and audible. Just as Christ is the incarnated book, the diva has made the letters of the alphabet re-assume a voice and a body within herself. She has closed the wound left by the torn-out tongue. No mezzo-soprano, no tenor and no bass can close that wound – only the soprano, the divine, the successor to the hysteric, whose constricted throat, now open at last, is able to produce the most wonderful, ecstatic and unpredictable notes.

The diva is allowed to sing but not for too long. She is granted the power to soar in a phrase, but only under certain conditions, and when the voice breaks down, she shows us how beggared and partial the terms of her triumph have been. Vocal crisis is a form of communication. It tells us that opera is an art of interruption, rupture, and bodily danger. The singer in vocal crisis has been punished for sublimity. But vocal crisis is also the moment when the queer meanings of opera begin to speak – because at the moment of vulnerability and breakdown, the diva proves that seamless singing had been masquerade, and now her cracked, decayed, raucous, and undisguised self is coming out.[26]

Has the wounded diva inherited the legacy of the hysteric? Not quite, for the hysteric tried to replace her torn-out tongue with the signs and symptoms of her body. She was governed by the sign of the "mother tongue." The diva, on the other hand, embodies the written script made vocal. Her aria is the voice of the sign. This is where its function and its attraction lie. According to Leonard Bernstein, Maria Callas was "pure electricity."[27] However, all too often this hysteria transformed into technique was confused with the unpredictability of the original hysteria.

I worship her because she made mistakes, and because she seemed to value expressivity over loveliness. We don't believe in nature anymore, but Callas put forth the effect of nature as opposed to the appearance of order, and offered an acceptable, digestible anarchy, a set of sounds on the verge of chaos – but enjoyably so. Here lay the danger, the lure: she was a mess and she was a goddess.[28]

And what if the chaos and anarchy of this goddess were nothing but the batteries and frequencies that the popular "receiver" is hooked on?

translated by Christiane Spelsberg

NOTES

[1] Wayne Koestenbaum, *The Queen's Throat: Opera, Homosexuality and the Mystery of Desire*, London 1993, p. 16.
[2] Ibid., p. 176.
[3] John 1:14.
[4] See 1, op. cit., pp. 136 f.
[5] Sigmund Freud, *Gesammelte Werke*, Frankfurt/M. 1952, vol. 1, pp. 282 f.
[6] See 1, op. cit., pp. 159–161.
[7] Ibid., p. 40.
[8] Ibid., p. 48.
[9] Ibid., p. 43.
[10] I Cor 10:17.
[11] Rom 12: 5 and I Cor 12: 12, 27.
[12] Eph 5: 23, 28, 31.
[13] See 1, op. cit., pp. 176 f.
[14] Horst Wenzel, *Sehen und Hören: Schrift und Bild: Kultur und Gedächtnis im Mittelalter*, Munich 1995, pp. 59 f.
[15] Klaus Schreiner, "Si homo non pecasset…," in: Klaus Schreiner/Norbert Schnitzler (eds.), *Gepeinigt, begehrt, vergessen: Symbolik und Sozialbezug des Körpers im späten Mittelalter und in der frühen Neuzeit*, Munich 1991, p. 52.
[16] See Martin Burckhardt, *Metamorphosen von Raum und Zeit: eine Geschichte der Wahrnehmung*, Frankfurt/M.–New York 1994, pp. 138 f.
[17] See 1, op. cit., p. 56.

[18] See 15, op. cit., p. 52.
[19] See 16, op. cit., p. 60.
[20] Petrus Berchorius, Reductorium morale, quoted by Klaus Schreiner, "'... wie Maria geleicht einem puch:' Beiträge zur Buchmetaphorik des hohen und späten Mittelalters," *Archiv für Geschichte des Buchwesens* 11 (1971) col. 1449f.
[21] Quoted by Wenzel, p. 437.
[22] See Martin Burckhardt, *Vom Geist der Maschine: eine Geschichte kultureller Umbrüche*, Frankfurt/M. 1999. See also the chapter "Muttergottes Weltmaschine," pp. 118–142.
[23] See 1, op. cit., p. 177.
[24] Ibid., pp. 48 f.
[25] Ibid., p. 197.
[26] Ibid., p. 127.
[27] Ibid., p. 136.
[28] Ibid., p. 136.

ELISABETH BRONFEN

Die Sprache der Versehrtheit

Im Verlauf ihrer langen medizinischen Geschichte hat die Hysterie – jene berühmt-berüchtigte somatische Erkrankung, für die keine klaren organischen Störungen festzumachen sind – sich hartnäckig einer präzisen Definition entzogen. Dadurch erwies sie sich als brauchbare Projektionsfläche für die diagnostischen Phantasien der Ärzte, die sich angesichts dieses medizinischen Rätsels ihrer eigenen Machtlosigkeit und Hilflosigkeit stellen mussten. So konnte ein Arzt wie Willis bereits im 18. Jahrhundert kritisch darauf hinweisen, wie sehr die Hysterie als ein neurotisches Symptom par excellence zu begreifen ist, das die Fehlbarkeit jedes medizinischen Diskurses, der eine Heilung für die von ihr hervorgerufenen Verwandlungen des Körpers zu finden sucht, verkündet. Jean-Martin Charcot wiederum konnte hundert Jahre später von diesem proteischen Syndrom behaupten, es sei „viel Lärm um Nichts", um so zu verschleiern, dass die von ihm entworfenen Graphen (Drei-Phasen-Modell) der Hysterie eher einer genialischen Erfindung entsprachen (die seinen diagnostischen Wunschphantasien entsprungen waren), als eine wirkliche medizinische Entdeckung darzustellen. Während sein Zeitgenosse Lasègne die Hysterie wesentlich resignierter als Müllkorb der Medizin bezeichnete, in den all das hineingeworfen wird, was sonst keinen Platz findet, erkannte der surrealistische Dichter Louis Aragon gerade in der Unmöglichkeit, eine präzise und endgültige Nosologie (Krankheitslehre) der Hysterie zu erstellen, die Potenz dieser pathosgeladenen Körpersprache. Er erklärte deshalb die Hysterie zur größten dichterischen Entdeckung des 19. Jahrhunderts.

Da die Hysterie die Grenzen genau jenes medizinischen Diskurses vorführt, dessen Konstrukt sie ist, und dabei zugleich auf die für die psychiatrische Nosolgie grundlegenden Widersprüche und nicht zu definierenden Phänomene verweist, stellt sie jenes „x" dar, das sich jedem Klassifikationssystem entzieht. In diesem Sinne kennzeichnet sie eine Position, die nicht am universalen Anspruch der medizinischen Nosologie teilhat, ohne deren

Postulierung jedoch auch das systematische Klassifizieren von neurotischen Störungen nicht entworfen werden könnte. Das Fehlen einer klaren Eingrenzung und genauen Definition veranlasste den Psychoanalytiker Lucien Israël dazu, Hysterie als eine Form der Kommunikation zu bezeichnen, d.h. sie als einen Versuch zu verstehen, um mit dem Anderen in Beziehung zu treten. Als Adressat der hysterischen Botschaft fungiert laut Israël einerseits das Gesetz des Anderen, auf welches sich das hysterische Subjekt mit seiner Anklage richtet und durch welches seine Klage gleichermaßen geprägt ist. Andererseits bezieht sich die hysterische Kommunikation auf jenen nur indirekt zugänglichen Ort im psychischen Apparat, den Sigmund Freud den „anderen Schauplatz" nannte, um darauf hinzuweisen, dass er in unseren bewussten Handlungen nur eine schwache Widerspiegelung erfährt.

Für die Psychoanalyse sind natürlich alle Neurosen das Produkt jener psychischen Arbeit, die an diesem „anderen Schauplatz" stattfindet. Um seine These, die Hysterie stelle eine Form der Kommunikation dar, zu untermauern, verweist Israël auf den für dieses psychosomatische Leid spezifischen Aspekt, der inmitten der wandelhaften und wankelmütigen Gebärden, in denen die Hysterie in Erscheinung treten kann, konstant zu bleiben scheint. Während Zwangsneurosen und Phobien ein verdrängtes Begehren in verbale Sprache übersetzen, verwandelt die Hysterie Worte und Ängste in somatische (körperliche) Manifestationen. Die Hysterie erweist sich somit als die einzige Neurose, die eine Überflutung des psychischen Apparats durch Vorstellungen zum Ausdruck bringt. Der hysterische Körper inszeniert einen pathologischen Überfluss an Einbildungen, an Phantasien, die fehlschlagen, und macht gleichzeitig deren Botschaft des Unbehagens an einer exaltierten und exzessiven Darbietung der Labilität und Fragilität des menschlichen Körpers fest. Verfolgt man nun die Frage, wie innerhalb unseres kulturellen Bildrepertoires Ausformungen der Versehrtheit bevorzugt mit denen der Weiblichkeit verschränkt werden, um so einen neuen Blick auf Freuds Schriften zur Hysterie zu gewinnen, scheint dort ein theoretischer Aspekt auf, der zwar durchaus vom Vater der Psychoanalyse formuliert, jedoch mit seiner Hinwendung zur Kastrationstheorie nicht weiter verfolgt wurde. In den von Freud aufgezeichneten Fallstudien kreisen die Erzählungen seiner hysterischen Patientinnen auffallend oft um schmerzhafte Szenen des Mangels, der Fehlbarkeit und Verletzbarkeit. Obgleich eine

Sexualisierung das Gefühl des Unbehagens, das die hysterische Botschaft auszudrücken sucht, die psychischen Störungen der Betroffenen erst sichtbar werden lässt, gehen diese Erzählungen meist auf Eindrücke zurück, die mit dem Tod von geliebten Menschen, mit Unglück und Verlust in Zusammenhang stehen.

So erscheint es durchaus sinnvoll, eine von Freuds Zeitgenossen Pierre Janet in Umlauf gesetzte Definition der Hysterie, den Begriff der „maladie par representation", wiederzubeleben. Der Begriff der Repräsentanz verweist hier zum einen darauf, dass hysterische Störungen Phantasien, die mit der Technik der Entstellung und der Verschiebung arbeiten, am Körper der Betroffenen sichtbar werden lassen, und zum anderen darauf, dass die somatische Konversion für psychisches Leid einsteht. Gleichzeitig wird mit diesem Begriff der Repräsentanz jedoch auch deutlich, dass die hysterische Konversion, die psychische Traumata in somatische Symptome übersetzt, eine verschlüsselte Botschaft darstellt. Geht man davon aus, dass hysterische Symptome sowohl die Konsequenzen von nicht abreagierten Ereignissen sind, die auf jenen intimen aber versteckten Ort zurückverweisen, den Freud den „anderen Schauplatz" nennt, gleichzeitig aber auch Zeugnis davon ablegen, dass das dort abgelegte traumatische Material seine Wirksamkeit nicht verloren hat und als Erinnerungsspur die Betroffenen weiterhin besetzt, so könnte man sagen: Hysterische Gebärden fungieren als entstellte und entstellende Repräsentanz einer Alterität, die unumgänglich und gleichzeitig unzugänglich ist.

Wollte Freud mit seiner Einführung des Ödipus-Komplexes darauf beharren, dass für jede hysterische Erkrankung eine sexuelle Ätiologie festzumachen ist, lässt sich aus seinen frühen Arbeiten zur Hysterie eine andere, jedoch ebenso wirksame These herleiten. Der hysterische Körper erzählt weder ausschließlich noch bevorzugt über ein Abweichen von der sogenannten normalen Sexualität. Was er verkündet, ist vorrangig eine Botschaft über Versehrtheit: die Versehrtheit des Symbolischen (die Brüchigkeit der uns kulturell zugewiesenen, geschlechtsspezifischen Identitäten), des Imaginären (die unlösbaren Widersprüche, die wir mit unserer Phantasiearbeit ganz im Sinne von Schutzdichtungen zu überblenden und abzudichten suchen), und schließlich die Verletzbarkeit des wandelbaren, sterblichen Körpers umfassend.

So lassen sich die leidenschaftlichen Gebärden der Hysterischen als eine Repräsentationsstrategie verstehen, die sich multipler, wandelbarer und flüchtiger Selbstenwürfe bedient. Diese werden über eine radikale Negativität erstellt, gegen die sie wie eine Schutzdichtung wirken. Oder anders formuliert, sie bieten eine apotropäische Geste (Abwehrhaltung) gegen den traumatischen Kern am Nabel (Ursprung) aller Identitätssysteme, gegen und mit der Urverdrängung, von der sich jegliche nachträgliche Verdrängung, Phantasiearbeit und Symptombildung nährt, ohne diese jedoch direkt zu berühren. Will man also die Verschränkung von hysterischer Selbstdarstellung und Versehrtheit beleuchten, erscheint es lohnend, Freuds ursprüngliche Theorie einer traumatischen statt einer sexuellen Ätiologie der Hysterie aufzugreifen. Dadurch kann die Körpersprache der Hysterie als ein nachträglicher Ausdruck jenes traumatischen Materials verstanden werden, das aufgrund einer Lücke im Psychischen, die konstitutiv das traumatische Ereignis mitbestimmt, von jedem unvermittelten Zugriff abgedichtet ist. Wenn also die von der hysterischen Kommunikation vorgebrachte Klage gerne durch die Bemerkung abgeschwächt wird, dieser exzessive und übertriebene Ausdruck des Leids sei „viel Lärm um Nichts", so geschieht dies auch, um auf eines der beliebtesten Denkbilder in Bezug auf das weibliche Geschlecht zu verweisen, auf jene faszinierende und bedrohliche anatomische Stelle am weiblichen Körper, die für den begehrenden Mann seit Platon zur Chiffre einer nie zu stillenden Leere geworden ist. Es ist (nicht nur, um aus der Sackgasse der traditionellen Geschlechteropposition herauszukommen), vielleicht sinnvoll, dieses Nichts, um das die Hysterikerinnen so viel Lärm machen, weniger metaphorisch aufzufassen, ohne es dabei minder ernst zu nehmen. Bei der Botschaft, die über den hysterisierten Körper zum Ausdruck gebracht wird, handelt es sich tatsächlich um Nichts: um die Einsicht eines grundlegenden Mangels. Dieser Mangel muss einerseits postuliert werden, damit das Subjekt in Abgrenzung dazu sinnhafte Selbstdarstellungen von sich entwerfen kann; er verweist aber andererseits auch hartnäckig auf die Fragilität und Versehrtheit jeglicher Identitätsstiftungen.

Doch die vom hysterischen Subjekt in die Öffentlichkeit getragene Mitteilung der eigenen Versehrtheit berührt vor allem auch die symbolischen Fiktionen von Autorität und Konsistenz, welche eine symbolische Gemeinschaft aufrechterhalten, um sich gegen einen inneren Kern der Zersetzung zu schützen. Indem das hysterische Subjekt kraft seiner übertrieben zur Schau gestellten eigenen Fragilität die Frage nach der indviduellen Position zur Macht neu stellt, zwingt es jene, auf die diese leidenschaftliche Inszenierung des psychischen Leides gerichtet ist (den Analytiker, den Familienvater, die Mitmenschen), sich zu fragen, was es bedeutet, sich in einer scheinbaren Position der Autorität und Macht zu befinden. Das hysterische Subjekt soll im Namen der Humanwissenschaften geheilt werden. Doch gerade diese Heilung verbietet die Hysterie, denn unumgänglich aus den Kategorien der medizinischen Nosologie ausgeschlossen sind ihre enigmatischen Symptome auch äußerst wandelbar. In den Annalen der Literatur zur Hysterie fällt immer wieder die Widerstandsfähigkeit auf, die es der Betroffenen erlaubt, immer dann ein Symptom durch ein neues zu ersetzen, wenn die Deutung oder Analyse des Arztes scheinbar zur Heilung führen wird. Für Freud bedeutete diese hartnäckige Transformation der hysterischen Symptome seiner Patientinnen das Scheitern seines Wunsches, eine endgültige Lösung für die Hysterie zu finden. Doch man könnte die Tatsache, dass sich für hysterische Symptome weder eine allumgreifende Formel noch ein Heilmittel finden lassen auch produktiv lesen. So ist in der hier vermittelten Botschaft der Versehrtheit eine Lektion im ethischen Effekt der Unlesbarkeit zu finden – als Spiel zwischen Formulierung und Infragestellung dessen, was das wahrhafte, authentische, und in sich stimmige Wesen des Subjekts sei. Apodiktisch formuliert: Das hysterische Subjekt konfrontiert sein impliziertes Publikum mit der eigenen Fehlbarkeit. Das Nichts, um das es so viel Lärm macht, spricht jene Ritzen an, die den symbolischen Fiktionen eingeschrieben sind, die einer Gemeinschaft wie einem Individuum erlauben, unlösbare Antagonismen in sinnvolle Widersprüche oder Ereignisabläufe zu übersetzen. Es verweist auf die Inkonsistenzen, die Instanzen symbolischer Autorität inhärent sind, und inszeniert somit die Untilgbarkeit dieser Differenz.

Gleichzeitig aber steht die Sprache der Hysterie nicht jenseits kultureller Gesetze. Zeigt die Hysterikerin ihrem Publikum die eigene Versehrtheit auf, so tut sie dies durchaus im Glauben an die Macht des von ihr Angerufenen und in Berufung auf dessen Bemächtigung. Einerseits vertraut sie auf das paternale Gesetz, denn ihre raffinierten Symptome gehen von der Phantasie aus, dass es die Situation des Glücks geben müsste, z.B. verlässliche

ABB. I

Maria Callas in *Tosca* bei ihrem Comeback in Covent Garden, London Jan./Feb. 1964, Foto: Archiv für Kunst und Geschichte, Berlin

Familienverbindungen und eine schützende Wohnstätte in der Welt, allwissende Autoritätsfiguren, allgemein gültige kulturelle Gesetze. Doch gerade die Unzulänglichkeit der Wirklichkeit lässt sie dieses paternale Gesetz und seine kulturellen Attribute stets hinterfragen und mit ebenso heftiger Insistenz verkünden, dass jede vorliegende Situation nicht die des Glückes sei. Somit steht ihre Anklage nicht außerhalb kultureller Kodes, sondern sie formuliert ihre Kritik gerade unter Berufung auf die Gesetze, die sie auch zu hinterfragen sucht. Anstatt die gewaltsamen Ausschließungen und Tilgungen nicht lösbarer Antagonismen zu verdecken, welche den eine Gemeinschaft und eine Individualität konstituierenden symbolischen Fiktionen inhärent sind, setzt sie ihre ganze kreative Phantasie, wie auch die Wandelbarkeit ihres Körper ein, um ihrer Klage über die Inkonsistenzen jener symbolischen Identitätsstiftungsinstanzen, die ihre Selbstdefinition bestimmen, Ausdruck zu verleihen. Jedoch äußert sie diese Kritik im Glauben daran, dass diese Matrix an kulturellen Gesetzen und Kodes durchaus erhalten bleiben soll. Sie vertraut sozusagen darauf, dass es eine glückliche und geglückte Gemeinschaft geben muss, dass eine grundsätzliche Versehrtheit überwunden werden kann. Gleichzeitig beharrt sie darauf, dass jede bestehende, bereits vorgegebene Situation nicht das sei, was sie sich im Namen eines Anspruchs auf unversehrtes Glück erhofft hat, was sie anstrebt, was sie fordert. Das hysterische Subjekt verweigert ein Wissen um die diskursiven Sackgassen und die Dilemmata, die mit symbolischen Macht- und Autoritätsinstanzen einhergehen. Es fordert stattdessen eine Aufmerksamkeit für die von diesen abgedichteten Unzulänglichkeiten und Inkommensurabilitäten. Indem das hysterische Subjekt darauf beharrt, seine Differenz mit jenen symbolischen Gesetzen, die es konstituieren, auszutragen, führt es uns eine Strategie vor, die darauf gerichtet ist, die Brüche, die für jegliche symbolischen Vernetzungen konstitutiv sind, nicht nur zu tolerieren, sondern konstruktiv als Mangel zum Ausdruck zu bringen und statt einer endgültigen Lösung den Prozess der Änderung und der Aushandlung von Differenzen in den Vordergrund zu stellen.

Diese von der Hysterikerin vorgeführte Versehrtheit erinnert nun durchaus an die Figurierung der Diva, wie wir sie seit Anfang des 19. Jahrhunderts aus der Oper kennen. Bereits Catherine Clément hat in ihrem Essay über die Frau in der Oper auf einen brisanten Widerspruch hingewiesen: Gerade auf der Opernbühne sind die mit ihren Koloraturen und ihrer Höhe alle anderen Stimmen überbietenden Sängerinnen weitaus mehr als nur ein unentbehrliches Ornament. Sie beherrschen die Bühne des exzessiv ausgestatteten musikalischen Dramas. Dennoch sind Operngänger nie so ergriffen wie in dem Augenblick, in dem diese Sängerinnen von ihrem unaufhaltbaren Untergang singen. Denn sie antizipieren nicht nur auf höchst lustvolle und ausgiebige Art das Erlöschen der weiblichen Stimme. Sie tun dies zudem ohne Schaden für die Zuschauenden und die Singenden. Das inszenierte Lachen, die überschwenglichen Tränen, der ausgiebig dargebotene Schmerz sind alles austauschbare Gesten einer großen Leidenschaft, in deren Kontext das Sterben eine Hochleistung an simulierter Versehrtheit darstellt. Auf die von der Operndiva zur Schau gestellte exaltierte Maskerade, die einstudierte Vortäuschung aber auch die Wankelmütigkeit, die es ihr ermöglicht, dem Wirklichkeitsgehalt dieser Rollenspiele gegenüber scheinbar gleichgültig, von einer Identität in die nächsten zu schlüpfen, stützt Clément den von ihr vorgeschlagenen Vergleich mit der Sprache der Hysterie. Denn um das eigene Scheitern der Diagnostik zu kaschieren, behaupteten die Experten der Psychosomatik gerne, hysterische Anfälle seien exaltierte Lügengebilde, Simulationen und Dissimulationen, die eine ausgeprägte Neigung zur emotionalen Instabilität und Labilität aufzeigten. Das von Charcot aufgegriffene Denkbild, die Hysterie sei viel Lärm um Nichts, lässt sich jedoch nicht zuletzt dadurch erklären, dass vielleicht der eindrücklichste Aspekt der proteischen Wankelmütigkeit der Hysterikerin in jener „belle indifference" besteht, die ihr nicht nur erlaubt, mühelos ein neues Symptom zu bilden, sobald eine Erklärung sich für die vorliegende Erkrankung anzubieten droht, sondern ihr auch die Kraft gibt, gegenüber dem Schmerz, den sie so ausgiebig am eigenen Leib darbieten musste, gleichgültig zu sein. Die Hysterikerin, folgert Clément, „[...] hat das Gedächtnis von Jahrhunderten, sie hat den Körper voller Erinnerungen, sie sagt die Wahrheit über die Unterdrückung, sie macht die Familie rasend, sie hat recht, in ihrer wirren Vernunft. Aber Freud war unendlich erstaunt über ihre Widerstandsfähigkeit gegen das Unglück. Geschlagen, gequält, besiegt, zu Boden, geht die Hysterikerin am anderen Tag frisch und bereit in einen neuen Kampf, produziert ein neues Symptom."

Ähnliches ließe sich über die Operndiva sagen, die in ihrer Todesarie mit der ganzen Kraft ihres Körpers für ihre Leidenschaft und ihr Leiden einen Ausdruck findet, um sich anschließend lächelnd und kaum betroffen aus dieser Selbstverschwendung zu erheben und den Applaus ihres Publikums entgegen zu nehmen. Weil sie eine Gleichgültigkeit gegenüber dem von ihnen zur Schau getragenen Schmerz hegen, können Hysterikerinnen wie Diven immer wieder neue Inszenierungen des versehrten Körpers und der von Verstummen bedrohten Stimme darbieten, ohne den diese Vorführung antreibenden Kern des Widerstandes anzugreifen. Auch dieser Kern scheint von einer Lücke im Psychischen abgetrennt ganz im Sinne des traumatischen Materials, das die ganze Maschinerie der leidenschaftlich vorgetragenen Gebärden in Bewegung hält. Das von der Diva wie der Hysterikerin vorgespielte Unglück spielt sich an der Oberfläche ab. Indem sie sich immer wieder von ihren Schmerzanfällen erholen, stellen sie eine Dialektik zwischen Selbstverschwendung und Selbstinszenierung zur Schau, die sie in eben dem Augenblick zu neuem Leben erweckt, in welchem sie scheinbar am dramatischsten zu Grunde zu gehen drohen. Die geglückte Inszenierung der Versehrtheit ist auch der Garant für ihren unsterblichen Ruhm.

Wie im hysterischen Anfall erhält auch diese grandiose Vortäuschung, diese Darbietung reiner Erscheinung genau aufgrund der leiblichen Inszenierung ihre faszinierende Wirkungskraft. Die Operndiva erscheint ausschließlich als das Medium der von ihr vorgetragenen Musik. Sie soll nur als Ausführende jener spektakulären Rollen existieren, die ihrer Stimme eine Situation, eine Abfolge von Ereignissen und somit eine schlüssige Geschichte verleihen. Doch wie die Stimme der Diva immer nur ihr eigenes Verstummen ankündigt, ohne dieses radikale vokale Nichts je wirklich zu vollziehen, so lässt sich das individuelle Timbre, für das – denkt man an Maria Callas – die Operndiva ihre Berühmtheit erhält, nie gänzlich in die symbolischen Fiktionen des Operntextes subsumieren, die sie mit ihrer Dar-

ABB. 2

Maria Callas, Szenenfoto aus der *Medea*-Verfilmung von Pier Paolo Pasolini, Italien 1969, Foto: Mario Tursi bietung bauchrednerisch aufleben lässt. In ein und derselben Geste geht die Operndiva in der von ihr dargebotenen Rolle auf und übertrifft sie gleichzeitig. Sie ist mehr als das von ihr gesungene Libretto, mehr als die von ihr interpretierte Partitur, und durchbricht somit genau den in sich stimmigen Schein der geglückten Vortäuschung eines anderen Schauplatzes, den sie mit ihrer sängerischen Bravour auf der Opernbühne herzustellen sucht. Wie die Hysterikerin ist die Diva nie wirklich an dem ihr zugewiesenen Platz. Sie befindet sich auf der Bühne, doch ihr Charisma besticht, weil der Zuschauer in ihr mehr als nur das Medium für eine Rolle und eine musikalische Partie erkennt. Während der letzten Konzerttournee von Maria Callas, die eine der größten aller Diven war, wussten die Fans, dass deren Stimme nur noch ein matter Abglanz ihrer früheren Strahlungskraft war. Doch ihre leidenschaftlichen Gebärden hatten den vertrauten Zauber der Vortäuschung nicht verloren. Sie wirkten überzeugender als je zuvor, vielleicht gerade weil die vorgetragene Magie der Versehrheit in der Fragilität des Körpers der Sängerin endlich seine vollkommene Entsprechung gefunden hatte.

LITERATUR

Elisabeth Bronfen, *Das verknotete Subjekt. Hysterie in der Moderne*, Berlin 1998.

Catherine Clément, *Die Frau in der Oper. Besiegt, Verraten und Verkauft*, Stuttgart 1992 (*L'opéra ou la défaite des femmes*, Paris 1995).

Georges Didi-Huberman, *Die Erfindung der Hysterie. Die photographische Klinik von Jean-Martin Charcot*, München 1997. (*Invention de l'hystérie. Charcot et l'iconographie photographique de la Salpêtrière*, Paris 1982).

Sigmund Freud, *Studien zur Hysterie*, Frankfurt/M. 1985.

Ders., *Briefe an Wilhelm Fließ* (Ed. Jeffrey Moussaieff Masson, dt. Fassung von Michael Schröter), Frankfurt/M. 1986.

Lucien Israël, *L'Hystérique, le sexe et le médecin*, Paris 1976.

Pierre Janet, *De l'Angoise à l'extase. Etudes sur les croyances et les sentiments*, Paris 1926.

Manfred Schneider, *Liebe und Betrug. Die Sprache des Verlangens*, München 1992.

Ilsa Veith, *The History of a Disease*, Chicago 1965.

ELISABETH BRONFEN

The Language of Infirmity

In the course of its long medical history, hysteria – that notorious somatic illness, for which no clear organic afflictions can be found – has stubbornly refused to submit itself to a precise definition. Hence, it became a convenient area of projection for the diagnostic fantasies of physicians who, when confronted with this medical mystery, had to face their own impotence and helplessness. Thus, as early as in the 18th century, a physician like Willis was able to state critically that hysteria must be viewed as a neurotic symptom par excellence which proclaims the fallibility of any medical discourse that tries to find ways of healing the physical transformations caused by it. A century later Jean-Martin Charcot on the other hand called this protean syndrome "much ado about nothing" so as to obscure the fact that the graphs of hysteria (three-phase model) he had developed resembled more a brilliant invention (born of his diagnostic wishful fantasies) than a real medical discovery. Although his contemporary Lasègne, in a much more resigned tone, described hysteria as medicine's dustbin, into which one could toss everything that would fit nowhere else, it is particularly in the impossibility of finding an accurate and final diagnosis of hysteria that the surrealist poet Louis Aragon sees the potency of its highly pathos-filled body language. For this reason, he declared hysteria to be the greatest poetic discovery of the 19th century.

Since hysteria makes evident the limits of precisely that medical discourse whose construction it is and at the same time points out the fundamental contradictions and indefinable phenomena of psychiatric nosology, it represents the "x" that evades any system of classification. In this sense it marks a position that is not part of medical nosology's claim of universality, without whose postulation of which, however, the systematic classification of neurotic disturbances could not be set up. The lack of any clear-cut qualification and precise definition caused the psychoanalyst Lucien Israël to describe hysteria as a form of communication, in other words to understand it as an attempt to set up a relation with the Other. Israël claims that, on the one hand, the law of the Other, to which the hysterical subject directs its expressions of discontent and by which, at the same time, its complaints are characterized, functions as the addressee of the hysterical message. On the other hand, the hysterical communication refers to that – only indirectly accessible – place in the psychic apparatus that Sigmund Freud called the "other scene", so as to make clear that it is only weakly reflected in our conscious actions.

In psychoanalysis, of course, all neuroses are the product of psychic work that takes place in this "other scene". In order to substantiate his thesis that hysteria is a form of communication, Israël refers to an aspect specific to this psychosomatic disorder, which, in the midst of the variable and volatile gestures manifested by hysteria, seems to remain constant. Whereas compulsion neuroses and phobias translate a repressed desire into verbal language, hysteria transforms words and fears into somatic (physical) manifestations. Thus, hysteria turns out to be the only neurosis which expresses the fact that the psychic apparatus has been flooded by fantasies. The hysterical person displays a pathological excess of imagination and fantasies that go wrong, and, at the same time, links their message of discomfort to an exalted and excessive representation of the lability and fragility of the human body. If one looks into the question of how forms of infirmity are preferably linked to those of femininity in our cultural repertoire of images so as to gain new insight into Freud's writings on hysteria, a theoretical aspect appears which, although definitely formulated by the father of psychoanalysis, was not followed further, because he turned his attention to the theory of castration. In the case studies described by Freud, the accounts of his female patients suffering from hysteria often revolve around painful scenes of want, fallibility and vulnerability. Although the psychic disorders of the patients are only revealed by sexualizing the feeling of discomfort that the hysterical message is trying to express, the accounts usually can be traced back to impressions connected to the death of loved ones, misfortune and loss.

Therefore, it seems quite reasonable to revive a definition of hysteria formulated by Pierre Janet, a contemporary of Freud, namely the concept of the "maladie par representation". The concept of representation in this connection refers to the fact that, for one, hysterical disorders make visible on the patient's body the fantasies that take effect through disfigurement and transference, and, for another, confirms the somatic conversion of psychic suffering. At the same time, however, this concept of representation shows clearly that the hysterical conversion which translates psychic traumata into somatic symptoms is an encoded message. If one assumes that hysterical symptoms also are the consequences of events not completely assimilated, which refer back to that intimate but hidden side that Freud calls the "other scene", yet at the same time also bear witness to the fact that the traumatic material stored there has not lost its effectiveness and maintains a hold on the patient as a memory trace, one could then say: hysterical gestures act as a distorted and distorting representation of an alterity that is unavoidable and yet at the same time inaccessible. If Freud, in introducing his Oedipus complex, wanted to insist that a sexual aetiology could be determined for every hysterical disorder, an equally effective thesis can be derived from his early works on hysteria. The hysterical body tells neither exclusively nor preferably about any deviation from so-called normal sexuality. What it does recount is primarily a message on infirmity: the infirmity of the symbolic (how fragile the sex-specific identities culturally imposed on us are), the imaginary (how insoluble the contradictions that we attempt to overlay and seal off are, like a protective case or blockages), and, finally, the vulnerability of the capricious, mortal body.

Thus, the intense gesticulations of hysterics can be understood as a strategy to represent multiple, variable and fleeting self-inventions. They are created by means of a radical negativity, to which they act like protective cases. Or to put it differently, they provide an apotropaic gesture (defense mechanism) to avoid the traumatic core at the heart (origin) of all systems of identity, to protect against and to accompany the repression that nourishes all subsequent repression, fantasies and symptoms, without ever touching it directly. So, if one wants to shed light on the links between hysterical self-presentation and infirmity, it would seem worthwhile to take up Freud's original theory of a traumatic instead of a sexual aetiology of hysteria. In this way the body language of hysteria can be viewed as being a belated expression of the traumatic material that is blocked off against any sudden access due to a gap in the psyche. If, then, the lamentation expressed by the hysteric communication is frequently dismissed with the comment that such an excessive and exaggerated expression of suffering is "much ado about nothing", this also is done so as to point to one of the most favourite tropes with respect to the female sex, the fascinating and threatening anatomic place on the female body that, since Plato, has become for lustful men the symbol of a void that cannot be filled. It would perhaps be meaningful (not only to find a way out of the cul-de-sac of the traditional opposition of the sexes) to regard this nothing, about which the hysteric makes so much ado, in a less metaphoric manner, without taking it any less seriously. The message expressed through the hysteric's body indeed concerns nothing: the knowledge of a basic lack. This lack must, on the one hand, be postulated so that the subject can fashion meaningful self-portayals in contrast to it, while on the other, it stubbornly pointing to the fragility and defiency of any assignment of identity.

Yet, the message of her own implenitude made public by the hysterical subject particularly also touches on the symbolic fictions of authority and consistency, which maintain a symbolic association in order to protect themselves against an inner core of disintegration. By raising anew the question of the individual attitude towards power through her exaggerated display of her own fragility, the hysterical subject forces those persons at whom this passionate display of psychic suffering is directed (the analyst, father, fellow man) to ask themselves what it means to be in an apparent position of authority and power. The hysterical subject is to be cured in the name of the human sciences. However, just such a cure is forbidden by hysteria because, being necessarily excluded from the categories of medical nosology, its enigmatic symptoms are extremely variable. A study of the annals of literature on hysteria shows that time and again hysterics resist a cure by replacing one symptom with another whenever the doctor's interpretation or analysis seems to lead to one. For Freud this persistent transformation of his patients' hysterical symptoms meant the failure to find a final solution to hysteria. However, the fact that neither an all-embracing formula nor a remedy can be found for hysterical symptoms can also be read positively. Thus, the message of infirmity privides a lesson on the ethical effect of illegibility – a game between formulating and calling into question that which may be the true, authentic and harmonious essence of the subject. In apodictic terms, the hysterical subject confronts its implied audience with its own fallibility. The nothing about which it is making so much ado addresses those crevices that are inscribed in the symbolic fictions, which allow both a group and an individual to translate insoluble antagonisms into meaningful contradictions or sequences of events. It refers to the inconsistency inherent in institutions of symbolic authority and thereby staging the indelibility of this difference.

At the same time, however, the language of hysteria does not stand outside of cultural laws. When the hysteric shows her own infirmity to her audience, she does so with a firm belief in the power of the person addressed and with reference to his authority. On the one hand she has faith in paternal law, because her ingenious symptoms spring from the fantasy that happiness is possible, e.g. reliable and intact family bonds, a protective home in the world, omniscient figures of authority, universally valid cultural laws. But precisely the inadequacy of reality causes her to incessantly question paternal law and its cultural attributes and to state with equally strong insistence that this present situation is not one of happiness. Thus her accusation does not stand outside cultural codes, rather she formulates her criticism precisely with reference to the laws she is also questioning. Instead of concealing the forcible exclusions and effacements of insoluble antagonisms which are inherent to the symbolic fictions that constitute a group and an individuality, she uses her entire creative powers of fantasy as well as the versatility of her body to launch her complaints against the inconsistencies of the very symbolic institutions of identity-assignement that determine how she defines herself. Yet she expresses this criticism in the belief that the matrix of cultural laws and codes should definitely be preserved. In other words, she is confident that a happy and successful community must exist, that a basic infirmity can be overcome. At the same time she insists that every existing, pre-determined situation is not really what she had hoped for as part of her right to inimpared happiness, not what she strived for, nor what she demands. The hysterical subject rejects any knowledge of discursive dead ends and the dilemmas that accompany symbolic institutions of power and authority. Instead she demands attention be paid to these closed off shortcomings and incommensurabilities. By insisting on dealing with its differences with those symbolic laws that constitute it, the hysterical subject demonstrates to us a strategy that is designed not only to tolerate the breaches that constitute every symbolic bond but to constructively express them as a defiency and to foreground the process of change and the negociation of difference rather than a final solution.

This infirmity shown by female hysterics brings to mind the figuration of the diva, as we have known it from operas since the beginning of the 19th century. In her essay on women in the opera Catherine Clément already pointed out volatile contradiction: especially on the opera stage the female singers, with their coloraturas and their high voices, which outdo all others, are much more than essential ornaments. They dominate the stage of the musical drama. All the same, opera audiences are never as deeply moved as at the moment when these singers extravagantly staged their inexorable doom. Not only do they anticipate, long and pleasurably, the moment when the female voice is to die out, they also do this without detriment to the spectators and the singers. The staged laughter, the effusive tears, the bathos of suffering are all interchangeable gestures of great passion, in the context of which death represents a first-class performance of simulated infirmity. It is the exalted masquerade displayed by the opera diva, the rehearsed simulation as well as the capriciousness that allows her, seemingly regardless of the realism of this role-playing, to slip from one identity to the next, on which Clément bases her proposed comparison with the language of hysteria. For experts in psychosomatic medicine, so as to conceal the failure of their diagnostics, liked to assert that fits of hysteria were exalted structures of lies, simulations and dissimulations that revealed a distinctive tendency towards emotional instability and lability. The concept taken up by Charcot that hysteria is much ado about nothing may be explained in that the most impressive aspect of the protean volatility of the female hysteric is perhaps that "belle indifference" that not only prevents her from forming a new symptom as soon as an explanation of the present disorder seems to be iminent, but also gives her the strength to remain indifferent to the pain her own body presented so profusely. Thus Clément concludes that the female hysteric "has the memory of centuries, she has a body full of memories, she speaks the truth about repression, she drives her family mad, her muddled reason is right. Yet, Freud was infinitely surprised at her resistance to misfortune. Beaten, tortured, defeated, shattered, the female hysteric will be refreshed and ready to do battle the next day and produces a new symptom."

The same could be said about the opera diva since she uses all her strength, while singing her aria of death, to express her passion and suffering, only to rise up from this self-transformation, in order to receive her audience's applause. Since they are indifferent towards the pain they act out, female hysterics, like divas, can produce ever new stagings of their infirmities body and of the voices under the threat of being silenced without affecting the core of resistance that drives these performances. This core, too, seems to be separated from a the psychic gap, just as is the traumatic material that keeps the entire apparatus of the passionate gestures alive. The unhappiness acted out by the diva and the female hysteric takes place on the surface. Since they always recover from their fits of pain, they display a dialectic between exhaustion and self-presentation which gives them new life precisely at the moment at which they seem to be most dramatically doomed. The successful staging of their infirmity also ensures their immortal fame.

As is true for a fit of hysteria, this grand simulation, this performance of sheer embodiment achieves its fascination from its dramatization. The opera diva appears only as a medium for the music she performs. She is to exist only as an actress playing the spectacular roles which give her voice a context, a sequence of events and, hence, a conclusive story. Yet, just as the diva's voice always heralds its cessation, without ever really consummating this radical vocal void, so the individual timbre, for which an opera diva becomes famous – to name Maria Callas for one – can never be completely subsumed in the symbolic fictions of the libretto that she revives ventriloquially. In one and the same gesture, the opera diva is completely engrossed in and at the same time outdoes the role played by her. She is more than the libretto she sings, more than the score she interprets, and so she breaks through precisely that successfully simulated other scene that she tried to create with her brilliant singing on stage. Like the female hysteric, the opera diva is never really where she is supposed to be. She may be on the stage but her charisma is captivating because the audience sees in her more than just a medium for a part and a musical score. When Maria Callas, one of the greatest divas ever, went on her last tour, the fans were well aware that her voice was but a mere shadow of its former self. Nevertheless, her passionate gestures had lost none of their familiar magic. They seemed even more convincing than before, perhaps particularly so because the magical performance of infirmity had finally found its equal in the fragility of the singer's body.

translated by Virginia Schildhauer

BIBLIOGRAPHY

Elisabeth Bronfen, *The Knotted Subject. Hysteria and its Discontents*, Princeton 1992.

Catherine Clément, *Opera. The Undoing of Women*, Minnesota 1999 (*L' Opéra ou la défaite des femmes*, Paris 1995).

Georges Didi-Huberman, *Invention de l'hystérie. Charcot et l'iconographie photographique de la Salpêtrière*, Paris 1982.

Sigmund Freud/Josef Breuer, "Studies on Hysteria", in: *Complete Psychological Works of Sigmund Freud*, vol. 2, James Strachey (Ed.), London 1974–1996 .

Sigmund Freud, *Complete Letters of Sigmund Freud to Wilhelm Fliess, 1887–1904*, Jeffrey Moussaieff Masson (Ed.), London 1985.

Lucien Israël, *L'Hysterique, le sexe et le médecin*, Paris 1976.

Pierre Janet, *De l'angoise à l'extase. Etudes sur les croyances et les sentiments*, Paris 1926.

Manfred Schneider, *Liebe und Betrug. Die Sprache des Verlangens*, München 1992.

Ilsa Veith, *Hysteria. The History of a Disease*, Chicago 1965.

SLAVOJ ŽIŽEK

Jenseits der Identifikation

„Che vuoi?"

[Das] Wechselspiel der imaginären und der symbolischen Identifikation unter der Vorherrschaft der symbolischen Identifikation konstituiert den Mechanismus, durch den das Subjekt in ein gegebenes sozio-symbolisches Feld integriert wird – die Art und Weise, wie es bestimmte „Mandate" annimmt.

Das Problem dabei ist nur, dass [...] dieses Kreisen zwischen symbolischer und imaginärer Identifikation nie ohne einen gewissen Rest aufgeht. [...Es] bleibt eine bestimmte Kluft, eine Öffnung, die in [...] dem berühmten „Che vuoi?"[1] ausgedrückt ist: – „Du sagst mir das, aber was willst du damit, worauf zielst du ab?" [...] Auf der Ebene der Äußerung sagst du dies, aber was willst du mir damit, dadurch mitteilen? [...] und genau an der Stelle der Frage, die sich über der Äußerung erhebt, an der Stelle des „Warum teilst du mir das mit?" müssen wir das „Begehren" [...] in seinem Unterschied zum Anspruch lokalisieren: „Du verlangst etwas von mir, aber was willst du wirklich, welches Ziel verfolgst du mit diesem Anspruch?"

Durch dieses Auseinanderfallen von Anspruch und Begehren definiert sich die Position des hysterischen Subjekts: Nach der klassischen Lacanschen Formulierung ist die Logik des hysterischen Anspruchs: „Ich verlange dies von dir, aber was ich wirklich verlange, ist, meinen Anspruch zurückzuweisen, denn das ist es nicht!" Diese Intuition steht hinter der berüchtigten männlich-chauvinistischen Weisheit, dass „Frauen Huren sind": Frauen sind Huren, weil wir nie wirklich wissen, was sie meinen – z.B. sagt eine Frau „Nein!" zu meinen Avancen, aber ich kann mir nie sicher sein, ob dieses „Nein!" nicht doch ein doppeltes „Ja!" bedeutet – eine Aufforderung zu einer um so aggressiveren Annäherung; in diesem Fall wäre ihr wahres Begehren das genaue Gegenteil ihres Anspruchs. Mit anderen Worten: „Frauen sind Huren" ist die Vulgärversion der unbeantwortbaren Frage Freuds: „Was will das Weib?"

Die gleiche Intuition steht wahrscheinlich auch hinter einem anderen Gemeinplatz, der besagt, dass auch die Politik eine Hure sei: Es geht nicht nur darum, dass es in der Politik korrupt, prinzipienlos usw. zuginge; der Punkt ist vielmehr, dass jeder politische Anspruch immer in einer Dialektik befangen ist, in der er auf etwas anderes abzielt, als er wörtlich sagt: Beispielsweise kann er, mit der Absicht, zurückgewiesen zu werden, als Provokation fungieren (wobei der beste Weg, ihn zu durchkreuzen, wäre, sich ihm anzuschließen und ihm rückhaltlos zuzustimmen). Bekanntlich war denn auch Lacans Vorwurf gegenüber der Studentenrevolte von 1968, dass sie im Grunde ein hysterisches Aufbegehren war, das nach einem neuen Herrn verlangte.

Dieses „Che vuoi?" wird vielleicht am besten vom Ausgangspunkt von Hitchcocks Film *North by Northwest* [dt.: *Der unsichtbare Dritte* – A.d.Ü.] veranschaulicht. Um die russischen Agenten auf die falsche Fährte zu locken, erfindet die CIA einen nichtexistierenden Agenten namens George Kaplan. Für ihn werden Zimmer in Hotels reserviert, unter seinem Namen werden Anrufe getätigt und Flugtickets bestellt usw. – all das, um die russischen Agenten zu überzeugen, dass Kaplan wirklich existiere, wo er in Wirklichkeit doch bloß eine Leerstelle, ein Name ohne Träger ist. Zu Beginn des Films befindet sich die Hauptfigur, ein Durchschnittsamerikaner namens Roger O. Thornhill, in der Lobby eines Hotels, das von den Russen observiert wird, weil der mysteriöse Kaplan dort abgestiegen sein soll. Ein Hotelpage betritt die Lobby und ruft: „Anruf für Mr. Kaplan. Ist Mr. Kaplan hier?" Genau in diesem Moment macht Thornhill rein zufällig dem Pagen ein Zeichen, weil er ein Telegramm an seine Mutter aufgeben will. Die Russen, die das ganze Geschehen überwachen, halten ihn fälschlich für Kaplan. Als er das Hotel verlassen will, entführen sie ihn, bringen ihn zu einer einsamen Villa und verlangen, dass er ihnen alles über seine Spionagearbeit erzählt. Natürlich weiß Thornhill nichts darüber, aber seine Unschuldsbezeugungen werden als Täuschung aufgefasst.

Wo liegt der – man könnte es so nennen – psychologisch überzeugende Charakter dieser Szene, die allerdings auf einem fast unglaublichen Zufall basiert? Thornhills Situation korrespondiert mit einer fundamentalen Situation des Menschen als Sprachwesen („parlêtre", um Lacans verdichtete Schreibweise zu verwenden). Das Subjekt ist immer an einem Signifikanten befestigt, der es für den anderen repräsentiert, und durch diese Befestigung wird ihm ein symbolisches Mandat aufgeladen und ein Platz im intersubjektiven Netzwerk symbolischer Beziehungen zugewiesen. Der Punkt ist, dass dieses Mandat letztlich immer willkürlich ist: Da es immer perfomativer Natur ist, kann es nicht mit einem Bezug auf die „echten" Eigenschaften und Fähigkeiten des Subjekts erklärt werden. Somit wird das Subjekt, das mit diesem Mandat beladen ist, automatisch mit einem gewissen „Che vuoi?", mit einer Frage des Anderen konfrontiert. Der Andere spricht es an, als ob es selbst die Antwort auf die Frage hätte, warum es dieses Mandat innehabe, wobei diese Frage in Wirklichkeit natürlich unbeantwortbar ist. Das Subjekt weiß nicht, warum es diese Stelle im symbolischen Netzwerk besetzt. Seine eigene Antwort auf dieses „Che vuoi?" des Anderen kann nur die hysterische Frage sein: „Warum bin ich, was ich sein soll, warum habe ich dieses Mandat? Warum bin ich [... ein Lehrer, ein Herr, ein König ... oder George Kaplan]?" Kurz: „Warum bin ich, was du [der große Andere] sagst, dass ich sei?"

Und der Endpunkt des psychoanalytischen Prozesses ist für den Analysanden auch genau der Moment, in dem er sich von dieser Frage befreit, d.h. indem er sein Dasein als „nicht von dem großen Anderen gerechtfertigt" akzeptiert. Deshalb begann die Psychoanalyse mit der Interpretation hysterischer Symptome, deshalb lag ihre „Heimat" in der Erfahrung der weiblichen Hysterie. Denn zumindest ist die Hysterie doch eines: die direkte Wirkung und das sichtbare Zeugnis einer fehlgeschlagenen Interpellation; die Frage des Hysterikers ist nichts anderes als ein Ausdruck der Unfähigkeit des Subjekts, die symbolische Identifikation zu vollziehen, vollständig und ohne Widerwillen das symbolische Mandat anzunehmen. Lacan formuliert die Frage des Hysterikers als ein bestimmtes „Warum bin ich, was du mir erzählst, das ich sei?" – d.h., welches ist dieses Mehr-Objekt in mir, das den Anderen veranlasst hat, mich als [... König, Herrn, Gattin] zu interpellieren, „jubelnd zu begrüßen"?[2] Die Frage des Hysterikers öffnet die Kluft dessen, das „im Subjekt mehr ist als das Subjekt", des „Objekts im Subjekt", das der Interpellation widersteht – der Unterordnung des Subjekts, seiner Inklusion in das symbolische Netzwerk.

Die stärkste künstlerische Darstellung dieses Moments der Hysterisierung ist Rossettis berühmtes Gemälde *Ecce Ancilla Domini*, das Maria genau im Moment der Interpellation zeigt, als ihr der Erzengel Gabriel ihre Mission eröffnet: unbefleckt zu empfangen und Gottes Sohn zu gebären. Wie reagiert Maria auf diese erstaunliche Botschaft, auf dieses ursprüngliche „Ave Maria"? Das Gemälde zeigt sie voller Angst, mit einem schlechten Gewissen, sich vor dem Erzengel in eine Ecke zurückziehen, als fragte sie sich: „Warum bin ich für diese dumme Mission ausgewählt? Warum ich? Was will dieser abstoßende Geist wirklich von mir?" Das erschöpfte, bleiche Gesicht und die dunklen Eckzähne sind verräterisch genug: Wir haben eine Frau mit einem bewegten Sexualleben vor uns, eine lasterhafte Sünderin – kurz: eine Gestalt wie Eva; und das Gemälde zeigt: „Eva wird zu Maria interpelliert" und ihre hysterische Reaktion darauf.

Martin Scorseses Film *Die letzte Versuchung Christi* geht noch einen Schritt weiter in derselben Richtung: Sein Thema ist schlicht und einfach die „Hysterisierung Jesu Christi selbst"; der Film zeigt uns einen einfachen, fleischlichen, leidenschaftlichen Menschen, der nach und nach, mit Faszination und Entsetzen, herausfindet, dass er Gottes Sohn ist, der mit der fürchterlichen, aber doch großartigen Mission betraut ist, die Menschheit durch sein Opfer zu erlösen. Das Problem ist, dass er sich nicht mit dieser Interpellation abfinden kann: Die Bedeutung seiner „Versuchungen" liegt genau in dem hysterischen Widerstand gegen dieses Mandat, in seinen Zweifeln und seinen Versuchen, ihm zu entgehen, selbst dann noch, als er schon ans Kreuz genagelt ist.[3]

Wir begegnen diesem „Che vuoi?" überall in der Politik, so auch im amerikanischen Präsidentschaftswahlkampf von 1988, in dem die Presse nach Jesse Jacksons ersten Erfolgen zu fragen begann: „Was will Jackson wirklich?" Rassistische Untertöne waren in dieser Frage leicht zu erkennen, weil sie nie im Zusammenhang mit anderen Kandidaten gestellt wurde. Der Schluss, dass es sich hierbei um Rassismus handelte, wird auch von der Tatsache bestätigt, dass dieses „Che vuoi?" am heftigsten in der reinsten, sozusagen destillierten Form des Rassismus ausbricht, nämlich im Antisemitismus: Aus der Perspektive des Antisemiten ist der Jude genau die Person, von der nie klar ist, „was sie wirklich will" – d.h. seine Handlungen stehen immer unter dem Verdacht, von verborgenen Motiven geleitet zu sein (von der jüdischen Verschwörung, dem Streben nach Weltherrschaft, nach moralischer Unterminierung der Nichtjuden usw.). Im Fall des Antisemitismus ist die Antwort auf das „Was will der Jude?" das Phantasma einer jüdischen „Verschwörung": eine mysteriöse Macht der Juden, die Geschehnisse zu manipulieren und die Fäden im Hintergrund in der Hand zu halten. Auf theoretischer Ebene ist es hier entscheidend, dass das Phantasma als eine Konstruktion fungiert, als ein imaginäres Szenarium, das die Leere, die „Öffnung des Begehrens des Anderen" füllt: Indem es uns eine definitive Antwort auf die Frage „Was will der Andere?" gibt, ermöglicht es uns, dem unerträglichen Stillstand zu entkommen, in dem der Andere etwas von uns will, aber wir gleichzeitig unfähig sind, dieses Begehren des Anderen in eine positive Interpellation zu übersetzen, in ein Mandat, mit dem wir uns identifizieren könnten.

Nun können wir auch verstehen, warum gerade die Juden als ein Rassismusobjekt par excellence ausgewählt worden sind: Ist nicht der Gott der Juden mit dem offiziellen Verbot, „sich ein Bild von Gott zu machen" [...] die reinste Verkörperung dieses „Che vuoi?", des Begehrens des Anderen in seinem erschreckenden Abgrund? Selbst als dieser Gott, wie bei Abraham, einen konkreten Anspruch äußert (nämlich Abraham befiehlt, seinen eigenen Sohn zu erschlagen), bleibt völlig offen, was er damit wirklich will: Zu sagen, dass Abraham mit dieser schrecklichen Tat sein ewiges Vertrauen und seine Demut beweisen soll, ist bereits eine unzulässige Vereinfachung. Die Grundposition eines gläubigen Juden ist demnach die von Hiob: Nicht so sehr Klagen als Nichtbegreifen, Bestürzung und sogar Entsetzen angesichts dessen, was der Andere (Gott) mit dieser Unheilsserie, die über ihn hereinbricht, will.

Diese erschreckte Bestürzung markiert die initiale, grundlegende Beziehung des gläubigen Juden zu Gott, den Bund, den Gott mit dem jüdischen Volk geschlossen hat. Dass die Juden sich als das „auserwählte Volk" verstehen, hat nichts mit einem Überlegenheitsgefühl zu tun; sie besitzen keine besonderen Qualitäten; vor dem Bund mit Gott waren sie ein Volk wie jedes andere, nicht mehr und nicht weniger verkommen, führten sie ein normales Leben – als sie plötzlich, wie in einem traumatischen Augenblick, erfuhren (durch Moses ...), dass der Andere sie ausgewählt hatte. Die Erwählung war also nicht am Beginn, sie bestimmte keinen „ursprünglichen Charakter" der Juden – es hat nichts mit ihren deskriptiven Merkmalen zu tun, um noch einmal die Kripkesche Terminologie zu verwenden. Warum wurden sie auserwählt, warum fanden sie sich Gott gegenüber plötzlich in der Position eines Schuldners? Was will Gott wirklich von ihnen? Die Antwort ist – um die paradoxe Formel des Inzestverbotes zu wiederholen – gleichzeitig unmöglich und verboten.

Mit anderen Worten könnte man die jüdische Position als eine Position von „Gott über das Heilige hinaus- oder diesem zeitlich vorausgehend", im Gegensatz zur heidnischen Affirmation des Heiligen als etwas, das den Göttern zeitlich vorausgeht. Dieser fremde Gott, der die Dimension des Heiligen in sich verschließt ist nicht der „Gott der Philosophen", der rationale Verwalter des Universums, der die religiöse Verzückung als Mittel der Kommunikation mit ihm unmöglich macht: Er ist einfach die unerträgliche Spitze des Begehrens des Anderen, der Kluft, der Leere im Anderen, die von der faszinierenden Gegenwart des Heiligen verdeckt wird. Die Juden verharren in diesem Rätsel des Begehrens des Anderen bei dieser traumatischen Spitze des reinen „Che vuoi?", das eine unerträgliche Angst hervorruft, insofern es nicht durch ein Opfer oder durch liebende Hingabe in ein Symbol verwandelt und „aufgewertet" werden kann.

Genau auf dieser Ebene sollten wir den Bruch zwischen Christentum und jüdischer Religion ansiedeln – die Tatsache, dass das Christentum im Gegensatz zur jüdischen Religion der „Angst" eine Religion der „Liebe" ist. Der Ausdruck „Liebe" ist hier in der Weise zu verstehen, wie ihn die Theorie Lacans artikuliert – d.h. in seiner Dimension einer fundamentalen Täuschung: Wir versuchen, die unerträgliche Kluft des „Che vuoi?", die Öffnung des Begehrens des Anderen auszufüllen, indem wir uns dem Anderen als Objekt seines Begehrens darbieten. In diesem Sinn ist Liebe, wie Lacan gezeigt hat, eine Interpretation des Begehrens des Anderen: Die Antwort der Liebe ist: „Ich bin, was dir fehlt; mit meiner Hingabe, mit meiner Aufopferung für dich, werde ich dich ausfüllen, dich ergänzen." Die Wirkungsweise der Liebe ist somit eine doppelte: Das Subjekt füllt seinen eigenen Mangel, indem es sich dem anderen als Objekt darbietet, das den Mangel im Anderen ausfüllt – die Täuschung der Liebe ist, dass diese Überschneidung zweier Mängel den Mangel als solchen in einer gegenseitigen Ergänzung aufhebt.

Das Christentum muss daher als ein Versuch, das jüdische „Che vuoi?" durch einen Akt der Liebe und des Opfers „aufzuwerten", gelten. Das größtmögliche Opfer, die Kreuzigung, der Tod von Gottes Sohn, ist eben der letzte Beweis, dass Gott-Vater uns mit einer allumfassenden, unendlichen Liebe liebt und uns damit von der Angst des „Che vuoi?" erlöst. Die Leiden Christi, dieses faszinierende Bild, das alle anderen Bilder auslöscht, dieses phantasmatische Szenarium, das alle libidinale Ökonomie der christlichen Religion verdichtet, erhält seine Bedeutung nur vor dem Hintergrund des unerträglichen Rätsels des Begehrens des Anderen (Gottes).

Wir wollen natürlich keinesfalls andeuten, dass das Christentum eine Rückkehr zur heidnischen Beziehung des Menschen zu Gott mit sich bringt; das es nicht so ist, lässt sich schon daran ablesen, dass das Christentum, ganz im Gegensatz zu seiner oberflächlichen Erscheinung, in seiner Verschließung der Dimension des Heiligen der jüdischen Religion folgt. Was wir im Christentum allerdings finden, ist etwas ganz Andersgeartetes: die Idee des „heiligen Menschen", der das genaue Gegenteil des Priesters in seinem Dienst am Heiligen ist. Der Priester ist der „Funktionär des Heiligen"; es gibt nichts Heiliges ohne die dazugehörigen Amtsträger, ohne die bürokratische Maschinerie, die es trägt, die seinen Ritus organisiert, von den aztekischen Amtsträgern der Menschenopfer bis zu den modernen geheiligten Staats- oder Armeeritualen. Der Heilige nimmt im Gegensatz dazu die Stelle des „objet petit a", des reinen Objekts, ein, die Stelle von jemandem, der sich einer radikalen subjektiven Destitution unterzieht. Er vollzieht kein Ritual, zaubert nicht, er beharrt nur in seiner untätigen Anwesenheit.

Wir verstehen jetzt, warum Lacan in Antigone einen Vorläufer des Opfers Christi sah: In ihrem Beharren ist Antigone eine Heilige und ganz bestimmt keine Priesterin. Deshalb müssen wir allen Versuchen entgegentreten, sie zu domestizieren, zu zähmen, indem man ihre beängstigende Fremdheit, „Unmenschlichkeit", ihren „gefühllosen" Charakter überdeckt und aus ihr eine gütige Beschützerin von Familie und Haus macht, die unser Mitgefühl weckt und sich als Identifikationsfigur anbietet. In Sophokles' *Antigone* ist ihre Schwester Ismene die Figur, mit der wir uns identifizieren können – freundlich, rücksichtsvoll, sensibel, bereit nachzugeben und Kompromisse zu machen, gefühlvoll und „menschlich", ganz anders als Antigone, die bis zum Äußersten geht, die „in ihrem Begehren nicht nachgibt" (Lacan) und in diesem Beharren im „Todestrieb", im Sein zum Tode, bar aller Gefühle und Rücksichten des alltäglichen Daseins beängstigend unbarmherzig wird. Mit anderen Worten, es ist Antigone selbst, die in uns kleinen mitfühlenden Alltagsgeschöpfen die Frage aufkommen lässt: „Was will sie wirklich?“ Die Frage, die von vornherein jede Identifikation mit ihr ausschließt.

In der europäischen Literatur wiederholt sich das Paar Antigone-Ismene im Werk de Sades in Gestalt des Paares Juliette-Justine: Hier ist Justine in ähnlicher Weise ein bedauernswertes Opfer, im Unterschied von Juliette, diesem gefühllosen Vamp, der ebenfalls „in seinem Begehren nicht nachgibt“. Und schließlich können wir noch eine dritte Version des Paares Antigone-Ismene in Margarethe von Trottas Film *Die Bleierne Zeit* ausmachen, nämlich die RAF-Terroristin (nach dem Vorbild von Gudrun Ensslin) und ihre pathetisch-mitfühlende Schwester, die „versucht, sie zu verstehen“ und aus deren Sicht die Geschichte erzählt ist. (Die Omnibus-Episode in dem Schlöndorf-Film *Deutschland im Herbst* basiert übrigens auf der Parallele von Antigone und Gudrun Ensslin.)

Drei auf den ersten Blick völlig verschiedene Figuren: Die würdige Antigone, die sich selbst für das Andenken ihres Bruders opfert, die promiskuitive Juliette, die sich über alle Maße dem Genuss verschreibt (das heißt eben auch über das Maß, bis zu dem Genuss noch Lust bereitet); die fanatisch-asketische Gudrun Ensslin, die die Welt mit ihren terroristischen Handlungen aus ihren Alltagsfreuden und Routinen erwecken will – Lacan ermöglicht es uns, in allen drei die gleiche ethische Position, des „nicht nachgeben in seinem Begehren“ zu sehen. Deshalb provozieren alle drei dasselbe „Che vuoi? “, dasselbe „Was wollen sie wirklich?“, Antigone mit ihrer hartnäckigen Beharrlichkeit, Juliette mit ihrer gefühllosen Promiskuität, Gudrun mit ihrem „sinnlosen“ Terrorismus: Alle drei stellen das Gute, das der Staat und die allgemeinen Moralvorstellungen verkörpern, in Frage.

aus dem Englischen von Jonas Maatsch

TEXT AUS	ANMERKUNGEN
Slavoj Žižek, *The Sublime Object of Ideology*, Verso Publishers, London 1989 Der Abdruck erfolgt mit freundlicher Genehmigung des Verlages.	[1] Jacques Lacan, „Subversion of the subject and dialectic of desire“, in: ders., *Ecrits. A Selection*, New York-London 1977. [2] Jacques Lacan, *Le Séminaire. Livre III: Les psychoses (1955-1956)*, Paris 1981, S. 315. [3] Eine weitere Errungenschaft des Films ist, dass er endlich Judas als den eigentlichen tragischen Helden dieser Geschichte rehabilitiert: Er war derjenige, dessen Liebe zu Christus die größte war, weshalb Christus ihn auch für stark genug hielt, die schreckliche Aufgabe zu erfüllen, ihn zu verraten und so für die Vollendung des Schicksals Christi (die Kreuzigung) zu sorgen. Die Tragik Judas' war, dass er aus Engagement für „die Sache“ bereit war, nicht nur sein Leben, sondern auch sein „Nachleben“ aufs Spiel zu setzen, nämlich sein posthumes Ansehen: Er weiß sehr gut, dass er als derjenige in die Geschichte eingehen wird, der unseren Erlöser verraten hat, und er ist bereit, auch das für die Erfüllung des göttlichen Auftrages zu erdulden. Jesus benutzte Judas als ein Mittel zum Zweck, er wusste ja durchaus, dass sein eigenes Leid zu einem Vorbild werden würde, das von Millionen imitiert würde („imitatio Christi“), während Judas' Opfer ein reiner Verlust ohne jeden narzisstischen Nutzen ist. Vielleicht ist er ein bisschen wie die treuglaubenden Opfer der stalinistischen Schauprozesse, die sich schuldig bekannt haben in dem Bewusstsein, den letzten und höchsten Dienst für die Sache der Revolution zu leisten.

SLAVOJ ŽIŽEK

Beyond Identification

"Che vuoi?"

The interplay of imaginary and symbolic identification under the domination of symbolic identification constitutes the mechanism by means of which the subject is integrated into a given socio-symbolic field – the way he/she assumes certain "mandates" [...].

The only problem is that [...] this circular movement between symbolic and imaginary identification, never comes out without a certain leftover. [...T]here always remains a certain gap, an opening which is [expressed ...] by the famous "Che vuoi?"[1] – "You're telling me that, but what do you want with it, what are you aiming at?" [...] At the level of utterance you're saying this, but what do you want to tell me with it, through it? [...] And it is at this exact place of the question arising above the utterance, at the place of "Why are you telling me this?", that we have to locate desire [...] in its difference to demand: you demand something of me, but what do you really want, what are you aiming at through this demand?

This split between demand and desire is what defines the position of the hysterical subject: according to the classic Lacanian formula, the logic of the hysterical demand is "I'm demanding this of you, but what I'm really demanding of you is to refute my demand because this is not it!" It is this intuition which is behind the ill-famed male chauvinist wisdom that "woman is a whore": woman is a whore because we never really know what she means – for example, she says "No!" to our advances, but we can never be sure that this "No!" does not really mean a double "Yes!" – an appeal to an even more aggressive approach. In this case, her real desire is the very opposite of her demand. In other words, "woman is a whore" is a vulgar version of the unanswerable Freudian question "Was will das Weib?" ("What does the woman want?").

The same intuition is probably at work behind another common wisdom, which tells us that politics is also a whore. It is not simply that the domain of politics is corrupted, treacherous, and so on the point is rather that every political demand is always caught in a dialectics in which it aims at something other than its literal meaning. For example, it can function as a provocation intending to be refused (in which case the best way to frustrate it is to comply with it, to consent to it without reservation). As is well known, this was Lacan's reproach to the students' revolt of 1968: that it was basically a hysterical rebellion asking for a new Master.

This "Che vuoi?" is perhaps best illustrated by the starting point of Hitchcock's film *North by Northwest*. To lead the Russian agents off the right track, the CIA invents a nonexistent agent named George Kaplan. Rooms are reserved for him in hotels, phone calls are made in his name, plane tickets purchased, and so on – all this to convince the Russian agents that Kaplan really exists, when in reality it is just a void, a name without a bearer. At the beginning of the film the hero, an ordinary American named Roger O. Thornhill, finds himself in the lounge of a hotel under observation by the Russians because the mysterious Kaplan is supposed to be staying there. A hotel clerk enters the lounge saying: "Phone call for Mr. Kaplan. Is Mr Kaplan here?" Exactly at that same moment, by pure coincidence, Thornhill signals to this clerk, wanting to send a telegram to his mother. The Russians who are overseeing the scene mistake him for Kaplan. When he wants to leave the hotel they kidnap him, take him to a lonely villa, and ask him to tell them all about his espionage work. Of course, Thornhill knows nothing about it, but his professions of innocence pass for a double game.

Where lies the – one might call it – psychologically convincing nature of this scene, based nevertheless on an almost unbelievable coincidence? Thornhill's situation corresponds to a fundamental situation of a human being as a being-of-language ("parlêtre", to use Lacan's condensed, term). The subject is always attached, pinned, to a signifier which represents him for the other, and through this pinning he is loaded with a symbolic mandate, he is given a place in the intersubjective network of symbolic relations. The point is that this mandate is ultimately always arbitrary: since its nature is performative, it cannot be accounted for by reference to the "real" properties and capacities of the subject. So, loaded with this mandate, the subject is automatically confronted with a certain "Che vuoi?" with a question of the other. The other is addressing him as if he himself possesses the answer to the question of why he has this mandate, but the question is, of course, unanswerable. The subject does not know why he is occupying this place in the symbolic network. His own answer to this "Che vuoi?" of the other can only be the hysterical question "Why am I what I'm supposed to be, why have I this mandate? Why am I [… a teacher, a master, a king… or George Kaplan]?" Briefly: "Why am I what you [the big other] are saying that I am?"

And the final moment of the psychoanalytic process is, for the analysand, precisely when he gets rid of this question – that is, when he accepts his being "as non-justified by the big other." This is why psychoanalysis began with the interpretation of hysterical symptoms, why its "native soil" was the experience of female hysteria: in the last resort, what is hysteria if not precisely the effect and testimony of a failed interpellation what is the hysterical question if not an articulation of the incapacity of the subject to fulfil the symbolic identification to assume fully and without restraint the symbolic mandate? Lacan formulates the hysterical question as a certain "why am I what you're telling me that I am?" – that is, which is that surplus-object in me that caused the other to interpellate me, to "hail" me as [… king, master, wife]?[2] The hysterical question opens the gap of what is "in the subject more than the subject," of the "object in subject" which resists interpellation – subordination of the subject, its inclusion in the symbolic network.

Perhaps the strongest artistic depiction of this moment of hystericization is Rossetti's famous painting *Ecce Anccilla Domini*, showing Mary at the very moment of interpellation – when the Archangel Gabriel reveals to her her mission to conceive immaculately and to give birth to the son of God. How does Mary react to this astonishing message, to this original "Hail Mary"? The painting shows her frightened, with a bad conscience, withdrawing from the archangel into a corner, as if asking herself: "Why was I selected for this stupid mission? Why me?"

"What does this repulsive ghost really want of me?" The exhausted, pale face and the dark eyeteeth are telltale enough: we have before us a woman with a turbulent sex life, a licentious sinner – in short, an Eve-like figure and the painting depicts "Eve interpellated into Mary", her hysterical reaction to it.

Martin Scorsese's film *The Last Temptation of Christ* goes a step further in this direction. Its theme is simply the "hystericization of Jesus Christ" himself. It shows us an ordinary, carnal, passionate man discovering gradually, with fascination and horror, that he is the son of God, bearer of the dreadful but magnificent mission to redeem humanity through his sacrifice. The problem is that he cannot come to terms with this interpellation, the meaning of his "temptations" lies precisely in the hysterical resistance to his mandate, in his doubts about it, in his attempts to evade it even when he is already nailed to the cross.[3]

The Jew and Antigone

We come across this "Che vuoi?" everywhere in the political domain, including the 1988 American election struggle in which, after Jesse Jackson's first successes, the press started to ask "What does Jackson really want?" Overtones of racism were easy to detect in this question, because it was never raised about other candidates. The conclusion that we are here dealing with racism is further confirmed by the fact that this "*Che vuoi?*" erupts most violently in the purest, so to say distilled form of racism, in anti-Semitism. In the anti-Semitic perspective, the Jew is precisely a person about whom it is never clear "what he really wants" – that is, his actions are always suspected of being guided by some hidden motives (the Jewish conspiracy, world domination and the moral corruption of Gentiles, and so on). [...] In the case of anti-Semitism, the answer to "What does the jew want?" is a fantasy of "Jewish conspiracy": a mysterious power of Jews to manipulate events, to pull the strings behind the scenes. The crucial point that must be made here on a theoretical level is that fantasy functions as a construction as an imaginary scenario filling out the void, the opening of the "desire of the Other": by giving us a definite answer to the question "What does the other want?", it enables us to evade the unbearable deadlock in which the Other wants something from us, but we are at the same time incapable of translating this desire of the Other into a positive interpellation, into a mandate with which to identify.

Now we can also understand why it has been the Jews who have been chosen as the object of racism par excellence: is not the Jewish God the purest embodiment of this "Che vuoi?", of the desire of the Other in its terrifying abyss, with the formal prohibition to "make an image of God" to fill out the gap of the Other's desire with a positive fantasy-scenario? Even when, as in the case of Abraham, this God pronounces a concrete demand (ordering Abraham to slaughter his own son), it remains quite open what he really wants with it. To say that with this horrible act Abraham must attest to his infinite trust and devotion to God is already an inadmissible simplification. The basic position of a Jewish believer is, then, that of Job: not so much lamentation as incomprehension, perplexity, even horror at what the Other (God) wants with the series of calamities that are being inflicted upon him.

This horrified perplexity marks the initial, founding relationship of the Jewish believer to God, the pact that God concluded with the jewish people. The fact that jews perceive themselves as the "chosen people" has nothing to do with a belief in their superiority. They do not possess any special qualities; before the pact with God they were a people like any other, no more and no less corrupted, living their ordinary life – when suddenly, like a traumatic flash, they came to know (through Moses …) that the Other had chosen them. The choice was thus not at the beginning, it did not determine the "original character" of the Jews – to use Kripkean terminology again, it has nothing to do with their descriptive features. Why were they chosen, why did they suddenly find themselves occupying the position of a debtor towards God? What does God really want from them? The answer is – to repeat the paradoxical formula of the prohibition of incest – impossible and prohibited at the same time.

In other words, the Jewish position could be denoted as a position of "God beyond – or prior to – the Holy," in contrast to the pagan affirmation of the Holy as prior to gods. This strange god that occludes the dimension of the Holy is not the "philosopher's God", the rational manager of the universe rendering impossible sacred ecstasy as a means of communication with him. It is simply the unbearable point of the desire of the Other, of the gap, the void in the Other concealed by the fascinating presence of the Holy. Jews persist in this enigma of the Other's desire, in this traumatic point of pure "Che vuoi?" which provokes an unbearable anxiety insofar as it cannot be symbolized, "gentrified", through sacrifice or loving devotion.

It is precisely at this level that we should situate the break between Christianity and the Jewish religion – the fact that in contrast to the Jewish religion of "anxiety", Christianity is a religion of "love". The term "love" is to be conceived here as articulated in Lacanian theory – that is, in its dimension of fundamental deception: we try to fill out the unbearable gap of "Che vuoi?", the opening of the Other's desire, by offering ourselves to the Other as the object of its desire. In this sense love is, as Lacan pointed out, an interpretation of the desire of the Other. The answer of love is "I am what is lacking in you with my devotion to you, with my sacrifice for you, I will fill you out, I will complete you." The operation of love is therefore double: the subject fills in his own lack by offering himself to the Other as the object filling out the lack in the Other. Love's deception is that this overlapping of two lacks annuls lack as such in a mutual completion.

Christianity is therefore to be conceived as an attempt to "gentrify" the Jewish "Che vuoi?" through the act of love and sacrifice. The greatest possible sacrifice, the Crucifixion, the death of the son of God, is precisely the final proof that God-Father loves us with an all-embracing, infinite love, thereby delivering us from the anxiety of "Che vuoi?". The Passion of Christ, this fascinating image which cancels all other images, this fantasy-scenario which condenses all the libidinal economy of the Christian religion acquires its meaning only against the background of the unbearable enigma of the desire of the Other (God).

We are, of course, far from implying that Christianity entails a kind of return to the pagan relationship of man to a God. That this is not so is already attested by the fact that, contrary to superficial appearance, Christianity follows the Jewish religion in occluding the dimension of the Holy. What we do find in Christianity is something of quite another order: the idea of the "saint", which is the exact opposite of the "priest" in service of the Holy. The priest is a "functionary of the Holy," there is no Holy without its officials, without the bureaucratic machinery supporting it, organizing its ritual, from the Aztec's official of human sacrifice to the modern sacred state or army rituals. The saint, on the contrary, occupies the place of "objet petit a," of pure object, of somebody undergoing radical subjective destitution. He enacts no ritual, he conjures nothing, he just persists in his inert presence.

We can now understand why Lacan saw in Antigone a forerunner of Christ's sacrifice. In her persistence, Antigone is a saint and definitely not a priestess. This is why we must oppose all attempts to domesticate her, to tame her by concealing her frightening strangeness, "inhumanity", her callous character to turn her into a gentle protectress of family and household who evokes our compassion and offers herself as a point of identification. In Sophocles' *Antigone*, the figure with which we identify is her sister Ismene – kind, considerate, sensitive, prepared to give way and compromise, pathetic, "human", completely different from Antigone, who goes to the limit, who "doesn't give way on her desire" (Lacan) and becomes, in this persistence in the "death instinct", in the being-towards-death, frighteningly ruthless, exempted from the circle of everyday feelings and considerations, passions and fears. In other words, it is Antigone itself who necessarily evokes in us, pathetic everyday compassionate creatures, the question "what does she really want?", the question which precludes any identification with her.

In European literature, the Antigone-Ismene couple repeats itself in de Sade's work, in the shape of the Juliette-Justine couple. Here, Justine is likewise a pathetic victim, as opposed to Juliette, this a-pathetic rake, who also "doesn't give way on her desire". Finally, why should we not locate a third version of the Antigone-Ismene couple in Margarethe von Trotta's film *Die Bleierne Zeit* ("Marianne and Juliane", or "The German Sisters"), in the couple of the RAF- (Red Army Fraction) terrorist (based on Gudrun Ensslin) and her pathetic-compassionate sister who "tries to understand her" and from whose viewpoint the story is told. (The bus episode in Schlöndorff's film *Deutschland im Herbst* (Germany in Autumn) was based on the parallel between Antigone and Gudrun Ensslin.)

Three at first sight totally incompatible figures: the dignified Antigone sacrificing herself for her brother's memory, the promiscuous Juliette giving herself over to enjoyment beyond all limits (that is precisely beyond the limit at which enjoyment still gives pleasure), the fanatical andascetic

Gudrun wanting to awaken the world from its everyday joys and routines with her terrorist acts – Lacan enables us to recognize in all three the same ethical position that of "not giving way on one's desire." That is why all three of them provoke the same "Che vuoi?", the same "What do they really want?" Antigone with her obstinate persistence, Juliette with her a-pathetic promiscuity, Gudrun with her "senseless" terrorist acts: all three question the good embodied in the state and common morals.

TEXT

This excerpt from Slavoj Žižek, *The Sublime Subject of Ideology*, Verso Publishers, London 1989, was reprinted by kind permission of the publisher.

NOTES

[1] See Jacques Lacan, "Subversion of the subject and dialectic of desire", in: *Ecrits. A Selection*, New York–London 1977.

[2] See Jacques Lacan, *Le Séminaire. Livre III: Les psychoses (1955-1956)*, Paris 1981, p. 315.

[3] The other achievement of the film is the final rehabilitation of Judas as the real tragic hero of this story. He was the one whose love for Christ was the greatest, and it was for this reason that Christ considered him strong enough to fulfil the horrible mission of betraying him, thus assuring the accomplishment of Christ's destiny (the Crucifixion). The tragedy of Judas was that in the name of this dedication to the Cause, he was prepared to risk not only his life but even his "second life", his posthumous good name. He knows very well that he will enter history as the one who betrayed our Saviour, and he prepared to/ endure even that for the fulfilment of God's mission. Jesus used Judas as a means to attain his goal, knowing very well that his own suffering would be transformed into a model imitated by millions ("imitatio Christi"), while Judas' sacrifice is a pure loss without any narcisstic benefit. Perhaps he resembles the faithful victims of the Stalinist monster trials, who confessed their guilt and proclaimed themselves miserable scum, knowing that by doing so they were accomplishing the last and highest service to the cause of the Revolution.

Hysterisierte Räume

Hystericized Spaces

Charakteristisch für das klinische Bild des hysterischen Anfalls, wie es vor über hundert Jahren entworfen wurde, ist der extreme Gegensatz von massivem Bewegungsdrang und tatsächlicher Starre. Dieses leibliche Paradox, die konvulsive Vereinigung extremer leibräumlicher Gegensätze im Krampf, lässt ein drittes nicht zu: willentliche Motorik, Kontrolle über den eigenen Körper. Dies wiederum gibt der hysterischen Attacke ihre expressive Wucht, ihr eindrücklich Theatralisches, das auf keine bewusste Selbstinszenierung zurückgeht, sondern auf die Paradoxie, dass die hochexpressive Vorführung unwillkürlich erfolgt, automatenhaft, im Zustand höchster Orientierungslosigkeit. Der Krampf bemächtigt sich des Leibes, gewaltsam zersprengt er dessen lebendige Integrität (nämlich zugleich wahrnehmendes Subjekt und körperliches Objekt zu sein) und bedroht den Leib mit der Regression, nur noch Objekt, nur noch Körper zu sein: mitten in der Kontinuität des Lebens in Starre zu verfallen. Die diagnostische Interpretation der hysterischen Symptomatik als verzerrte Äußerungsform weiblicher Sexualität untermalte das klinische Bild der Hysterie mit einer alle Sozial- und Rollenmuster verwerfenden Eruption.[1]

Wie konnte das klinische Bild der Hysterie eine avantgardistische Leitmetapher werden, ein künstlerisch intensiv genutztes Vorstellungsfeld, unter Spannung gehalten durch die paradoxe Verknüpfung von Bewegung und Starre, Orientierungsverlust und

---

Characteristic of the clinical picture of hysterical fits, as it was outlined more than a century ago, is the heavy contrast between the urge to move and factual paralysis. This bodily paradox, however, this convulsive combining of extreme corporal differences within spasms, does not permit a third condition: deliberate motoricity, the control over one's own body. On the other hand, this paradox leads to the expressive force of hysterical fits, to an impressive theatricality, which does not originate in a deliberate showmanship, but on the paradox that this highly expressive performance takes place rather instinctively and automatically, in a state without any orientation. The spasm takes hold of the body, it bursts its living integrity by force (functioning as a perceptible subject and a bodily object at the same time) and threatens the body with the regression to become solely an object, nothing but a body, to fall into paralysis right in the course of the continuity of life. The diagnostic interpretation of hysterical symptomatology as a distorted phenotype of female sexuality supplied the ground for the clinical picture of hysteria with an eruption that threatened to overthrow every traditional social and role model.[1]

How could this clinical picture of hysteria become a guiding metaphor of the avant-garde, an artistically intensely used field of presentation, kept in suspense by the paradoxical combination of movement and paralysis, loss of orientation and

Expressivität, die anfallsartige Aufhebung der Subjekt-Objekt-Dualität, die Drohung und Lockung des Außer-Sich-Seins, der Entgrenzung? Wie verwandelte sich die Hysterie als Symptomatik des Leibraumes in ein künstlerisches Parameter der Darstellung des Großstadtraumes, der modernen, sich mechanisierenden, medial vervielfältigenden und beschleunigenden Alltagswelt? Was ist hysterisierter Raum?

Eine wichtige Verbindung zwischen dem klinischen Bild der Hysterie und Hysterie als künstlerischer Leitmetapher ist die Fotografie: zuerst und offensichtlich als Bilddokumentation hysterischer Krämpfe.[2] Weniger offensichtlich, jedoch strukturell bedeutsam war, wie gut die symptomatische Starre im Krampfzustand und die Starre des fotografisch festgehaltenen Moments zueinander passten. Somatisch gesprochen, ist das fotografische Festhalten eines Momentes ein apparativer Krampf, ein gewaltsamer, anfallsartiger Eingriff in den Verlauf von Situationen, ein Schuss, der tatsächlich Starre erzeugt und bildlich Bewegung darstellt.[3] Lartigues Fotografie *Delaye Grand Prix* (1912) (ABB. S. 161) hält die paradoxe Verschlingung von rasender Bewegung und dauerhaftem Stillstand in der ovalen Verzerrung des vorübersausenden Autoreifens fest.[4] Der (bezeichnenderweise fragmentarisch) abgebildete Gegenstand, das Automobil, ist eine technisch realisierte Variante der hysterischen Paradoxie von Starre und Bewegung. Der Fahrer krampft sich, selbst nahezu bewegungslos, am Lenkrad fest, um extrem

---

expressivity, the attack-like separation of the duality between subject and object, the danger and attraction of getting beside oneself, of being out of bounds? How did hysteria as a symptom of the body turn into an artistical parameter portraying urban space, the modern, mechanized, medially multiplying and accelerating ordinary world? What is hystericized space?

Photography represents an important connection between hysteria as a clinical picture and hysteria as a guiding metaphor in the arts, at first by publicly documenting hysterical fits.[2] Less obvious was its structural relevance, the perfect harmony of the symptomatic paralysis and the standstill of the photographically recorded moment. Somatically speaking, the recording of a moment characterizes a mechanical struggle, a forceful, fit-like intervention in the course of certain situations, a shot which really leads to a standstill, but in the case of the picture exposes movement.[3] Lartigues photograph *Delaye Grand Prix* (1912) (ILL. P. 161) captures the paradoxical entanglement of speeding movement and complete stillstand in the oval distortion of the racing carwheel.[4] The (fragmentarily) captured object, the automobile, represents a technically realized version of the hysterical paradox of paralysis and movement. The driver clutches cramp-like at the steering wheel, almost motionless, just to speed through space in extreme acceleration. The deliberate movement of his body has gone beschleunigt durch den Raum zu schießen. Die willentliche Selbstbewegung des Leibes ist auf das Automobil übergegangen. Eigentlich materiales Objekt, subjektiviert sich der fahrende Automat durch die sexualisierten Projektionen des Fahrers, der den eigenbeweglichen Eisenkörper, in dem er sitzt, als Leiberweiterung erlebt. Der Fahrer bedient den Automaten, er schmiegt sich ihm – Gas gebend, bremsend und lenkend – feinmotorisch an.

1909 gerät das Manifest des Futurismus seinem Verfasser Filippo Tommaso Marinetti zur ekstatischen Autofahrt.[5] Herrisch zieht „das Aufbrüllen hungriger Autos" die Aufmerksamkeit des Schreibers auf sich. Den Moment, in dem er das Auto besteigt, schildert Marinetti als Unterwerfung unter die Maschine, d.h. sowohl als phallische Verlebendigung des technischen Objektes, wie als entgrenzende Mechanisierung (Vertotung) des eigenen Leibes, beides dialektisch verbunden und besiegelt durch Kastrationsangst: „Wir gingen zu den drei schnaufenden Bestien, um ihnen liebevoll ihre heißen Brüste zu streichen. Ich streckte mich in meinen Wagen wie ein Leichnam auf der Bahre aus, aber sogleich erwachte ich zu neuem Leben unter dem Steuerrad, das wie eine Guillotine meinen Magen bedrohte. Der wütende Besen der Tollheit kehrte uns aus uns selbst heraus und jagte uns durch die Straßen." Bei aller ekstatisch proklamierten Entschlossenheit, die tradierten Sozial- und Rollenmuster anzugreifen,

---

over to the car. Originally a material object, the speeding automaton gets subjectivized through the sexual projections of the driver, who experiences this mobile iron body he is sitting in as an extension of his own. The driver handles the automaton, he clings to it fine-motorically, stepping on the gas, throttling down, steering.

In the year 1909, the *Futurist Manifesto*[5] turned out an ecstatic car drive for its writer Filippo Tommaso Marinetti. Imperiously, "the famished roar of automobiles" attracts the writer's attention. Marinetti describes the moment he steps into the car as a submission to the machine, not only in a phallic vitalization of the technical object but also in an unlimited mechanization (inanimation) of his own body, both dialectically connected and sealed with the fear of castration: "We went up to the three snorting beasts, to lay amorous hands on their torrid breasts. I stretched out on my car like a corpse on its bier, but revived at once under the steering wheel, a guillotine blade that threatened my stomach. The raging broom of madness swept us out of ourselves and drove us through streets [...]."

Despite all ecstatically proclaimed determination to attack the traditional social and role models, Marinetti prefers a phallic car to the image of a dominant woman: "A racing car whose hood is adorned with great pipes [...] is more beautiful than the *Victory of Samothrake.*"

zieht Marinetti das phallische Auto dem Bild einer dominanten Frau vor: „Ein Rennwagen, dessen Karosserie große Rohre schmücken, [...] ist schöner als die *Nike von Samothrake.*“

Wie die Fotokamera ist das Automobil ein Instrument zur Durchdringung des Raums und wie sie vereint es auf hysterisch-paradoxe Weise Bewegung und Bewegungslosigkeit. Mit dem Automobil kann nur in einen hysterisierten Raum gefahren werden, es hysterisiert den Raum. Für die Wahrnehmung des stillsitzenden Autofahrenden verwandelt das Auto den Raum in Geschwindigkeit. Diese (heute eingewöhnte, am Anfang des 20. Jahrhunderts viel klarer wahrgenommene) Hysterisierung des Raumes versuchte Giacomo Balla um 1913 in einer Reihe von Bildern und Skizzen festzuhalten. Ballas Bildtitel wie *Linea di velocità + paesaggio* (Geschwindigkeitslinie + Landschaft), *Velocità d'automobile + luce, Linea di Velocità astratta* und schließlich *Velocità astratta* (Abstrakte Geschwindigkeit) belegen sowohl den Versuch, mit Öl und Leinwand eine rationalisierende Formel für die schockierende Erfahrung von Geschwindigkeit zu finden,[6] als auch die unausweichliche Auflösung gegenständlicher Bildreste in der Abstraktion. Was sich im kunsthistorischen Nachhinein als folgerichtiger Schritt zum abstrakten Bild einsortieren lässt, bedeutete für Balla (wie etwa auch für Mondrian), dass ihn sein Bestreben, Tiefenstrukturen seines Bildgegenstandes her-

---

Like a camera, the car is a means of passing through space, it combines movement and immobility in the same hysterical-paradoxical way. Cars can only drive into hystericized spaces, as space becomes hystericized by them. In the perception of the still-sitting driver, the car transforms space into speed. Giacomo Balla tried to capture this hysterization of space – which is common today, but was observed quite clearly at the beginning of the 20th century – in a row of pictures and sketches in 1913. Balla's titles like *Linea di Velocità + paesaggio* (speed line + landscape), *Velocità d'automobile + luce, Linea di Velocità astratta* and *Velocità astratta* (abstract speed) prove both the attempt to find a rationalizing formular for the shocking experience of speed by the use of oil and canvas and the inevitable disintegration of representational picture remnants by abstraction.[6] What has later proved to be a logical step in the history of art led Balla (as well as Mondrian), in his effort to reveal the underlying structures of the painted objects, to the loss of his objects, which became the crisis of the image. Either the landscape appears in fragmentary form when observed from out of the car, or the car speeding by is only captured as a shadow. Between these two objects exists a gap concerning the perceptibility of space, a structural ambivalence that cannot be concealed any more. For a short historical period, in the course of the transition to abstraction, this pictorial loss of orientation correlates with an increasing auszuarbeiten, zum Verlust seines Bildgegenstandes führte, d.h. in eine Krise der Abbildbarkeit. Entweder erscheint die Landschaft vom Auto aus fragmentiert oder – umgekehrt – das Auto ist als vorübersausendes nur bruchstückhaft erfassbar. Zwischen beiden liegt ein Riss in der Wahrnehmbarkeit von Raum, eine strukturelle Ambivalenz, die bildräumlich nicht mehr zu überdecken ist. Für eine kurze historische Phase, während des Übergangs zur Abstraktion, verbindet sich dieser bildräumliche Orientierungsverlust mit gesteigerter Expressivität. Ballas furiose Linien und Rhythmen kreisen zunehmend um sich selbst, das Bild wird tautologisch, es verselbständigt sich, es wird – wie unfreiwillig oder programmatisch auch immer – zum Bild als Bild.

Für die avantgardistische Kunst wurde das klinische Bild der Hysterie letztlich nicht im schlichtweg repräsentativen Sinn, als bildliche Darstellung von Krämpfen, produktiv, sondern als Strukturmuster von Paradoxie, als Konzentrat schärfster Gegensätze, wie sie ähnlich unvermittelt und dennoch gleichzeitig wirksam den sich rapide technisierenden Alltagsraum durchzogen. Zur neuropathologischen Aufbereitung von Hysterie als weiblicher Krankheit im 19. Jahrhundert merkt Sigrid Weigel an: „In der Konstruktion eines Wesens, das als reines Geschlechtswesen bestimmt ist, aber frei von Begierden sein soll, trägt dieser Diskurs paradoxale Züge [...], die in der signifikantesten Figur künstlicher Natur, der ‚wissenden Unschuld' – jener Frau, die weiß,

---

amount of expressivity. Balla's furious lines and rhythms circle around themselves more and more, which is why the picture turns tautological. No matter how involuntarily or programmatically, it becomes an independent picture of an image.

In avant-garde art, the clinical picture of hysteria did not become prolific in a simply representative sense, as a pictorial portrayal of cramps, but as a structural model of paradoxicality, as a concentrate of strongest contrasts, similarly pervading the rapid mechanization of everyday life in an abrupt way, still operating simultaneously. Sigrid Weigel comments on the neuropathological treatment of hysteria as a female disease in the 19th century: "This discourse about a being which is defined as a pure sexual being but should be free of carnal desire shows paradoxical traits [...] that culminate in the most significant figure of artistic nature, a 'knowing purity', a woman who knows that she does not know. And it is exactly in this field that a manifold repertoire of pictures unfolds."[7]

The clinical picture of hysteria was not artistically useful in the sense that all the neuropathologists' theories were proved logical, it was inspiring because its pathological definition integrated most extreme contradictions in a paradoxical way. The historical real space, in which such a conglomerate of pictorial ambivalences could be established as a leading metaphor in the arts, was determined by the rapidly growing dass sie nicht weiß – kulminieren. Genau in diesem Feld nun entfaltet sich ein reichhaltiges Bilderrepertoire."[7] Das klinische Bild der Hysterie war nicht deshalb künstlerisch anregend und brauchbar, weil das, was sich die Neuropathologen zurechtgelegt hatten, schlüssig aufging, sondern weil die pathologisierende Definition von Hysterie auf paradoxe Weise extremste Widersprüche integrierte. Der historische Realraum, in dem sich ein solches Konglomerat bildmächtiger Ambivalenzen als künstlerische Leitmetapher etablieren konnte, war ebenso von den rapide wachsenden, reizüberfluteten Großstädten bestimmt, wie auch von der Erfahrung des technologisierten Krieges. Die bislang schwersten Krämpfe des hysterisierten Raumes ereigneten sich 1945 als Atombombenblitze.

Nach dem avantgardistischen Verlust des Glaubens an die direkte Abbildbarkeit sichtbarer Wirklichkeit nutzten die Surrealisten psychoanalytische Definitionen von Hysterie zur Erschließung anderer, intrapsychischer Räume (unabhängig davon, als wie rational sich jene Definitionen auf Dauer erweisen würden). Eine Folge war die Verleiblichung des Bildraumes, die organische Entgrenzung der Bildtektonik, das Zerfließen architektonischer Formen und Orientierungen zugunsten polymorpher, ebenso vegetabiler wie genitaler Formen wie etwa bei Roberto Matta. Seine *Psychological Architecture* (1940/41) (ABB. S. 166) baut weder auf einer perspektivischen Konstruktion

---

cities, exposed to an incessant flood of stimuli, as well as it was determined by the experience of the new war technologies. The most extreme spasms of hystericized space to date, took place as atomic flashes in 1945.

After the avant-garde had lost its belief in the exact replication of any visible reality, the surrealists took up psychoanalytical definitions of hysteria to develop new, intrapsychical spaces (no matter how rational these definitions might turn out to be in the long run). The effect of this was the embodiment of the pictorial space, the organic elimination of the picture's tectonics, the dissolution of architectural forms and instructions for the benefit of polymorphous, both vegetable and genital styles, as used by Roberto Matta. His *Psychological Architecture* (1940/41) (ILL. P. 166) is composed neither of a perspectivistical construction nor of a surface grid; it rejects architecture as the inner correlative of a visible, everyday oriented reality. Instead, this sketch shows how an extreme emotional life distorts, reduces, accentuates and eroticizes hardly comprehensible feelings. Against all historical chronology a remark of Freud's, made in 1914, could nearly be read as a comment on Roberto Matta: "The hysteric [...] has [...] given up his relationship with reality. On the other hand, analysis shows that this erotic relation to persons and objects is not reduced at all."[8]

GIACOMO BALLA
Speeding Car, Abstract Speed,
1913, Gouache, Tempera,
70 x 100 cm, Amsterdam,
Stedelijk Museum

JACQUES-HENRI
LARTIGUE
Delaye Grand Prix, 1912,
Silbergelatineabzug,
20,8 x 28,7 cm,
Köln, Museum Ludwig

noch auf einem Flächengitter auf, sie verneint Architektur als innerbildliches Korrelat sichtbarer, alltagsorientierter Realität. Stattdessen ist auf dieser Zeichnung notiert, wie extremes Gefühlsleben kaum fassliche Gefühlsinhalte verzerrt, verkleinert, hervorhebt, erotisiert. Gegen alle historische Chronologie ließe sich eine Bemerkung Freuds von 1914 fast als Kommentar zu Roberto Matta lesen: „[...] der Hysteriker [...] hat [...] die Beziehung zur Realität aufgegeben. Die Analyse zeigt aber, dass er die erotische Beziehung zu Personen und Dingen keineswegs aufgehoben hat.“[8]

Dass die Hysterisierung des Raumes kein unpolitischer Zufall, kein unerklärliches Überspringen leiblicher Symptomatik auf den gesellschaftlichen Raum ist, sondern dass das hysterisierende Agens, die hochentwickelte Technologie des Körper- und Informationstransportes, mit Macht und Gewalt ausgestattet ist, hat Guy Debord, Vordenker der französischen „Situationistischen Internationale“, 1967 in seinem Buch *Die Gesellschaft des Spektakels* beschrieben. Weniger verbittert, dabei noch illusionsloser als der Theoretiker hat Andy Warhol die Mechanismen des massenmedialen Spektakels aufgedeckt, indem er sich ihrer bediente. Sein *Elvis Presley* (1963) schießt zurück, so scheint es. Die Pose des mit der Waffe Drohenden antwortet auf das Geschosshafte des Kameraapparates (vgl. Anm.3). Zu sehen ist allerdings nicht Elvis Presley (der wie die meisten Diven des 20. Jahrhunderts aus der gesellschaftlichen Benutzung nur in den

---

In the year 1967, Guy Debord, precursor of the French “Situationistic International”, explains in his book *The Society of Spectacle* that the hysterization of space is not an apolitical coincidence, not an inexplicable leap of bodily symptomatology to the social area. On the contrary, the hysterizing agent, the highly developed technology of body and information transport, is provided with power and control. Less embittered, yet even more disillusioned than the theorist, Andy Warhol exposed the mechanisms of the mass medial spectacle by making use of it. His *Elvis Presley* (1963) seems to shoot back. The pose of the threatening, holding up a gun, relates to the projectile of the camera (v. fn. 2). Nevertheless, it is not Elvis Presley on the picture (like most 20th century divas, he was dismissed to an early death after fulfilling his social purpose) but an silk-screen of a photograph that captures a cinematic cowboy fiction. Due to the commercial pressure behind the depiction of the depiction, the seemingly brutal, clearly male identity of the model is reduced. His offensive pose oscillates to an effeminate outsider, to the status of a sexual object.

After Foucault’s apodictic analysis, the modern standardization of sexuality is based on the male “subject in question”: “On account of her sex, [...] a woman will for always and inevitably be categorized as something ‘different’, defined by the one gender, the subject in question. Thus she can never leave the place of the object, even vorzeitigen Tod entlassen wurde), sondern ein Siebdruck nach einem Foto, das seinerseits eine filmische Westernfiktion festhält. Unter dem Druck der vielen Schichten kommerziell interessierter Abbildung der Abbildung der Abbildung verändert sich die scheinbar brutal eindeutige, männliche Geschlechtsidentität des Abgebildeten. Seine offensive Pose oszilliert zum efeminierten Ausgesetztsein, zum Status des sexuellen Objekts.

Nach Foucaults apodiktischer Analyse ist die neuzeitliche Normierung von Sexualität um das männliche „Subjekt der Rede“ zentriert: Die „Frau [...] ist [...] qua Geschlecht [...] immer und unausweichlich als ‚Anderes‘ bestimmt, das von dem einen Geschlecht, dem Subjekt der Rede, definiert wird. Der Platz des Objekts kann von der Frau nicht verlassen werden, auch nicht, wenn sie sich redend einschaltet und selbst an der Rede über die Weiblichkeit teilnimmt.“[9] Vielleicht hält sich Foucaults Ansicht länger als die Freuds von 1914: „Die hysterischen Frauen gehören in ihrer Mehrzahl zu den anziehenden und selbst schönen Vertreterinnen ihres Geschlechts.“[10] Außerhalb diskursiver Texte realisieren Künstlerinnen und Künstler ihre Arbeiten. Durch die Fotokamera kann nur in einen hysterisierten Raum geblickt werden, weil der Blick der Kamera den Raum, den er durchdringt, hysterisiert – eine Einsicht, der sich Cindy Shermann in wechselnden Verkleidungen scheinbar kommentarlos unterwirft, um paradoxerweise genau dadurch die Hysterisierung des Raumes zu kommentieren.

---

if she joins in a conversation and takes an active part in a discussion on femininity.”[10] Perhaps Foucault’s view will last longer than Freud’s of 1914: “The majority of hysterical women belong to the more attractive and personally beautiful represantatives of their sex.”[9] After all, artists create works beyond any discoursive texts. Through a camera, we can only take a look into hystericized space, because the view of the camera hysterizes the space it fills. Without any comment, Cindy Sherman submits herself to this insight in varying disguises, by which she paradoxically does give comments on the hysterization of space.

Matthias Winzen
translated by Günther Ehmcke

[1] „Der Körper der Frau wurde als ein gänzlich von Sexualität durchdrungener Körper analysiert – qualifiziert und disqualifiziert; aufgrund einer ihm innewohnenden Pathologie wurde dieser Körper in das Feld der medizinischen Praktiken integriert [...] Die ‚Mutter' bildet mitsamt ihrem Negativbild der ‚nervösen Frau' die sichtbarste Form der Hysterisierung." – Michel Foucault: *Sexualität und Wahrheit.* Frankfurt/M. 1977, S. 126.

[2] Siehe D.-M. Bourneville/P. Régnard, *Iconographie Photographique de la Salpêtrière*, Paris 1879–1880.

[3] Bezogen auf die fotografische Momentaufnahme hat Oskar Bätschmann vom „geschossenen Moment" gesprochen und darauf verwiesen, daß die ersten schnelltransportierenden Fotoapparate wie Pistolen (1868), Revolver (1882) und Gewehre (1882/84) mit revolverartig rotierenden Belichtungsscheiben konstruiert waren. „Natürlich könnte die Anlehnung der Fotoapparate an Schusswaffen mit sachlichen Anforderungen gerechtfertigt werden. Doch mindert das Zielen und Visieren nicht die Aggressivität der Instrumente, deren sich die scheinbar friedliche Momentfotografie bediente«. – Oskar Bätschmann: *Edouard Manet. Der Tod des Maximilian.* Frankfurt/M. –Leipzig 1993, S. 97.

[4] Die Verzerrung des Reifens ins Ovale und der Passanten ins Diagonale geht darauf zurück, dass durch die jalousienartig bewegte Blende in Lartigues Kameraapparat der untere Bildbereich vor dem oberen Bildbereich aufgenommen worden ist und

---

[1] "The feminine body was analyzed – qualified and disqualified – as being thouroughly saturated with sexuality; whereby it was integrated into the sphere of medical practices, by reason of a pathology intrinsic to it; [...] the Mother, with her negative image of 'nervous woman,' constituted the most visible form of this hysterization." Michael Foucault, *The History of Sexuality*, vol. 1., translated from the French by Robert Hurley, London 1990, p. 104.

[2] See D.-M. Bourneville/P. Régnard, *Iconographie Photographique de la Salpêtrière*, Paris 1879–1880.

[3] In relation to the photographic snapshot, Oskar Bätschmann spoke of a "shot moment" and referred to the fact that the first quickly transporting cameras were constructed as pistols (1868), revolvers (1882) and rifles (1882/84), equipped with revolver-like rotating exposure plates: "Of course, the cameras' reference to shotguns could be technically justified, although the aiming and sighting does not reduce the aggressivity of these instruments, the air of which was taken up by the apparently peaceful field of photography." – Oskar Bätschmann, *Edouard Manet. Der Tod des Maximilian*, Frankfurt/M.–Leipzig 1993, p. 97.

[4] The distortion of the wheel into an oval shape and the diagonal form of the passing people is due to the blind-like cover-plate in Lartigue's camera, recording the lower part of the picture before the upper, with Lartigue panning it in the direction of the racing car.

Lartigue die Kamera bei der Aufnahme in Fahrtrichtung des Rennautos schwenkte.

[5] Tommaso Filippo Marinetti, „Futurist Manifesto, Paris, 20th February 1909", siehe Pontus Hulten, *Futurismo & Futurismi*, Mailand 1986, S. 514.

[6] Zu wissenschaftlich rationalistischen Begründungsversuchen im Futurismus, etwa bei Gino Severini, siehe R. Zeller: *Automobil. Das magische Objekt in der Kunst*, Frankfurt/M. 1985.

[7] Sigrid Weigel: *Topographien der Geschlechter*, Reinbek 1990, S. 191

[8] Sigmund Freud: *Das Ich und das Es*, Frankfurt/M. 1960, S. 20.

[9] So fasst Sigrid Weigel Foucaults Analyse zusammen; wie 8, op. cit., S. 191.

[10] Wie 8, op. cit., S. 39.

---

[5] Tommaso Filippo Marinetti, "Futurist Manifesto, Paris, 20th February 1909", see Pontus Hulten, *Futurismo & Futurismi*, Milan 1986, p. 514.

[6] For a scientifically rationalistic discussion on futurism, e.g. Gino Severini, see R. Zeller, *Automobil. Das magische Objekt in der Kunst*, Frankfurt/M. 1985.

[7] Sigrid Weigel, *Topographien der Geschlechter*, Reinbek 1990, p. 191.

[8] Sigmund Freud, *Das Ich und das Es*, Frankfurt/M. 1960, p. 20.

[9] This is how Sigrid Weigel summarizes Foucault's analysis, see 8, op. cit., p. 191.

[10] See 8, op. cit., p. 39.

ANDY WARHOL
Single Elvis, 1963,
Siebdruck auf Acryl auf Leinwand, 210 x 107 cm,
Budapest, Ludwig Museum, Museum für Zeitgenössische Kunst

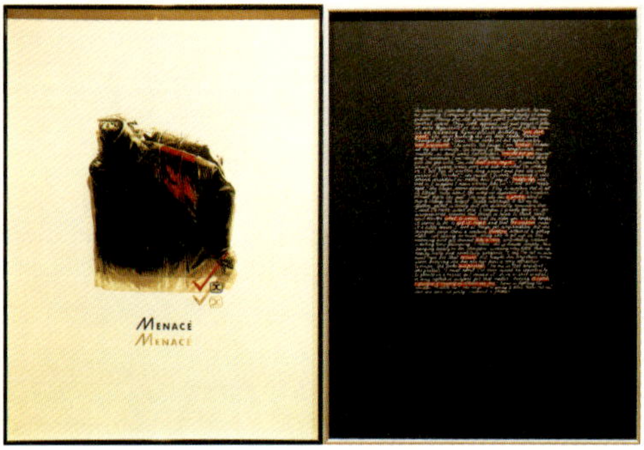

MARY KELLY
Interim – Part 1 Corpus,
1984–1985, Detail: *Menace*,
aus der 30-teiligen Fotoarbeit
auf Aluminium, Siebdruck,
Acryl auf Plexiglas,
je 122,5 x 90 cm,
Besitz der Künstlerin

ROBERTO MATTA
Psychological Architecture – Flying 1,
1940, Tusche und Farbstift auf
Papier, 42,6 x 53,3 cm,
Paris, Galerie de France

ÖYVIND FAHLSTRÖM
Live curve Nr. 2 (Snowfield)
Oswald, 1967, Öl auf Fotopapier
auf Vinyl und Metall, Fell auf
Dämmplatte, 84 x 350,5 cm,
München, Städtische Galerie im
Lenbachhaus und Kunstbau

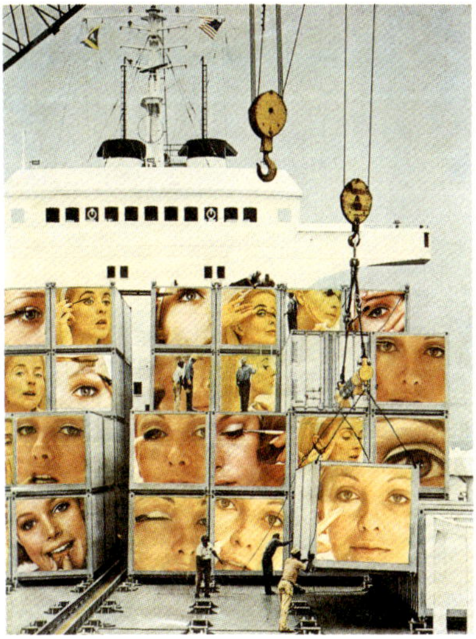

MARTHA ROSLER
Cargo Cult, um 1972,
Fotografie, 33 x 25,4 cm,
Besitz der Künstlerin

(e.) TWIN GABRIEL
Belle Indifference 1, 1998,
Video-Still, digitaler Druck,
60 x 70 cm, Berlin,
Galerie Barbara Thumm

LADISLAV NOVÀK
Die Kälte belebt die Paläste, 1948,
Collage, 35,5 x 26,8 cm,
Sammlung Dietmar Siegert

HEINZ HAJEK-HALKE
Die üble Nachrede, 1928/32,
Silbergelatineabzug, Belichtungsmontage, 53,1 x 28 cm,
München, Stadtmuseum

RENÉ MAGRITTE
L'âge des merveilles
(Das Zeitalter der Wunder), 1926,
Öl auf Leinwand, 120 x 80 cm,
Künzelsau, Sammlung Würth

FRANZ ROH
o.T. (zwei Frauen mit Masken),
um 1925–1933, Silbergelatine-
abzug, 22,5 x 16,3 cm,
München, Stadtmuseum

WILFREDO LAM
Clairvoyance, 1950, Öl auf
Leinwand, 239 x 253 cm,
Rotterdam, Museum
Boijmans Van Beuningen

LOUISE BOURGEOIS

Bogen der Hysterie, 1993,

Bronze, 83,8 x 101,6 x 58,4 cm,

New York, Cheim & Read

Louise Bourgeois' *Bogen der Hysterie* zeigt einen kopflosen, männlichen Körper in einer Haltung wie sie vorzugsweise weiblichen hysterischen Patientinnen zugeschrieben wurde. (Modell ist Jerry Gorovoy, der männliche Assistent von Bourgeois.) Bourgeois kennt Charcots Studien zur Hysterie, die nicht zuletzt durch die drei Bände der *Iconographie* Verbreitung fanden. Charcot definierte Hysterie als körperliches Leiden, verursacht durch Erbschäden oder traumatische Verletzungen im zentralen Nervensystem, das epilepsieartige Anfälle zur Folge hatte. Er systematisierte die anarchische Formlosigkeit und Heterogenität der hysterischen Symptome und entwarf vier gesetzmäßige Stadien der Hysterie: Erstens die Frühphase, in der neben Sehstörungen der klassische „hysterische Bogen" (Gewölbestellung des Rückens) auftreten konnte, zweitens und drittens unwillkürliche, clownesk bis akrobatisch anmutende Bewegungen und theatralische Posen („attitudes passionnelles") und viertens die Lösung.

Obgleich Charcot, der Erfinder der modernen Hysterie, seit 1878 Material zur männlichen Hysterie gesammelt hat und ab 1882 eine Abteilung für männliche Hysterie in der Pariser Salpêtrière (in den 1890er Jahren das Zentrum der Hysterie-Industrie) einrichtete, galt und gilt die Hysterie für den Mann als Schimpfwort, als Zeichen für Schwäche, für Kastration. Die schweigende Körpersprache der Hysterie widersetzt sich der patriarchalischen Kultur, entsprechend ist die kulturelle Verleugnung der männlichen Hysterie kein Zufall. Durch die Verknüpfung dieser Positionen, verschmilzt Bourgeois in ihrem männlichen *Bogen der Hysterie* die Dualität der Geschlechter zu einem einzigen bisexuellen Symbol und hinterfragt so zugleich das konventionelle Bild von Mann und Frau und die zugrunde liegenden gesellschaftlich sanktionierten Regelmechanismen.

Die extrem angespannte Körperhaltung des hysterischen Bogens (medizinisch eine Kontraktur, die auf motorischer Ohnmacht, unwillkürlicher, andauernder Starre der Glieder basiert) versinnbildlicht einen Zustand äußerster Anspannung und Fragilität (Verwundbarkeit) mit durchaus sexueller Anspielung, dessen Lösung offen bleibt. Die Ambivalenz dieses Zustands wird bei Bourgeois durch das Hängen, Schweben der an einem Draht befestigten Skulptur in besonderer Weise anschaulich. Der *Bogen der Hysterie* spiegelt – als kulturell verstehbare und zulässige Schmerzensfigur – emotionales und psychisches Leid, weist über die unmittelbare hysterische Pose als allgemein menschliche Reaktion hinaus auf das Unbewusste, auf emotionale Konflikte, traumatische Verletzungen und Erinnerungen (die „Quellen" der Hysterie).

Die goldfarben patinierte, spiegelnde Bronze verleiht dem „hysterischen Bogen" dabei eine zusätzliche Dimension: die Anmutung von Zeitlosigkeit, unbegrenzter Dauer und

Gültigkeit. So wurzelt Bourgeois' Werk in psychologischen Universalien, die ihm eine Realitätsebene von allgemeiner Gültigkeit zuweisen.

Louise Bourgeois' *Arc of Hysteria* depicts a male body without a head in a pose that is preferably ascribed to female hysteric patients. (The model is Jerry Gorovoy, Bourgeois' male assistant.) Bourgeois was familiar with Charcot's studies on hysteria that found wide dissemination in the three volumes of *Iconographie*. Charcot defined hysteria as a physical illness caused by hereditary impairments or traumatic injuries affecting the central nervous system that led to epileptic attacks. He systematized the anarchic formlessness and heterogeneity of hysteric symptoms, developing four law-like stages of hysteria: first the early phase, in which visual disturbances can be accompanied by the classic hysteric arc (curved position of the back), second and third, uncontrolled clown-like or seemingly acrobatic movements and theatrical poses ("attitudes passionnelles"), and fourth, a loosening of these poses.

Even though Charcot, the father of modern hysteria, had collected material on male hysteria since 1878 and established a section for male hysteria at the Parisian Salpêtrière as of 1882 (in the 1890s it was the center of the hysteria business), hysteria had and has a derogatory meaning for men, since it was seen as a sign of weakness, castration. Since the silent body language of hysteria stood in opposition to the patriarchal culture it is not a coincidence that the existence of male hysteria was denied by culture. By linking these different positions Bourgeois welds the duality of the sexes into a single bisexual symbol in her male *Arc of Hysteria* and thus also questions the conventional image of man and woman and the socially sanctioned control mechanisms underlying it.

The extremely tense body position of the hysteric arc (medically speaking a contraction based on immobility, uncontrolled lasting paralysis of the limbs) is emblematic of a state of extreme tension and fragility (vulnerability) with a marked sexual allusion. It is not clear when the tension eases. Bourgeois illustrates the ambivalence of this state with a hanging, floating sculpture that as been attached to a wire. As culturally accessible and legitimate figure of pain the hysteric arch reflects emotional and psychic suffering. As a general human reaction it also goes beyond the immediate hysteric pose, referring to emotional conflicts, traumatic injuries and memories (the "sources" of hysteria).

The reflecting bronze with a golden patina gives the *Arc of Hysteria* an additional dimension by alluding to timelessness, infinite duration and validity. In this sense Bourgeois' work is based on psychological universals that lend it a reality level of general validity.

Karin Sagner-Düchting
translated by Camilla Nielsen

REBECCA HORN
La petite veuve, 1988, Federn, elektrischer Motor, 40 x 43 cm (geöffnet: 35 x 80 cm), Nantes, Collection FRAC du Pays de la Loire

UNICA ZÜRN
Nr. 31, Ile de Rei, 1963, Federzeichnung mit Blüten, 63,5 x 49,5 cm, Courtesy Galerie Elisabeth Kaufmann, Basel, für die Erbengemeinschaft Unica Zürn

OTTO DIX

Ungleiches Liebespaar, 1925,
Tempera auf Holz, 180 x 100 cm,
Stuttgart, Galerie der Stadt Stuttgart

Im *Ungleichen Liebespaar* wird der „beschädigte", dem Prozess des leiblichen Verfalls unterworfene und nach ästhetischen Maßstäben hässliche männliche Greisen-Körper konfrontiert mit einem jugendlich prallen Lebens- und Sinnenfreude assoziierenden weiblichen Akt. Die Gegenüberstellung von geschwundener männlicher Potenz mit dem käuflich verfügbaren jugendlichen weiblichen Körper spiegelt in der Tat ein spezifisches, „ungleiches" Verhältnis von Mann und Frau. Im urbanen Raum, der durch das geöffnete Fenster im Bildhintergrund erkennbar ist, erscheint – in Analogie zu einem kulturell geprägten und an Industrialisierung und Handel gebundenen männlichen und weiblichen Körperverständnis – der weibliche Körper als Ware, Objekt des sexuellen Begehrens des Mannes. Die dabei lustvolle Dämonisierung der Prostituierten – sie wirkt durch ihre Körperlichkeit geradezu erdrückend – vermittelt auf ambivalente Weise Bedrohung für den männlichen Körper. Die Prostituierte, eine Rebellin, die jenseits der Grenzen des Erlaubten handelt, gehört einer Subkultur an, die sich dem Kodex weiblicher Respektabilität widersetzt und so als bedrohliches Symbol eine Gefährdung für die patriarchalische Ordnung bedeutet.

Gleichzeitig wird in dieser Konfrontation die biologisch begründete, seit dem 18. Jahrhundert vielfach wissenschaftlich formulierte Überlegenheit des männlichen Körpers fragwürdig. So scheinen der traditionell mit der „niederen Materie" verbundene weibliche Körper und der männliche Körper im Bereich des Lebens und des Eros in gleicher Weise dem Verfall, dem Prozess des Alterns, der „Körperauflösung", dem Tod nahe zu sein. Exemplarisch wird hier die Thematik der „Selbstauflösung" mit dem weiblichen Körper verknüpft, und so ergreift der Schauer des Todes, versinnbildlicht in der heftigen Windböhe, die unerwartet das Fenster (als Verbindung zwischen außen und innen, Leben und Tod) aufstößt, unmittelbar auch die junge Frau. Die durch Tod und Sexualität formulierte Ambivalenz des weiblichen und männlichen Körpers findet in der grotesken Darstellung ihre adäquate Umsetzung.

In *Ungleiches Liebespaar*, the body of an old man, "disabled" by the process of physical decline, and ugly by aesthetic standards, is confronted with a youthfully firm female nude, who radiates vitality and sensuality. This specific opposition of lost male potency and an available, youthful, female body in fact reflects an "unequal" relationship between man and woman. In urban space, identifiable through the open window in the background of the painting, the female body appears as a commodity, the object of man's sexual desire, in keeping with a culturally determined understanding of the male and female body that is linked with industrialisation and commerce. The manifest demonisation of the prostitute – she seems almost oppressive in her physicality – suggests an ambivalent threat to the male

body. The prostitute, a rebel operating beyond the borderlines of what is socially approved, belongs to a subculture that is opposed to the code of female respectability and thus a symbol of danger – represents a menace to the patriarchal order.

At the same time, this confrontation questions that biologically-grounded superiority of the male body repeatedly formulated by scientists since the 18th century. In the realm of life and eros, both the female body, traditionally associated with "inferior matter", and the male body are susceptible to decay, the ageing process, the "dissolution of the physical", death. The theme of "self dissolution" is thus conspicuously associated with the female body; the young woman is also seized by the shiver of death symbolised in the strong gust of wind that has unexpectedly thrown open the window (the link between inside and out, life and death). This grotesque scene is a fitting illustration of the ambivalence of the female and male body epitomised in death and sexuality.

Karin Sagner-Düchting
translated by Pauline Cumbers

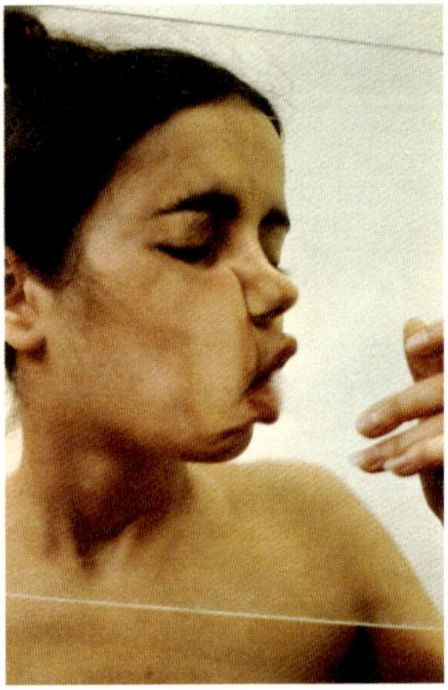

ANA MENDIETA
Untitled (Glass on Body Imprints),
1972, Serie von sechs Farbfotografien, 49 x 32,5 cm,
Iowa, University of Iowa,
Courtesy Galerie Barbara
Gross, München, und
Galerie Lelong, New York

RENÉ MAGRITTE
Les jours gigantesques, 1928,
Öl auf Leinwand, 116 x 81 cm,
Düsseldorf, Kunstsammlung
Nordrhein-Westfalen

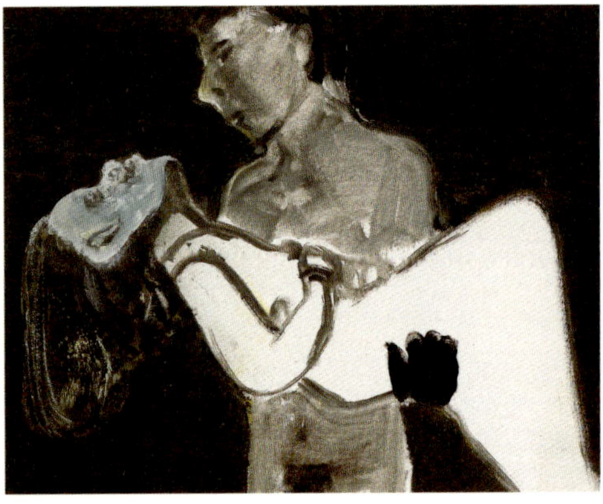

MARLENE DUMAS
The image as burden, 1993,
Öl auf Leinwand, 40 x 50 cm,
Sammlung Mimi Dusselier,
Belgien

VALIE EXPORT
Tapp und Tastkino, 1968,
Aktion in München (Stachus),
Fotografie, 13 x 18 cm, Wien,
Sammlung Generali Foundation

FAITH WILDING
Waiting, Performance 1972,
Video, Los Angeles, Womanhouse, Besitz der Künstlerin

HANNAH WILKE
Exchange Values (Marx),
aus: *So help me Hannah*, 1978,
sechsteilige Fotoarbeit, s/w,
gesamt: 152,4 x 101,6 cm,
New York, Galerie Ronald
Feldman Fine Arts

KATHARINA MAYER
Hysterica, 1995, Groß-Dia,
160 x 100 x 20 cm,
Düsseldorf, Galerie Gaby
Kraushaar

KLAUS THEWELEIT

Formen der Hysterie im Zeitalter der modern media

„Geistträger und Akteure" der hysterical epidemics

[...] Eine andere Masse ist die Masse der Teufel, Geister oder Dämonen. Ihre Rolle in der Geschichte war ungeheuer.

In der Religion der alten Perser bilden die Dämonen ein besonderes Heer, das unter eigenem Oberbefehl steht. Für die Unzählbarkeit dieser Dämonen findet sich in ihrem heiligen Buche, dem Zend-Avesta, folgende Formel: „Tausende und aber Tausende von Dämonen, Zehntausende und aber Zehntausende, ihre zahllosen Myriaden."

Das christliche Mittelalter hat sich über die Zahl der Teufel ernsthaft Gedanken gemacht. [...] schon das Evangelium, meint Cäsarius, bezeugt, dass eine Legion von ihnen in einen einzigen Menschen fuhr.

Seltsam, dass diese Dämonenmasse im 20. Jahrhundert eine vergleichsweise geringere Rolle spielen soll; wohin sind die Teufel und Geister entschwunden, in einer Welt, die durchaus alle Sorten neuer Anläufe auf die Belebung von totgeglaubtem Religiösem unternimmt? Denn auch die mittelalterliche Welt sah nicht einfach Gespenster, wo eigentlich „nur Luft" war: Wie sollte man z.B. Phänomene wie „Ansteckungen" darstellbar machen, wenn man nichts von Mikroben und Viren wusste, den Vorgang „Ansteckung" (wie bei der Pest) aber sehr wohl als Tatsache geschehen sah? Es lag nahe, kleine Teilchen, die etwas übertragen, zu erfinden und ihnen Körper zu verleihen. Eine Masse sichtbarer Teufel an der Wand sind ein viel materielleres Phänomen als z.B. ein Wort wie „Gottes Wille", auch wenn nicht jeder die Teufel und Dämonen im Dachstuhl sieht, in den Blättern, im Sand der Düne [...].

Seit jeher gehörte es zu den Fähigkeiten dieser Geschöpfe, ihre Gestalt wechseln zu können. Heute existieren sie nur noch für wenige in der Teufelsform. Für die Mehrheit der aufgeklärten Menschen hat das, was für die alten Perser oder die mittelalterlichen Mönche das Heer ihrer Dämonen war, seit Beginn des 20. Jahrhunderts die Gestalt gewechselt und die von Viren und Mikroben angenommen, jetzt wimmelten deren Abertausende und Myriaden. Das war nicht ihr letzter Gestaltwandel. Wo zunächst nur biologische Bakterien waren, sind inzwischen auch Viren elektronischer Art.

Sie sind nicht ganz leicht auszumachen, weil sie, soweit sie den alten „Dämonen" verwandt sind, eine Symbiose einzugehen pflegen mit höchst realen Erscheinungen und Vorkommnissen. So ist es keine Frage, dass die meisten amerikanischen Golfkriegs-Soldaten, die über Kopfschmerzen, Schwindel, Antriebslosigkeit klagen, das Opfer wirklicher Vergiftungen sind oder auch des Schocks, den ein elektronischer Raketenkrieg im Nervensystem der reizbareren Soldaten hinterlässt.

Es scheint diese Symptome aber auch als Folge merkwürdiger „Sendungen" zu geben. Eine Viren-Art, übrig aus der erheblichen Reihe der Radio- und Fernsehsendungen vom Golfkrieg, schwirrt unsichtbar und frei in der Luft herum, und wird auch wahrgenommen. Sie befällt deutlich Körper; sie besetzt z.B. den Arsch des Ex-Soldaten Timothy McVeigh, so dass der sich getrieben fand, dieses Oklahoma Hochhaus in die Luft zu sprengen. Das waren die gesendeten Golfkriegsviren, denen er nicht länger widerstehen konnte, plus dieser Mikrochip im Hintern. Chip, von dem eine ganze Reihe heute lebender Amerikaner behauptet, sie hätte ihn von der Regierung, vom Pentagon, vom CIA heimlich eingebaut bekommen. Als Träger dieses Chips seien sie abhängig von den Sendungen, die jener empfängt.

So ähnlich äußert sich der „Amok"-Todesschütze in Washingtons Capitol im Juli 1998. Bei ihm ist es die heimische Satellitenschüssel, mittels derer ihn die Regierung überwacht. Und er erhält Befehle. Mr. Weston, so sein Name, schoss aus einem 45er Smith & Wesson-Colt (– phonetisch eine perfekte Erfüllung des Serienzeichens). Bei der „Krankenschwester", die auf Oskar Lafontaine einstach, 1990, waren die Diktate (wie die Überwachungen) aus dem Fernsehgerät gekommen.

Sollte man diese Reden – neben dem, was sie sonst noch sein mögen – nicht lesen können als eine heutige Version der historischen Rede von den Dämonen, die einen zu Taten zwingen; Dämonen unter den Bedingungen des Medienzeitalters? Was jemand zu tun hat, wird in beiden Fällen vorgeschrieben durch Sendung. Dass das ganze historische Dämonenwesen (wie auch Götterwesen) im Lauf dieses Jahrhunderts mehr und mehr von den technischen Medien beerbt worden ist und weiter beerbt wird, zählt zwar nicht zu den zentralen Einsichten herrschender Medienwissenschaften, die Medienpraktiker sind aber weniger zimperlich und verfahren einfach so, als wäre das ein längst (an)erkanntes Gesetz. Nicht also, dass die Dämonen verschwunden wären, sie haben ihren Daseinszustand gewechselt, aus jenseitigen wurden sie zu medialen, aus transzendentalen zu gesendeten Gespenstern.

So wie die unsichtbare Masse der Bazillen/Viren zu Anfang dieses Jahrhunderts die Teufel beerbt hat (unendliche Mengen auf kleinstem Raum), so wird die Masse der Bazillen/Viren jetzt selber beerbt von den Medien; aber beerbt ist nicht das richtige Wort (Viren sterben ja gerade nicht aus, im Gegenteil: Sie greifen über in die Technologien); gegenseitige Befeuerung ist wohl das Wort, das hierher gehört. Die Viren kommen unabweisbar wie das gefunkte Bild, das gefunkte Bild kommt unabweisbar wie die Viren. Die unsichtbaren Massen bedienen sich zunehmend der Lichtgeschwindigkeit, Infektionen aus Gesendetem haben dabei die früheren Gespenster so gut wie entmachtet und sie dann medial wiederbelebt, in der Kinoform als Poltergeist & Alien, Nr. 1 bis ix.

Beste Belege für die etablierte Dominanz der gesendeten Gespenster finden sich in Elaine Showalters Buch *Hystorien*[1] – das „i“ von „history“ ist durch das „y“ von „hysteria“ ersetzt, ein Mischwort aus Hysterie und History; ein Zwitterwort für die Wirklichkeit (un)geschehener Geschichte(n).

Showalter hat vor allem in den USA sechs große psychogene Syndrome gefunden, die zu den Neunzigern gehören wie Love Parade oder Tamagotchi: das Golfkriegssyndrom, die Multiple Persönlichkeit, die wiedergewonnenen Erinnerungen (vor allem an sexuellen Missbrauch) („Recovered Memory Syndrome“), den satanischen Ritualmissbrauch, die Entführung durch Außerirdische und die chronische Müdigkeit. Zu all diesen Syndromen sind längst Selbsthilfegruppen aus dem Boden geschossen, gibt es Ärzte, Therapeuten und Kliniken, die auf ihre Behandlung spezialisiert, und Journalisten, die durch Reportagen zum Thema bekannt geworden sind. Und wir reden hier nicht von zwanzig Leuten: Von den 697.000 US-Soldaten, die am Golf eingesetzt waren, gaben 60.000 an, unter unklaren Beschwerden zu leiden, die sie auf geheime Experimente ihrer Regierung mit Nervengasen und anderen Chemikalien zurückführen. David Finkelhor, ein Therapeut, der über sexuellen Missbrauch schreibt, geht von 62 Prozent weiblicher Betroffener aus. Mindestens „24.000 Kinder in England", so wollte die *Times* kürzlich wissen, litten am chronischen Müdigkeitssyndrom, und dies sei erst „die Spitze des Eisbergs" [...].

So M. Lau in einer Besprechung von Showalters *Hystorien.*[2] Zahlen und Prozente leuchten uns entgegen als kecke Spitzen von Eisbergen gespenstischer Phänomene, in die die Klinikdampfer und Senderriesen einfahren, um ihre titanische Betriebsamkeit zu entfalten. In das Kuddelmuddel aus knirschendem Eis, Schraubengeräusch und panischem Gepiepse der Versuchsmäuse vom Zwischendeck mischt sich dabei das leise aber gewichtige Wort „psychogen". Hat es hier etwas zu suchen?

[...] es gibt ja die Soldaten, bei denen das sogenannte Golfkriegssyndrom reale Folge erlittener Vergiftungen oder Schocks ist; auch die „nacherinnerten" Vergewaltigungen dürften in etlichen Fällen stattgefunden haben. Und unter dem chronischen Müdigkeitssyndrom leiden Jugendliche ohne alle Anzeichen der Wahrscheinlichkeit einer psychogenen Herkunft; ganz real eingestellte junge Leute, die offenbar eine unbekannte Seuche befallen hat.

Freuds beiläufiges Sätzchen, „dass es ein Realitätszeichen nicht gibt im Unbewussten" – das Produkt 20-jähriger harter Arbeit im Eisberg der menschlichen (oder Wiener) Psyche gilt aber gerade hier: Die Tatsache, dass einige tausend Golfkriegssoldaten an wirklichen Vergiftungen leiden (und nicht an heimlich eingebautem Mikrochip im Arsch), die Tatsache, dass Tausende britischer Teens von einer Müdigkeit befallen sind, die alle Anzeichen einer unaufgeklärten Infektion oder Vergiftung zeigt (und nicht einer hysterischen Einbildung), ändern, ebenso wie die Tatsache nachweislicher Vergewaltigungen, nichts daran, dass beide Stränge in ihrem Anspruch, als „real" anerkannt zu werden, gleichberechtigt sind, die „nachweisbaren" wie die „unnachweisbaren" Kranken. Wirklich, oder auch un-wirklich, sind sie alle beide. Nur ist das Wort „psychogen" völlig fehl am Platz für die Bezeichnung der „eingebildeteren" Linie. Wieso soll „psychogen" sein, was in aller Munde und Ohren ist, weil es, in hoher Frequenz und Intensität, aus allen Medienkanälen kommt? Es sind, zumindest in der Form ihrer medial-serialen Erscheinung, Syndrome des Broadcasting, weder psychogen (= individuell), noch seuchenhaft (= durch unbekanntes Virus) verursacht.

Mag sein, dass Showalters Buch selber über Strecken seinen eigenen Untertitel vergisst: *Hysterical Epidemics and Modern Media.* Er unterstreicht, dass es jeweils gesendete Epidemien sind, elektronisch ausgestrahlte, medial organisierte Epidemien, die zu gewissen „hystorischen" Symptomen führen. Der gemeinsame Charakter des Gesendet-Werdens ist ihr Realitätszeichen – ein großer Vorteil. Die „bloß einfach vergifteten" Leute verfügen über ein solches Realitätszeichen nicht oder nur in sehr viel schwächerem Maße. Die gesendete Serie erscheint als stärker dadurch.

Die Tatsache, ständig über die Sender zu gehen, kann zwar einerseits hysterische Panikbildungen verstärken, andererseits liefert sie einen fundamentalen Stabilisierungseffekt. Das Zertifikat: Ich bin Teil einer öffentlich anerkannten mysteriösen Serie, Teil der Chronische-Müdigkeits-Serie, ich brauche das nicht zu verheimlichen, im Gegenteil, „ich sind viele", „Ich" ist ein Exponat dieser Serie, Ich ist ein wandelndes Ausstellungsstück, entlastet, indem es der Ausfallserscheinung im Alltag den Touch des Normalen verleiht, gleichzeitig aber aus der Normalität heraushebt: Der Kopfschmerz ist ein vollkommen anderer, wenn sechzigtausend andere ihn teilen; sechzigtausend symptom-identische Leute, die von der Senderzentrale alle als Teil des Post-Golf-War Syndroms bestätigt werden. Das gewünschte Realitätszeichen vom eigenen Leidenszustand ist also das gesendete Serienzeichen. Die Leute mit der Äther-Ätiologie partizipieren dabei am Realitätscharakter des „wirklicheren" Schmerzes der Vergifteten.

Die Verquickung der gesendeten Syndrome mit bestimmten literarischen, musikalischen oder filmischen Genres, die Showalter feststellt, ist daher nicht verwunderlich, sondern zwingend. Viele der „hysterical epidemics" „sind heute genau mit einem bestimmten literarischen Genre verklammert – die Multiple Persönlichkeit mit der Beichte, der Satanische Ritualmissbrauch mit der Horrorgeschichte, die Entführung durch Außerirdische mit Science Fiction", schreibt Showalter.

Horcht man in hiesige Psychiatrien hinein, hört man, dass es zunehmend Jugendliche gibt, die in ständigem Kontakt zu Außerirdischen stehen, die einen zweiten, einen Ghost, ständig neben sich haben, oder die über

„schwarze Messen" und ähnliches in Kontakt zu einem Über-Geist stehen. Die Tendenz bei behandelnden Psychologen und Ärzten ist, ihnen das nicht auszureden – es wäre zwecklos – sondern den Geist zu „erziehen"; also seine zerstörerischen Anteile unter Kontrolle zu bekommen und den Jugendlichen zu helfen, „dem Geist zu begegnen".

Die Jugendlichen aus dieser noch relativ anonymen Menge der Geisterträger werden, über kurz oder lang, zu ihrer öffentlichen Erscheinung zu kommen suchen, in der Art eines ihnen gemäßen Christopher Street Day oder etwas Ähnlichem; sie suchen noch ihr gültiges und verbindliches Serienzeichen; es ist erst ansatzweise entwickelt, bei einigen in einer spezifischen Sorte schwarzer Kleidung.

Die Zugehörigen solcher Syndrom-Serien, wie Showalter sie beschreibt, müssen nicht zusammenkommen, um als Serien-Teile anerkannt zu werden; sie brauchen sich untereinander nicht zu kennen, sie brauchen sich nicht auf irgendeiner Straße oder einem Platz zu einer konkreten Masse materialisieren, um zu gelten; das unterscheidet ihre Formationsart fundamental von jeder Massenbildung. Aber sie können unter bestimmten Umständen zu Massen werden.

Showalter berichtet, dass amerikanische Frauen, die sich zur Serie der frühkindlich sexuell Missbrauchten zählen, regelmäßig survival meetings abhalten, Überlebenden-Treffen. Mit zwei Effekten, einem nach innen, der ein Masseneffekt ist: Wir bilden einen einzigen großen Körper des „Vergewaltigtseins", und einem nach außen, der mit Gesehenwerden zu tun hat: Es gibt uns noch, wir haben überlebt! Das TV-Outing, das Aufgenommen- und Gesendetwerden avanciert zum ultimativen gültigen Existenzbeweis. Wichtiger als ein „Heilen" ist dabei der Serien-Status: Ich (allein) ist nicht(s), aber: 5 Millionen Vergewaltigte können nicht irren (= lügen).

Man kann Marshall McLuhans Satz, jedes neue technische Medium ist eine Erweiterung des menschlichen Körpers, von hier aus vielleicht umkehren: Menschliche Körper sind, in ihrer seriellen Existenzform, Anhängsel und Erweiterungen technischer Medien. Und: Die serielle Existenzform nimmt zu gegenüber der des Menschen als Massen-Teil.

Ebenso kann Karl Kraus' Satz, die Psychoanalyse sei Teil jener Krankheit, die sie zu heilen sucht, für die Medien erweitert werden: Sie sind sogar die Urheber der Krankheiten, die sie (nicht) heilen wollen, oder genauer: Es ist nur noch schwer möglich, von „Krankheiten“ zu reden, wenn die Verbindung mit Technologien zu „Symptomen“ führt; eine Verbindung wie die von Blume und Biene, sagt McLuhan in einem Interview. Die Menschen funktionieren wie das „Geschlechtsorgan“ neuer Technologien; sie erhalten für deren Vermehrung als Lohn den „Honig der Maschinen“: sechs Sorten „Syndrome“ als gültigen Mensch-Ausweis.

TEXTAUSZUG AUS

Klaus Theweleit, *Ghosts: Drei leicht inkorrekte Vorträge*, Frankfurt/M.–Basel: Stroemfeld Verlag 1998.
Der Abdruck erfolgt mit freundlicher Genehmigung des Verlages.

ANMERKUNGEN

[1] Elaine Showalter, *Hystorien. Hysterische Epidemien im Zeitalter der Medien*, Berlin 1997.
[2] M. Lau, Besprechung von Elaine Showalter, *Hystories*, in: *tageszeitung* vom 13. September, Berlin 1997.

KLAUS THEWELEIT

Forms of Hysteria in the Age of Modern Media

Ghost Carriers and Protagonists of Hysterical Epidemics

Masses of a different kind are the masses of devils, spirits and demons. Throughout history they have played a tremendous role.

In ancient Persian religion, demons formed a special army with its own supreme command. The Avesta, the sacred writings of the Parsees, expressed the innumerable legions of these demons in the following formula: "Thousands upon thousands of demons, ten thousands upon ten thousands, their countless myriads." The Christian Middle Ages devoted much serious thought to the number of devils. [...] Caesarius noted that the Gospel itself testified that a legion of demons possessed a single human being.

It seems odd that these masses of demons should play a comparatively minor role in the 20th century. Where did all those devils and spirits disappear to, in a world which, after all, keeps making all kinds of efforts to revive religious matters long since believed dead? For even the mediaeval world was not merely seeing ghosts where there was "only air". How could people have represent phenomena such as infections when they knew nothing about microbes and viruses but had seen clearly and at first hand how infections occurred (for instance, during the plague)? From there it was but a small step to invent small particles and lend them a physical body. A horde of visible devils is a much more physical phenomenon than a phrase like "God's will", even if not everyone can see the devils and demons in the attic, the leaves, or the sand dunes [...].

One of the powers of these creatures had always been the ability to change their appearance. Nowadays only few people see them in the form of devils. For the majority of the enlightened population, what was an army of demons to the ancient Persians or mediaeval monks changed its form at the beginning of the 20th century. It assumed the guise of viruses and microbes, again teeming in their many thousands and myriads. This was by no means their last change of appearance. At first existing only as biological bacteria, they have now been joined by electronic viruses.

These are not that easy to detect because where they are related to the old "demons", they tend to enter into a symbiotic relationship with very real phenomena and events. There is, for example, no doubt that most of the American veterans of the Gulf War who complain of headaches, dizziness and fatigue are victims of actual poisoning or of the nervous shock that an electronic missile war can cause in more sensitive soldiers.

But symptoms of this kind apparently also exist as a consequence of peculiar "transmissions". A species of virus, left over from the substantial number of radio and television programmes about the Gulf War, is whizzing around in the atmosphere, invisibly and freely, and can even be perceived. It evidently attacks bodies, for it struck the arse of the ex-soldier Timothy McVeigh, driving him to blow up a high-rise tower in Oklahoma. All this happened because of the broadcast Gulf War viruses he could no longer resist, in addition to that microchip in his bottom. This is a chip that quite a number of Americans maintain was secretly implanted in them by the CIA. As carriers of such chips, they are subject to the "broadcasts" they receive.

The homicidal maniac gunman at the Capitol in Washington in July 1998 gave a similar explanation. In his case, it was his satellite dish at home that the government used for his surveillance and, furthermore, to give him orders. Mr Weston, as he was called, shot with a 45 Smith & Wesson colt (a phonetically perfect realisation of the label of his series). The "nurse" who stabbed the German politician Oskar Lafontaine in 1990 had received "her" orders (as well as her surveillance) from a television set.

Should this kind of talk – besides whatever else it might be – not be interpreted as today's version of the historical discourse on demons that force people to act in certain ways, in this case demons conditioned by the age of the media? In both cases, the person's actions are dictated by a transmitted message. The idea that the entire historical system of demons (and gods) has increasingly come to be inherited by the technological media in the course this century may not be one of the central insights of current media studies. However, the practitioners in the field of media are less fastidious and act as if this were a long-established and recognised law. It's not that the demons have disappeared, they have simply changed their forms of existence: from supernatural ghosts to media phenomena, from being transcendental to being transmitted.

Just as the invisible mass of bacilli and viruses succeeded the devils at the beginning of this century (infinite amounts in the smallest space), the media are now inheriting this mass of bacilli and viruses. "Inheritance" is not quite the right term, for viruses don't die. On the contrary, they are spreading to technology. A better term to describe the phenomenon might therefore be "mutual incentive". The viruses appear as unavoidably as the broadcast image, while the broadcast image appears as unavoidably as the viruses. The invisible masses are making increasing use of the speed of light. Infections based on broadcasts have more or less deprived the former spirits of their power in the process, only to revive them with the help of the media, in the form of Poltergeist and Alien, nos. I to IX, in the cinema.

The best evidence for the well-established dominance of broadcast spirits is documented in Elaine Showalter's book *Hystories.*[1] She replaces the "i" in "history" with the "y" of "hysteria", creating an amalgam of hysteria and history, a hermaphroditic word for the reality of (hi)stories that (never) happened.

Focusing mainly on the USA, Showalter has found six major psychogenic syndromes which are as much a part of the nineties as Love Parades or Tamagochis: the Gulf War syndrome, multiple personality, recovered memory (in particular of sexual abuse), Satanic ritual abuse, abduction by aliens, and chronic fatigue. All of these syndromes have long since sprouted self-help groups, have encouraged therapists and clinics to specialise in their treatment and journalists to make a name for themselves by publishing reports on the subject. And we are not talking about a handful of people here: of the 697,000 American soldiers deployed in the Gulf, 60,000 complained of undefined ailments which they put down to secret government experiments involving nerve gases and other chemicals. The therapist David Finkelhor, who writes on sexual abuse, sets the estimate for female victims at 62%. According to a recent article in The Times, "at least 24,000 children in Britain" are suffering from chronic fatigue syndrome, and this is "only the tip of the iceberg."[2] [...]

In the above review of Showalter's *Hystories* by M. Lau, numbers and percentages shine in our direction like bold tips of icebergs of the ghostly phenomena towards which hospitals and broadcasting corporations are headed, launching themselves into titanic activities. Somewhere in the midst of the confusion of crunching ice, the noise of propellers and the panic-stricken squeaking of the guinea pigs in steerage, we can hear the quiet but weighty word "psychogenic". What is it doing here?

[...] There are indeed soldiers for whom the so-called Gulf War syndrome is the real consequence of poisoning or shocks suffered, and a large number of the rapes "recovered" by the victims' memories probably did happen. And there are youngsters affected by chronic fatigue without any signs of probable psychogenic origin. They are perfectly sensible young people who have obviously fallen prey to an unidentified epidemic.

Freud's casual remark that there is no mark of reality in the unconscious – the product of 20 years of hard work on the iceberg of the human (or rather, Viennese) psyche – seems particularly apt here. Neither the fact that thousands of Gulf War veterans suffer from real poisoning (and not from a microchip secretly implanted in their buttocks) nor the fact that thousands of British teenagers are struck down by a fatigue showing all the signs of an unidentified infection or poisoning (and not of an hysterical delusion) nor the fact that there are provable cases of rape can change the equal rights of both the "provable" and "non-provable" victims to be recognised as "real". Both are both real and not real. Nevertheless, the term "psychogenic" is completely out of place to describe the "more imaginary" type. Why should something be described as psychogenic that is the talk of the town because it emanates in high frequency and intensity from all media channels? The above syndromes, at least in their media-related and serial forms of appearance, are syndromes of broadcasting. They are neither psychogenic (= individual) nor epidemic (= caused by an unknown virus) in origin.

One could argue that some passages in Showalter's book forget its own subtitle, *Hysterical Epidemics and Modern Media.* The subtitle underscores the fact that these are transmitted epidemics, electronically broadcasted epidemics organised by the media, causing certain "hystorical" symptoms. Their common characteristic of being broadcasted is the mark of their reality – and a great advantage. People who have simply been poisoned do not have recourse to such a mark of reality or only have it to a far lesser degree. The series that is broadcasted thus appears much more powerful.

Constant broadcasting may, on the one hand, encourage the development of hysterical panic, but on the other it does provide a fundamentally stabilising effect. Victims obtain a certificate that states: I am part of a publicly recognised mysterious series, part of the chronic fatigue series, there is no need for me to keep it secret, on the contrary, "I am many." The "I" is an exhibit in this series. Being able to say I am a walking exhibit brings relief because it lends the symptom of deficiency a touch of normality in everyday life, while at the same time making it stand out from the norm. A headache is something entirely different when it is shared by another sixty thousand people – sixty thousand people with identical symptoms, all confirmed by the broadcasting station to be part of the post-Gulf War syndrome. The mark of reality aspired to for one's state of suffering is therefore a broadcast label for one's series. People affected by ether (= radio) aetiology can thus participate in the realistic nature of the "more real" pain of the poisoned victims.

The amalgamation of broadcast syndromes with certain literary, musical or film genres, as identified by Showalter, is hence not surprising but cogent. Many of the hysterical epidemics, writes Showalter, are currently bracketed with particular literary genres: multiple personality with confession, satanic ritual abuse with the horror story, and abduction by aliens with science fiction.

A look at psychotherapy practice reveals that there are more and more young people who are in regular contact with aliens, or who are constantly accompanied by an alter ego, a ghost, or who are in contact, by means of "black masses" or the like, with a super-ghost. The trend on the part of the psychologists and doctors treating them is not to talk them out of it – that would be pointless – but to "train" the ghost in order to keep its destructive tendencies under control and help the youngster to "encounter the ghost".

While still a relatively anonymous group, these young ghost carriers will make a public appearance sooner or later by staging their own *Christo-*

pher Street Day or some such event. They are still trying to find a valid and obligatory label for their series. It is already in the making, in some cases manifesting in a certain style of black clothing.

The members of the syndrome series that Showalter describes do not need to meet in order to be recognised as part of the series. Nor do they need to know each other or to materialise in a physical mass on a particular street or square in order to be of consequence. This is what fundamentally differentiates their kind of formation from every other kind of mass phenomenon. Under certain conditions, however, they could well turn into masses.

Showalter reports that American women who count themselves among the ranks of those who were sexually abused in early childhood hold regular survival meetings. The effects are twofold: an internal effect, which is really a mass effect, says: we are one big body of "the raped", and an external one, which is about being visible, says: we are still around, we have survived! Outing oneself on TV, being received and broadcast (= sent on a mission) thus becomes the ultimate valid proof of existence. More important than healing, status as a member of the series indicates that I (alone) am not(thing), but 5 million rape victims can't be wrong (i.e., lie).

At this point we can perhaps reverse Marshall McLuhan's dictum that every new technological medium is an extension of the human body, to say that human bodies, in their serial form of existence, are actually adjuncts and extensions of the technological media. Furthermore, the serial form of existence is increasing in comparison to the existence of the human being as part of the masses.

Likewise, Karl Kraus' aphorism that psychoanalysis is part of the disease it aspires to cure can be expanded to encompass the media: the media are actually the originators of the diseases that they (do not) aspire to cure. More precisely, we can hardly speak of "diseases" when it is the relationship to technology that causes the "symptoms". It is a relationship like that between the flower and the bee, as McLuhan once said in an interview. Human beings function as the genitals of the new technologies. For helping the latter to multiply, humans are recompensed with "machine honey": six kinds of "syndromes" as ID cards of human validity.

translated by Christiane Spelsberg

This excerpt from Klaus Theweleit, *Ghosts: Drei leicht inkorrekte Vorträge* (three slightly improper lectures), Stroemfeld, Frankfurt/M.–Basel 1998, reprinted by kind permission of the publisher.

[1] Elaine Showalter, *Hystories: Hysterical Epidemics and Modern Culture*, New York 1997.
[2] M. Lau, Review of E. Showalter, *Hystories*, in: *tageszeitung*, 13th September, Berlin 1997.

THOMAS LISCHEID

Performative Männerhysterie

NS-Bücherverbrennung und Avantgarde

Dass das Dritte Reich eine „Ästhetisierung des Politischen" betrieben habe, deren Charakter als der „schöne Schein" der Selbstinszenierung einer harmonisch-nationalen „Volksgemeinschaft" gedeutet wird,[1] gehört zu den Topoi von Wissenschaft und Forschung über den deutschen und internationalen Faschismus. Auch hier wirkte der Faschismus nicht selbst ästhetisch innovativ, sondern bediente sich der Paradigmen der Vergangenheit und Gegenwart, dabei mitunter auch – aus historischer Sicht – in Affinität zur zeitgenössischen Avantgarde, zu Futurismus und Surrealismus und deren männlich-hysterischen Grenzüberschreitungen.

Beispielhaft dafür ist das Ereignis des öffentlich-feierlichen Verbrennens von Büchern, der Bücherverbrennung vom 10. Mai 1933, mit der die „Bewegung" ihren Siegeszug auf den Bereich der „Kultur" ausdehnte. Die mehrwöchige Propaganda-Aktion, deren Abschluss und Höhepunkt das Spektakel des Autodafés bildete, der politisch-kulturelle Akt des Bücherverbrennens verstand sich als eine pragmasymbolische Tat nationaler „Kulturrevolution", als ein Sieg über den erklärten nationalen Feind, der sowohl die Masse der Akteure als auch das Publikum ergreifen und zur Stabilisierung und Ausformung der neuen Macht- und Rechtsverhältnisse in Richtung einer konkreten Kodifizierung der Einschränkung sozialer Produktion, Distribution und Rezeption von Schrift- und Kunstmedien beitragen sollte.

Struktur und Funktion, der ideologisch-politische Gehalt des Ereignisses lassen sich – nach Carl Schmitt – als ein „Mythus"[2] bezeichnen, in der sich „weltgeschichtliche Machtform" und „juridische Rechtsform" mit einer „ästhetischen Form" verbinden.[3] Die „ästhetische Form" besaß dabei, ähnlich wie die politisch-juridischen Machtformen, eine zeittypische Signatur, die auch in diesem Falle insbesondere über das „Vorbild" Italien lief. Gemeint ist das Paradigma des Futurismus, der unter Marinetti und seinen

ABB. 1

Bücherverbrennung in Göttingen, 10. Mai 1933

Begleitern intensiven Anschluss an die faschistische Bewegung Mussolinis unterhielt.

Trotz modernistischer Züge des Autodafés von 1933, stellt das öffentlich-feierliche Verbrennen von Büchern eigentlich ein uraltes, wenn auch entschieden vormodernes Phänomen dar. So beginnt die Geschichte der rituellen Bücherverbrennungen mit dem Alten Testament und führt über die Antike und das Mittelalter in die Neuzeit Europas, die zugleich den Höhepunkt der Entwicklung markiert.

Diskursanalytischen Untersuchungen von Foucault und Deleuze/Guatarri über die Semiotik des neuzeitlichen Marterrituals[4] folgend, lässt sich das Phänomen der Bücherverbrennung als historisch bedeutsame Symbolhandlung politischer Souveränität der Vormoderne, als öffentlich-feierliche Inszenierung der Grenzziehung zwischen Freund und Feind einer politischen Einheit verstehen. Dabei verschränkte sich der ästhetische Akt der Eliminierung des Anderen, der symbolisch in den Büchern auch die von ihnen repräsentierten Ideen und Menschen miteinschloss, mit dem Interesse an einer Stärkung der sozialen Identität auf Seiten von Akteuren und Publikum des Geschehens. Insoweit war jede Bücherverbrennung auch zugleich ein „Autodafé“, das heißt ein „actus fidei“, ein „Glaubensgericht“, das sich insbesondere in Krisen- und Kriegszeiten gegen Gefährdungen der Macht wandte.

Mit dem Verschwinden des politischen Rituals der Menschenmarter an der Epochenschwelle um 1800 fand diese Symbolhandlung ein historisches Ende. Selbst im Bereich der Kunst und Kultur des 19. und (größtenteils) 20. Jahrhunderts bildeten sie kein behandlungswürdiges Thema und Motiv.

Bezeichnenderweise war es der proto-faschistische Futurismus der Zeit vor und während des Ersten Weltkriegs, der im Rahmen seines Programms den Gedanken, Bücher im Sinne einer hypermodernen Kulturrevolution zu verbrennen, unter gänzlich neuen politisch-gesellschaftlichen Umständen erneuerte: „Das Buch [...] ist [...] längst dazu verurteilt zu verschwinden. Das Buch, statischer Genosse des Sesshaften, der Invaliden, der Sehnsüchtigen und Befürworter des Neutralismus kann die neuen futuristischen, vom revolutionären und kriegerischen Dynamismus berauschten Generationen weder unterhalten noch begeistern."[5] Marinetti forderte entsprechend: „Mögen also die lustigen Brandstifter mit ihren verkohlten Fingern kommen! Hier! Da sind sie! [...] Drauf! Legt Feuer an die Regale der Bibliotheken!"[6] Bücher zu verbrennen galt so dem Futurismus als Zeichen einer zu befürwortenden Hyper-Moderne, in der sich das Phänomen extremen Nationalismus und Militarismus mit einer Emphase für neue Technik-Medien wie Radio und Film und für eine Symbiose von Mensch und modernen Maschinen-Vehikeln wie Auto und Flugzeug zu einer brisanten Mischung verbinden sollte. Die dabei immanente Dynamisierung und Intensivierung der sozialen Kommunikation sollte zur Überwindung traditioneller Kulturgüter im Sinne einer zukünftigen Kulturrevolution der nationalen Bevölkerungsmassen beitragen.[7] An diese politischen wie ästhetischen Diskurselemente der Vor- und Hyper-Moderne schloss nun der Radikalfaschismus im Umkreis der NS-Bewegung an.

Dabei blieb die Analogie zwischen nazistischer und vormoderner Symbolhandlung keineswegs verborgen, wurde das Ereignis der Bücherverbrennung als „Symbol", „Schauspiel" und „Theater" gekennzeichnet. Der theatralische Charakter des Ereignisses erwuchs dabei schon aus der Form seiner pragmasymbolischen Inszenierung: Wichtige öffentliche Straßen und Plätze verwandelten sich für die Zeit des Geschehens in eine „Bühne" mit dingsymbolischen Requisiten wie Büchern, Scheiterhaufen und Feuer, sprechenden und handelnden „Figuren" in Gestalt der Bücherverbrenner sowie mobilisierten Menschenmassen als „Publikum".

Gegenüber dem vormodernen bzw. volkstümlich-nationalen Fest-Charakter der Bücher-Autodafés ergab sich deren „avantgardistischer" Anteil aus der Koppelung moderner militaristischer mit spezifischen medialen und ästhetischen Elementen.

Ästhetisch spricht für den avantgardistischen „Stil" des Ereignisses sein pragmasymbolischer, performanceartig anmutender Charakter in Verbindung mit der Rhetorik eines politisch-pathetischen Futurs. Als avantgardistisch im Sinne von Futurismus, Surrealismus und Dadaismus ist dabei der „symbolische Aktionismus" zu bezeichnen, wobei in den genannten Kunstströmungen das Geschehen unter dem Primat des Ästhetischen, im Fall der Bücherverbrennung aber unter dem Primat des Politischen verstanden werden muss. Gleichwohl sind diskursive Überschneidungen erkennbar in der Aufhebung der Autor- und Werk-Kategorie sowie der Trennung zwischen „Kunst" und sozialer Umwelt. Die Organisatoren der Aktion treten hinter die agierenden und teilnehmenden Bücherverbrenner und Publikumsmassen zurück, die nun als die eigentlichen Akteure erscheinen. Künstlerische Verfahren wie Symbolisierungen und deren pragmatische Situierung in Form einer „Tat" sollten den Garanten für diese Wirkungsabsicht abgeben. So wollte sich die Symbolhandlung nicht als „bloßes Kunstwerk" („Schauspiel") verstanden wissen, sondern deutet auf die Lebenswirklichkeit zukünftiger Gesellschaftsformierung voraus. Entsprechende Verhaltensweisen (z.B. Aufstöbern und Verbrennen verfemter Bücher), zu der das Ereignis aufrief, sind von einzelnen Teilen der Bevölkerung bereitwillig befolgt worden. Kunst bleibt in dieser Diskursform nicht Kunst, sondern wirkt realitätsverändernd. Die im Sinne der Avantgarde kalkulierte Verbreitung von „Schock" und „Schrecken" lief dem harmonisierenden Kunstverständnis klassizistisch-realistischer Form zuwider und verband im Moment des Terrors das Versprechen auf einen revolutionären „Endpunkt" von Geschichte.

Die geradezu „magische" Sogwirkung des Geschehens als „Propaganda der Tat" basiert auf der suggestiven Überlagerung metaphorischer Abbildungsrelationen im Symbol durch angeblich repräsentative. Das heißt: Die Aktion sollte nicht „bloß symbolisch", ein Als-Ob von Revolution sein, sondern selbst ein konstitutiver Teil von ihr, eine wirklich revolutionäre Tat!

Die magisch-avantgardistischen Elemente konnten dabei nur im Rahmen einer „Ästhetisierung des Politischen", das heißt in einem politischen Kontext wirken. Das Bild „marschierender Militärkolonnen" (Pragma-Symbol des deutschen Nationalsozialismus) hatte dabei entscheidenden Einfluss auf Sprache und Handlung der Bücherverbrenner.

Der panischen Angst vor politischen, wirtschaftlichen, sozialen und kulturellen Denormalisierungen folgte eine radikale Denormalisierung in Richtung eines frenetischen und geradezu „durchgedrehten" Protonormalismus.[8] Diskursiviert wurde die allgemein-kulturelle „Gefahr" in Form einer absolut negativ bewerteten Massen-Symbolik, nämlich als „Schund und Schmutz", als eine – sich epidemisch ausbreitende – „Vergiftung" der „nationalen Brunnenkräfte" (in Analogie zum Antisemitismus).[9] Das Anrennen der Bücherverbrenner gegen diese amorphen Massen verstand sich dabei als eine Anrennen gegen ein System „materieller Lüste",[10] die Existenz eines bedrohlichen Lustbegehrens, moderner „freier Sexualität" und deren Darstellung in zeitgenössischer Kunst und Wissenschaft. Das größte Vergehen der „Schmutz- und Schund-Literatur" ist dabei die „Vergewaltigung" der „deutschen Sprache", da sie mithilfe einer „hemmungslosen Artistik des Wortes" die „Sexualität" als des „Pudels Kern" entdeckt und sich einen „perversen Genuss" daraus bereitet habe, die Literatur zu „prostituieren".[11]

Die notwendige Reaktion auf die erkannten „Gefahren" bestand in den Augen des deutschen Faschismus im Programm der Formierung eines soldatischen „Körperpanzers", der sich massenhaft in Form lebender „Kriegsmaschinen" zusammenschweiße und so das Problem des „atomisierten Einzelnen" in Gestalt der Dressur zu Blöcken militaristischer Massenaufmärsche löse.[12] Religionsähnliche Schwüre und Gelöbnisse stellten dabei einen Höhepunkt der rituellen Selbstinszenierung dar.[13] Gegenüber der als „weiblich" kodierten Bedrohung durch das Sexuelle war es insbesondere ein als positiv-männlich gewerteter „Fanatismus", der sich hysterisch in Kampf und Krieg stürzte. Das Geschehen der Bücherverbrennung verstand

Heinz Kiwitz, Holzschnitt zu *Cinq ans de dictature Hitlerienne*, Paris 1938

ABB. 2

Bücherverbrennung an der Preußischen Akademie der Künste, Berlin, Pariser Platz, 10. Mai 1933

ABB. 3

ABB. 4

Graphik zur Auflage von Hitlers *Mein Kampf*, in: *Der Deutsche Buchhandel in Zahlen*, Leipzig 1937, S. 34

ABB. 5

Plakat mit dem Titel *Buch und Schwert*, um 1933

sich militärsymbolisch als ein präzis kalkulierter, das heißt raum-zeitlich eng begrenzter und daher überschaubarer „Blitzkrieg“.

Konkret auf das Phänomen des Verbrennens von Büchern bezogen, entsprach diesem Phantasma die Vorstellung eines rasend um sich greifenden „Flächenbrands“.

Der „Flächenbrand“ der Bücher sollte von den Regalen der Bibliotheken auf Häuser und Menschen übergreifen. Dabei sollte den „abertausenden“ Büchern Tausende und Millionen antideutscher Menschenmassen korrespondieren, so dass die Rede von der Verbrennung der Bücher zugleich eine Rede über Terror, Krieg und Massentod war. Die Symbolik der Bücherverbrennung zeigt mithin, dass der Zähmung der „materiellen Lüste“ durch die soldatische Dressur ein Begehren nach einem Freilassen spezifisch faschistischer Denormalisierungslust entsprach, der Lust nach politischem Mord. Die immense „Anstrengung“ im Aufbau und der Erhaltung eines undurchlässigen Körperpanzers in „rasender Fahrt“ zeitigte auf der anderen Seite die Notwendigkeit partieller exzesshafter „Explosionen“, wie sie im Höhepunkt der Bücherverbrennung, als einem Ort des Übergangs zu männlicher und weiblicher Hysterie, zu beobachten war. Weitere Bücherverbrennungs-Aktionen wurden mit Hinweis auf den eindeutig „negativen“ Charakter der abgelaufenen Geschehnisse durch den neuen NS-Herrschaftsapparat nicht mehr geduldet. Hier bestätigen sich Hannah Arendts Bemerkungen über die geistigen und künstlerischen Eliten und deren ästhetische Verfahrensweisen: Zwar kam es zu gewissen Amalgamierungen zwischen Politischem und Ästhetischem, doch in der eigentlich totalitären

Herrschaftsphase hat die Avantgarde keine Rolle mehr gespielt. So hat der „rechte“ deutsche „Bombenexpressionismus“ (Hannah Arendt) – den Goebbels zeitweilig propagierte – spätestens seit Sommer 1934 gegen die Interventionen von Hitler und Rosenberg keine Chance mehr im neuen Staat gehabt. Der Avantgardismus von 1933 lief ins Leere: „Damals kam noch niemand auf den Gedanken, dass das Opfer dieser Ironie die Elite und nicht die Bourgeoisie sein werde. Die Avantgarde wusste nicht, dass diese Gesellschaft nicht mehr zu schockieren war und dass ihre Amoralität mit großer Anstrengung offene Türen einrannte.“ [14]

ANMERKUNGEN

[1] Siehe Peter Reichel, *Der schöne Schein des Dritten Reichs. Faszination und Gewalt des Faschismus*, München-Wien 1981.

[2] Carl Schmitt, *Die geistesgeschichtliche Lage des heutigen Parlamentarisinus*, Berlin 1926, S. 77–90.

[3] Ders., *Römischer Katholizismus und politische Form*, Stuttgart 1984 (1. Auflage 1923), S. 36f.

[4] Siehe Michel Foucault, *Überwachen und Strafen. Die Geburt des Gefängnisses*, Frankfurt/M. 1976; Gilles Deleuze/Félix Guatarri, *Tausend Plateaus. Kapitalismus und Schizophrenie*, Berlin 1992, S. 155–203.

[5] Filippo Tommaso Marinetti/Bruno Carra/Emilio Settimelli/Arnaldo Ginna/Giacomo Balla/Remo Chiti, „Der futuristische Film“, in: *L'Italia Futurista*, Florenz, 1. Jg., Nr. 10, 15.11.1916.

[6] Filippo Tommaso Marinetti, *Manifest des Futurismus*, Paris 1909.

[7] Siehe Gerhard Plumpe, *Epochen moderner Literatur*, Opladen 1995, S. 190ff.

[8] Siehe Jürgen Link, *Versuch über den Normalismus. Wie Normalität produziert wird*, Opladen 1997, S. 283–286, 309–312 u. 367.

[9] Gerhard Fricke, Rede des Privatdozenten Dr. Fricke anlässlich der Kundgebung „Wider den undeutschen Geist“, in: *Göttinger Hochschulzeitung*, Göttingen 18./19. Mai 1933.

[10] Siehe „Das Alte liegt in Flammen, Reichsminister Goebbels spricht auf dem Opernplatz“, in: *Der Angriff*, Berlin, 11. Mai 1933.

[11] Wie 9, op. cit.

[12] Siehe Klaus Theweleit, *Männerphantasien*, 2 Bde., Reinbek 1982.

[13] Hans Naumann, „Kampf wider den undeutschen Geist“, in: ders./Eugen Lüthgen, *Kampf wider den undeutschen Geist*, Bonn 1933, S. 3–7, hier S. 4 u. 7.

[14] Hannah Arendt, *Elemente und Ursprünge totaler Herrschaft*, München 1986, S. 528 ff.

THOMAS LISCHEID

Male Performance Hysteria

Book Burning in Nazi Germany and the Avantgarde

That the Third Reich "aestheticised politics," creating what has been interpreted as a "beautiful illusion" to stage a harmonious national community, is one of the established topics of scholarly research on German and international fascism.[1] Here, as elsewhere, fascism did not introduce aesthetic innovations but made use of the paradigms of past and present. At times – as we can see with historical hindsight – it even showed an affinity with the contemporary avant-garde, particularly with futurism and surrealism and their male hysterical forms of overstepping the mark.

The solemn public book burning ceremony ("Bücherverbrennung") on the 10th of May, 1933, with which the National Socialist movement extended its victory march to the domain of culture, is exemplary. A propaganda campaign lasting several weeks culminated in the spectacle of an "auto-da-fé". The political and cultural event was intended as a pragmatic and symbolic act of national cultural revolution, triumphing over the declared national enemy. This triumph was to stir the masses of both participants and spectators. It was to contribute to the stabilisation and shaping of the new conditions of power and justice, towards a tangible codification of restrictions on the social production, distribution and consumption of print and arts media.

The structure and function as well as the ideological and political content of the event might be called a myth (in Carl Schmitt's terms),[2] in which a form of power with an impact on world history and a legal form combine with an aesthetic form.[3] Like the political and legal forms of power, the aesthetic form had a contemporary flavour, similarly following the Italian example. That paradigm of Futurism, under Marinetti and his companions, was closely affiliated with Mussolini's fascist movement.

In spite of the modernist features of the 1933 "auto-da-fé", the solemn public burning of books is actually an ancient, though decidedly pre-modern phenomenon. The history of ritual book burning begins with the Old Testament and leads through classical Antiquity and the Middle Ages to modern Europe, which marks the peak of its development.

According to analytical investigations of discourse by Foucault and by Deleuze and Guatarri into the semiotics of modern martyr rituals,[4] the book-burning phenomenon can be understood as a symbolic act of historical importance establishing political sovereignty in pre-modern times, a ceremonial public performance drawing the line between friend and foe of a political unit. In the aesthetic act of eliminating the other, including the ideas and people symbolised by the books, was combined the intent to strengthen the sense of social identity felt by the protagonists and the audience at the event. In that respect every book burning ceremony was an "auto-da-fé" at the same time, that is, an act of faith, an inquisition directed against any threat to power, especially in times of crisis and war.

With the disappearance of the political ritual of human martyrdom at the beginning of a new era around 1800, this symbolic act became history. Even the art and culture of the 19th and most of the 20th century did not consider it a subject or motif worthy of treatment. Characteristically enough it was the proto-fascist futurism of the period before and during World War I, which, within the framework of its programme but under totally new political and social conditions, revived the idea of burning books in the interests of a hyper-modern cultural revolution. "The book [...] has long been condemned to disappearance. The book, a static companion of the sedentary person, the invalid, the nostalgic and the advocate of neutralism, can neither entertain nor enthuse the new futurist generations intoxicated by revolutionary, militaristic dynamism."[5] Accordingly, Marinetti demanded: "Let the merry arsonists come, with their charred fingers. Here! There they are! [...] Onwards! Set the library shelves alight!"[6] Futurism considered the burning of books a symbol of a positive hyper-modernism. In this act the phenomena of extreme nationalism and militarism would join forces with an enthusiasm for new technological media, such as radio and cinema, forming a symbiosis of man and modern motor vehicles, such as cars and planes, in an explosive blend. The concomitant increased dynamics and intensity of social communication were to contribute to overcoming traditional cultural assets in the interests of a cultural revolution to come for the masses of the national population.[7] These elements of pre- and hyper-modernism's political and aesthetic discourse were taken up by the radical form of fascism cultivated by the National Socialist movement.

The analogy between a National Socialist and a pre-modern symbolic action was openly acknowledged: the book-burning ceremony was characterised as a symbol, a spectacle, or theatre. Its theatrical character arose from its pragmatic and symbolic staging: for the duration of the event, major public streets and squares were transformed into stages with sym-bolic props, such as books, pyres and fire, and with speaking and acting characters in the form of book burners as well as mobilised masses representing the audience.

In contrast to the pre-modern or national traditional, festive character of the "auto-da-fé" of books, their avant-garde aspect arose from the coupling of modern militaristic elements with certain specific media-related and aesthetic elements. Aesthetically speaking, the avant-garde style of the event was created by its pragmatic and symbolic character of a performance, combined with the rhetoric of futurist political pathos. What is avant-garde about book burning, in the sense of futurism, surrealism and dadaism, is its symbolic actionism, whereby events staged by art movements should be understood as pre-eminently aesthetic, and book burning as political. There are, however, conceptual overlaps in the suspension of the categories of author and work of art as well as in the distinction between art and social environment. The organisers of the campaign step back to let the people carrying out the book burning and the crowds taking part as onlookers appear as the actual protagonists. Artistic strategies such as symbolisation and its pragmatic setting in the form of an action were to guarantee the intended effect. The symbolic act was not to be regarded as a mere work of art or spectacle, but anticipated the living reality of a social order to come. Certain behaviour called for by the event, such as tracking down and burning banned books, was readily forthcoming from individual sectors of the population. In this kind of discourse, art is not merely art but serves to change reality. The calculated spreading of shock and alarm in the avant-garde style ran counter to the harmonizing idea of classicist and realist art. In its very terror it promised a revolutionary end to history. The almost magical attraction exerted by the event as action propaganda is based on the suggestive way the symbol's metaphorical image relationships are overlaid by allegedly representative ones. That is, the act was to be more than a mere symbol, or a "pretend" revolution, but rather a constituent part of it, a truly revolutionary act.

The magical avant-garde elements could only be effective as part of an "aestheticisation of politics" that is, within a political context. The image of military columns on the march (the pragmatic symbol of German National Socialism) had a decisive influence on the language and actions of those burning the books.

The panic-stricken fear of political, economic, social and cultural de-normalization was followed by a radical de-normalization in the direction of a frenetic and almost manic proto-normality.[8] The threat to culture as a whole was introduced into the discourse in the form of an absolutely negative popular symbolism, namely as trash and smut, as a "poisoning of the national wellsprings" spreading like an epidemic (in analogy to anti-semitism).[9] The book burners' attack on these amorphous masses was intended as an attack on a system of "material desires,"[10] on the existence of a threatening desire for pleasure, a modern free sexuality and its representation in contemporary art and science. The worst crime committed by this trash and smut literature was the "rape" of the German language. By way of unrestrained verbal artistry it had found sexuality to be the essence of the matter and was taking a "perverse pleasure" in "prostituting" literature.[11]

To German fascism the necessary reaction to perceived threats was a programme devoted to the formation of a soldierly armour-like body to be massively welded together into living "war machines". The problem of the "atomized individual" would thus be solved by training regimented columns for mass military parades.[12] Quasi-religious oaths and vows marked the climax of ritual self-presentation.[13] While the threat posed by sexuality was coded as female, it was particularly a positively-rated male fanaticism that hurled itself hysterically into battle and war. The book-burning event was meant in symbolic military terms as a precisely calculated blitzkrieg, limited in space and time and hence under control.

With reference to the actual burning of the books, this phantasm corresponded to the idea of a raging "conflagration" spreading with lightning speed.

The "conflagration" of the books was to spread from the library shelves to houses and people. The "thousands upon thousands" of books were to correspond to thousands and millions of anti-German masses of people. Hence any reference to the burning of books was also a reference to terror, war and mass death. The symbolism of the book burning therefore shows that the taming of "material desires" by means of soldierly training corresponded to a need to release that specifically fascist lust for de-normalisation, the lust for political murder. The enormous "efforts" invested in the breakneck construction and maintenance of an "impervious" armour-like body needed the relief provided by partly excessive "explosions", as epitomized in the climactic event of book burning, the site of the transition to male and female hysteria. The new Nazi power system prohibited further book-burning campaigns by pointing out the clearly negative character of what had happened. This confirms Hannah Arendt's remarks on the intellectual and artistic elites and their aesthetic strategies: while there was a certain degree of amalgamation in political and aesthetic spheres, the avant-garde played no part once the totalitarian regime was in power. This is why the right-wing German "Expressionism of the Bomb" (Hannah Arendt), briefly propagated by Goebbels, no longer stood a chance in the new state by the summer of 1934 in the face of Hitler's and Rosenberg's interventions. The avant-gardism of 1933 evaporated: "At that time nobody anticipated that the true victims of this irony would be the elite rather than the bourgeoisie. The avant-garde did not know they were running their heads not against walls but against open doors."[14]

translated by Christiane Spelsberg

[1] See, for example, Peter Reichel, *Der schöne Schein des Dritten Reichs: Faszination und Gewalt des Faschismus*, Munich–Vienna 1981.
[2] Carl Schmitt, *Die geistesgeschichtliche Lage des heutigen Parlamentarismus*, Berlin 1926, pp. 77–90.
[3] Carl Schmitt, *Römischer Katholizismus und politische Form*, Stuttgart 1984 (1st edn 1923), pp. 36–37.
[4] See Michel Foucault, *Surveyer et punir: La naissance de la prison*, Paris 1995; Gilles Deleuze/Félix Guatarri, *Capitalisme et schizophrénie: Milles plateaux*, Paris 1980.
[5] Filippo Tommaso Marinetti/Bruno Carra/Emilio Settimelli/Arnaldo Ginna/Giacomo Balla/Remo Chiti, "Futurist Film," in: *L'Italia Futurista*, vol. 1, no. 10, 15th November, Florence 1916.
[6] Filippo Tommaso Marinetti, *Futurist Manifesto*, Paris 1909.
[7] See Gerhard Plumpe, *Epochen moderner Literatur*, Opladen 1995, pp. 190–193.
[8] See Jürgen Link, *Versuch über den Normalismus: Wie Normalität produziert wird*, Opladen 1997, pp. 283–286, 309–312, 367.
[9] Gerhard Fricke, Speech by private docent Dr. Fricke on the occasion of the "Wider den undeutschen Geist", in: *Göttinger Hochschulzeitung*, 18–19 May, Göttingen 1933.
[10] See "Das Alte liegt in Flammen, Reichsminister Goebbel's speech at the Opernplatz", in: *Der Angriff*, 11 May, Berlin 1933.
[11] See 9, op. cit.
[12] See Klaus Theweleit, *Male Fantasies*, Cambridge 1987–1989, 2 vols.
[13] Hans Naumann, "Kampf wider den undeutschen Geist," in: Hans Naumann/Eugen Lüthgen, *Kampf wider den undeutschen Geist*, Bonn 1933, pp. 3–7, esp. pp. 4 and 7.
[14] Hannah Arendt, *The Origins of Totalitarianism*, London 1986, pp. 326–339.

KÄTE MEYER-DRAWE

Camouflierte Sinnlichkeit[1]

René Magrittes Bild *L'âge des merveilles* zieht auf eigentümliche Weise in einen Bann, der nur schwer zu charakterisieren ist. Aseptisches Klima und religiöse Stimmung durchdringen einander ebenso wie Artefakt und Natur. Ein seltsames Kabinett verwickelt uns nicht nur mit den Spiegelungen im Bild selbst, sondern vor allem mit unseren mitgeführten Erwartungen. Alles ist irgendwie zu sehen und doch nicht sichtbar. Das Anschauliche fungiert als Camouflage, gerade weil es im Zeigen verbirgt. Im Grunde genommen ist nichts so, wie es sein soll. Ordnungsliebe und Normalisierungswünsche prallen ab und fallen auf sich selbst zurück. Auch der Titel *Das Zeitalter der Wunder* scheint zunächst nicht so recht zur klinischen Atmosphäre des Raumes zu passen. Erst nach und nach klärt sich das Rationale des Mysteriums.

Das Bild zeigt im Vordergrund, en face, eine Frauengestalt, die madonnenhaft und zugleich wie eine Schneider- oder Gliederpuppe anmutet. An ihre Rückenansicht wird im Bildhintergrund erinnert, wobei die Beine dort allerdings geschlossen sind. Der Raum, in dem von vorne die Mechanik der Figur zu sehen ist, wird durch die Zacken der Mauer markiert, die sich wie ein gefräßiger Mund auf den Umhang der Figur richten. Die Frau trägt ein weißes Tuch, das den Blick auf den unbekleideten Körper in der Mitte freigibt und das auf die Pänula in Mariendarstellungen anspielen könnte, durch die weiße Farbe jedoch unmittelbar die Assoziation von Jungfräulichkeit wachruft. Die Augen sind niedergeschlagen, was dem Gesicht auf merkwürdige Weise Leben verleiht. Die Brüste sind teilweise zu sehen, die Brustwarzen nicht, so dass sich der Gedanke an eine mater lactans nur bedingt einstellt. Ganz dem Blick preisgegeben ist der Unterleib und mit ihm der Schambereich, die durch ein Räderwerk dargestellt werden, das auf der einen Seite den sauber geschnittenen Oberkörper stützt und an dem auf der anderen Seite die unfleischlichen Puppenbeine befestigt sind. Im Bildhintergrund ist eine Staffelei zu erkennen, deren Bedeutung – wie so oft in

Magrittes Bildern – Rätsel aufgibt. Stünde an dessen Stelle ein gerahmter Spiegel, so würde dieser vielleicht das Spiegelbild der madonnenhaften Erscheinung im Bildvordergrund zeigen.

Unser Interesse gilt im Folgenden dem Räderwerk der Figur, und zwar nicht im Hinblick darauf, ob es wirklich funktionieren könnte, sondern in Bezug auf seine sinnhaften Verweisungen. Es liegen dabei viele Deutungen nahe, die jeweils auf ihre Weise durch die Einschätzung des Technischen beeinflusst sind. Das Bild entstand im Jahr 1926. In dieser Zeit diente die maschinale Bildsprache häufig dazu, die Entzauberung der Welt zu präsentieren, sie zu feiern oder Abstand zu ihr zu gewinnen. In diesem Kontext könnte ein rascher Versuch der Bildinterpretation dazu verführen, die Frau als Gebärmaschine, als Pendant zum männlichen Soldatenleib, zu deuten, gleichsam als Vorzeichen ideologischer Besetzungen des Leibes, wie sie wenige Jahre später Wirklichkeit werden.[2] Eine solche Sichtweise würde das Zahnradgetriebe allerdings isolieren und aus dem Bildkontext herausreißen. Darüberhinaus widerspricht die madonnenhafte Erscheinung dieser Interpretation. Nicht das Gebären, sondern die unbefleckte Empfängnis passt in die Bildsituation. Lohnender erscheint daher der Versuch, das Räderwerk

ABB. I

René Magritte,
L'âge des merveilles
(Das Zeitalter der Wunder), 1926,
Öl auf Leinwand, 120 x 80 cm,
Künzelsau, Sammlung Würth
[Abb. in Farbe, S. 169]

nicht nur als Signum für die Herrschaft der instrumentellen Vernunft und als Kritik an der Manipulation des Lebendigen, sondern als Index des Rätselhaften zu verstehen, um so Magrittes Titelgebung *Zeitalter der Wunder* auf die Spur zu kommen. Wie häufig bei Bildtiteln können wir uns hier vielleicht den Schlüssel zum Verständnis erhoffen, aber keine Decodierungsvorschrift. Magritte konfrontiert uns durch sein Gemälde mit Blickgewohnheiten und -erwartungen, die durch das Bild kaum bestätigt, sondern bloßgestellt, auf das Wahrnehmen zurückgeworfen und der Reflexion geöffnet werden. Im Sehen entfaltet sich ein Denken, das selbst keine sichtbare Erscheinungsform hat und dennoch im Anschauen am Werke ist.[3] Rätselhaftes verbirgt sich in Glasklarem. Nicht der Schein, sondern das Sein trügt.

Für den unvorbereiteten Blick tritt das Räderwerk an die Stelle, die sonst selbst in wollüstigen Darstellungen verhüllt wird. Hier herrscht üblicherweise das Dunkle unserer animalischen Existenz, das der Lust und dem Fortbestand unserer Gattung dient und das sich deshalb so gut zum Schauplatz unterschiedlicher Machttechniken eignet, die sich in der Beziehung von Sichtbarem und Unsichtbarem organisieren. Erotische Inszenierungen verhängen im Unterschied zu dem mitunter brutalen pornographischen Zugriff dieses Gebiet, das nicht umsonst als Scham par excellence gilt. Ehemals verrichtete ein Feigenblatt seinen Dienst an diesem Ort. Das Feigenblatt war notwendig geworden, weil Adam und Eva, nachdem sie vom Baum der Erkenntnis der Differenz von gut und böse gegessen hatten, die Augen aufgingen, und sie ihrer Nacktheit gewahr wurden. Das Feigenblatt verhüllt das Begehrte und bringt es als solches zuallererst hervor. Für Kant war dies das Anzeichen für die erste Äußerung der Vernunft, die eine Rückkehr unter die bloße Herrschaft der Instinkte unmöglich machte. Das Feigenblatt steigert die Einbildungskraft und sorgt dafür, dass die Begierde dauerhaft wird, weil ihr Gegenstand den Sinnen entzogen ist. „Denn eine Neigung dadurch inniglicher und dauerhafter zu machen, dass man ihren Gegenstand den Sinnen entzieht, zeigt schon das Bewusstsein einiger Herrschaft über Antriebe [...].“

„‚Weigerung‘ war das Kunststück, um von bloß empfundenen zu idealischen Reizen, von der bloß tierischen Begierde allmählich zur Liebe, und mit dieser vom Gefühl des bloß Angenehmen zum Geschmack für Schönheit, anfänglich nur an den Menschen, dann aber auch an Natur, überzuführen."[4] Was aber geschieht, wenn kein Feigenblatt das Objekt der Begierde verbirgt? Wenn der betrachtende Blick gerade in diesem Bereich auf keinen Widerstand, sondern durch den Körper hindurch auf ein Räderwerk stößt, wenn die Einbildungskraft um ihren Entzug betrogen wird?

Das Räderwerk steht in einer Tradition von Welt- und Selbstdeutungen, in denen sich Menschen ihr eigenes Dasein und ihre Welt mit Hilfe von Maschinen verständlich machen.[5] Die Vorstellung des Menschen von seinem Körper als einer „machina mundi" ist althergebracht und seit dem Mittelalter ungebrochen wirksam. Eine besondere Bedeutung kam dabei der Uhr zu, die mit ihrem beinahe automatisch funktionierenden Räderwerk vorzüglich geeignet war, Lebendiges zu simulieren und die Schöpferkraft des Menschen zu demonstrieren. Die mechanische Zeiterfassung ist erfinderisch und nicht abhängig von natürlichen Voraussetzungen so wie Sonnen- und Sanduhren. Das Räderwerk blieb nicht auf Zeitmessungen beschränkt. Bereits in der Renaissance „beseelte" es Tier- und Menschenfiguren. Während Gott unter dem Einfluss aristotelischen Denkens als Weltbaumeister veranschaulicht wurde, verschaffte sich der Mensch als Automatenhersteller Ansehen. Er partizipierte am Göttlichen, ohne das Mysterium der Schöpfung letztlich zu entzaubern. Zwar konnte ihm keine Schöpfung aus dem Nichts gelingen, aber auch seine Wesen bewegten sich ohne ihn.

Im 18. Jahrhundert betreten Androiden das Feld menschlicher Schöpfungen. Tiere und Menschenfiguren verharren nicht länger in einer einmal eingenommenen Pose, die vom Räderwerk nur insgesamt in eine gleichsam tote Bewegung versetzt wird. Sie agieren selbst. Die sagenumwobene Vaucansonsche Ente frisst und verdaut. Der berühmte Schreiber von Jaquet-Droz taucht seine Feder in ein Tintenfass und notiert Worte. Die Harmoniumspielerin drückt tatsächlich die Tasten, die dann Musik hervorbringen. Zwar legten die berühmten Automatenhersteller Wert darauf, dass ihre Kreaturen nicht mit lebendigen Wesen verwechselt wurden; denn ihre Leistung sollte ja als solche kenntlich bleiben und bewundert werden, aber insgesamt verschwinden die Triebwerke in den Figuren. Sie besetzen den Ort eines Geheimnisses, das der Mysterien des Lebens und der Seele, der Selbstbewegung. Sie werden selbst zur Bezeichnung der Rätsel. Auch La Mettrie, den man heute gerne mit seinem *L'homme machine* in Anspruch nimmt, um ihm die Mechanisierung des Lebens vorzuwerfen, hatte dieses nicht im

Sinn. Sein Plädoyer für Lustmaschinen markiert genau die Verlegenheit, in die wir geraten, wenn wir die Natur der Bewegung erklären wollen. Nach ihm bezeichnen Maschinen das Wunder der Organisation von Materie, die der empfindende Mensch ist.[6]

„Das Uhrgetriebe, mikrokosmisches Abbild der großen Weltenuhr, wird von einem Gehäuse verschluckt [...]. Das Gehäuse erscheint infolgedessen wie beseelt und zeigt uns nach außen sein durch das ihm einverleibte Arkanum verzaubertes Gesicht."[7] Im Grunde inkorporiert der Android das Sinnbild göttlicher Schöpferkraft. Die kunstvolle Mechanik besetzt den Platz, den ehemals unsere Seele einnahm, indem sie unsere Verwandtschaft mit dem Göttlichen repräsentierte.

Die Frauengestalt auf Magrittes Bild ist jedoch keine Androidin in dem üblichen Sinne, dass hier eine Puppe ein Räderwerk in ihrem Inneren birgt. Vielmehr zerfällt die Gestalt in Puppenoberkörper, Puppenbeine und Mechanik. Die leibliche Ganzheit zerbricht in Fragmente, die sich der versöhnenden Einheit verweigern, wenngleich der Eindruck einer Gesamtgestalt auf merkwürdige Weise erhalten bleibt. Die Mechanik versinnbildlicht hier nicht das Leben als Selbstbewegung. Sie verweist höchstens auf den Ort der Entstehung von Leben, wenn auch in sehr rätselhafter Weise. Sie fungiert nicht wie eine Prothese. Sie trennt und verbindet den Körper. Sie unterstreicht und negiert ihn. Der Blick prallt nicht am Undurchdringlichen ab. Der weibliche Leib wird nicht erklärt, sondern genau dort verklärt, wo die Quelle unveredelter Sinnlichkeit zu suchen ist. Der lüsterne Blick wird durch ein nüchternes Getriebe düpiert. Das Arkanum ändert damit seinen Charakter. Es wird nicht länger demonstriert, sondern camoufliert. Im Sichtbaren entzieht sich das Sinnliche. Immer noch erinnert die Maschine aus Menschenhand an ein göttliches Inkarnat. Aber als Getriebe löscht es jetzt das Dunkle und Blutige. Es ist gleichsam das genaue Gegenteil des Fleischlichen. Die Madonna ist zur Puppe mutiert, aber nicht zur Gänze. Ein Räderwerk ersetzt, was der Puppenleib vielleicht nicht radikal genug verbergen kann. Es vollstreckt das Gebot der Reinheit, der Unbeflecktheit. Nicht länger stellt sich die Frage: Heilige oder Hure. Das Animalische verschwindet im Mechanischen. Die Zahnräder scheinen das Fleisch bis zur Unsichtbarkeit zermalmt zu haben. Damit ist die Geschichte der Sündhaftigkeit an ein Ende gekommen. Der Weg zu den „idealischen Reizen", von denen Kant schwärmte, ist durchschritten. Auf der Strecke bleibt das Fleisch, seine Dichte, seine Sinnlichkeit. Die Zeit der Feigenblätter ist vorüber. Das Zeitalter der Wunder (merveilles) erweist sich als Zeitalter der Meisterwerke (merveilles), wie sie im Bildhintergrund als Spiegelung von gerahmter Landschaft und konstruierter Madonna gleichsam visionär auftauchen.

ANMERKUNGEN

1 Die folgenden Überlegungen konzentrieren sich nur auf ein Bild, bzw. auf einen Bildausschnitt. Sie gründen weder in kunsthistorischer noch in kunsttheoretischer Kompetenz, sondern interpretieren das Dargestellte lediglich in Hinsicht auf die Selbst- und Fremddeutung des Menschen oder seiner Teile als Maschine. Zu dieser Thematik sind in den letzten Jahren neben der wissenschaftlichen Fachliteratur unzählige Ausstellungskataloge erschienen, die im Einzelnen nicht diskutiert werden können. Der besondere Einfluss einiger weniger soll aber ausdrücklich hervorgehoben werden: *Junggesellenmaschinen/Les Machines Célibataires*, Ausst.-Kat. Kunsthalle Bern u.a., Venedig 1975; *MaschinenMenschen*, Ausst.-Kat. Neuer Berliner Kunstverein in der Staatlichen Kunsthalle, Berlin 1989; Pia Müller-Tamm/Katharina Sykora (Eds.), *Puppen – Körper – Automaten*, Ausst.-Kat. Kunstsammlung Nordrhein-Westfalen Düsseldorf, Köln 1999.

2 Siehe Klaus Theweleit, *Männerphantasien*, Bd. 2: *Männerkörper – Zur Psychoanalyse des weißen Terrors*, Reinbek 1980, bes. S. 154ff.

3 Siehe Ralf Konersmann, *René Magritte. Die verbotene Reproduktion. Über die Sichtbarkeit des Denkens*, Frankfurt/M. 1991, S. 20.

4 Immanuel Kant, „Mutmaßlicher Anfang der Menschengeschichte", in: ders., *Werke in zehn Bänden* (Ed. Wilhelm Weischedel), Darmstadt 1983 (1. Auflage 1956–1964), Bd. 9, S. 83–102, hier: A 8/9.

5 Siehe Käte Meyer-Drawe, *Menschen im Spiegel ihrer Maschinen*, München 1996.

6 Siehe Käte Meyer-Drawe, „Das Rätsel der Maschine Mensch. Die Natur der Bewegung", in: *Der blaue Reiter. Journal für Philosophie*, Nr. 9, 1999, S. 41–43.

7 Eberhard Roters, „Eliza und Olimplia", in: Ausst.-Kat. *MaschinenMenschen*, op. cit., S. 21–44, hier: S. 32.

KÄTE MEYER-DRAWE

Camouflaged Sensuality[1]

René Magritte's picture *L'âge des merveilles* casts a peculiar spell that is difficult to define. An aseptic atmosphere and a religious mood interpenetrate each other, as do artefact and nature. A strange cabinet involves us not only with the mirror reflections present within the picture itself but above all with the expectations we ourselves bring to it. Everything is somehow visible yet not visible. The representational serves as camouflage, in showing, it conceals. Strictly speaking, nothing is as it ought to be. Any love of order and desire for normality rebound and fall back on themselves. At first sight, the title *L'âge des merveilles* does not seem to fit in with the clinical atmosphere of the room. But little by little the rationale behind the mystery is revealed.

The woman facing us in the picture foreground looks like a madonna but also like a tailor's dummy or an artist's articulated mannequin. In the background, a rear view of her can be seen, though this time with her legs closed. The space, within which the mechanics of the figure is visible from the front, is demarcated by the jagged wall aimed at the figure's cloak like a voracious mouth. The woman wears a white shawl open in the middle to reveal her naked body. It may be an allusion to the "paenula" in paintings of the Virgin Mary, the chasuble-like cloak whose white color evokes an association with virginity. The woman's eyes are cast down, making her face strangely animated. Her breasts are partly visible, but not her nipples, so that the idea of the "mater lactans" does not immediately spring to mind. Her lower body is completely exposed and with it her pudenda, represented by a gear works that supports, at one side, the clean-cut upper body and, at the other, is attached to the incorporeal doll's legs. In the background of the picture we glimpse an easel whose meaning – as is often the case in Magritte's pictures – remains an enigma. If in its place there were a framed mirror, this might well show the reflection of the madonna-like apparition in the foreground.

We now turn our attention to the wheel mechanism of the figure, less interested in whether it could actually work than in its possible references of meaning. The picture suggests a number of interpretations, each in its own way influenced by a particular reading of the technological element in it. It was painted in 1926, at a time when machine imagery often served to present, to celebrate or to gain a certain distance from a world divested of its magic. In this context, an over-eager attempt at interpretation might lead one to see the woman as a machine for giving birth, a counterpart to a soldier's torso, anticipating, as it were, ideological readings of the body that would become reality only a few years later.[2] But such a view would isolate the gear mechanism and wrench it out of the image's context. And the madonna-like figure belies that interpretation. It is not childbearing, but the immaculate conception that fits the image. It might therefore be more worthwhile to try and understand the gear wheels not as a symbol for the dominance of instrumental logic and a criticism of the manipulation of living things, but as an index of the enigmatic by which to work out Magritte's choice of the title *The Age of Marvels*. As so often with the titles of paintings, we can hope to use it as a key to understanding but not as a recipe for decoding it. In the painting, Magritte confronts us with the habits and expectations involved in the act of looking, habits which are not so much confirmed as compromised by the picture, thrown back onto perception and opened up to reflection. Looking unfolds a way of thinking that has no visible appearance itself but which is at work in the process of looking.[3] Something enigmatic is latent in anything crystal clear. It is not appearance but reality which is deceptive.

For the unprepared viewer the gear wheels occupy the space that would normally be concealed even in voluptuous depictions. Here the dark side of our animal existence usually reigns, which serves the lust and the survival of our species, therefore so suited to be the location of the various techniques of power that organize the relationship between the visible and the invisible. Unlike the sometimes brutal, pornographic access to this area, erotic dramatizations tend to veil it, which is – not without reason – seen as the situ of shame. A fig leaf used to do its duty here. The fig leaf had become necessary ever since Adam and Eve, having eaten from the tree of knowledge, had been made aware of the difference between good and evil. Their eyes were now open and they realized they were naked. The fig leaf covers the desired object, thereby emphasizing it.

For Kant, this was the sign of the first manifestation of reason that barred any return to the rule of the instincts. The fig leaf intensifies the power of the imagination and makes desire permanent by withdrawing the object from the senses. "For to make an inclination more heartfelt and lasting by withdrawing its object from the senses reveals an awareness of a certain degree of mastery over the impulses [...]." "'Denial' was the sleight-of-hand that led from stimuli merely felt to the ideal stimuli, from mere animal instincts gradually to love, and with love's help, from a feeling for the merely pleasing to a taste for beauty, initially for human beings, but then also for nature."[4] But what happens when no fig leaf conceals the object of desire? When the viewer's gaze meets with no resistance in this particular area but instead passes through the body to encounter a set of gears? When the imagination is cheated out of its denial?

The gear mechanism follows a tradition of interpretations of the world and the self in which men make their own existence and their world understandable with the help of machines.[5] The idea of the human body as a "machina mundi" is a long-standing and unbroken influence since the Middle Ages. Special importance was given to the clock which, with its almost automatic mechanism, was perfect for simulating life and demonstrating the creativity of man. The mechanical measurement of time is an invention and as such not dependent on natural preconditions, as sundials and hourglasses are. Clockworks were not confined to measuring time. Already in the Renaissance they "animated" the figures of animals and humans. Following Aristotelian thought, God was visualized as the master builder of the world, but man gained a reputation for himself as a maker of machines. He participated in the divine without ultimately demystifying creation. Although he was incapable of creating something out of nothing, the creatures he did make could move without him.

In the 18th century, androids entered the field of human creation. Figures of animals and humans were no longer fixed in a pose which the clockwork transported altogether into a kind of dead motion. They acted on their own. The legendary Vaucanson duck eats and digests. Jaquet-Droz's famous writer dips his quill into an inkwell and writes down words.

The harmonium player really does press down the keys that then produce music. Although those famous automaton-makers insisted that their creations should not be confused with living creatures – their own achievement should, after all, remain recognizable to excite admiration – the clockwork mechanisms gradually disappeared from the figures and became invisible. They occupy the place of an arcanum, namely that of the mystery of life and of the soul, of automation. They become the sign of the enigma. This was not what Lamettrie had in mind, even though his *L'homme machine* has made him a popular target these days for accusations holding him responsible for the mechanization of life. Lamettrie's plea for pleasure machines shows precisely the predicament we find ourselves in when we try to explain the nature of movement. According to him, machines are symbols of the miracle of the organization of matter, i.e. the sentient human being.[6]

"The clockwork, that microcosmic representation of the great world clock, is swallowed by its case [...]. In consequence, the case appears almost alive and reveals to us on its face the magic spell its inner arcanum has wrought."[7] Basically, the android incorporates the symbol of divine creativity. By representing our kinship with the divine, the ingenious mechanism occupies the place once held by our soul.

Yet the female figure in Magritte's picture is no android in the usual sense of a dummy that contains a gear works. Rather, the figure disbands into a doll's upper body, its legs and a mechanism. The physical whole breaks up into fragments that refuse to form one conciliatory unity, even though the sense of a complete figure remains strangely present. Here the mechanism does not represent life as automation. At most, it points to the place of the origin of life, even if rather obliquely. It does not function as an artificial limb. It divides and unites the body. It emphasizes and negates it. The viewer's gaze does not rebound from the impenetrable. The female body does not "inform", it is "transformed" at precisely the place where the source of unrefined sensuality is to be found. The lascivious gaze is duped by a prosaic set of gears. The arcanum changes character, it is no longer demonstrated but camouflaged. The sensual removes itself from the visible. The man-made machine still reminds us of a divine incarnation. But as a mechanism it now effaces everything dark and bloody. It is, so to speak, the exact opposite of the carnal. The madonna has been mutated to a dummy, but not entirely. Cogwheels replace what the doll's body may not be able to conceal radically enough. This carries out the commandment of purity, of immaculateness. No longer will the question "saint or strumpet" be raised. Animality vanishes into the mechanical. The cogwheels seem to have crushed the flesh to the point of invisibility. This is the end of the history of sin. The road to the "ideal stimuli" Kant enthused about has been taken. The flesh, with its substance and sensibility, has fallen by the wayside. The era of fig leaves is over. The age of marvels (merveilles) turns out to be the age of masterpieces (merveilles), visionarily appearing in the background as the reflection of the framed landscape and the fabricated madonna.

translated by Christiane Spelsberg

NOTES

[1] The reflections that follow are confined to one single picture, strictly speaking to one detail from a picture. They are not art historical or art theoretical, they simply try to interpret the image in terms of an interpretation of man or his body parts as a machine. Over the past few years, this subject matter has not only been the object of academic literature but also of numerous exhibition catalogues, which cannot be discussed here in detail. Nevertheless, I would like to highlight the particular influence some of those publications have had on my thinking: *Junggesellenmaschinen/Les Machines Célibataires.* Exhibition catalogue, Kunsthalle, Bern e.a., Venedig 1975; *MaschinenMenschen.* Exhibition catalogue, Neuer Berliner Kunstverein in der Staatlichen Kunsthalle, Berlin 1989); Pia Müller-Tamm/Katharina Sykora (Eds.), *Puppen – Körper – Automaten.* Exhibition catalogue, Kunstsammlung Nordrhein-Westfalen Düsseldorf, Köln 1999.

[2] See Klaus Theweleit, *Male Fantasies,* vol. 2, *Male bodies: psychoanalysing the white terror,* Cambridge 1989, pp. 197–205.

[3] See Ralf Konersmann, *René Magritte. Die verbotene Reproduktion. Über die Sichtbarkeit des Denkens*, Frankfurt/M. 1991, p. 20.

[4] See Immanuel Kant, "Mutmaßlicher Anfang der Menschengeschichte", in: id., *Werke in zehn Bänden* (Ed. Wilhelm Weischedel), Darmstadt 1983 (1st edn 1956–1964), vol. 9, pp. 83–102, here: A 8/9.

[5] See Käte Meyer-Drawe, *Menschen im Spiegel ihrer Maschienen*, Munich 1996.

[6] See Käte Meyer-Drawe, "Das Rätsel der Maschine Mensch. Die Natur der Bewegung", in: *Der blaue Reiter. Journal für Philosophie*, Nr. 9, 1999, pp. 41–43.

[7] Eberhard Roters, *Eliza und Olimpia*, in: *MaschinenMenschen*, op. cit, pp. 21–44, here: p. 32.

IRIT ROGOFF

Körper des Verlusts / Körper der Trauer

Stern des Orients

Auf den Balkonen der dicht mit schwarzen Tüchern verhängten Gebäude drängten sich die Menschen. Nachdem der Leichenzug das offene Geviert des Platzes der Unabhängigkeit, des größten und zentralsten in Kairo, erreichte hatte, wand er sich einem menschlichen Tausendfüßler gleich über den verlassenen Platz und schleppte sich, von den Klageliedern und der Förmlichkeit der Veranstaltung erschöpft, voran. Ich schleppte mich hinterher, unfähig, hilfesuchend meinen Arm zu heben. Weit entfernt am Horizont sah ich deutlich, wie die Polizeikette gesprengt wurde. Knüppel wurden geschwungen, Uniformmützen flogen in die Luft, und ich hörte den schrillen Ton der Polizeipfeifen. Zu spät. Der Damm war bereits an mehreren Stellen gebrochen. Die Hunderttausende, wenn nicht eine Million umfassende Menschenmasse brach sich los, Arme schwenkend und ihren Schatten vor sich her schiebend bedeckte sie den Platz wie eine dunkle Wolke. Als die Polizisten des Geleitschutzes sahen, dass sich die Masse dem Leichenzug näherte, bildeten sie ein menschliches Schutzschild und bereiteten sich auf den Ansturm vor. Ich fühlte, wie mich eine wilde Freude ergriff [...]. Die Menschenwoge brach sich an den Uniformen. Kreischende Köpfe, zehntausende von eng zusammengedrängten Häuptern, füllten den Platz der Unabhängigkeit. Die Eroberung der riesigen freien Fläche teilte sich der Masse mit, die den Spuren der Zuerst-Gekommenen folgte. Die frei gewordene Energie wälzte die Menschenwoge, dem Blutkreislauf in einem Körper vergleichbar, durch die Straßen.[1]

Soweit Selim Nassibs halb dokumentarischer, halb fiktionaler Bericht vom Begräbnis Oum Kalthoums, dem legendären „Star des Orients". Diese ägyptische Sängerin hatte seit den zwanziger Jahren über ein halbes Jahrhundert in ihren Liedern jeden schmerzhaften, politischen Wechsel in ihrem Land begleitet: vom Kolonialismus über die Monarchie zur revolutionären Republik, von den sozialen Errungenschaften zu militärischen Niederlagen, vom Feudalismus zur Klassenpolitik. Auf jeder Seite des fiktiven Romans des Dichters Ahmed Raa'mi, auf den 137 der 283 Lieder zurückgingen, die Oum Kalthoum im Laufe ihrer langen Karriere sang, steht der Körper der Sängerin in einem eigentümlichen Besitz- bzw. Eigentumsverhältnis zur Nation. Ihre auf die Massen der Armen abzielende Darbietung als einfaches Mädchen vom Lande, ihre unerfüllten Sehnsüchte, ihre törichten Einfälle von Stolz auf die Monarchie in Opposition zur britischen Kolonialmacht, ihre bedingungslose Hingabe an die revolutionäre Sache der republikanischen Regierung unter Nasser und ihre besessenen Bemühungen um die arabische Wiedervereinigung nach der 1967 durch die Israelis erlittenen Niederlage werden jeweils unter Bezug auf ihren Körper nacherzählt. Ihr Körper ist dabei sowohl Träger des erleuchteten, hypnotischen Gesangs wie auch einer Reihe von Entsagungen, zu denen das öffentliche Zölibat, verlassene Liebhaber, nie geborene Kinder, verhaltene Anspielungen auf verbotene lesbische Tröstungen, Krankheiten, Zweckheirat und Erschöpfungen gehören. Durch diese Auflistung wird erkennbar, dass die Diva ihren Körper Ägypten übereignet hat. In den Beschreibungen ihrer Konzerte ist immer wieder von ihrem zerbrechlichen Körper die Rede, der sich nach Kräften bemüht, das rasende Publikum zu erobern und zu bändigen. Sie steht allein auf der Bühne und ihr gegenüber die kreischende, brodelnde Masse, die um Verführung und Vergessen fleht, welche die Diva scheinbar zu geben imstande ist.

„Du warst die Stimme Ägyptens," bescheinigte ihr Gamal Abdel Nasser im Jahre 1952, „und nun wirst du dank der Revolution die Stimme ganz Arabiens sein."

Entsprechend durchläuft ihr Körper eine Reihe ausgeprägter Veränderungen, während derer sie sich vom Bauernmädchen zur Diva wandelt. Allerdings beschränken sich diese Verwandlungen keineswegs nur darauf, sie spiegeln gleichermaßen die Entwicklung einer durch ländliche Tradition und die Beschränkungen des Islam geprägten Nation, die sich der Moderne öffnet, mit der hereinbrechenden Verweltlichung zu kämpfen hat und dekadente Auswüchse der privilegierten Monarchie zurückdrängt. In der Eingangsszene des Romans besucht der Dichter ein Konzert, bei dem ein Beduinenknabe mit verhülltem Kopf so betörend singt, dass der Dichter auf Lebenszeit von dieser Stimme gefesselt bleibt, umso mehr, als er während der Verbeugung des Beduinen einen Anflug von Brust und die Kurve einer

Hüfte erspäht. Dieser Knabe war niemand anderes als das Mädchen, aus dem später Oum Kalthoum werden sollte. Ihre Verkleidung spiegelt die Missbilligung ihrer Familie, die Singen nicht für eine angemessene Beschäftigung eines keusches Mädchen hielt. In späteren Passagen ist zu lesen, wie sie in kostbaren Gewändern, Juwelen und Pelzen in König Farouks Palast erscheint, bis sie sich in jenem dramatischen Augenblick nach der vernichtenden Niederlage von 1967 in einer Opfergeste ihres ganzen Putzes entledigt.

Gerade hatte sie angehoben, den zweiten Teil zu singen, als sie scheinbar von einem Schwächeanfall heimgesucht wurde. Sie hielt inne, griff nach einem Stuhl und gab dem Orchester ein Zeichen. Die Musik brach ab. Es war totenstill im Raum, bis sie inmitten dieser Stille das Mikrofon ergriff: „Gott ist mein Zeuge, wie jeder einzelne von Ihnen war ich überzeugt, dass unser Heim zerstört sei und dass wir auf ewig im Elend würden leben müssen. Ich verbarrikadierte mich in meinem Haus und wollte niemanden sehen." [...] Während das Publikum von Schweigen ergriffen wurde, nahm sie langsam die Ohrringe, die ihr der Emir von Kuwait geschenkt hatte, dann ihre Kette und die Armbänder ab. Sie tat dies in sittsamen Gesten eines öffentlichen Striptease. Sodann erschienen zwei Helfer auf der Bühne, breiteten eine Fahne aus, in deren Falten sie ihr Geschenk legte.[2]

Die Stimme Oum Kalthoums, die von Sehnsucht, Verlust und Niederlage sang, genoss wohl als einzige das Privileg, die Verletzlichkeit und den Schmerz der Nation in einer Weise zu verlautbaren, wie es den männlichen Politikern, den Imams und den heiligen Männern, den Vätern und Brüdern nicht gestattet war. Die Hingabe des Politikers verwandelte sich somit in das Opfer der Diva, die Grenzen ihres Körpers wurden auf immer durch die Bedürfnisse des Volkes untergraben. Im letzten Absatz von Nassibs Roman verschwindet ihr Sarg am Ende einer Straße, hinweggetragen von tausenden besitzergreifenden Händen, die sie im Tode nicht dem Willen des Staates überlassen wollen. Sie besetzten den Raum der Trauer, den öffentlichen Raum des Platzes der Unabhängigkeit, zu dem sie ihren „Stern des Orients" gemeinsam geschultert trugen und so die unbeugsame Rhetorik des Staates leugneten.

Die Prinzessin des Volkes

Es gibt noch ein anderes schmerzliches Begräbnis, bei dem sich eine durch hunderttausende von Menschen vertretene Nation in der Londoner Mall der herrschenden Macht widersetzte, um ihre unermessliche Trauer über den Verlust einer Person zu inszenieren, die in ihren Augen zu emotionaler Nähe fähig war. Auch hier steht wieder eine schüchterne junge Frau im Mittelpunkt des Interesses, die sich nach und nach und mit großem Schmerz- und Kostenaufwand in eine der großen Diven ihrer Zeit verwandelte; von einer ungebildeten, intellektuell beschränkten Tochter der britischen Provinzaristokratie zu einer mythischen Prinzessin wurde, deren Gespür für Not und Leid geradezu globale Ausmaße annahm. Auch hier ist es ein weiblicher Körper, der durch Entzug gequält, ungeliebt, bulimisch, benachteiligt, verwöhnt, therapiert und in Bezug auf Aussehen, Etikette, Kleidung und Image endlos beraten, immer wieder geopfert wurde.

Das königliche London, so berichtet Mark Cousins, *ein Staatsraum, der bis ins kleinste Detail von vorherbestimmten Protokollvorschriften des britischen Establishment beherrscht wird, wurde auf einmal von Massen besetzt, die dem Raum ihre eigene Verwendungs- und Markierungsweise auferlegten und so die maßgebliche Choreographie der Autoritäten in Frage stellte und über den Haufen warf. Die politischen Konsequenzen – für die Rolle der Monarchie und die Zukunft des Republikanismus – sind immer noch nicht ganz abzusehen.*[3]

Die Fakten zu Diana sind aus den Boulevardblättern, den Biografien oder den von Ghostwritern verfassten Bekenntnissen zu Genüge bekannt. Wir alle hatten Teil an den Spekulationen im Hinblick auf ihren Tod als einer Revolution im Gefühlsklima Großbritanniens, einem Land, das ehemals für seine unerschütterlich stoische Haltung bekannt war und das sich

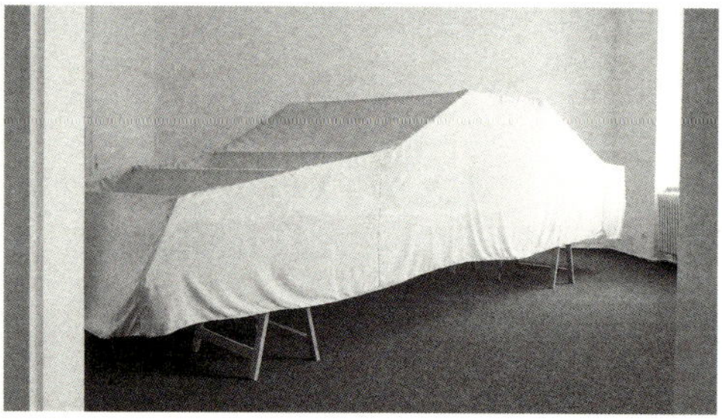

Michaela Mélian, *Bertha Benz*, Konstruktion, 1998/99, Satin, Holz, Arbeitsböcke 15 x 480 x 80 cm, Handdruck auf der Wand (Phantombild Bertha Benz) München, Galerie Barbara Gross

ABB. 2

Menschenmassen blicken anlässlich der Beerdigungszeremonien am 6. September 1997 auf den vor der Londoner Westminister Abbey eintreffenden Sarg, mit dem Leichnam von Diana, der Prinzessin von Wales, Foto: AP

nun derart öffentlich und zügellos seinen Emotionen hingab. Wir alle haben die Hoffnung geteilt, dass die Tragödie ihres viel zu frühen Todes und die unsägliche Reaktion der königlichen Familie das Ableben jener Monarchie mit ihren nicht mehr zeitgemäßen Privilegien und ihrem fehlenden Gespür für das Zeitklima herbeiführen möge. Wir alle haben die Nase gerümpft über die Geldverschwendung, die Kleidersucht, den Hang zur Popszene, um dann die Unterstützung und das Einfühlungsvermögen gegenüber AIDS-Kranken, die Arbeit für das Rote Kreuz und die Kampagne gegen Landminen ebenso zu loben wie die genuine Hinwendung zu den Außenseitern und den Verstoßenen sowie den Geist, in dem all dies dargebracht wurde. Für jenen Raum, der sich, Marc Cousins folgend, während ihres Begräbnisses vom „königlichen London" in einen „Prominentenraum" verwandelte, gilt:

Eine prominente Persönlichkeit zu sein, ist etwas ganz anderes als zur königlichen Familie zu gehören, denn diese geht einher mit einem anderen Verhältnis zu Mitmenschen und einer entsprechend anderen Verwendung von Raum [...] Die Prominente und die Heilige, für die der Körper eine fundamentale Rolle spielt, haben jeweils ein vollkommen anderes Verhältnis dazu. Die Heilige offenbart sich durch den Körper. Sowohl die Heilige wie auch die Prominente sind immer in Genesung begriffen, die sich im Körper niederschlägt. Die Heilige erholt sich von der „Erbsünde", die Prominente in der Regel von einem etwas weniger lang zurückliegenden Ereignis [...] Die Heilige und die Prominente haben der „Selbstverleugnung" abgeschworen; beider Körper sind geübt, wenngleich zu unterschiedlichen Zwecken.[4]

Die von Cousins umrissene Prominenz und Popularität verleihen dem jeweiligen Objekt etwas Exzesshaftes, Überflüssiges. Dieses Exzesshafte um-schreibt jedoch mitnichten den Prinzessinnentraum, in dem das schüchterne kleine Mädchen zur strahlenden Verführerin wird. Es betrifft vielmehr den Hass gegenüber der Monarchie, der Klassengesellschaft, den Abscheu vor Frauenfeindlichkeit, vor jenen privilegierten Gruppen, die überzeugt sind, sich über sämtliche gesellschaftlichen Änderungen hinwegsetzen zu können, einfach fünfzig Jahre ungeheurer Erschütterungen ignorieren zu können, weil eine für sie bequeme Etikette verletzt worden ist oder eine potenzielle Verlegenheit oder Störung am Rande der Fabelwelt droht. Julie Burchill berichtet in ihrem Buch *Diana* (1998) von zahlreichen haarsträubenden Grausamkeiten, die britische Aristokraten in jüngster Zeit jenen Frauen zugefügt haben, welche es gewagt hatten, ihnen in die Quere zu kommen, sexuell aktiv zu sein oder eine eigene Meinung zu haben. Daraus kann man folgern, dass die Entschlossenheit dieser Männer, ihre Frauen zu kontrollieren, nicht vollkommen losgelöst von ihrem Wunsch gesehen werden kann, uns zu kontrollieren – demokratische Instinkte sind, wie wir wissen, nicht besonders selektiv. Das gebrochene Gemüt und der oft gebrochene Körper dieser Frauen gemahnen an den zerschmetterten Körper von Diana unter der Pont d'Alma in Paris, wo in den letzten zwei Jahren eine weitere Gedenkstätte entstanden ist. Im Rahmen dieses berühmten Begräbnisses trafen Rebellion, Protest und Hass auf Staatsprotokoll und offiziöses Gehabe und dies mit hoch erhobenem Haupt, ohne aggressives Kontern, in starker, schweigender und störrischer Protesthaltung. Die Berichte und Biografien erfüllten den gemarterten Leib mit neuem Leben. Durch „Gehen und Reden", so Cousin, markierte die Masse den Raum als den ihren. Konversation, Klatsch und lautstarke Erinnerungen übertönten dabei das Klappern der Pferdehufe die Klänge offizieller Rituale.

Der General wider Willen und die Ambivalenzen des Friedens

Ein anderes Beispiel in diesem Zusammenhang betrifft den außergewöhnlichen Status von „Frieden" in der politischen und symbolischen Kultur Israels. Wir haben es hier mit einem Begriff von „Frieden" zu tun, der die mit seiner Verwirklichung verbundenen praktischen Aspekte sowohl überwindet als auch vermeidet. Es sind dies Aspekte wie etwa der Truppenrückzug, die Rückgabe besetzter Gebiete, die Anerkennung der Bürgerrechte einheimischer Bevölkerungen, das Bewusstsein um die Pluralität, der miteinander in einem Raum lebenden Kulturen, die Anerkennung der Tatsache, dass der Staat Israel im östlichen Mittelmeerraum inmitten verschiedener lokaler Kulturen gelegen ist. Anstatt den „Frieden" jedoch im Rahmen dieser notwendigen Zugeständnisse und kulturellen Anerkennungen zu erörtern, fungiert dieser fast ausschließlich auf symbolischer Ebene. Er ist das am stärksten mythisch Begehrte, das von allen sehnsüchtig herbeigewünscht wird. Zugleich ist „Frieden" die am meisten gefürchtete Möglichkeit. Gefürchtet, weil alle für ein Gelingen erforderlichen Zugeständnisse den Staat sowohl in Bezug auf seine physische Sicherheit als auch in Bezug auf die ständig auf der Kultur lastende Angst angreifbar machen könnten. Es ist dies eine Angst vor der Auslöschung, deren Wurzeln tausende von Jahren zurückliegen, in denen das Heilige Land besetzt war, das israelische Volk verbannt wurde und aus Diasporakulturen auswandern musste, in denen es Pogromen, Genozid und Holocaust ausgesetzt war.

Aus diesen Gründen ist „Frieden" für mich ein zutiefst ambivalenter Begriff, in dem die beiden widersprüchlichen Triebkräfte für jeden offen zu Tage liegen, der ein Erkennen des Gegenwärtigen als Zeichen für eine Absenz nimmt. Um ein besseres Verständnis dieser Dynamik zu erreichen, möchte ich eine räumliche Charakterisierung jenes ungestümen, exzessiven Schmerzes versuchen, dessen Inszenierung ich in den vier Jahren seit dem Mord am damaligen israelischen Premierministers Itzhak Rabin im November 1995 miterlebt habe. Seit jenem Mord, der auf dem wichtigsten öffentlichen Platz in Tel Aviv stattfand, bietet sich eine bemerkenswert einheitliche Zurschaustellung öffentlicher Trauer und Klage dar. Sie wird von Jugendlichen und Menschen Anfang Zwanzig an diesem, inzwischen in Rabin-Platz umbenannten Ort und darüber hinausgehend im allgemeinen Kulturbereich geleistet. Zusammengekauert, weinend, gedankenverloren, schwermütig und lethargisch besetzen die jungen Trauernden den Raum und definieren diesen damit auf eine Weise, die der in der israelischen Kultur herrschenden Auffassung von Jugend und öffentlichem Raum komplett widerspricht. Die konventionelle Raumnutzung besetzt den Raum durch emphatische und reichlich wilde physische Energie, begleitet von ausladenden gestischen Codes, die entweder hedonistisches Vergnügen oder aggressive Vorherrschaft anzeigen. Barry Frydlander ist Fotograf und arbeitet auch als Künstler mit dem Medium der Fotografie. In *Feuertaufe (Dor Beach)*,

ABB. 3

ABB. 4

1993–98, zeigt er uns ein Bild, das er während einer nächtlichen Beach-Party in einer der Vorstädte im Süden Tel Avivs aufnahm. Durch Verdoppelung und friesartige Anordnung hat er das Bild in eine jener orgiastischen Szenen verwandelt, wie wir ihnen häufig auf griechischen oder römischen Vasen und Wandmalereien begegnen. Inszeniert wird hier die Vorherrschaft des Körpers in einer Kultur sinnlicher Vergnügungen und Befriedigungen. Diese hochgradig performative Nacktheit, aus der entschlossenes Wohlgefühl und „Mit-sich-selbst-im-Reinen-Sein" spricht, vereint Körper und Ort in einer Beziehung gegenseitigen Besitzes.

Räumlich gelesen nimmt die Feier des körperlichen Vergnügens, die im westlichen Mittelmeerraum relativ üblich ist, an den Küsten des Libanon, Zyperns, Gazas und Ägyptens – Israels unmittelbaren Nachbarn im östlichen Mittelmeerraum – jedoch mit einem weitaus stärkeren Tabu behaftet ist, einen deklamatorischen Aspekt an, gewinnt eine Ausdrucksdimension der Insistenz auf eine lokale Präsenz, eine verkörperte, verherrlichende Präsenz. Der aggressiv militärische Aspekt der Raumnutzung liegt einer Reihe von Bildern des Maler David Reeb, die den Sammeltitel *Let's have another War* tragen, zugrunde. Anhand von Nachrichtenfotos aus der Zeit der Intifada, der palästinensischen Volkserhebung von 1989 bis 1995, setzt er eine weitere Raumnutzung ins Werk. Auch hier sind die Gesten kühn und heftig, füllen den Raum mit den Handlungen militärischer Kriegsführung; Waffen werden gerichtet, Verdächtige ergriffen, Überfälle organisiert. Derartige Bilder haben eine weite Verbreitung als Darstellung der Alltagsrealität, wobei eine extreme Dimension der Raumnutzung Besetzung und Zwangsherrschaft sind. In *Bad Taste* kriechen Soldaten herum und nehmen den Raum versteckt ein, wobei die kaum erkennbaren Insignien ihrer Uni-

Jugendliche auf dem Rabin-Platz in Tel Aviv

Barry Frydlander, *Feuertaufe (Dor Beach)*, 1993–98. Aus: *d'Israël*, Ausst.-Kat. Centre de l'Art Contemporain, Quimper 1999

formen darauf hinweisen, dass ihr Status als Freund oder Feind kaum von Bedeutung ist, ihre Heimlichkeit und Wachsamkeit ist primäres Bestimmungselement ihrer Raumnutzung – während am anderen Ende des Spektrums Panzer die Straßen entlangrollen und die Anlieger mitansehen, wie diese den Raum ihres Alltagslebens besetzen.

Soweit zwei Beispiele für die Art und Weise, in der die Generation der 18- bis 22-jährigen den als Land Israel bezeichneten Raum besetzen. Sie dienen der Kontextualisierung der Überraschung angesichts jener Bilder von Schmerz und Trauer, welche die in sich gekehrten, zusammengesunkenen Körper auf dem Rabin-Platz in den letzten Jahren abgaben. Die Trauer selbst gibt ein Rätsel auf. So war Itzhak Rabin Armeegeneral der israelischen Armee im Krieg von 1967, welcher zur Besetzung der West Bank, der Wüste Sinai, des Gazastreifens und der Golanhöhen führte. Diese recht ungewöhnliche Geschichte macht ihn eindeutig selbst zu einer äußerst ambivalenten Figur. Meiner Ansicht nach ist es genau diese innere Spaltung und nicht seine angeblich rückhaltlosen Bemühungen um „Frieden", die ihn zum mythischen Symbol gemacht haben. Seine eigene Ambivalenz und das forcierte Widerstreben, mit dem er sich um Frieden bemühte, indem er einige seiner fähigeren Kollegen das Osloer Abkommen in die Wege leiten ließ, spiegeln die profunde Ambivalenz dem Prozess gegenüber, die in der gesamten Nation zum Tragen kam. Nach dem Mord an Rabin äußerte sich Präsident Bill Clinton neben den englischen Worten der Trauer auch auf Hebräisch: „Du wirst vermisst, Freund." Hebräisch ist eine höchst ökonomische Sprache, in der ein Wort oft mehrere Bedeutungen besitzt; der Begriff „vermissen" drückt so auch „fehlen" aus; diese Bezeichnung von Abwesenheit und Verlust, von Mangel und nostalgischer Sehnsucht kur-

ABB. 5

David Reeb, in: ders.: *Let's Have Another War*, Tel Aviv 1997, anlässlich der documenta X in Kassel, 1997

sierte zunehmend in der Populärkultur der Alltagsslogans und schon bald waren die Städte voller Plakate und Autoaufklebern, auf denen nicht nur die Abwesenheit des „Freundes" beklagt wurde, sondern auf denen es nun hieß: „Du wirst vermisst, Friede." Durch diese Bedeutungsverschiebung wurden Rabin/Friede ein und dasselbe, beide tot und vermisst und fehlend, bis der gesamte Raum von den unvergesslichen Nachklängen ihrer gemeinsamen Abwesenheit widerhallte. So ist die Inszenierung extremen Leidens anlässlich des Todes von Rabin nicht Ausdruck der Trauer um einen ermordeten Politiker und auch nicht um die verpasste Chance auf Frieden, sondern vielmehr um das, was ein Aufgeben (dieses Friedens) möglich macht. In Rückbezug auf Freud haben wir es hier mit Subjekten zu tun, die sich entscheiden müssen, ob sie die reale Gefahr anerkennen oder die Realität verleugnen und sich selbst einreden, dass es keinen Grund zur Panik gibt. Ein Konflikt zwischen den Forderungen des Instinkts und den Zwängen der Realität. In diesem Fall ist das in Abrede Gestellte die Ambivalenz dem Frieden gegenüber, eine Ambivalenz, die sich nur schwer inszenieren lässt. Sie lässt kein gutes Haar an der Politik oder der Moral derer, die diese Ambivalenz an den Tag legen, denn schließlich wollen wir alle Frieden. Durch die Trauer um Rabin, durch die tägliche Beschwörung seiner Abwesenheit in endlosen öffentlichen und privaten Situationen und Kontexten lässt sich der Frieden in Abrede stellen und zugleich betrauern. Verlust und Abwesenheit treten an die Stelle der Anerkennung echter Gefahr, der Gefahr von Veränderung wie sie ein echter Friedensprozess erfordert, in dessen Verlauf eine Nation Anspruch auf „Heimat" erhebt und so eine gewisse „Heimatlosigkeit" riskiert.

Diese drei historischen Augenblicke, drei Opfer, drei Inszenierungen immenser Trauer, unterliegen drei unterschiedlichen politischen Bedingungen. Und dennoch, was immer sie auch repräsentieren und wie sehr die von ihnen provozierte Trauer scheinbar auch unmittelbare Folgen in Bezug auf eine Machtverschiebung hat, so fasziniert im Grunde allein ihr Ergebnis. Alle drei bewirken absolut nichts; ein riesiger Gefühlsschwall wird für keinen Zweck mobilisiert, keiner der drei hier besprochenen Staaten hat sich in den Nachwehen seiner Trauer groß verändert. Doch genau darum geht es: Was uns vor Augen geführt wurde, ist gar nicht das ungeheure Ausmaß unseres Schmerzes, sondern das ungeheure Ausmaß unserer Sehnsucht nach Veränderung. Ein Ausmaß, das in Programmen politischer Parteien keinen Niederschlag findet, und das sich doch auf der Weltarena wiederholt in Wogen der Trauer und Identifizierung manifestiert.

aus dem Englischen von Christiane Spelsberg

ANMERKUNGEN

[1] Selim Nassib, *Oum*, Paris 1994, S. 227–228.

[2] Ibid., S. 204–205.

[3] Mark Cousins, *From Royal London to Celebrity Space*, in: Mandy Merck (Ed.), *After Diana*, London 1998.

[4] Ibid., S. 83.

IRIT ROGOFF

Bodies of Loss / Bodies of Grief

Star of the East

The people were crowded on the balconies and great bunches of black swaddling were hanging from the building's facades. The funeral procession reached the open air of Independence Square, the largest and most central square in Cairo. It wound its way across the abandoned square, like a human centipede, intoxicated by the musical funerary laments, exhausted by the formality of the occasion, dragging along outside. I dragged along behind it, without being able to raise my arm to call for help. Far way, in the distant horizon I saw the chain of police being torn like a pearl necklace. Batons were raised, peaked caps flew in the air, I heard the shrill of police whistles, too late, the dam was well and truly broken in several places and the people swarmed, there were several hundred thousands, perhaps a million and their mass blackened the width of the square like a dark cloud, arms waving, their shadow cast before their advancing bodies. When they saw the mass coming close to the funeral procession, the police escort made a human chain and prepared to absorb the blow themselves. I felt a wild surge of happiness rise within me. […] The human wave crushed against the uniforms. Shrieking heads filled the whole of Independence Square, tens of thousands of squashed heads. The conquest of the vast empty space effected the mass that followed in the foot-steps of the first arrivals, it pushed the human swell forward into the streets, swell against swell, the blood circulation of the selfsame body.[1]

This is Selim Nassib's docu-fictional account of the funeral of Oum Kalthoum, the legendary "Star of the East", the singer who, since the 1920s, for over fifty years, embodied in her songs every tortured transition from colonialism and monarchy to revolutionary republic, from social achievements to military defeats, from feudalism to class politics Egypt had undergone. On every page of the novel, told fictionally in the name of the poet Ahmed Raa'mi, who had written 137 of the 283 songs Oum Kalthoum had sung throughout her long career, the singer's body operates in a relation of possession or ownership to the nation. Her dedication, as a poor country girl to the impoverished masses and their unfulfilled yearnings, to those misguided moments of pride in the monarchy in opposition to British colonialism, her total mobilisation to the revolutionary cause of Nasser's republican government and her possessed efforts on behalf of Arab reunification after the defeat of 1967 at the hands of Israel, are always recounted at the level of her body. Not just the body as producing that inspired and hypnotic singing, but her body as a series of abdications – public celibacy, loves forsaken, children never born, odd hints of forbidden lesbian comforts, illnesses, marriage of convenience, exhaustions – it is clear in this account that the Diva had given up her body for Egypt. In every description of a concert we find her frail body labouring to capture and subdue her frantic audience, she alone on the stage and they in their screaming, writhing masses, pleading for the seduction and oblivion she seemed to be able to provide. "You were the voice of Egypt" Gamal Abdel Nasser told her in 1952 "and now thanks to the revolution you will be the voice of all the Arabs."

Her body equally goes through a series of extreme transitions as her persona evolves from country girl to Diva. Nevertheless, these are not her exclusively individual transitions but equally reflect the mores of a nation bound by rural traditionalism and the strictures of Islam, embracing modernity, grappling with secularism, rejecting the decadent excesses of monarchic privilege. In the opening sequence of the novel the poet visits a concert in which he hears a Bedouin boy with a covered head sing so hauntingly that the poet is captivated for the rest of his life, ever more so when during the bows he spies the hint of a breast and the curve of a hip – the boy was the girl who was to become Oum Kalthoum and her disguise reflected her family's disapproval of singing as a suitable activity for a chaste girl. In later sequences we find her going to King Farouk's palace in gowns, jewels and furs, before, in a dramatic moment after the devastating defeat of 1967, she divested herself of her finery in a gesture of sacrifice.

As she begun to sing the second sequence, she seemed to be overcome by faintness. She stopped, gripped a chair, signalled to the orchestra. The music stopped. No voice was heard. And then, in the middle of the silence, she clutched the microphone; "God is my witness, like each of you I thought our home was destroyed and that misery was to be our way of life forever. I remained closed off in my home and did not want to see anyone [...]." In the silence that overcame the audience she slowly removed the earrings given her by the Emir of Kuwait, the necklace, the bracelets. She did this with the modest gestures of a public striptease. Two people came on stage, holding a flag at its edges, she deposited her gift within its folds.[2]

Singing about yearning, loss and defeat, the voice of Oum Kalthoum seems to have been the permitted voice of the vulnerability of a nation's anguish, the one inadmissible by the male politicians, by the Imams and the holy men, by the fathers and brothers. The dedication of the politician transformed into the Diva's sacrifice, the boundaries of her body forever eroded into the needs of the people. In the last paragraph of Nassib's novel, her coffin disappears down a street, hijacked by thousands of possessive hands who will not leave her in death to the will of the state, taking over the space of grief, the public sphere of Independence Square, carrying their "Star of the East" on their backs and denying the uninflected rhetoric of the state.

The People's Princess

Another grief torn funeral in which an entire nation, represented by hundreds of thousands at the London Mall defy the ruling authority and stage their inconsolable grief at the loss of what they perceived as someone who was able to connect at the level of emotion. Another shy young woman who slowly, painfully and expensively transformed into one of the great Divas of her time, from a provincial, uneducated and limited daughter of the British aristocracy to a mythic princess whose perception of woe and pain were on a truly global scale. Another female body, tortured with lack, unloved, bulimic, deprived and indulged, therapised, endlessly advised on appearance, etiquette, clothes and image, sacrificed again and again. "Royal London", states Mark Cousins, "a space of state governed to the minutest details by pre-ordained codes of protocol of the British establishment was occupied by crowds, who developed their own ways of using and marking the space in a way which challenged and transformed the authoritative choreography. The political consequences – the role of the monarchy and the future of republicanism – are still being digested."[3] Everyone knows the facts about Diana that circulate in the yellow press, in the biographies and the ghost written confessions. Everyone has taken part in the speculation on the response to her death as a revolution in the emotional climate of Britain, once so given to "stiff upper lip" stoicism and now so rampantly, publicly emotional. Everyone has shared in the hope that the tragedy of her untimely death and the unspeakable response it provoked from the Royal Family might herald the demise of that antiquated privileged and totally out of touch monarchy. Everyone has disapproved of the excessive spending, the clothes horse habits, the pop-fandom only to turn around and re-approve of the support and empathy given to AIDS victims, Red Cross work and anti land mine campaigns, to the genuine embrace of the outcast and the marginalized and to the spirit in which it was offered.

In that space, which was transformed on the occasion of her funeral from "Royal London" to "Celebrity Space" as Mark Cousins has characterised it, "being a celebrity is very different from Royalty, it involves a different relation to people and a consequent difference in the use each makes of space [...]. The celebrity and the saint have an entirely different relation to the body, for the body is fundamental. The saint monstrates him or herself through the body. Both saint and celebrity are always recovering and their recovery is marked in the body. The saint is recovering from "original sin", the celebrity usually from something more recent. [...] The saint and the celebrity have abjured "denial"; their bodies are both trained, if to different effects.[4]

The kind of celebrity and popularity which Cousins has marked, imply to its object a certain excessiveness, a superfluity, and it is this excess that animates the pages of Burchill's tirade of a book. The excess is not the Princess' fantasy, in which the timid little girl turns into a dazzling seductress. It is the hatred of monarchy, the class hatred, the hatred of misogyny, of the privileged realms who think that hey can override all the social changes that have taken place, simply ignore fifty years of immense turmoil, because some convenience of etiquette has been breached or some potential embarrassment or disruption is hovering at the edge of the narrative. Burchill recounts numerous hair raising cruelties perpetrated by recent male British aristocrats upon women who dared to cross them, who dared to be sexual or dared to have an independent mind. Thus it can be clearly seen that these men's determination to control their women cannot be all that distant from their desire to control us – democratic instincts are not that selective as we well know. Their broken spirits and their often broken bodies echo Diana's broken body under the Pont d'Alma in Paris, around which another displaced shrine has arisen in the past two years. In the space of that famous funeral rebellion, protest and hatred met up with the state protocol and all the officiousness it represents, holding its head high, not by aggressive countering but by a strong, silent and constant protest. Through an outpouring of narrative, it recuperated that tortured body. By "walking and talking," as Cousins says, they marked the space their own, conversation, reminiscences and gossip replacing the sounds of horses' hoofs and official rituals.

The Reluctant General and The Ambivalences of Peace

Another example to be brought into this argument has to do with the exceptionally odd status of "peace" in Israeli political and symbolic culture. This is a concept of "peace" that both transcends and avoids the practicalities inherent in its own coming into being, practicalities dealing with withdrawal of troops, return of occupied territories, recognition of civil rights for indigenous populations, awareness of a plurality of co-existent cultures within one space, a recognition that the state of Israel is situated in the Eastern Mediterranean among its various local cultures. Instead of being discussed in terms of these necessary concessions and cultural recognitions, "peace" operates at an almost entirely symbolic level. It is at once the most mythically coveted entity, the thing that everyone aspires to in a wishful longing. At the same time "peace" is the most feared possibility of all, feared because all the concessions necessary for its fruition might make the state vulnerable both in terms of its physical security but mostly in terms of the permanent anxiety that hangs over the culture, an anxiety of annihilation that has its roots in millennia of occupations of the Holy Land, in expulsions and migrations from diasporic cultures, in progroms, genocides and the holocaust. Therefore, I am perceiving "peace" as a term expressing deep ambivalence, in which the two contradictory dynamics are quite obvious to any analysis that privileges a perception of presence as a marker of absence. To try and understand this dynamic better I would like to spatialize the vehement and excessive grief that I have seen performed in the four years since the murder of Israel's then prime minister Yitzhak Rabin in November 1995. (ILL. 1) Since the event of the murder which happened in the main public square of Tel Aviv, we have seen a remarkably consistent performance of public sorrow and grief, staged by adolescents and people in their early twenties, both within that same square, now renamed Rabin Square, as well as extended beyond it into the realm of culture in general. Crouched over, weeping, lost in thought, melancholic and lethargic, these youthful mourners inhabit the space, thus defining it in a manner which is entirely contradictory to the understanding of youth and public space prevalent in Israeli culture. Conventional spatialization both occupies the space through an emphatic and somewhat frenetic physical energy accompanied by broad gestural codes signifying either hedonistic pleasure or aggressive domination. Barry Frydlander, (ILL. 4) is a photographer and an artist who works with the medium of photography. His image *Baptism by Fire (Dor Beach)*, 1993–85, was taken at a beach party at night in one of the suburbs south of Tel Aviv. By doubling the image and formatting it in a frieze aesthetic he has transformed it into one of those orgiastic scenes we see so often on Greek or Roman vases or wall paintings. Announcing a determined comfort and a sense of being "at home", this highly performative nakedness unites body and place in a relation of mutual possession.

Read spatially, the celebration of body pleasure, which is a fairly common feature of the Western Mediterranean but is far more tabooed along the shores of Lebanon, Cyprus, Gaza and Egypt, Israel's immediate neighbours on the Eastern Mediterranean, assumes a declamatory aspect, an enunciative dimension of insistence on a local presence, an embodied and celebratory presence. The other extreme of spatial inhabitation is the one which painter David Reed has taken up in a series of paintings collectively entitled *Let's have another War*. Using news photographs from the period of the Intifada, the Palestinian civil uprising from 1989 to 1995, he charts out another spatial inhabitation. Here too the gestures are bold and fierce, filling the space with the actions of military warfare; weapons are pointed, suspects are grabbed, ambushes are set up. These are images that circulate widely as the representation of everyday life with its extreme inhabitation dimensions beeing occupation and coercion. (ILL. 3) In *Bad Taste* soldiers crawl around inhabiting the space covertly, the vague insignia of their uniforms stressing that their status as friend or foe is hardly important, their stealth and watchfulness is primary to the way they inhabit the space, whereas at the other end of the spectrum tanks roll down the streets and local inhabitants watch them taking over the spaces of their daily lives.

These were two examples of the ways in which the generation of 18 to 22 year olds occupy the space designated as the land of Israel. It serves to contextualize the surprise of the images of grief and mourning performed by the introverted and collapsed youthful bodies in Rabin Square over the past few years. The very nature of the grief has been equally puzzling – Yitzhak Rabin was the fabled army general who led the Israeli Army in the 1967 war, which resulted in the occupation of the West Bank, the Sinai Desert, the Gaza strip and the Golan Heights. With this rather peculiar history, he emerges clearly as a figure of great ambivalence himself and I would suggest that it is this internal split, rather than his supposed wholehearted striving for "peace" that has made him the mythical symbol that he is. His own ambivalence and the forced reluctance he pursued peace with by allowing some of his more able colleagues to set up the Oslo accord echo the profound ambivalence towards the process within the nation at large. After Rabin's murder President Bill Clinton of the United States said in Hebrew, among his words of mourning expressed in English: "You are missed, my friend". Hebrew is a highly condensed language in which one term serves numerous meanings, and the term "missed" is also used to articulate "lack", this marking of absence and of loss, both lack and nostalgic hankering, then begun to circulate in the popular culture of everyday slogans and soon the cities were full of posters and car stickers which proclaimed not only that the "friend" was absent but also: "You are missed, Peace." By this sliding over of meaning Rabin/Peace became one and the same thing, both of them dead, missed and lacking, and the entire space echoing with the haunted traces of their joint absence. I would suggest that the performance of extreme grief over the death of Rabin, is not the grief about a murdered politician, and certainly not the grief about a missed chance for peace, but rather that which becomes possible when hope (for peace) is given up. To turn briefly to Freud, we can see an instance of subjects that must now decide either to recognize the real danger or to repudiate reality and to persuade itself that there is no reason for fear. A conflict between the demand of instinct and the command of reality. In this case what is being disavowed is the ambivalence towards peace, an ambivalence which is hard to perform and does not speak well of both the politics and the ethics of those who manifest it, for we all want peace. By our grief of Rabin, by daily invoking his absence in an endless set of public and private situations and contexts, it is possible to disavow peace and at the same time mourning at it. Loss and absence replace the recognition of real danger, the danger of the transformations which a real peace process will demand, a process in which a nation laying claim to a home might become slightly "unhomed".

Three historical moments, three victims, three performances of immense grief have served three different political circumstances. Still, whatever they represent, however the grief in their wake can be seen to have immediate consequences in the form of a shift in power, it is only the result which is so compelling. All three lead to exactly nothing, a vast amount of feelings did actually have no effect, since none of the three states discussed here has changed greatly in the wake of their grief. But that of course is the point: for what we have been shown is not the enormity of our grief but the enormity of our desire for change. An enormity which can not find its expression on the platforms of political parties, which can rarely articulate a name by which to call itself and which repeatedly stages itself across the world arena in great tidal waves of grief and identification.

NOTES

[1] Selim Nassib, *Oum*, Paris 1994. pp. 227f.

[2] Ibid., pp. 204f.

[3] Mark Cousins , "From Royal London to Celbrity Space" in: *After Diana*, London 1998.

[4] Ibid., p. 83.

Aufgelöster Körper
Das „Abjekte“

Dissolved Body
The “Abject” Dimension

Ein weiteres Bedrohungsszenario für das dialektische Paar „Olimpia“ und „Olympia“ ist die Auflösung des Körpers im Bild, die in der Moderne bis zur völligen „Emanzipation“ des Materials, der Farbe, der Leinwand usw. vollzogen wird. Im Zuge dieser Verselbständigung tritt an die Stelle der Farbe auch körpereigenes Material wie Blut, Sperma, Haare oder der Körper selbst. Der Impressionismus transformiert die Körper in Licht reflektierende Farbpigmente, wodurch die Dargestellten – in virtueller Auflösung – an Subjektivität und Substanzialität verlieren. Beispielhaft sind Degas *Badende*, in denen keine Blickbeziehung zum Betrachter eingeräumt und gleichsam die Erotik von der Frau als Indviduum abgezogen wird, um dieses sensualistische Potenzial direkt in die sinnliche Oberfläche des Bildes zu übertragen. Dieser Prozess bedingt eine Diffamierung, die Joris Karl Huysmans in Bezug auf die *Badenden* wie folgt beschreibt: „Diese Frauen fühlen eine solche Abscheu vor den abwegigen Gelüsten des eigenen Geschlechts, eine Abscheu, die sie dazu führt, sich zu beschmutzen, um damit laut und deutlich zu bekunden, welches blanke Grausen sie für ihre eigenen Körper empfinden – die kein Wässerchen und noch so viel Aufwand an Waschen jemals wird reinigen können.“[1] Die Nähe zu den Hysterikerinnen in der Salpêtrière ist nicht zu übersehen.

Der „entfesselten weiblichen Natur“ entspricht danach einerseits die Bedrohung durch die Maschine, andererseits die Bedrohung durch den Schmutz, das „Abwegige“, das „der Frau“ scheinbar anhaftet.

A further threatening scenario for the dialectical pair "Olimpia" and "Olympia" is the dissolution of the body in the image that is consummated by modernism to the point of complete "emancipation" of material, paint, canvas, etc. In the course of this autonomization paint is replaced by material of the body such as blood, sperm, hair or the body itself. Impressionism transforms the body into light-reflecting color pigments, as a result of which the persons portrayed lose subjectivity and substantiality in a virtual disintegration. Exemplary of this are Degas' *The Bathing*. Here no visual relation to the viewer is conceded and the eroticism is retracted from the woman as an individual so as to transfer this sensualistic potential directly onto the sensual surface of the painting. This process requires a defamation that is described as follows by Karl Huysmans with regard to *The Bathing*: "These women feel so disgusted about the out-of-the-ordinary lusts of their own sex, a disgust that prompts them to sully themselves and thus proclaim very clearly the sheer dread they feel towards their own bodies – that no amount of water and no amount of washing will ever be able to purify them."[1] The affinity to the hysteric patients at the Salpêtrière cannot be overlooked.

The "unfettered female nature" thus finds an analogy in the threat represented by the machine on the one hand and the threat of defilement, of the "out-of-the-ordinary" that seems to be intrinsic in "the woman".

Dieser direkt mit dem Prozess der Formgebung in der Moderne verknüpfte Aspekt hat seinen Angelpunkt in der Theorie des „informe“ von Georges Bataille, auf die sich Julia Kristeva mit dem Begriff des „Abjekten“ („verworfen, verächtlich“) bezieht.[2] Mit der Theorie des „informe“ fordert Bataille im Widerspruch zum herrschenden Denken die Einbindung des Ausgegrenzten, des „niedrigen Materials“, der provokanten, bedrohlichen, schreckenerregenden formlosen Materie. Bataille sucht ein System der Repräsentation für das „Heterogene“, für das, was von der Repräsentation ausgeschlossen, der Verdrängung unterliegt. Es geht ihm um die visuelle und sprachliche Darstellung von dem, was „der ideologischen Determination“ durch das Bewusstsein entzogen ist.[3] Die Kategorien, auf die sich Bataille bezieht, sind die Faszination am Schrecken und an der Gewalt, das Monströse inklusive der Selbstverstümmelung, das Inkohärente und Absurde. Die Metaphorik von Batailles „Heterologie“ ist körperbezogen (anthropomorph wie zoomorph).

Bataille stimmt in dieser Konzeption von Kunst mit Künstlern aus der surrealistischen Bewegung, wie Artaud, Bellmer, Boiffard, Buñel, Dalí, Masson und Ubac überein, deren Arbeiten er in seine Auseinandersetzung miteinbezieht, und in deren Methodik das zum Tragen kommt, was er unter „informe“ versteht. Das Bild des Monströsen, das „Gestaltlose“ arbeitet sich für Bataille am Körper, am Bild des Körpers an dessen Deformation, Zerstückelung und Auflösung ab. Batailles „Heterologie“

This aspect directly linked with the process of modernist composition hinges on Georges Bataille's theory of the "informe", to which Julia Kristeva refers with her notion of the "abject".[2] With the theory of the "informe" Bataille opposes dominant thought, demanding the inclusion of the excluded, of "low material", of provocative, threatening, terrifying and amorphous material. Bataille is trying to find a representational system for the "heterogenous", for what is subject to suppression due to being excluded by representation. He is interested in the visual and linguistic representation of what has been robbed of "ideological determination" through consciousness.[3] The categories to which Bataille refers include the fascination with horror and terror, monstrosity including self-mutilation, the incoherent and absurd. The metaphorics of Bataille's "heterology" is body-oriented (both anthropomorphous and zoomorphous).

With this understanding of art, Bataille converges with artists from the surrealist movement such as Artaud, Bellmer, Boiffard, Buñuel, Dalí, Masson and Ubac, whose works he includes in his discussions, and whose methodics stand for what he calls the "informe". The image of monstrosity, the "amorphous" is processed for Bataille in the image of the body, in its deformation, mutilation and dissolution. Bataille's "heterology" anticipates a development that culminated in actionistic art with the inclusion of body-related substances, food, garbage, etc.

nimmt eine Entwicklung vorweg, die in der aktionistischen Kunst zum Einbezug von körpereigenen Materialien, Lebensmitteln, Abfall usw. geführt hat.

Julia Kristeva bezieht sich in ihrer Auseinandersetzung mit dem „Abjekten" und dessen gesellschaftlicher Funktion auf Bataille, der das „abject" mit dem Verbot verbindet und zeigt dass die Funktionslogik dieses Verbots in dessen eigener Schwäche liegt, dass es ständig übertreten wird, übertreten werden muss.[4] Für Bataille bezeichnet das „abject" eine Beziehung von Subjekt zu Objekt, wobei das Objekt ein Teil des Subjekts ist, welchen dieses loswerden will, aber nie loswerden kann. Das „abject" betrifft den Körper, die körperlichen Substanzen, seine Flüssigkeiten und Ausscheidungen, Sekrete und Exkremente, und kennzeichnet diesen als verletzbar, transitorisch und sterblich. Auf der Seite des Schmutzigen repräsentiert es eine Bedrohung für das Subjekt, das sich ständig der Instabilität seiner körperlichen Grenzen und des Prekären seiner damit verknüpften Identität bewusst wird, die auf einer fiktionalen „sauberen" Grenzziehung beruht. Kristevas Untersuchung folgend erweist sich das „abject" – und hier stellt sich der Bezug zu den beiden Ausgangsfiguren „Olympia/Olimpia" her – als direkt mit dem weiblichen Körper verbunden. Es zirkuliert um den Körper der Mutter als den phantasmatischen, bedrohlichen Ort der Beschmutzung, der Vergiftung und des Todes.[5]

Das „Weibliche" in der metaphorischen Figur der Hysterikerin repräsentiert dieses Schmutzige, welches die festen Grenzen aufzulösen droht. Dieser „abjekte" Körper

---

In her work with the "abject" and its social function Julia Kristeva refers to Bataille who associates the "abject" with the prohibited. He shows that the functional logic of this prohibition is based on its own weakness that it is constantly being violated, that it even has to be violated.[4] For Bataille the "abject" denotes a relation between the subject and the object. Here the object is seen as a part of the subject which wants to detach from the former but never succeeds in doing so. The "abject" refers to the body, the bodily substances, its fluids and excretions, secretes and excrements, characterizing it as vulnerable, fleeting and mortal. On the side of the sullied it represents a threat for the subject which is constantly aware of the instability of its physical limits and the precarious nature of its related identity based on a fictional "clean" borderline. According to Kristeva's study the "abject" – and here is where the reference to the two initial figures "Olympia/Olimpia" is established – proves to be directly connected with the female body. It circulates around the body of the mother as a phantasmatic, menacing place of defilement, poison and death.[5]

The "female" in the metaphorical figure of the hysteric represents this dirty something threatening to dissolve the fixed boundaries. This "abject" body stands for the complete different which seems to evade the symbolic system and its logical level on which the social structure is based. In this very function it is deployed in a subversive-steht für das ganz Andere, das sich scheinbar dem symbolischen System, der logischen Ebene, auf der das Sozialgefüge beruht, entzieht. Und in dieser Funktion wird es in subversiv lustvoller Weise gegen die ästhetischen Konventionen in der Kunst eingesetzt.

Paradigmatisch für dieses Phantasma von der Auflösung des weiblichen Körpers ist Man Rays Fotografie *Das Primat der Materie über den Gedanken* (1929), (ABB. S. 79) sowohl in Bezug auf den Titel als auch den Prozess der Bildherstellung. Die Solarisation, die den Körper scheinbar zum Zerfließen bringt, ist ein technisch-chemisches Verfahren. Der Effekt hingegen ist auch hier, dass der hysterische weibliche Körper als die Ursache dieser (Selbst-)Auflösung dargestellt wird.

In diesen Zusammenhang gehört auch Jean Fautriers *Tête d'otage* (ABB. S. 253) aus der Serie der *Geiseln* (um 1943–44 entstanden). Fautrier bezieht sich mit dieser Serie auf die Opfer der nationalsozialistischen Folter und Gewalt während des Zweiten Weltkrieges. Der für die Zeitgenossen erschreckende Effekt dieser Arbeiten lag darin, dass der menschliche Körper als deformiertes, undefiniertes Fragment, bestehend aus übereinander Geschichtetem, konzipiert wurde. Auch diese „Körper", die sich in die niedrige Materie verwandelten, waren selbstverständlich weiblich konnotiert.

Der damit verbundene unauflösbare Widerspruch zwischen Geist und Materie, den Man Ray am Körper der Künstlerin Meret Oppenheim demonstriert hat, wird zum provokanten Thema, wenn der reale Körper im Bereich der Malerei oder Skulp-

---

ly pleasurable way against the aesthetic conventions in art. Paradigmatic for this phantasm of the dissolution of the female body is Man Ray's photograph *The Primacy of Matter over the Mind* (1929) (ILL. P. 79), both in terms of the title and the process of producing images. Solarization that seems to make the body melt is a technical and chemical procedure. The effect of this, however, is once again that the hysteric female body is shown as the motive for this (self-) dissolution.

Jean Fautrier's series of the *Hostages* (created around 1943-44) which includes *Tête d'otage* (ILL. P. 253) can also be seen in this context. In this series Fautrier refers to the victims of Nazi torture and terror during the Second World War. What made these works so horrifying for the artist's contemporaries was the fact that the human body was conceived as deformed, undefined fragment consisting of different layers. These "bodies", too, had a female connotation and became transformed into lowly matter.

Man Ray used the body of the artist Meret Oppenheim to demonstrate the ensuing irresolvable contradiction between mind and matter. Here it becomes a provocative issue when the body is used in the realm of painting or sculpture. Yves Klein, who sought to "overcome" matter conceptually, does not just enlist the services of "woman as automaton" but also the "abject" body, the lowly matter of female "models" who roll on the ground in paint so as to create the picture (ILL. 3, P. 16).

tur eingesetzt wird. Yves Klein, der konzeptuell die Materie „überwinden" möchte, nimmt nicht nur die „Frau als Automat" in seine Dienste sondern auch den „abjekten" Körper: Die niedrige Materie der weiblichen „Modelle", die sich am Boden in der Farbe wälzen, um das Bild herzustellen (ABB. 3, S. 16). Auch Kleins *Anthropometrien*, in denen er Farbabdrücke von weiblichen Körpern herstellte, sind als registrierendes Verfahren im Kontext der Fotografie zu sehen.

Im gleichen Jahr nähert sich Meret Oppenheim mit dem „Körper als Material" einer Richtung an wie sie auch in der aktionistischen Kunst entwickelt wird. Sie wertet das „Abjekte" auf, indem sie den realen Körper (der entsprechend dem Konzept der Surrealisten weiblich ist) mit Lebensmitteln zu einem „Frühlingsfest" arrangiert und so den „cadavre exquis" virtuell dem Kannibalismus preisgibt.[6] (ABB. 1)

Dem verletzlichen sexuellen, männlichen wie weiblichen Körper wird in der Aktionskunst gestattet, Körpertabus zu durchbrechen. Körpereigene Materialien werden bewusst regressiv eingesetzt, um in einer Wiederkehr des Realen dem schockierten Publikum vor Augen zu führen, welcher Verdrängung der menschliche Körper, seine

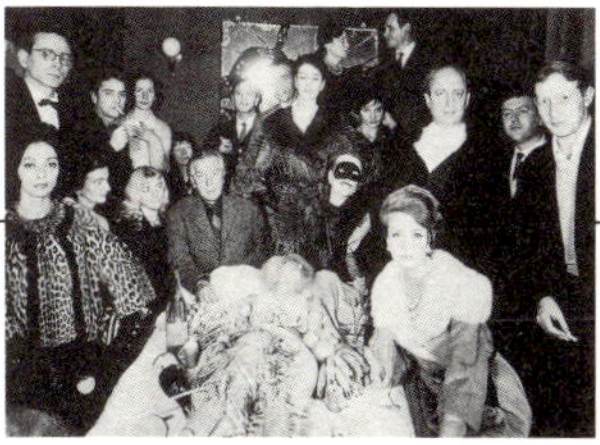

ABB. 1
Meret Oppenheim, *Frühlingsfest*, 1959, Aktion anlässlich der Ausstellung „Eros", Exposition internationale du Surréalisme, Paris

Even when Klein created colour imprints of female bodies in *Anthropometries*, this technique has to be seen as a documenting procedure in the context of photography.

In the same year, Meret Oppenheim worked with a method employing the "body as material" and thus moved in a direction that was also pursued by actionistic art. She revalues the "abject" by arranging the real body (that is conceived as female by the surrealists) with food to create a "spring banquet" and thus virtually giving up the "cadavre exquis" to cannibalism.[6] (ILL. 1)

In action art, the vulnerable, sexual, male as well as female body is allowed to break bodily taboos. Body-related substances are deliberately used in a regressive way to demonstrate to a shocked audience in a recurrence of the real how much suppression the human body, its sexuality and mortality is subject to. What could be sensually experienced with all aggression in the live actions of Carolee Schneemann, the Viennese Actionists, Ana Mendieta, Gina Pane, Paul McCarthy or Valie EXPORT, who put the "abject" body in the center of their works, is later used by their successors

Sexualität und Sterblichkeit unterliegen. Was in den Live-Aktionen z.B. bei Carolee Schneemann, den Wiener Aktionisten, Ana Mendieta, Gina Pane, Paul McCarthy oder Valie EXPORT, die den „abjekten" Körper in das Zentrum rückten, mit aller Aggression ausagiert wurde, wird in den Inszenierungen ihrer Nachfolger stärker in einen instrumentellen Zusammenhang gesetzt, wobei „der Körper" seines Pathos' verlustig geht. Der Schmerz und die somatische Reaktion als individuelle Erfahrung, durch welche Akteurin oder Akteur mit dem Publikum kommunizieren, verliert für die Künstler an Bedeutung. Die inszenierte Auflehnung erweist sich angesichts der massiv zunehmenden Mediatisierung der Gesellschaft, der immer stärker werdenden Macht der Medien-, Mode-, Kosmetik- und Schöheitsindustrie als inadäquat. Die Mechanismen der strukturellen Gewalt und der Todesverdrängung werden zunehmend internalisiert. Sie kehren wieder in den dialektischen Bildern des Schreckens und Ekels, wie sie Cindy Sherman seit der Mitte der achtziger Jahre inszeniert, oder im Konzept von Orlan, dessen scheinbare Pragmatik die heftigste Abwehr auslöst, die als Symptom auf die Akteurin zurückprojiziert wird.

---

in a more instrumental context, in which "the body" loses its elevated style. returns to the picture in Cindy Sherman's *mise-en-scenes* of the abject.

Silvia Eiblmayr
translated by Camilla Nielsen

[1] Joris Karl Huysmans, *L'Art Moderne* (1883), Genf 1973.

[12] Georges Bataille, „L'informe", in: „Dictionnaire critique", in: *Documents*, Nr. 7, 1929, „Le bas matérialisme et la Gnose", in: *Documents*, Nr. 1, 1930.

[3] Rita Bischof, *Souveränität und Subversion. Georges Batailles Theorie der Moderne*, München 1984, S. 142.

[4] Georges Bataille, „L'abjection et les formes misérables", in: ders., *Œuvres complètes*, vol. 2, Paris 1970–1978, S. 218 ff. Zitiert in Jacqueline Rose, wie 5, op. cit., S. 79.

[5] Siehe Jacqueline Rose, „Julia Kristeva – Take Two", in: dies., *Sexuality in the Field of Vision*, London 1986, S. 156–157.

[6] Bei der Aktion auf dem Foto wurde eine Puppe verwendet, Oppenheim machte die Aktion jedoch auch mit einer Frau. Die Surrealisten umgaben sich mit drei Mannequins.

---

[1] Joris Karl Huysmans, *L'Art Moderne* (1883), Geneva 1973.

[2] Georges Bataille, "L'informe", in: "Dictionnaire critique", in: *Documents*, no. 7, 1929, "Le bas matérialisme et la Gnose", in: *Documents*, no. 1, 1930.

[3] Rita Bischof, *Souveränität und Subversion. Georges Batailles Theorie der Moderne*, Munich 1984, p. 142.

[4] Georges Bataille, "L'abjection et les formes misérables", in: *Œuvres complètes*, vol. 2, Paris 1970–1978, p. 218 ff. Cited in Jacqueline Rose, see 5, op. cit., p. 79.

[5] See Jacqueline Rose, "Julia Kristeva – Take Two", in: *Sexuality in the Field of Vision*, 1986, pp. 156–157.

[6] In the action depicted in the photograph, a doll was used. Oppenheim, however, did this action with a real woman. The Surrealists kept company with three models.

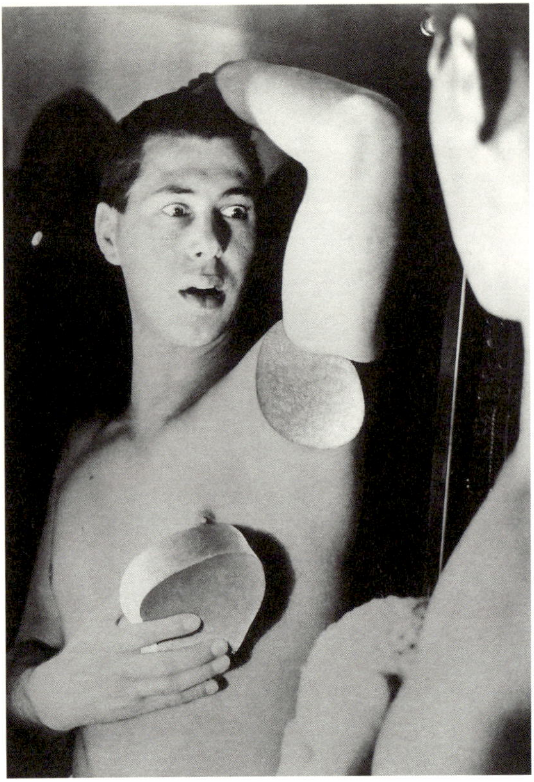

HERBERT BAYER
Selbstportrait, 1932,
Silbergelatineabzug,
38,5 x 29,4 cm,
Sammlung Dietmar Siegert

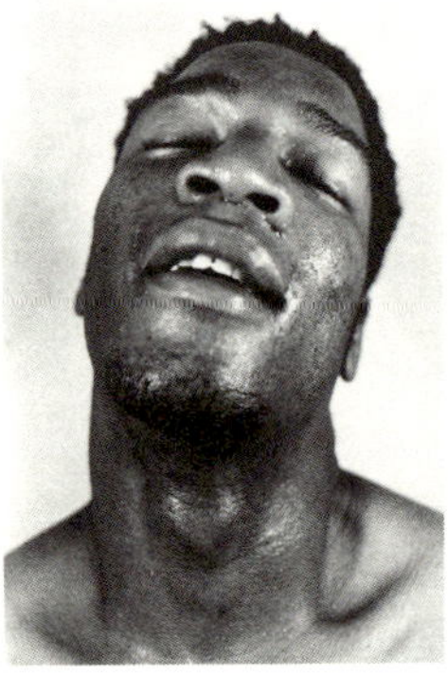

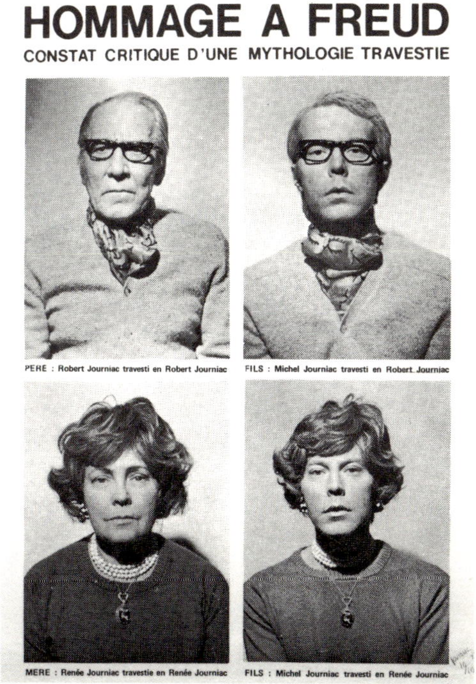

MICHEL JOURNIAC
Hommage à Freud, 1972,
Laserdruck, 72 x 51 cm,
Paris, Galerie Rodolphe Stadler

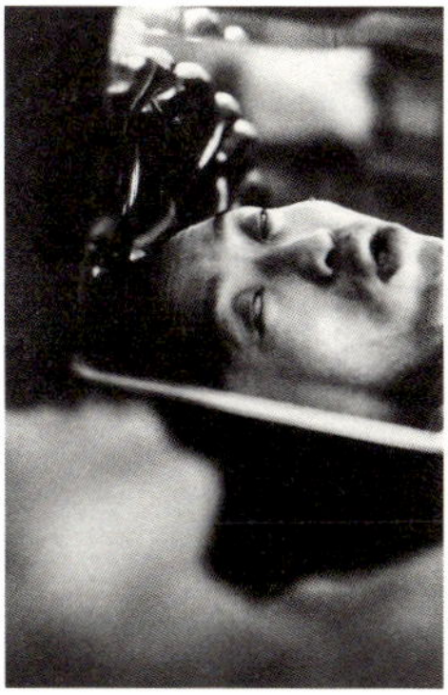

AURA ROSENBERG
D.L., 1991, *F.W.*, 1993,
Y.S., 1995, aus: *Head Shots*,
1991–1995, mehrteilige Fotoarbeit, s/w, je 40,6 x 30,5 cm,
Besitz der Künstlerin

JÜRGEN KLAUKE
Self-Performance, 1972/73,
13-teilige Fotoarbeit, s/w,
je 57 x 41 cm, Sammlung Goetz

Um ein der eigenen Identität gewisses „Selbst“ zu zeigen, würde ein einziges Bild genügen. Jürgen Klauke (geb. 1943) präsentiert in *Self-Performance* (1972/73) 13 Fotografien. Was oder wer das „Selbst“ sein soll, scheint nur im gleichzeitigen Nebeneinander unterschiedlicher Ansichten darstellbar. Auch die geschlechtliche Identität des „Selbst“ ist nicht eindeutig. Hinter dem inszenierten Geschlecht – Frau – mit Körpermasken: Brüsten und Vagina, bleibt das biologische Geschlecht – Mann – deutlich erkennbar. Diese *Self-Performance* ist keine Grenzüberschreitung vom einen zum anderen Geschlecht, sondern ein Aufenthalt auf der Grenze. Dementsprechend unentschieden ist der Charakter der Körpermasken. Bleiben sie Attrappen, die (in sich ambivalent: die Brüste ähneln eregierten Penissen) dem männlichen Körper nur äußerlich angeheftet sind? Oder zeigen sie, dass die Unterscheidung zwischen täuschender äußerer Maske und wahrem Inneren selbst die größte Täuschung ist, dass also sexuelle Identität immer soziale Inszenierung ist?

Auf einer Fotografie wendet sich Klauke ab, seinem gespiegelten Ebenbild zu. Doch dieses Bildzitat des mythologischen Narziss an der Quelle geht weder als distanzierte Darstellung eines Anderen noch als Dokument des Eigenen auf. Es bleibt ambivalent, weil das Versinken ins eigene Ebenbild durch die fotografierende Kamera gestört, geöffnet wird. Die Kamera benutzt Klauke durchaus wie einen Spiegel, allerdings als einen, der rückwärtig durchlässig ist. Was die Kamera aufnimmt, durchschlägt die Konvention, dass das Verhältnis zum Selbst, gar das sexuelle, persönlich und privat abzuhandeln sei, und macht es öffentlich.

A single photograph ought to suffice to show a "self" that was conscious of its own identity. Jürgen Klauke (born 1943) presents 13 photographs in his *Self-Performance* (1972/73). It only seems possible to represent what or who that "self" might be in the simultaneous juxtaposition of different views. Nor is the sexual identity of that "self" unequivocal. The biological gender – man – remains clearly recognizable behind the staged gender – woman – with body masks, breasts and vagina. This *Self-Performance* is not a cross-over from one sex to the other, but a tarrying on the borderline. Equally ambiguous is the character of the body masks. Are they dummies (ambivalent in themselves; the breasts resemble erect penises) that are merely attached to the outside of the male body? Or do they illustrate that the difference between deceptive external mask and true interior is itself the greatest deception, in other words, that sexual identity is always a social mise-en-scène?

In one of the photographs Klauke turns away from the camera towards his mirrored likeness. Yet this pictorial citation of the mythological Narcissus at the source produces neither a distanced depiction of the other, nor a document of oneself. It remains ambivalent,

because the immersion in one's own mirror-image is disrupted, undone by the photographing camera. Klauke certainly utilises the camera like a mirror, but one that is open at the back. The camera captures and shows publicly is the breaking of convention that the relationship to the self, let alone the sexual relationship, should be handled in a personal and private way.

Matthias Winzen

translated by Pauline Cumbers

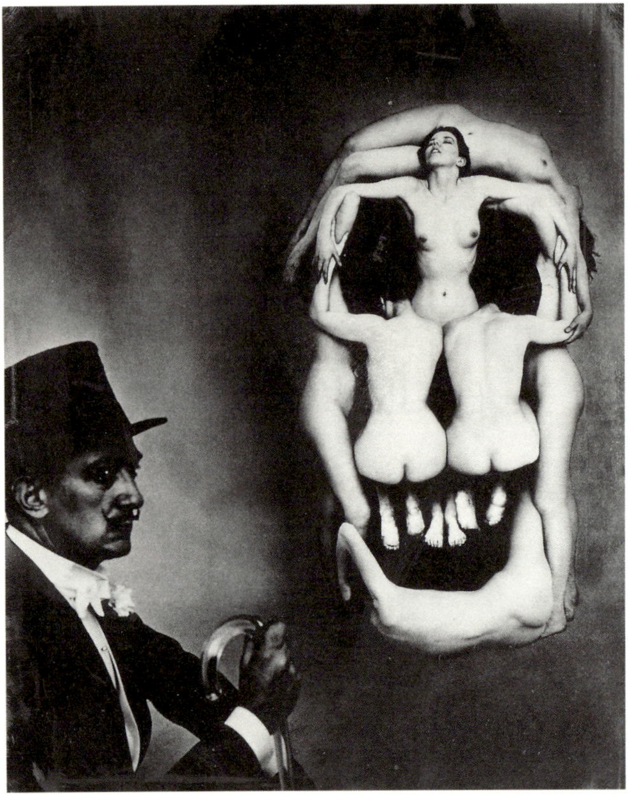

PHILIPPE HALSMAN
Dalís Akt Schädel, um 1950,
Gelatinesilber, 10,8 x 8,8 cm,
Köln, Museum Ludwig

RENÉ MAGRITTE
L'exercise de l'acrobat, 1928,
Öl auf Leinwand, 116 x 80,8 cm,
München, Bayerische
Staatsgemäldesammlungen,
Staatsgalerie moderner Kunst

LOUISE BOURGEOIS
Torso, 1996,
Stoff, 30,4 x 63,5 x 38,1 cm,
Köln, Galerie Karsten Greve

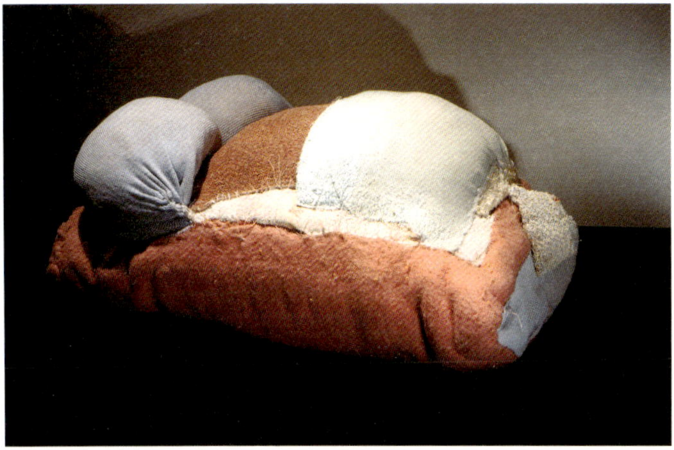

FRANCIS BACON
Study for Portrait of Henrietta Moraes,
1964, Öl auf Leinwand, 198 x 147 cm,
Courtesy Galerie Beyeler, Basel

Das Bild zeigt Henrietta Moraes als Aktmodell in lasziver Haltung auf dem Divan liegend, wobei die Auflösung und Deformierung der Körperformen für Bacon einer Übereinanderschichtung von Zuständen, einem vielfach Erfassen der Erscheinung entspricht, in der bestimmte Wesenszüge der Dargestellten in ungewöhnlicher Intensität, in „elementarstem Stadium" in Erscheinung treten. „Ich möchte den Gegenstand weit über seine alltägliche Erscheinung hinaus entstellen, ihn in der Entstellung aber zurückbringen auf eine Aufzeichnung seiner Erscheinung." (Bacon)

Nur durch die Verzerrung und Entstellung der sichtbaren Welt können nach Bacon die Nerven und Empfindungen der Betrachter noch gereizt und Schleier oder Schutzschirme der Wahrnehmung entfernt werden. Bacon hat Henrietta Moraes mehrfach porträtiert. Sie gehörte zu Bacons Freundeskreis, den er in Porträts, Akten, Interieurs und zumeist als Einzelfiguren (im Allgemeinen aus dem Gedächtnis oder nach Fotografien) bevorzugt porträtierte, denn, so Bacon, „wären sie nicht meine Freunde, könnte ich ihnen [bildlich] nicht solche Gewalt antun".

Das Bewusstsein von Gewalt als Grundmuster der Realität (der normalen menschlichen Existenz), die „Gewaltsamkeit des Wirklichen" spiegelt sich in Bacons deformierten, verdrehten, verzerrten Körperbildern. Wie von Krämpfen geschüttelt, von Erinnerungen gepeinigt scheinen diese bedrohlichen Mächten preisgegeben, von Gewalt beherrscht. Damit assoziieren Bacons Menschendarstellungen ganz unmittelbar Kontrakturen und Paralysen wie sie im 19. Jahrhundert in den Schaubildern der Hysterie entwickelt wurden.

So wie die Hysterie eine Körpersprache ist und ihre Symptome einen Code liefern, in dem der Patient eine Nachricht übermittelt, die (aus welchen Gründen auch immer) nicht verbalisiert werden kann, so wird in Bacons Malerei (mit den zerfließenden Körpergrenzen und den ekstatisch in Auflösung begriffenen Körpern) in doppeltem Sinn Hysterie zur Kunst. Hysterie entkörpert den Körper, manifestiert Gefühle körperlich. In Entsprechung versteht Bacon seine Bilder als Metaphern für Schmerz und Verzweiflung.

Interessant scheint in diesem Zusammenhang, dass bereits Charcot den hysterischen Körper mit dem Blick des Künstlers studierte. Charcot, der ursprünglich Künstler werden wollte und in seinem Hausatelier auch malte, zeichnete seine hysterischen Patientinnen während ihrer Anfälle nicht nur, sondern ließ sie durch den Berufsfotografen Albert Londe auch fotografieren (publiziert in den drei Bänden der *Iconographies*), um so Bewegungen und Mimik festzuhalten.

The painting depicts Henrietta Moraes as a nude model lying lasciviously on a divan. Bacon sees the disintegration and deformation of body forms as corresponding to an overlapping of states revealing the different aspects of a phenomenon in which specific traits of the depicted person emerge in unusual intensity, in their "most elementary stage."
"I would like to deform an object in a way that goes beyond its everyday appearance, but in doing so to bring back its deformed depiction to a documentation of its appearance." (Bacon) According to the artist it is only by distorting and deforming the visible world that the nerves and feelings of the beholder can be stimulated and the veils or protective shields of perception be removed. Bacon made several portraits of Henrietta Moraes. She belonged to Bacon's circle of friends who he liked to depict in portraits, as nudes, interiors and usually as individual figures (generally from his memory or from photographs). As Bacon put it, "if they were not my friends, I could not subject them [metaphorically speaking] to such violence."

The awareness that violence is a basic structure of reality (of normal human existence), the "violence of the real" is reflected in Bacon's deformed, distorted images of the body. Shaken by convulsions, plagued by memories, these figures seem to be at the mercy of threatening forces, governed by violence. Bacon's portraits of persons thus seem to associate the convulsions and paralysis depicted in the illustrations of hysteria in the 19th century.

Just as hysteria is a body language with symptoms that provide a code in which the patient conveys a message that cannot be verbalized (for whatever reason), hysteria becomes art in Bacon's paintings (with their disintegrating body boundaries and the bodies dissolving in ecstasy) in a dual sense.

In this connection it seems interesting that already Charcot studied the hysterical body with the artist's gaze. Charcot, who originally wanted to become an artist and also painted in his home studio, not only drew his hysteric patients but also had them documented by the professonial photographer Albert Londe (published in the three volumes of *Iconographies*) to record their movements and gestures.

Karin Sagner-Düchting
translated by Camilla Nielsen

JEAN FAUTRIER
Tête d'otage, 1944,
Öl und Pigmente auf
Leinwand, 64 x 54 cm,
Paris, Courtesy Galerie
Daniel Malingue

ANDRÉ MASSON
Les jeunes filles, 1926,
Öl auf Leinwand, 41 x 33 cm,
Sammlung Klewan

MARLENE DUMAS
Losing (her Meaning), 1988,
Öl auf Leinwand, 50 x 70 cm,
Amsterdam, Galerie Paul
Andriesse

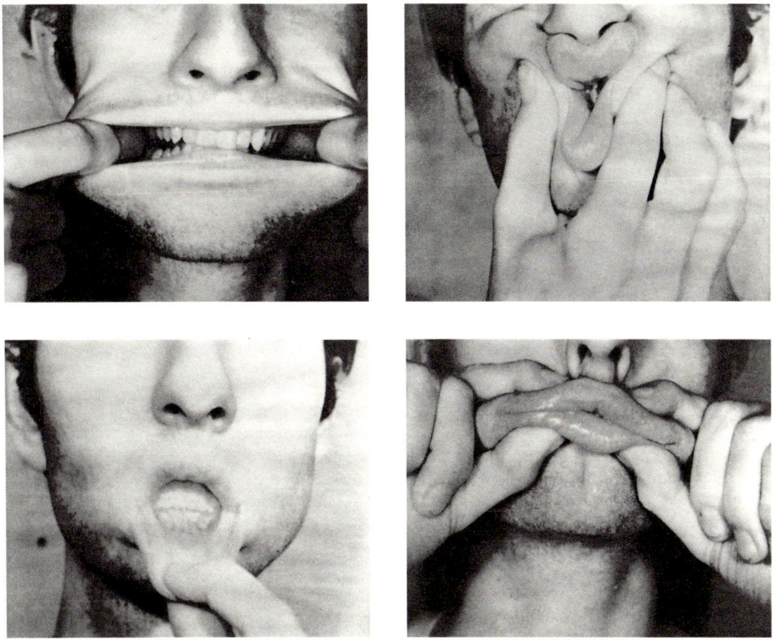

BRUCE NAUMAN
Studies for Holograms (a–e),
1970, Siebdruck auf Papier,
je 66 x 66 cm, Belgien,
Privatsammlung

MERET OPPENHEIM
Ma gouvernante, 1936, Objekt,
Stockholm, Moderna Museet

CANDICE BREITZ
Rainbow Series #3, 1996,
Fotomontage, 23 x 16,5 cm,
Köln, Galerie Johnen & Schöttle

JINDŘICH ŠTRYRSKÝ
The Movable Wardrobe (head glove),
1934, Collage, 38 x 28,5 cm,
Paris, Sammlung Galerie
1900–2000, Marcel Fleiss

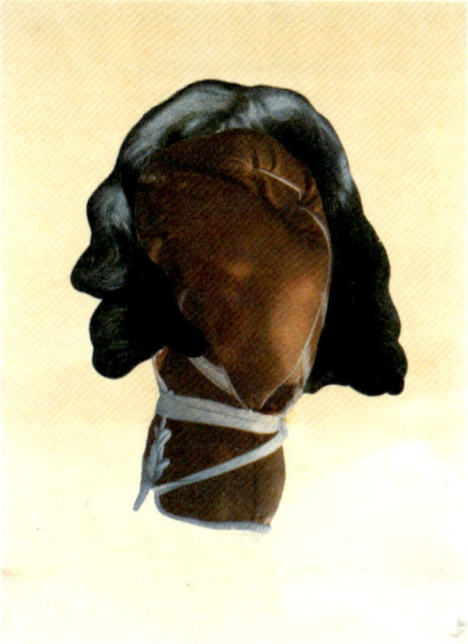

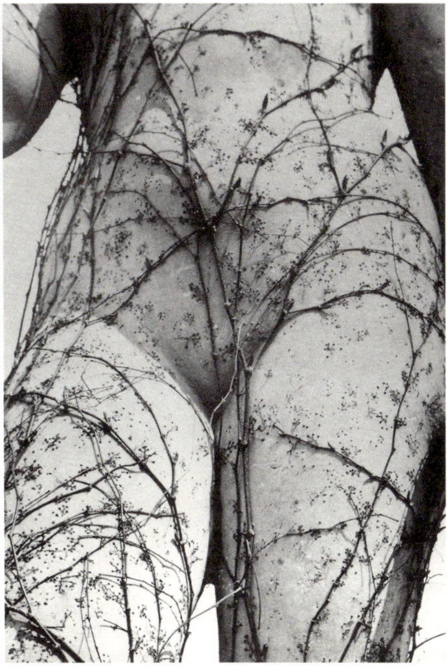

VILÈM REICHMANN
Umschlungen, 1940, Silbergelatine-
abzug (Abzug von 1958),
39 x 28 cm,
Sammlung Dietmar Siegert

PAUL THEK
Two Tube Meat Box, 1964,
Wachs, Plastik, Glas, Stahl, Haare,
39,5 x 20,5 x 14 cm, Köln,
Erzbischöfliches Diözesanmuseum

Two Tube Meat Box (1964) stellt in einer fast minimalistisch strengen Hängevitrine ein aus gefärbtem Wachs nachgebildetes Stück Fleisch aus. Das Fleisch, dessen flächige, bildhafte Präsenz aus dem Kult einer lange vergessenen Zeit zu stammen scheint, wird von zwei verchromten Haltegriffen durchstoßen, wie sie heute in Badezimmern verwendet werden. Die Konfrontation von rohem, ungeschütztem Fleisch und metallenen Befestigungsstangen erinnert an die Tortur des Christus-Leibes, der mit Nägeln ans Kreuz geschlagen wurde. Die Glasscheiben der Vitrine sind nicht nur durchsichtig, sie sind von dünnen gelben Streifen überzogen, wodurch zum einen die exaltierte Reliquie weiter hysterisiert, zum anderen konzeptuell überdeutlich die Durchsichtigkeit des Glases, seine Materialität, das Glas als Glas betont wird.

Der 1933 geborene, katholisch erzogene Amerikaner Thek machte 1963 in den Kapuzinerkatakomben auf Sizilien eine prägende Erfahrung: „Ich hoffe, meinem Werk wohnt die Unschuld der barocken Krypten inne, die ich in Sizilien besucht habe. Sie üben eine derart überwältigende Wirkung aus, dass man erst einmal einen Moment lang zurückweicht, dann jedoch wie berauscht ist. Etwa 8000 Leichen – keine Skelette, sondern Leichname – schmücken die Wände, und in den Gängen stehen unzählige Fenstersärge. Ich öffnete einen und ergriff etwas, das ich für ein Stück Papier hielt: es entpuppte sich als ein Stück getrockneten Oberschenkels. Ich fühlte mich seltsam erleichtert und frei. Dass man Körper – wie Blumen - zur Schmückung eines Raumes verwenden konnte, faszinierte mich. Wir akzeptieren die Tatsache, dass auch wir Gegenstände sind, zwar auf einer intellektuellen Ebene, dies aber auch gefühlsmäßig anzuerkennen, kann einem ein wahres Glücksgefühl geben.“ [1]

Nach Paul Theks eigenen Aussagen stand seine anti-minimalistische Leib-Kunst der sechziger Jahre für Differenzierung und wandte sich gegen die opportunistische Komplizenschaft vorherrschender Kunstrichtungen mit vorherrschenden Kunsttheoretikern, gegen die Auflösung des künstlerischen, kultmächtigen Bildes in die Textkategorien der Kunstkritik, gegen das Kunstwerk als Ware im Meinungsmarkt, gegen die Unterschlagung des hysterischen katholischen Erbes bei der Darstellung des menschlichen Körpers in der zeitgenössischen Kunst. Die Beigabe von Ekel in seinen *Technological Reliquaries* war nicht stilisierender Selbstzweck, sondern Gegenmittel zum Konsum von Kunst.

Two Tube Meat Box (1964) exhibits a piece of meat made of coloured wax in an almost minimalistically- severe hanging glass case. The meat, the extensive graphic presence of which seems to stem from a cult in the far distanced past, is held by two chromium-plated grips, as found in contemporary bathrooms. The confrontation between raw unprotected meat

and metallic attachments is reminiscent of the persecution of the body of Christ, who was nailed to the cross. The panes of glass case are not only transparent, they are covered with thin yellow lines, which not only make the exalted relic seem more hysterical, but also over-emphasise the transparency of the glass, its materiality, the glass and glass.

American artist Paul Thek, born in 1933 and brought up a Catholic, had a profound experience in the Capuchin crypts in Sicily in 1963: "I hope the work has the innocence of those Baroque crypts in Sicily [...] There are 8,000 corpses – not skeletons, corpses – decorating the walls, and the corridors are filled with windowed coffins. I opened one and picked up what I thought was a piece of paper; it was a piece of dried thigh. I felt strangely relieved and free. It delighted me that bodies could be used to decorate a room, like flowers. We accept our thing-ness intellectually, but the emotional acceptance of it can be joy."[1]

As Paul Thek himself once put it, his anti-minimalist body art of the 1960s was opposed to the opportunist complicity between the prevailing art trends and the predominant art theoreticians, to the work of art as a commodity in the opinion market, to the denial in contemporary art's depiction of the human body of the hysterical Catholic legacy. His inclusion of the repulsive in his *Technological Reliquaries* was not a stylistic end-in-itself, but an antidote to the consumption of art.

Matthias Winzen

translated by Pauline Cumbers

[1] Interview mit/with Gene R. Swenson: Beneath the Skin, in *ArtNews*, April 1966.

HANNAH HÖCH

Poesie, 1922,

Collage mit Tusche,

25,5, x 19,5 cm,

Privatsammlung

Die Arbeit gehört zu den Collagen und Montagen, denen sich Hannah Höch seit 1919 im Kreis der Dadaisten, für die die Fotomontage zentrales bildnerisches Mittel und Medium war, zuwandte. Dabei haben die Erfindung der Fotomontage in Deutschland einerseits George Grosz und John Heartfield andererseits Raoul Haussmann und Hannah Höch für sich beansprucht.

Die Collage aus Kordel, Papier, Tuschzeichnung und Zeitungsausschnitten lässt durch die gedruckten Worte und den Werktitel *Poesie* anklingen, doch erweist sich diese *Poesie* der „nächtlichen Jungfrauen-Träume" bei näherer Betrachtung als brüchig.

Der auf ein puppenhaft-starres, kopfloses Gebilde reduzierte Körper der Jungfrau (Braut) ist durch technoid, mechanisch und maschinell anmutende Formen in einen maschinenhaften Mechanismus eingebunden, der sich im Pumpen und Verstopfen, im Einbruch (Trott) der standardisierten, funktional erstarrten Sexualität erschöpft und zur Zerstörung der weiblichen Persönlichkeit, der *Poesie* führt. Traumwissen (Träume) und die Affinität zu Unbewusstem (Nacht) und Magischem (Tandaradei), die für Höch zu den besonderen Kräften der Frau zählen, sind dabei gefährdet oder gehen verloren.

Das erotische Element wird hier mit dem Maschinenkult verknüpft und der weibliche Körper in die Attribute der Ware/Maschine zerstückelt. So reflektiert Höch nicht nur die gesellschaftliche Stellung der Frau in den Konventionen ihrer Zeit, sondern reduziert auch das glorifizierte Maschinenzeitalter und sein Frauenbild auf ein sexokkupiertes Roboterwesen. Höch stand der Neudefinition der Geschlechter wie sie die Dadaisten zwar lautstark propagierten, deren konsequente Umsetzung sie im realen Leben durch einen konventionell-bourgeoisen Lebensalltag jedoch eher scheuten, skeptisch gegenüber. Als Lebensgefährtin des Dadadisten Raoul Hausmann erfuhr Höch diese Diskrepanz am eigenen Leib.

Die Arbeit steht in unmittelbarem Zusammenhang mit Höchs wiederholten Brautmotiven, in denen sie sich in der Gestalt der Braut mit sozialen und erotischen Bedeutungszuweisungen auseinandersetzt (und die Braut als Maschine ihren sozialen Nutzen aus der gesellschaftlichen Verwertung des Erotischen bezieht).

Als imaginäre Maschine steht die Jungfrau/Braut typisch dadaistischen Themenkreisen wie Braut, Heirat, Maschine nahe, die in vielfältiger Weise in den Junggesellenmaschinen des Dadaismus bildnerische Umsetzung fanden. In der Metamechanik dieser Junggesellenmaschinen wird auf befremdliche Weise der Austausch von Weiblichem und Männlichem, Künstlichem und Natürlichem, Organischem und Mechanischem, Subjekt/Ich und Objekt realisiert.

Die Jungfrau
pumpt feierlich
TRÄUME
Nacht
verstopft
Tandaradei.
dunkel
ist das Weltgewissen.
balzt
TROTT
Poesie
TROTT
Poesie
H. Höch 22

In 1919, Hannah Höch turned her attention to collages and montages. This work is an expression of that preoccupation. In dadaist circles the photomontage was a major pictorial medium. In Germany, not only George Grosz and John Heartfield, but also Raoul Hausmann and Hannah Höch claimed to have invented photomontage.

This collage made of twine, paper, ink drawing and newspaper cuttings renders *Poetry* discernible both in the printed words and in the title of the work. Yet on closer observation, the *Poetry* of the virgin's nocturnal dreams proves fragile.

Reduced to a rigid and headless doll-like shape, the body of the virgin (bride) is caught up in a kind of mechanical apparatus composed of ostensibly technoid, machine-like forms. The sole purpose of this apparatus is to pump and plug, to incorporate functionally standardized and unimaginative sexuality (routine), which results in the destruction of the female personality, of *Poetry*. Dream knowledge (dreams) and an affinity to the unconscious (night) and the magical (playfulness), regarded by Höch as typical of woman's special powers, are endangered or lost.

Here the erotic is linked with the cult of machines, and the female body is dismembered, its attributes those of a commodity/machine. In this way Höch not only reflects on the social status of women as determined by the conventions of her time, she also demotes the glorified machine age and its particular image of woman, rendering them in the guise of a sex-obsessed robotic being. Höch was sceptical about the new definition of the sexes propagated so loudly by the Dadaists, although in actual fact they shied away from its implementation by themselves leading conventional bourgeois everyday lives. As the lover of the dadaist Raoul Hausmann, Höch experienced this contradiction at close quarters.

This work is directly related to Höch's bride motifs, through which she repeatedly engaged with the social and sexual ascription of meaning (the bride as machine acquires her purpose in life from the social exploitation of the erotic).

As an imaginary device, the virgin/bride is also related to typical dadaist themes, such as the bride, marriage, the machine. These found artistic expression in dadaism's many and varied bachelor machines. The metamechanics of these bachelor machines is a bizarre manifestation of the interchange of female and male, artificial and natural, organic and mechanical, subject/ego and object.

Karin Sagner-Düchting
translated by Pauline Cumbers

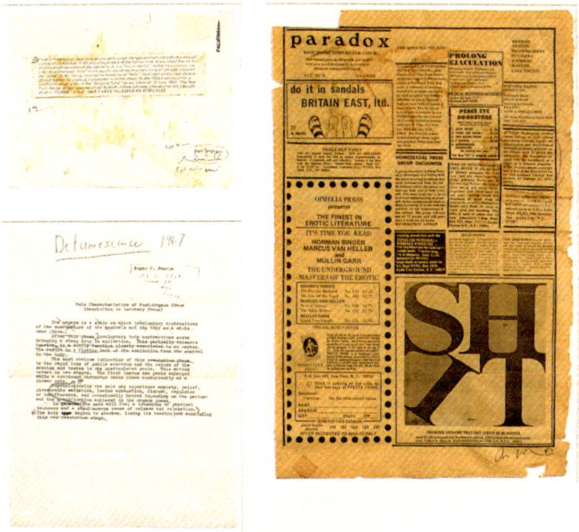

DAN GRAHAM
Detumescence, 1967, Collage,
71,1 x 68,6 cm, New York,
Galerie Marian Goodman

YVES KLEIN
ANT 68, um 1961,
Farbpigmente auf Papier über
Leinwand, 155 x 343 cm,
Zug, Galerie Gmurzynska

ROBERTO MATTA
Nuit frontière, 1939,
Farbstift und Kreide auf Papier,
33,7 x 49,9 cm,
Paris, Galerie de France

PIOTR NATHAN
Neue Romantik – Schriften zu den Leidenschaften des 20. Jahrhunderts: Die Jungs (mit Fotografien von David Armstrong), 1993,
Blick auf die Installation für die Ausstellung *AIDS-Welten – Lebenswelten*, 1994, (Potsdam, Altes Rathaus/Kulturhaus),
Besitz des Künstlers

ASGER JORN
Modifikation, zwei Pinguine, 1962,
Öl auf Leinwand, 120 x 200 cm,
München, Städtische Galerie im Lenbachhaus und Kunstbau

URS LÜTHI
My lability is my creativity, 1970,
Fotografie, je 29 x 20,5 cm,
Zürich, Graphische Sammlung
der ETH

CAROLEE SCHNEEMANN
Body Collage, 1967,
Fotografie, 35,6 x 27,9 cm,
Besitz der Künstlerin

ARNULF RAINER
Schreckhaar, o.J., Tiefdruck
und Kaltnadelradierung,
40 x 30,5 cm, München,
Städtische Galerie im
Lenbachhaus und Kunstbau

GILLES DELEUZE

Die Hysterie

Jenseits des Organismus, aber auch als Grenze des erlebten Körpers gibt es das, was Artaud entdeckt und benannt hat: den organlosen Körper. „Der Körper ist der Körper Er ist allein Er braucht keine Organe Der Körper ist nie ein Organismus Die Organismen sind die Feinde des Körpers."[1] Der organlose Körper steht weniger den Organen als jener Organisation der Organe gegenüber, die man Organismus nennt. Er ist ein dichter, ein intensiver Körper. Er wird von einer Welle durchströmt, die gemäß den Variationen ihrer Amplitude im Körper Ebenen oder Schwellen einzeichnet. Der Körper hat also keine Organe, sondern Schwellen oder Ebenen. So dass die Sensation nicht qualitativ oder qualifiziert ist, sie hat nur eine intensive Realität, die in ihr keine repräsentativen Gegebenheiten mehr bestimmt, sondern allotrope Variationen. Die Sensation ist Schwingung. Bekanntlich weist das Ei eben jenen Zustand des Körpers „vor" der organischen Repräsentation auf: Achsen und Vektoren, Gradienten, Zonen, kinematische Bewegungen und dynamische Tendenzen, bezüglich welcher die Formen kontingent und unwesentlich sind. „Kein Mund. Keine Zunge. Keine Zähne. Kein Kehlkopf. Keine Speiseröhre. Kein Magen. Kein Bauch. Kein Anus." Ein geradezu nicht-organisches Leben, denn der Organismus ist nicht das Leben, er sperrt es ein. Der Körper ist ganz und gar lebendig und dennoch nicht organisch. Darum gewinnt auch die Sensation, wenn sie den Körper über den Organismus hinweg trifft, eine exzessive und spasmodische Wendung, sie durchbricht die Schranken der organischen Aktivität. Mitten im Fleisch wird sie unmittelbar auf die Nervenbewegung oder die vitale Emotion geleitet. Man möchte glauben, dass Bacon Artaud in vielen Punkten begegnet: Die Figur ist exakt der organlose Körper (den Organismus zugunsten des Körpers, das Gesicht zugunsten des Kopfes auflösen); der organlose Körper ist Fleisch und Nerven; eine Welle durchströmt ihn und zeichnet Ebenen in ihn ein; die Sensation ist gleichsam das Zusammentreffen der Welle mit Kräften, die auf den Körper einwirken, „affektive

Athletik", gehauchter Schrei; wenn sie derart auf den Körper bezogen ist, bleibt die Sensation nicht länger repräsentativ, sie wird real; und die Grausamkeit wird immer weniger an die Darstellung von etwas Schrecklichem gebunden sein, sie wird nur die Einwirkung der Kräfte auf den Körper oder die Sensation (das Gegenteil des Sensationellen) sein. Im Gegensatz zu einer „miserabilistischen" Malerei, die Organstücke malt, hat Bacon unablässig organlose Körper, das intensive Faktum des Körpers gemalt. Die verwischten oder verstrichenen Partien sind bei Bacon neutralisierte Teile des Organismus, die auf ihren Zustand als Zone oder Ebene zurückgeführt wurden: „… das menschliche Gesicht hat sein Antlitz noch nicht gefunden …"

Ein mächtiges nicht-organisches Leben: So definierte Worringer die gotische Kunst, „die nordische gotische Linie".[2] Sie steht prinzipiell der organischen Repräsentation der klassischen Kunst gegenüber. Die klassische Kunst mag figurativ sein in dem Maße, wie sie auf etwas Dargestelltes verweist, aber sie kann abstrakt sein, wenn sie eine geometrische Form der Darstellung, der Repräsentation herausarbeitet. Ganz anders ist die pikturale gotische Linie, ihre Geometrie und ihre Figur beschaffen. Diese Linie ist zunächst dekorativ, an der Oberfläche, sie ist aber eine materielle Dekoration, die keinerlei Form zeichnet, sie ist eine Geometrie, die nicht mehr im Dienst des Wesentlichen und Ewigen steht, eine Geometrie, die auf „Probleme" oder „Akzidenzen" verpflichet wird, Ablation, Adjunktion, Projektion, Überschneidung. Sie ist also eine Linie, die fortwährend ihre Richtung ändert, gebrochen, abgeknickt, abgelenkt, auf sich gewendet, eingerollt oder über ihre natürlichen Grenzen hinaus verlängert, ersterbend in einem „ungeordneten Krampf": Es gibt freie Markierungen, die die Linie fortsetzen oder unterbrechen und unterhalb oder außerhalb der Repräsentation wirken. Also eine Geometrie, eine vital und tief gewordene Dekoration, vorausgesetzt, dass sie nicht mehr organisch ist: Sie erhebt die mechanischen Kräfte zur sinnlichen Anschauung, sie verfährt mittels heftiger Bewegung. Und wenn sie auf das Tier trifft, wenn sie das Tier malt, so nicht mit dem Entwurf einer Form, sondern im Gegenteil dadurch, dass sie mit ihrer Klarheit, mit ihrer nicht-organischen Präzision selbst eine Ununterscheidbarkeitszone der Formen erzwingt. Darum bezeugt sie auch eine hohe Spiritualität, da sie durch einen spirituellen Willen über das Organische hinaus, auf die Suche nach elementaren Kräften geführt wird. Nur dass diese Spiritualität die des Körpers ist; der Geist ist der Körper selbst, der organlose Körper. (Die erste Figur Bacons wäre die des gotischen Dekorateurs.)

Im Leben gibt es viele zweifelhafte Annäherungen an den organlosen Körper (den Alkohol, die Droge, die Schizophrenie, den Sado-Masochismus etc.). Kann man die lebendige Realität dieses Körpers aber in gewissem Sinne „Hysterie" nennen? Eine Welle mit variabler Amplitude durchströmt den organlosen Körper; je nach den Variationen ihrer Amplitude zeichnet sie Zonen und Ebenen in ihn ein. Im Zusammentreffen der Welle auf einer bestimmten Ebene mit äußeren Kräften erscheint eine Sensation. Ein Organ wird also durch dieses Zusammentreffen determiniert sein, ein provisorisches Organ allerdings, das nur solange anhält, wie die Welle und die Krafteinwirkung hindurchgehen, und sich verschieben wird, um sich anderswo festzusetzen. „Kein Organ bleibt an seinem Platz oder behält seine Funktion [...] Geschlechtsorgane können sich an jeder beliebigen Stelle entwickeln [...] Darmausgänge tun sich auf, entleeren sich und wachsen wieder zu [...] der ganze Organismus ändert in Sekundenbruchteilen Farbe und Konsistenz und kommt nie zur Ruhe [...]."[3] Tatsächlich fehlen dem organlosen Körper keine Organe, es fehlt ihm bloß ein Organismus, d.h. jene Organisation der Organe. Der organlose Körper definiert sich also durch ein unbestimmtes Organ, während sich der Organismus durch bestimmte Organe definiert. „Wozu eigentlich einen Mund und einen Darmausgang, die ständig Funktionsstörungen entwickeln? Warum nicht ein Allzweckloch, das die Nahrung aufnehmen und ausscheiden kann? Wir könnten Nase und Mund dichtmachen, den Magen auffüllen und ein Luftloch direkt in die Lunge machen, wo es sowieso von Anfang an hingehört hätte ..."[4] Wie aber kann man behaupten, es handele sich um eine vielfach verwendbare Schleimhaut oder ein unbestimmtes Organ? Gibt es nicht einen Mund und einen Anus, die ganz deutlich voneinander unterschieden sind und einen Weg oder einen Zeitraum abverlangen, um vom einen zum anderen zu gelangen? Gibt es nicht selbst im Fleisch einen ganz deutlich unterschiedenen Mund, den man an seinen Zähnen erkennt und der sich nicht mit anderen Organen verwechseln lässt? Folgendes muss begriffen werden: Die Welle durchströmt den Körper; auf dieser oder jener Ebene wird sich ein Organ bestimmen, je nach angetroffener Kraft; und dieses Organ wird sich verändern, wenn sich die Kraft selbst ändert oder wenn man auf eine andere Ebene gelangt. Kurz,

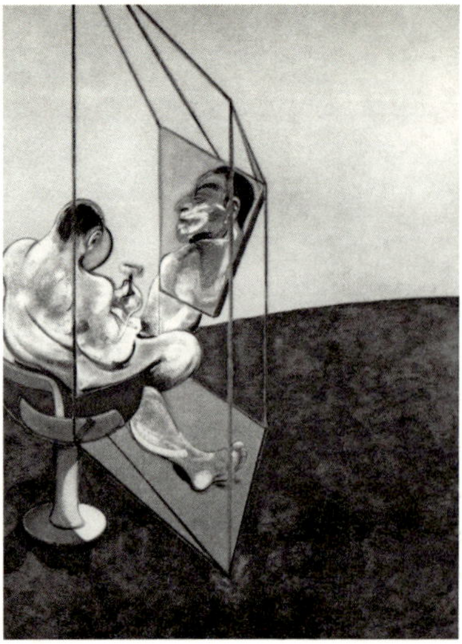

Francis Bacon,
Three studies of the male back,
1970, Kunsthaus Zürich

der organlose Körper definiert sich nicht durch die Abwesenheit von Organen, er definiert sich nicht nur durch die Existenz eines unbestimmten Organs, er definiert sich schließlich durch die vorübergehende und provisorische Gegenwart bestimmter Organe. Es ist dies eine Art und Weise, die Zeit ins Gemälde einzuführen; und es gibt bei Bacon eine große Kraft der Zeit, die Zeit ist gemalt. Die Variation von Textur und Farbe auf einem Körper, auf einem Kopf oder einem Rücken (wie in den *Three studies of the male back*, ABB. 1) ist wahrhaftig eine zeitliche Variation, die auf eine Zehntelsekunde eingestellt ist. Daher die chromatische Behandlung des Körpers, die sich stark von der der Farbflächen unterscheidet: Es wird eine Chronochromatik des Körpers im Gegensatz zur Monochromatik der Farbfläche geben. Die Zeit in die Figur bringen – dies ist die Kraft des Körpers bei Bacon: der breite Männerrücken als Variation.

Man sieht demnach, worin jede Sensation eine Differenz der Ebene (der Ordnung, des Bereichs) impliziert und von einer Ebene zur anderen übergeht. Selbst die phänomenologische Einheit wurde dem nicht gerecht. Anders aber der organlose Körper, wenn man die vollständige Reihe beobachtet: organlos – mit einem mehrwertigen unbestimmten Organ mit vorübergehenden und vorläufigen Organen. Was auf einer bestimmten Ebene

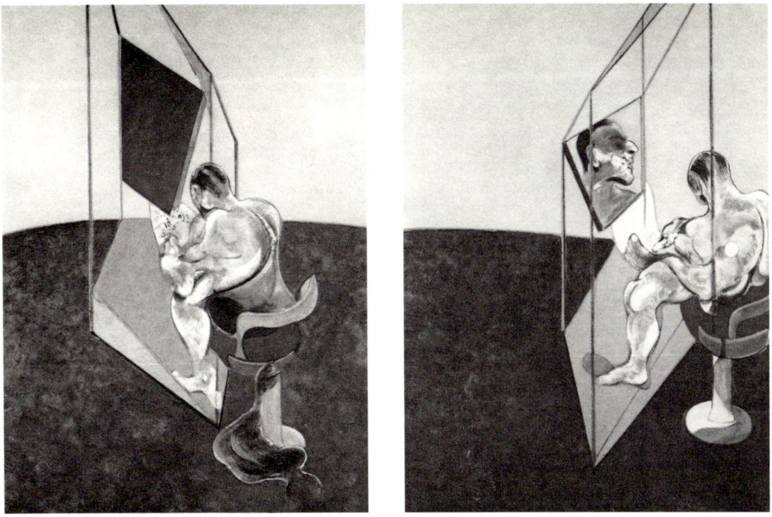

ABB. 1

Mund ist, wird auf einer anderen Anus, oder auf derselben Ebene unter Einwirkung anderer Kräfte. Nun ist diese vollständige Reihe die hysterische Realität des Körpers. Wenn man sich auf das „Schaubild“ der Hysterie bezieht, wie es sich im 19. Jahrhundert in der Psychiatrie und anderswo ausbildet, so findet man eine gewisse Anzahl von Merkmalen, die Bacons Körper unablässig mit Leben erfüllen. Und zunächst die berühmten Kontrakturen und Paralysen, die Hyperästhesien oder Anästhesien, die assoziiert sind oder einander abwechseln, bald unveränderlich, bald wandernd sind, je nach dem Vorbeiziehen der Nervenbewegung, je nach den Zonen, die sie besetzt oder von denen sie sich zurückzieht. Sodann die Phänomene von Präzipitation und Vorwegnahme und demgegenüber die Phänomene von Verspätung (Hysteresis), von Nachträglichkeit, je nach den Oszillationen der vorauslaufenden oder verspäteten Welle. Dann der transitorische Charakter der Organbestimmung, je nach den einwirkenden Kräften. Dann noch die unmittelbare Wirkung dieser Kräfte auf das Nervensystem, als ob der Hysteriker ein Schlafwandler im Wachzustand, ein „Wachwandler“ wäre. Schließlich ein ganz spezielles Gefühl vom Innern des Körpers, weil eben der Körper unterhalb des Organismus gefühlt wird, weil transitorische Organe eben unterhalb der Organisation der feststehenden Organe gefühlt

ABB. 2

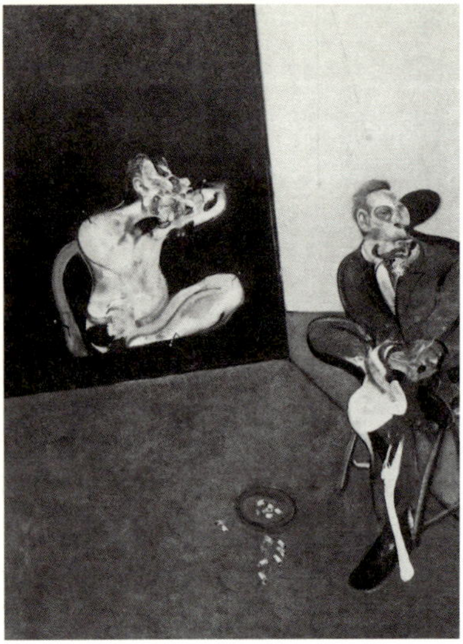

Francis Bacon, *Two studies for a portrait of George Dyer*, 1968, Tampere, Sammlung Sara Hildén

werden. Und mehr noch, dieser organlose Körper und diese transitorischen Organe werden selbst gesehen werden, und zwar in Phänomenen innerer oder äußerer „Autoskopie“: Das ist nicht mehr mein Kopf, aber ich fühle mich in einem Kopf, ich sehe und ich sehe mich in einem Kopf, oder ich sehe mich nicht im Spiegel, aber ich fühle mich im Körper, den ich sehe, und ich sehe mich in jenem nackten Körper, wenn ich angezogen bin etc.[5] Gibt es irgendeine Psychose, die nicht dieses hysterische Aufrechtstehen enthält? „Eine unverständliche und ganz aufrechte Haltung inmitten des Ganzen im Geist.“[6] Das gemeinsame Bild der Personen Becketts und der Figuren Bacons – dasselbe Irland: das Rund, das Isolierende, der Verwaiser; die Reihe von Kontrakturen und Paralysen im Rund; der kleine Spaziergang des Wachwandlers; die Gegenwart des Zeugen, der noch fühlt, sieht und spricht; die Art und Weise, wie der Körper entweicht, d.h. dem Organismus entkommt … Er entkommt durch den wie ein O geöffneten Mund, durch den Anus oder den Bauch oder die Kehle oder durch das Rund des Waschbeckens oder durch die Spitze des Regenschirms.[7] Gegenwart eines organlosen Körpers unter dem Organismus, Gegenwart von transitorischen Organen unter der organischen Repräsentation. Als angezogene sieht sich Bacons Figur nackt im Spiegel oder auf der Leinwand. Die Kontrakturen und Hyperästhesien werden oft mit verwischten, verschmierten Zonen markiert, die Anästhesien, (ABB. 2) Paralysen mit fehlenden Zonen (wie in einem sehr detaillierten Triptychon von 1972). (ABB. 3)

Vor allem werden wir sehen, dass sich die ganze „Manier" Bacons in einem Vorweg und einem Nachträglich abspielt: Was passiert, bevor das Gemälde begonnen wird, aber auch was nachträglich passiert, eine Hysteresis, die jedes Mal die Arbeit abbrechen, den figurativen Ablauf unterbrechen und ihn im Nachhinein dennoch aufnehmen wird …

Gegenwart, Gegenwart, das ist das erste Wort, das einem vor einem Gemälde Bacons in den Sinn kommt.[8] Ist diese Gegenwart möglicherweise hysterisch? Der Hysteriker ist derjenige, der seine Gegenwart aufzwingt, für den zugleich aber auch die Dinge und Wesen gegenwärtig, allzu gegenwärtig sind und der jedem Ding und jedem Wesen diesen Exzess an Gegenwart überträgt. Es gibt also kaum einen Unterschied zwischen dem Hysteriker, dem Hysterisierten, dem Hysterisierenden. Mit Humor kann Bacon sagen, dass das hysterische Grinsen, das er auf das Portrait von 1953, auf den Menschenkopf von 1953, auf den Papst von 1955 malt, vom „Modell" stammt, das „ziemlich nervös, fast hysterisch" war. Das ganze Gemälde ist aber hysterisiert.[9] Und Bacon selbst hysterisierend, wenn er sich in einer Vorwegnahme ganz und gar dem Bild überlässt, seinen ganzen Kopf dem Fotomaton überlässt oder eher sich selbst in einem Kopf sieht, der zum Apparat gehört, der in den Apparat geraten ist. Und was ist das hysterische Grinsen, wo ist die Abscheulichkeit, die Niedertracht dieses Grinsens? Die Gegenwart oder das Beharren. Endlose Gegenwart. Beharrlichkeit des Lächeln jenseits des Gesichts und unter dem Gesicht. Beharrlichkeit eines Schreis, der den Mund überdauert, Beharrlichkeit eines Körpers, der den Organismus überdauert, Beharrlichkeit der transitorischen Organe, die die qualifizierten Organe überdauern. Und die Identität eines Schon-hier und eines Stets-zu-spät in der exzessiven Gegenwart. Überall wirkt eine Gegenwart unmittelbar auf das Nervensystem und macht die Installierung oder Distanzierung einer Repräsentation unmöglich. Eben das meinte auch Sartre, als er sich hysterisch nannte und von der Hysterie Flauberts sprach.[10]

Um welche Hysterie handelt es sich? Um Bacon selbst oder um den Maler oder um die Malerei selbst und um die Malerei allgemein? Freilich ist es einigermaßen riskant, ästhetische Pathologie zu betreiben (mit dem Vor-

ABB. 3

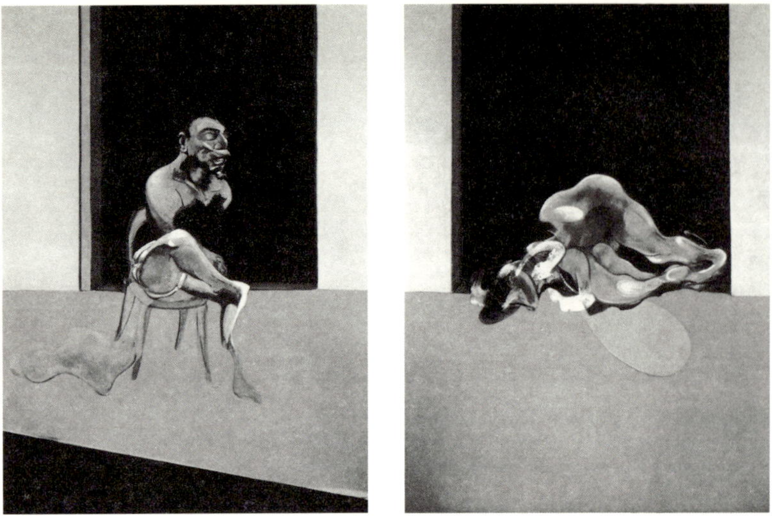

teil jedoch, dass dies keine Psychoanalyse ist). Und warum sollte man das speziell von der Malerei behaupten, während man doch so viele Schriftsteller oder gar Musiker geltend machen kann (Schumann und die Kontraktur des Fingers, das Stimmenhören ...)? Wir meinen in der Tat, dass es einen besonderen Bezug der Malerei zur Hysterie gibt. Das ist ganz einfach. Die Malerei unternimmt es unmittelbar, die Präsenzen unterhalb der Repräsentation, hinter der Repräsentation freizusetzen. Das System der Farben selbst ist ein System unmittelbarer Einwirkung auf das Nervensystem. Dies ist keine Hysterie des Malers, sondern eine Hysterie der Malerei. Mit der Malerei wird die Hysterie zur Kunst. Oder besser: Mit dem Maler wird die Hysterie zur Malerei. Wozu der Hysteriker so unfähig ist, nämlich ein wenig Kunst zu betreiben, das tut der Maler. Darum muss man auch sagen, dass der Maler nicht hysterisch ist, im Sinne einer Negation in der negativen Theologie. Die Niedertracht wird Herrlichkeit, der Schrecken des Lebens wird ganz reines und ganz intensives Leben. „Das Leben ist Schrecknis", sagte Cézanne, in diesem Schrei aber erhoben sich bereits alle Wonnen der Linie und der Farbe. Der zerebrale Pessimismus ist es, den die Malerei in einen Optimismus der Nerven umwandelt. Die Malerei ist Hysterie oder verwandelt die Hysterie, weil sie die Gegenwart sichtbar macht, unmittel-

Francis Bacon,
Triptychon, 1968,
London, Tate Gallery

bar. Mit den Farben und Linien besetzt sie das Auge. Aber das Auge wird von ihr nicht wie ein festes Organ behandelt. Mit der Befreiung der Linien und Farben von der Repräsentation befreit sie gleichzeitig das Auge von seiner Zugehörigkeit zum Organismus, sie befreit es von seinem Charakter als festes und qualifiziertes Organ: Das Auge wird virtuell zum mehrwertigen unbestimmten Organ, das den organlosen Körper, d.h. die Figur, als reine Gegenwart sieht. Die Malerei setzt uns überall Augen ein: ins Ohr, in den Bauch, in die Lungen (das Gemälde atmet ...). Das ist die doppelte Definition der Malerei: Subjektiv besetzt sie unser Auge, das nicht länger organisch ist, um zu einem mehrwertigen und transitorischen Organ zu werden; objektiv errichtet sie vor uns die Realität eines Körpers, Linien und Farben, die von der organischen Repräsentation befreit sind. Und das eine geschieht durch das andere: Die reine Präsenz des Körpers wird sichtbar werden, während das Auge gleichzeitig das für diese Gegenwart bestimmte Organ sein wird.

Um diese grundlegende Hysterie zu bannen, hat die Malerei zwei Mittel: Entweder die figurativen Koordinaten der organischen Repräsentation zu bewahren, auch wenn mit ihnen ganz subtil gespielt wird, auch wenn unter oder zwischen diesen Koordinaten die befreiten Gegenwarten und die desorganisierten Körper durchgelassen werden. Das ist der Weg der sogenannten klassischen Kunst. Oder sich der abstrakten Form zuzuwenden und eine spezifisch pikturale Form zu erfinden (die Malerei in diesem Sinne zu „erwecken"). Von allen Klassikern war Velásquez zweifellos der klügste, von einer immensen Klugheit: Seine außerordentlichen Kühnheiten brachte er damit durch, dass er entschieden an den Koordinaten festhielt, dass er seine Rolle als Dokumentarist ganz und gar akzeptierte ...[11] Was hat Bacon im Verhältnis zu Velásquez, als Meister verstanden? Warum erklärt er seinen Zweifel und seine Unzufriedenheit, wenn er an seine Wiederaufnahme des Porträts von Innozenz X. denkt? In gewisser Weise hat Bacon alle Elemente von Velásquez hysterisiert. Man braucht nicht nur die beiden Innozenz X. zu vergleichen, den von Velásquez und den von Bacon, der ihn in einen schreienden Papst verwandelt. Man muss den Innozenz X. von Velásquez mit der Gesamtheit von Bacons Gemälden vergleichen. Bei Velásquez zeichnet der Sessel bereits das Gefängnis des Parallelfachs vor; der schwere Vorhang dahinter drängt sich bereits nach vorne, und die Manteletta hat das Aussehen von Fleischstücken; ein unlesbares und dennoch deutliches Pergament ist in der Hand, und das aufmerksame feste Auge des Papstes sieht bereits ein Unsichtbares sich erheben. Aber all das ist auf befremdliche Weise enthalten, es wird erst geschehen und hat noch nicht die unabweisbare, unvermeidbare Gegenwart der Zeitungen bei Bacon, der nahezu tierhaften Sessel, des Vorhangs davor, des rohen Fleisches und des schreienden Mundes angenommen. Musste man diese Gegenwarten entfesseln, fragt Bacon? War es nicht besser, unendlich viel besser bei Velásquez? Musste jener Bezug der Malerei zur Hysterie an den hellichten Tag geholt werden, indem man zugleich den figurativen wie den abstrakten Weg zurückwies? Das fragt sich Bacon, während unser Auge von den beiden Innozenz X. entzückt ist.[12]

Warum aber wäre dies schließlich kennzeichnend für die Malerei? Kann man von einem hysterischen Wesen der Malerei sprechen, und zwar im Namen einer rein ästhetischen Pathologie und unabhängig von jeglicher Psychiatrie, von jeglicher Psychoanalyse? Warum sollte nicht auch die Musik reine Präsenzen freisetzen, freilich in Bezug auf ein Ohr, das zum mehrwertigen Organ für Klangkörper wurde? Und warum nicht die Dichtung oder das Theater, etwa von Artaud oder Beckett? Das Problem ist nicht so schwierig, wie man meint, nämlich das des Wesens jeder Kunst und womöglich ihres pathologischen Wesens. Gewiss durchströmt die Musik unseren Körper bis ins Innerste und setzt uns ein Ohr in den Bauch, in die Lungen … Sie versteht sich auf Welle und Nervosität. Nun zieht sie aber gerade unseren Körper – und die Körper – in ein anderes Element hinein. Sie entledigt die Körper ihrer Trägheit, der Materialität ihrer Gegenwart. Sie entkörpert die Körper. So dass man korrekt von Klangkörper und selbst von einem Ineinander der Körper in der Musik – etwa in einem Motiv – sprechen kann; aber es ist, wie Proust sagte, ein immaterielles und entkörpertes Ineinander, in dem „auch nicht der kleinste Rest von undurchlebtem und dem Geiste nicht anverwandeltem Stoff" übrigbleibt.[13] In gewisser Weise beginnt die Musik dort, wo die Malerei aufhört, und gerade das meint man, wenn man von einer Überlegenheit der Musik spricht. Sie installiert sich auf Fluchtlinien, die den Körper durchqueren, aber ihre Konsistenz anderswo finden. Während sich die Malerei oberhalb einrichtet, dort, wo der Körper entweicht, aber im Entweichen die Materialität offenbart, die ihn zusammensetzt, die reine Präsenz, aus der er gemacht ist und die er anders nicht offenbaren würde. Kurz, gerade die Malerei entdeckt die materielle Realität des Körpers, mit ihrem System Linien/Farben und ihrem mehrwertigen Organ, dem Auge. „Unser unersättliches und brünstiges Auge", sagte Gauguin. Das Abenteuer der Malerei liegt darin, dass es nur das Auge ist, das die materielle Existenz, die materielle Gegenwart auf sich nehmen konnte: selbst die eines Apfels. Wenn die Musik ihr Klangsystem und ihr mehrwertiges Organ, das Ohr, errichtet, so wendet sie sich an etwas ganz anderes als die materielle Realität des Körpers und verleiht den spirituellsten Entitäten einen entkörperten, entmaterialisierten Körper: „Die Paukenschläge des Requiems sind geflügelt, majestätisch, göttlich und können unseren überraschten Ohren nur die Ankunft eines Wesens verkünden, das – um Stendhals eigene Worte aufzugreifen – mit Sicherheit Verbindungen zu einer anderen Welt besitzt."[14] Darum ist das pathologische Wesen der Musik nicht die Hysterie, sie setzt sich eher einer galoppierenden Schizophrenie aus. Um die Musik zu hysterisieren, müsste man Farben in sie einführen und ein rudimentäres oder raffiniertes Korrespondenzsystem zwischen den Klängen und den Farben durchlaufen.

TEXT AUS

Gilles Deleuze, *Francis Bacon – Logik der Sensation*, Wilhelm Fink Verlag, München 1995. Der Abdruck erfolgt mit freundlicher Genehmigung des Verlags.

ANMERKUNGEN

[1] Antonin Artaud, „Suppôts et supplications“, in: *84*, Nr. 5/6, 1948.

[2] Wilhelm Worringer, *Formprobleme der Gotik*, München 1927, S. 27–54.

[3] William S. Burroughs, „Naked Lunch“, in: *Werke*, Bd. 1, Ed. C. Weissner, Frankfurt/M. 1980, S. 299.

[4] Ibd., S. 430.

[5] Man kann sich auf ein beliebiges Handbuch des 19. Jahrhunderts über die Hysterie beziehen. Aber vor allem auf eine Studie Paul Solliers, *Les phénomènes d'autoscopie*, Paris 1903 (die den Begriff des vigilambule, „Wachwandlers“ prägt).

[6] Antonin Artaud, „Die Nervenwaage. Fragmente eines Höllentagebuchs“, in: *Frühe Schriften*, Ed. B. Mattheus, München 1983, S. 92.

[7] Ludovic Janvier hatte in seinem *Beckett par lui-même* (Paris 1979) den Einfall, ein Lexikon der wichtigsten Ausdrücke Becketts zu erstellen. Es sind dies operative Begriffe. Man sei insbesondere auf die Artikel „Corps“ [Körper], „Espace-Temps“ [Zeit-Raum], „Immobilité“ [Unbeweglichkeit], „Témoin“ [Zeuge], „Tête“ [Kopf], „Voix“ [Stimme] verwiesen. Jeder dieser Artikel erzwingt einen Vergleich mit Bacon. Allerdings stehen sich Beckett und Bacon zu nahe, um sich zu kennen. Man sei aber auf Becketts Text über die Malerei Van Veldes verwiesen, Samuel Beckett u. a. (Eds.), *Bram van Velde. Eine Retrospektive*, Wabern 1989. Vieles darin würde mit Bacon zusammenpassen: Es geht hier insbesondere um die Abwesenheit von figurativen und narrativen Bezügen als einer Grenze der Malerei.

[8] Michel Leiris hat diesem Wirken der „Gegenwart“ bei Bacon einen schönen Text gewidmet. Siehe, „Ce que m'ont dit les peintures de Francis Bacon“, in: *Au verso des images*, Paris 1980.

[9] G 49.

[10] Sartresche Themen wie der Exzess von Existenz (die Baumwurzel im Ekel oder die Flucht des Körpers oder der Welt (wie durch ein „Abflussloch“, in: ders., *Das Sein und das Nichts*, Hamburg 1980) gehören zu einem Schaubild der Hysterie.

[11] G 29.

[12] G 35–36.

[13] Marcel Proust, *Auf der Suche nach der verlorenen Zeit*, Frankfurt/M. 1979, Bd. 4, *Die Welt der Guermantes*, S. 1308.

[14] Marcel Moré, *Le dieu Mozart et le monde des oiseaux*, Paris 1971, S. 47.

Hysteria

Beyond the organism, but also marking the threshold of the perceived body, lies what Artaud discovered and termed "the organless body". "The body is the body It is alone It has no need of organs The body is never an organism Organisms are enemies of the body."[1] The organless body stands not so much in opposition to the organs, but rather to that particular arrangement of organs known as the organism. It is a dense and intense body through which a wave flows, inscribing (depending on variations in amplitude) planes or thresholds on it. Therefore, the body does not have organs, but thresholds or planes. This explains why the sensation is not qualitative or qualified, but simply has one intense reality, which no longer determines representative states in it, rather allotropic variations. The sensation is oscillation. It is well known that the egg shows precisely the bodily state "before" organic representation: axes and vectors, gradients, zones, cinematic movements and dynamic tendencies with regard to which the forms are contingent and irrelevant. "No mouth. No tongue. No teeth. No larynx. No oesophagus. No stomach. No abdomen. No anus." A virtually non-organic life, for the organism is not life, it imprisons life. The body is completely alive and yet not organic. Which is why the sensation, when it hits the body via the organism, takes an excessive, spasmodic turn, breaking through the barriers of organic activity. In the middle of the flesh sensation is channelled directly into the nerve movement or the vital emotion. One has the impression that there are many meeting-points between Bacon and Artaud: the figure is precisely that of the organless body (dissolving the organism for the benefit of the body, the face for the benefit of the head), the organless body is flesh and nerves, a wave flows through it, inscribing planes onto it. It is as if sensation is the wave meeting the forces affecting the body, an "affective athletics", a breathed scream relating to the body in this way, sensation no longer remains representative, it becomes real, and cruelty will be tied less and less closely to the representation of something terrible, it will be merely the effect of the forces on the body, i.e. sensation (the opposite of the sensational). In contrast to "miserabilist" art, which paints pieces of organs, Bacon incessantly painted organless bodies, the intense fact of the body. The blurred or smeared areas in his pictures are for Bacon neutralised parts of the organism, re-assigned to their state as a zone or a plane: "[… the] human face has not yet found its countenance […]."

A mighty, non-organic life, this is how Worringer defined gothic art, "the nordic-gothic line".[2] As a principle, it stands in opposition to the organic representation of classical art. Classical art may be figurative insofar as it refers to something represented, but it can also be abstract when it brings out the geometric form of the representation. The pictorial gothic line, its geometry and figuration are of a completely different nature. Firstly, the line is "decorative", on the surface, but it is a material kind of decoration which does not delineate any kind of form, it is a geometry no longer in the service of the essential and the eternal, a geometry bound up with "problems" or "accidents", ablation, adjunction, projection, intersection. Hence it is a line that keeps changing direction, it is broken, bent, deflected, turned in on itself, curling up or extending beyond its natural limits, expiring in a "disordered convulsion": there are "free markings" continuing or interrupting the line and functioning beneath or outside the representation. In other words, this is a geometry, a decoration, that has become vital and profound, with the condition that it is no longer organic: it elevates mechanical powers to sensory perception, it proceeds by means of intense movement. And when it encounters the animal, when it "paints the animal", this is not done by designing a form, but on the contrary by enforcing, through its clarity and its non-organic precision, a zone where forms are indistinguishable. This is why it demonstrates a high degree of "spirituality", for it is led, by spiritual volition, beyond the organic and into the search for elementary forces. However, this kind of spirituality is of the body; the spirit is the body itself, the organless body. (Bacon's first figure would be that of the gothic decorator.)

In life, there are many doubtful approximations to the organless body (alcohol, drugs, schizophrenia, sado-masochism etc.). But does this body's living reality warrant the term "hysteria"? A wave of variable amplitude flows through the organless body; depending on the variations in its amplitude, it inscribes zones and planes onto the body. Whenever the wave encounters external forces on a certain plane, a sensation arises. Accordingly, such an encounter will determine an organ, albeit a provisional organ, which only lasts for as long as the wave and the force flow through it, until they move on to settle elsewhere. "[...] but no organ is constant as regards either function or position. Sex organs sprout everywhere [...]. Rectums open, defecate and close the entire organism changes colour and consistency in split-second adjustments ... "[3] In fact, it is not organs that the organless body lacks, but simply an organism, i.e. the organisation of organs. The organless body is thus defined by an "indefinite" organ, while the organism is defined by definite organs. "Instead of a mouth and an anus to get out of order why not have one all-purpose hole to eat "and" eliminate ? We could seal up nose and mouth, fill in the stomach, make an air hole direct into the lungs where it should have been in the first place [...]."[4] But how can one say that a mucus membrane is multi-purpose or an organ indefinite? Is there not a mouth and an anus, clearly distinguished from each other and demanding a distance or a period of time in order to get from one to the other? Is there not in the flesh itself a clearly distinguishable mouth, recognisable by its teeth and which cannot be confused with any other organs? This then needs to be understood: the wave flows through the body; on the one or the other plane an organ will be defined, depending on the force encountered; and this organ will mutate whenever the force itself mutates or when another plane is reached. In short, the organless body is defined not by the absence of organs, it is not merely defined by the existence of an indefinite organ, it is really defined by the "transient and provisional presence" of certain organs. This is a way of introducing time into the painting, and in Bacon we see the tremendous power of time: time is painted. The variations in texture and colour on a body, on a head or a back (such as in *Three studies of the male back*, ILL. 1) are truly temporal variations timed to within a tenth of a second.

This explains the chromatic treatment of the body, which differs strongly from that of the coloured spaces: what we have here is a chronochromatics of the body as opposed to the monochromatics of the coloured spaces. Introducing time into the figure – that is the power of the body as painted by Bacon: the broad male back as a variation.

It becomes clear how each sensation implies a difference in plane or level (a difference in order, in area) and moves from one plane or level to another. Not even the idea of a phenomenological unity could explain this operation. But the organless body could, if one considers the complete sequence: organless – with a multiple indefinite organ – with transient and provisional organs. What constitutes a mouth on one level becomes an anus on another or even on the same level when exposed to different forces. This complete sequence is now the hysterical reality of the body. The "diagram" of hysteria as it evolved during the 19th century in psychiatry and elsewhere shows a certain number of features which constantly fill Bacon's body with life. Firstly, the famous contractions and paralyses, the hyperaesthesia or anaesthesia, which are associated or alternate, now unchangeable, now wandering, depending on the passing nerve movement and on the zones it occupies or withdraws from. Then, the phenomena of precipitation and anticipation and the corresponding phenomena of tardiness (hysteresis) or of belatedness, depending on the oscillations of the anticipatory or delayed wave. Then there is the transitory character of the organ definition, depending on the forces that operate on it. And also the direct effect of these forces on the nervous system, as if the hysterical person was a sleepwalker in an awakened state, a "wakewalker". And finally, a particular feeling from the innermost body because the body is felt "beneath" the organism, because transitory organs are felt beneath the organisation of the fixed organs. Furthermore, this organless body and these transitory organs will be "perceived" themselves, as part of the phenomenon of internal or external "autoscopy": this is no longer my head, but I can feel myself in a head, I can see and I see myself in a head, or, I cannot see myself in the mirror, but I feel myself in a body which I can see, and I see myself in that naked body when I am dressed etc.[5] Are there any psychoses which do not involve this hysterical uprightness? "An incomprehensible and absolutely upright position of the spirit in the middle of everything."[6] The common image of Beckett's characters and Bacon's figures – the same Ireland: the round, the isolating, the bringer of destitution, the sequence of contractions and paralyses in the round, the wakewalker's little stroll, the presence of the witness who is still capable of feeling, seeing and speaking, the way in which the body takes flight, i.e. escapes from the organism. It escapes via the mouth opened to form an O, via the anus or the abdomen or the throat or the round of the washbasin or the tip of the umbrella.[7] The presence of an organless body beneath the organism, the presence of transitory organs beneath the organic representation. Clothed, Bacon's figure sees itself naked in the mirror or on the canvas. The contractions and hyperaesthesia are frequently marked by blurred or smeared zones; the anaesthesia (ILL. 2), or paralyses, by missing zones (such as in the very detailed 1972 triptych). (ILL. 3)

In particular, we shall see that Bacon's entire "manner" takes place in a beforehand and an afterwards: in what happens before the picture is begun but also what happens later, a hysteresis, which each time will break off the work, interrupt the figurative process and yet will later take it up again.

Presence, presence, that is the first word that comes to mind on seeing a painting by Bacon.[8] Might this presence be hysterical? The hysteric is someone who forces his presence on others but also someone for whom things and essences are present, all too present, and who transfers this excess of presence to each thing and each being. There is therefore hardly a difference between the hysteric, the hystericized, the hystericizer. In jest, Bacon could say that the hysterical grin which he painted on the 1953 portrait, on the human head of 1953, on the Pope (1955) was that of the "model", who was "rather nervous, almost hysterical." But the whole painting is hystericized.[9] And Bacon himself is hystericising when, in an act of anticipation, he gives himself over entirely to the picture, yields his entire head to the photo-booth or rather sees himself in a head which is part of the camera , which has ended up in the camera. What, in any case, is the hysterical grin, where does the repulsiveness, the vileness of that grin lie? In presence, perseverance. Enduring presence. Perseverance of the smile beyond the face and beneath the face. Persistence of a scream outlasting the mouth, persistence of a body outlasting the organism, persistence of the transitory organs outlasting the qualified organs. And the identity of an already-here and an always-too-late in the excessive presence. Everywhere, a presence affects the nervous system directly, preventing the installation or distancing of a representation. Which is what Sartre meant when he called himself hysterical and spoke of Flaubert's hysteria.[10]

What kind of hysteria is it? Is it Bacon himself or the painter or painting itself and painting in general? Practising aesthetic pathology is, of course, fairly risky (but has the advantage of not being psycho-analysis). And why should this claim be made of painting in particular when one could cite so many writers or even musicians (Schumann and the contraction of the finger, the hearing of voices ...)? We really do believe there to be a special link between painting and hysteria. It is quite simple: painting is directly involved in releasing the presences beneath the representation, behind the representation. The system of colours itself is a system that affects the nervous system directly. This is not a hysteria of the painter, but of painting itself. In painting, hysteria becomes art. Or rather: through the painter hysteria becomes painting. What the hysteric is incapable of, i.e. practising a little art, the painter does for him. Which is why it has to be stated that the painter is "not" hysterical, in the negative theology sense of a negation. Vileness becomes splendour, the terror of life becomes utterly pure and utterly intense life.

"Life is horror," said Cézanne, but this cry also expresses all the joys of line and of colour. It is cerebral pessimism that painting transfigures into an optimism of the nerves. Painting is hysteria, or transfigures hysteria, because it makes the presence visible, immediate. Its colours and lines occupy the eye. But "it does not treat the eye as a fixed organ." In liberating lines and colours from representation, painting releases the eye from its membership of the organism, it relieves it of its character as a fixed and qualified organ: the eye becomes virtually a multiple indefinite organ which sees the organless body, i.e. the figure, as pure presence. Painting puts eyes into us everywhere: into the ear, the abdomen, the lungs (the painting breathes ...). That is painting's dual definition: subjectively, it occupies our eye, which is no longer organic,
in order to become a multiple, transitory organ; objectively, it constructs before our very eyes the reality of a body, lines and colours released from organic representation. And the one happens through the other: the body's pure presence becomes visible while the eye becomes the organ intended to receive this presence.

Painting has two means at its disposal for banishing this fundamental hysteria: either by retaining the figurative coordinates of organic representation, while playing with them very subtly, and while beneath or between these coordinates the freed presences and the disorganised body come to the fore. That is how so-called classical art operates. Or, by turning towards abstract form and inventing a specific pictorial form ("awakening" painting by doing so). Of all the classical painters, Velásquez was without doubt the most intelligent. His intelligence was immense: he managed his extraordinary feats of boldness by adhering to the coordinates, by completely accepting his documentary role.[11] What makes us consider Bacon a master in relation to Velásquez? Why does he declare his doubts and his dissatisfaction about his own re-working of the portrait of Innocent X? In a way, Bacon hystericised all of Velásquez's elements. One should not just compare the two Innocents X, that by Velásquez and that by Bacon, who transformed him into a screaming Pope. Rather, one should compare Velásquez's Innocent X with all of Bacon's paintings. In Velásquez's picture, the armchair already prescribes the prison of the parallel plane; the heavy curtain behind is already urging forwards, and the manteletta has the appearance of bits of meat; holding an illegible yet clear leaf of parchment in his hand, the Pope fixes his attentive eye on something invisible rising up in front of him. However, all this is contained here as something disturbing and remote that has still to take place; it has not yet assumed the irrefutable, inevitable presence of Bacon's newspapers, of the almost bestial armchair, of the curtain in front of it, the raw flesh and the screaming mouth. But did these presences really have to be unleashed, asks Bacon? Weren't things better, infinitely better in the Velásquez painting? Did that connection between painting and hysteria have to be dragged out into the daylight by rejecting both the figurative and the abstract path? This is what Bacon wants to know, while our eyes are delighted by both of the Innocents X.[12]

But why would this be characteristic of painting, in any case? Can we speak of the hysterical nature of painting, in the name of a purely aesthetic pathology, free of all psychiatry or psychoanalysis? Why might not music likewise release pure presences, even if directed at an ear which would become a multiple organ for bodies of sound? And why not poetry or theatre, such as that of Artaud or Beckett? The problem is not as difficult as it seems, the problem of the nature of art and of its possible pathological nature. It is true that music flows through our body to its very core, putting an ear into our abdomen, into our lungs. It certainly knows about waves and nervous energy. Yet it draws our body – and all bodies – into another element. It rids bodies of their inertia, the materiality of their presence. It "disembodies" bodies. Which is why it is correct to speak of a body of sound and even of an interplay of bodies in music – for example in a leitmotif – but it is, as Proust pointed out, an immaterial, disembodied interplay, "which does not leave even the merest trace of material that has not been lived through or spiritualised."[13] In a sense, music begins where painting ends, which is exactly what people have in mind when they refer to the superiority of music. It establishes itself on vanishing-lines which traverse the body but find their consistency elsewhere. Painting, on the other hand, installs itself above, where the body escapes, revealing in flight its constituent materiality, the pure presence it is made from and which it would not be able to reveal otherwise. In short, it is painting more than anything else which uncovers the material reality of the body with its system of lines and colours and its multiple organ, the eye. "Our insatiable, rutting eye," Gauguin called it. The adventure of painting is this: it is the eye alone which is able to take on the burden of material existence, material presence: even that of an apple. Whenever music establishes its system of sounds and its multiple organ, the ear, it addresses something quite different from the material reality of the body and endows the most spiritual entities with a disembodied, de-materialised body: "The drumbeats of the [Mozart] Requiem are winged, majestic, divine, and can only announce to our astonished ears the advent of a being which – to use Stendhal's own words – has with certainty connections to the world beyond."[13] Which is why the pathological nature of music is not hysteria; rather, it is exposed to rampant schizophrenia. In order to hystericize music one would have to introduce colours into it, as well as a rudimentary or refined system of correspondence between sounds and colours.

translated by Christiane Spelsberg

TEXT

Gilles Deleuze, *Francis Bacon – Logique de la sensation*, Paris 1984.

NOTES

[1] Antonin Artaud, "Suppôts et supplications", in: *84*, Issue 5/6, 1948.
[2] Wilhelm Worringer, *Formprobleme der Gotik*, Munich 1927, pp. 27–54.
[3] William S. Burroughs, *Naked Lunch*, London 1993, p. 22.
[4] Ibid, p. 110.
[5] Here, one can refer to any 19 th century textbook on hysteria. In particular see a study by Paul Solliers, *Les phènomènes d'autoscopie*, Paris 1903 (in which the term "vigilambule", "wakewalker", is coined).
[6] Artaud, *Le pèse-nerfs* [Angabe im französischen Original].
[7] Ludovic Janvier, in his *Beckett par lui-même* (Paris 1979), hit upon the idea of creating a lexikon of Beckett's most important terms. These are operative terms. See in particular the entries on "corps" [body], "espace-temps" [space-time], "immobilité" [immobility], "témoin" [witness], "tête" [head], "voix" [voice]. Each of these entries strongly suggests a comparison with Bacon, even though Beckett and Bacon are too close to know each other. See Beckett's text on Van Velde's painting (ed. Musée de Poche). Many things would tally with Bacon, in particular the absence of – figurative or narrative – references as a limitation to painting.
[8] Michel Leiris has written a beautiful text on the effect of "presence" in Bacon. See, ibid., "Ce que m'ont dit les peintures de Francis Bacon" in: *Au verso des images*, Paris 1980.
[9] David Sylvester, *The brutality of fact. Interviews with Francis Bacon*, London 1987, p. 124.
[10] Sartrean subjects such as the excessiveness of being (the tree root in *Nausea*) or the flight of the body and the world (through a "mud hole" in *Being and Nothingness*) are part of a tableau of hysteria.
[11] See 9, op. cit., p. 121.
[12] Ibid, p. 94.
[13] Marcel Moré, *Le dieu Mozart et le monde des oiseaux*, Paris 1971, p. 47.

GEORGES DIDI-HUBERMAN

Graphische Ekstase

Da ist eine junge Frau,[1] deren Geschichte von einer Art dunklen Macht des Inneren über die äußere Oberfläche beherrscht zu sein scheint. Ihre gesamte Symptomatologie ließe sich als ein Weg vom Schicksal (dem Tod des Vaters) zum viszeralen „Grund" (dem Auftreten der Regel, Kontraktion des Magens), und weiter vom viszeralen Grund hin zu den Körper-„Oberflächen" lesen: erregte (Zuckungen, Grimassen, Neuralgien) oder in ihrer Empfindsamkeit getrübte Oberflächen (Ohnmachten, Taubheit, Anästhesien). Die Anästhesie der gesamten Hautoberfläche scheint ein wesentlicher Zug dieser Symptomatologie zu sein. Sie tritt in der Hysterie übrigens nicht nur häufig auf, sondern wird im 19. Jahrhundert als eines ihrer charakteristischen Merkmale betrachtet. „Man kann ihr am ganzen Körper, an den Extremitäten, am Bauch, an den Brüsten, im Gesicht, die Haut durchstechen, ohne dass sie den geringsten Schmerz verspürt."[2]

Diesem „Verlust des Gefühls" entspricht nun aber beinahe spiegelbildlich eine sagenhafte Fähigkeit der Haut, bei Berührung die Nesselsucht (Urtikaria) „exakt zu reproduzieren". Sie wird beschrieben als: „Eine merkwürdige und ziemlich seltsame Urtikaria, da sie sich derart auf die berührte Stelle beschränken kann, dass man auf der Haut dieser Kranken beliebige Buchstaben schreiben kann."[3] Hier scheint bereits alles gesagt: Die Haut hat „ihr Gefühl verloren, stigmatisiert" sich dafür aber über die absolute graphische Reproduzierbarkeit des Zugs, des Signifikanten, des „Buchstabens", den jeder beliebige dort zu schreiben, zu „klischieren" wünscht – vorausgesetzt, er ist (wie natürlich der Arzt) dazu legitimiert. Die Haut hat ihr Gefühl („sens") verloren, um den Sinn des Anderen („sens de l'Autre") zu empfangen.

Es handelt sich also um eine „Klischee-Frau"[4] oder eine „autographische Frau" …, mit aller Doppeldeutigkeit der letztgenannten Formulierung. Wenn die hysterische „Autoskopie" – das heißt sein eigenes Gesicht von „innen" sehen[5] –, als eine Identifikation, die alle Schnittstellen der Reflexion durchbrochen und zerstört hat, von der exzessivsten Aneignung herrührt, dann setzt die „Autographie", von der Dujardin-Beaumetz spricht, im Gegensatz dazu voraus, dass das Verhältnis von Innen und Außen extrem komplex wurde und keine Zirkulation der Selbstheit (mêmeté) mehr gestattet. Hier spezifiziert die Körperoberfläche ihr Subjekt nur, wenn sie zur reinen Oberfläche der Einschreibung des Begehrens des Anderen wird. Dieses Symptom ist ein Schrifteffekt, bei dem der Schreibende stets nur in einer fortwährenden Existenz- und Identitätsverweisung existiert. Die Haut schreibt sich hier selbst „auf" sich selbst, oder vielmehr: Die Schrift kommt ihr „von innen" zu. Sie ist Oberfläche und Subjekt der Einschreibung. Aber sie existiert als solche nur, indem sie von einem Anderen beschrieben wird: Der Sinn der Einschreibung kommt ihr nur von einem „Außen" zu. Genauer gesagt, das Auftreten dieser Auto-graphie funktioniert wie das gleichsam viszerale Gegenstück zum Sträuben der Haare (Horripilatio) beim Anblick – bei der geringsten Berührung – des Anderen.

Die Nomenklatur dieses Symptoms hat sich im Laufe des 19. Jahrhunderts entwickelt. Man sprach von „künstlicher", „graphischer" oder „nervöser Urtikaria", von „vasomotorischer Dermoneurose", von „kutaner Stereographie", von „Stigmatographie", den Rest will ich hier übergehen. Um das Jahr 1890 herum wird sich die Terminologie mehr oder weniger auf den Begriff „Dermographie" oder, besser noch, „Dermographismus" festlegen. Zu dieser Zeit hört man auch auf, das Phänomen als „sehr merkwürdig und äußerst selten" zu betrachten, wie noch Dujardin-Beaumetz geglaubt hatte. Es wird von nun an ein viel weiteres nosologisches Feld besetzen. Die Dissertation, die der Arzt Barthélémy im Jahre 1893 dem Dermographismus[6] widmet, stützt sich bereits auf siebzig beschriebene Fälle.[7] 1901 wird man dann lesen, dass dieses Symptom letzten Endes „nicht sehr selten ist, wenn man sich nur die Mühe macht, nach ihm zu suchen".[8]

Abgesehen von der Problematik der Nomenklatur bleibt jedoch die Frage offen, auf welchem subjektiven Vorgang diese „sensible" oder „abdruckende" Eigenschaft der Haut beruht. Sie bleibt in ihrer Formulierung selbst unbestimmt. Denn sie versucht immer wieder, ihr ursprüngliches Experimentierfeld, die Hysterie, zu verlassen, um doch stets wieder dorthin zurückzukehren. Gewiss, der Dermographismus als Funktionsstörung der „vasomotorischen Nerven der Haut" setzt „ein besonders empfindliches, erregbares und erregtes Nervensystem" voraus, wie Barthélémy schreibt.[9] Man wird ihn also für eine elektive Disposition des weiblichen Geschlechts halten, bei dem „das Nervensystem erschütterbarer, reizbarer ist [...]"[10], das heißt für Hysterie anfällig ist. Vergessen wir nicht, dass letztere seit Briquet stets gemäß einem optisch-fotografischen Modell verstanden wurde, was Barthélémy selbst einen „Vergrößerungsapparat für Nerveneindrücke" nennt.[11] Ebensowenig sollte man in der Darlegung dieser Fälle von „Klischee-Frauen" die häufige Ästhetisierung des Problems übersehen, bei dem, wenn ich so sagen darf, ein Schönheits-Kriterium (venustà) plötzlich in das der Krankheit übergeht: Man wird im allgemeinen sagen, dass die für das „Klischieren" empfindlichste hysterische Haut eben die feinste, blasseste, glatteste Haut ist.[12]

Dennoch gibt es Ansätze, den Dermographismus außerhalb des „hysterischen Monopols" zu denken, wie Chambard es nennt, der ihn 1889 bei einem „schwachsinnigen Alkoholiker" entdeckt.[13] Im Allgemeinen wird das Feld der Hysterie in drei verschiedenen Richtungen verlassen. Ein erster Weg führt in Richtung einer größeren „Echtheit" des Symptoms: Das bedeutet, dass man das Klischee-Symptom bei dem sucht, dessen exakte Reproduktion es ist. „Zwei Kategorien von Kranken überwiegen: auf der einen Seite die hysterischen Frauen; auf der anderen Seite Personen, die bereits an *echter* Urtikaria leiden",[14] so die Ärzte Féré und Lamy. Eine zweite Forschungsrichtung versucht den Begriff im großen Bereich der „Animalität" zu verankern. In der Tat sind Tiere, nicht weniger als Hysterikerinnen, äußerst hypnotisierbar: „[...] der menschlichen Gattung zweifellos unterlegene Wesen, die jedoch wie diese Gefühle besitzen", wie Barthélémy in einem Kapitel seines Buches bemerkt. Er beschreibt dort ein exemplarisches Klischee-Symptom, das auf der Haut eines Vollbluts hervorgerufen wurde (denn „die Vollblüter haben noch mehr Nerven und Blut unter der Haut als die anderen"); als „experimentellen" Beweis wird Barthélémy auf die Flanken des Tieres in großen Lettern das Wort SATAN schreiben.[15] Diese Ausweitung des Dermographismus wird schließlich seine Definition als Symptom ins Wanken bringen: Es kommt zu einer Bewegung hin zur Inexistenz, oder zumindest zur Epiphänomenalität. Auf diese Weise wird der Dermographismus, da er ein relativ verschwommenes nosologisches Feld an der Grenze zwischen Neurologie und Dermatologie besetzt, auf den Status eines

Syndroms – eines mehreren Affektionen gemeinsamen Symptoms –, eines im Unterschied zum „charakteristischen Merkmal" reinen „Effekts", und schließlich auf den Status eines „einfachen Epiphänomens"[16] zurückgeführt.

Vielleicht ist der Dermographismus nur ein einfacher „Oberflächeneffekt". Es handelt sich dann allerdings um einen spektakulären Effekt der Berührung – und des Blicks – des Anderen. Als solcher beruht er bereits auf einer Struktur des hysterischen Phantasmas. Das ist im übrigen auch in der betreffenden „Literatur" festzustellen: Die Hysterie kehrt dort unter der Hand immer wieder zurück. So wird der vom Dermographismus befallene Epileptiker die „Inkorporation eines hysterischen Zugs" in die allgemeine Symptomatologie seiner Epilepsie unter Beweis stellen.[17] Obwohl Barthélémy die Hysterie dabei schon ziemlich hinauskomplementiert hatte, indem er hinsichtlich der Genese des dermographischen Syndroms neben der Reizbarkeit einen Intoxikationsfaktor ins Spiel brachte, so hat er sie letzten Endes doch wieder zurückgeholt, als er die hysterischen Störungen selbst nach dem Modell einer Autointoxikation auffaßte.[18] Drittens wird schließlich der Dermographismus von den meisten Autoren als ein Mittel, ein Weg, eine Neigung zur Hysterie betrachtet. Denn das Subjekt, das über diese Figuralkraft der Haut verfügt, wird, so heißt es, unausweichlich dazu neigen, die anderen dermatologischen Affektionen zu „simulieren". Ein klinischer Argwohn wird von da an versuchen, in der sichtbaren Evidenz des Klischee-Symptoms das Begehren auszumachen, eine andere Erkrankung „darzustellen". „Wie gut all dies in den Rahmen der Hysterie passt!", ruft der Arzt in Bezug auf den „Klischee-Mann" aus, der an einem Tag wie in einer Art Negativabzug Scharlach kopierte, und am nächsten Tag dann die Blattern oder die Masern…[19]

Das Auftreten des Graphischen auf der Haut, das im Klischee-Symptom zutage tritt, muss folglich als stets möglicher Einbruch des Fiktionalen in die „Wahrheit des Körpers" verstanden werden. Ein bequemer Ansatz in der Medizin ginge gerne davon aus, dass das Symptom nie lügt, dass es für das Subjekt spricht, indem es dessen Wahrheit ausdrückt, sogar wenn es selbst nicht in der Lage ist, diese zu beherrschen, zu erkennen oder auszusprechen. Es wird verständlich, warum das hysterische Symptom, das in seinem Kern die Täuschung des Subjekts – und des Anderen – beinhaltet, den Worten Freuds zufolge der klassischen Medizin ein „Dorn im Auge" war. Als graphischer Effekt ist das Klischee-Symptom von Natur aus der Fiktion, der Schrift, der Figur ausgeliefert. Und was Freud hysterische „Darstellbarkeit" (figurabilité) nennt, wird jedenfalls – sei sie nun Ursache oder Effekt – als Element dieses Wunders der Körperoberfläche funktionieren.

Es handelt sich dabei um eine Darstellbarkeit des Gegensatzes, des „Übergangs von Gegensätzen".[20] In den Phasen, welche die Ärzte selbst als „Entwicklung" des dermographischen Klischees bezeichnen, wohnt man in Wirklichkeit einer doppelten Veränderung bei. Einerseits geht die Hautoberfläche vom „Weiß" des Normalzustands zum „Rot" der lokalisierten Spur über, und diese kehrt – ohne aufzuhören, Spur, das heißt Differenz zu sein – ihrerseits zum „Weiß" zurück. Andererseits vollzieht sich gleichzeitig mit dieser Farbveränderung ein weiterer Übergang, der aus der „Tiefe" (dem vasomotorischen System der Erweiterung und Verengung der subkutanen Blutgefäße) an die „Oberfläche" kommt (die epidermale Färbung der Spur) und von der Oberfläche her „relief"-artig hervortritt. Wenn sie weiß wird, sträuben sich – infolge eines Phänomens, das in etwa der Gänsehaut vergleichbar ist – auf der Spur die Hauthaare und sie wird im typographischen Sinne des Wortes „klischiert".[21] Was Dujardin-Beaumetz als „weiße Erhebung" der Spur bezeichnet, bildet ein Relief, das „immer stärker hervortritt, bis es eineinhalb bis zwei Millimeter stark ist".[22] Barthélémy wird das Ganze mit bis zu sechs Millimetern noch überbieten.

Die wahre Überbietung findet sich aber eher bei den Beschreibungskategorien, die nun metaphorisiert werden. So wird das Vokabular zur Beschreibung des Phänomens die gesamte Subtilität und Spannbreite einer „Farb"-Semantik einsetzen. Es wird stets um eine detaillierte Beschreibung, eine ekphrasis der farbigen Stelle bemüht sein, bei der die Frage des Inkarnats (des Farbtons des menschlichen Fleisches) natürlich ein Schlüsselmoment ist.[23] Das ist nicht weiter verwunderlich, da das Klischee-Symptom direkt an alte figurale Phantasmen rührt. Es „verleiht dem Zug", der Linienführung, „Körperlichkeit", es „hebt hervor", „es lässt die Zeichnung (als Relief) hervortreten"[24], und zwar entsprechend einer graphischen Operation, die gleichzeitig im Auftreten von Farbe und einem lokalen Aufsteigen des Blutes „von innen" an die Oberfläche besteht. Hegel nannte dies – allerdings in einem anderen Zusammenhang – den „Schein innerer Belebung, den die

Fleischfarbe haben muss". Das Inkarnat, der Farbton menschlichen Fleisches, realisiert ihm zufolge das Ideal des Kolorits in seinem sinnlichen Material.[25] Das unruhige Blut im Herzen bzw. im Inneren des Lebewesens, sein symptomales Aufsteigen an die Körperoberfläche wäre also ästhetisch als Gipfel des Kolorits zu verstehen. Es ist höchst bezeichnend, dass sich die Ärzte des 19. Jahrhunderts – Meinert zum Beispiel – dieses Paradigmas bedienten, um die Ursache mentaler Krankheiten zu erläutern. Im Dermographismus treffen diese beiden Konstellationen zusammen und beweisen sogar ihre heimliche strukturelle Übereinstimmung.

Die Metaphorisierung des Symptoms bleibt aber dennoch auf das Wort „Klischee" fixiert. Die Vorstellung des typographischen „Reliefs" ist dabei natürlich grundlegend, das heißt die Stärke des Reliefs fungiert hier als Kriterium für die Intensität oder die Reinheit des Symptoms. Die abgeschwächte Form des Dermographismus ist seine sogenannte „flache" Form; der „große Dermographismus" hingegen bezeichnet die extrem hervortretende Form.[26] Und wenn die Dauer des dermographischen Effekts stark variiert – von einer halben Stunde bis hin zu mehreren Tagen –, so bedingt die unendliche „Reproduzierbarkeit" des Vorgangs zu einem nicht geringen Anteil seinen Zauber. Es handelt sich um einen typographischen (Präge- oder Reliefdruck) aber auch um einen fotografischen Zauber: Ein Wunder, das mit der unmittelbaren Empfindlichkeit einer Filmoberfläche verbunden ist. Angesiedelt zwischen Optik und Textualität. Der Begriff der Graphie bezieht sich dabei sowohl auf das Gepräge einer originären „Bilderschrift"*[27], als auch auf die Wiederholung, das Fortdauern des Stigma, seine mögliche Rücküberführung in Textualität, in Sinn.

Etwas in der Art eines „Wunderblocks"*, eines magischen Notizblocks, den Freud bekanntlich zwischen dem Optischen und dem Skripturalen zur Metapher für den seelischen Apparat machte.[28] Das dermographische Symptom wäre hier eine Verbildlichung des Blätterigwerdens (feuilletage), des Abblätterns (exfoliation), der Verrücktheit (folie) eines Subjekt-Begriffs. Es bringt, dem „Wunderblock"* vergleichbar, in seinem Prozeß selbst die Begriffe des Innen und des Außen durcheinander. Die „Schrift" (gramme), die sich dort vollzieht, „muss den Raum und den Körper des Blattes selbst hervorbringen", sie erzeugt darüberhinaus so etwas wie eine „Schichtung von Oberflächen, deren Verhältnis zu sich selber, deren Inneres, nur die Impli-

ABB. I

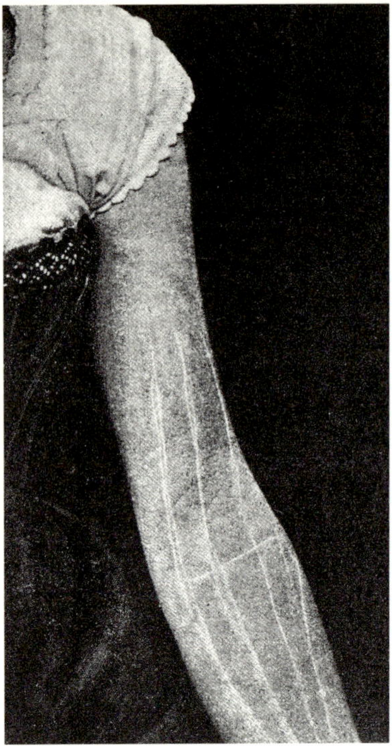

„Kreidig-weißer, flacher, persistenter Dermographismus, entwickelt auf einer ekzematoiden und lichenifizierten Haut". T. Barthélemy, *Étude sur le dermographisme*, Paris, 1893, Tafel XVI.

kation einer anderen, ebenfalls ausgesetzten Fläche ist".[29] Sie impliziert die Spur und das Moment der eigenen Auslöschung. Sie ist ein Akt der Gravur, bei dem die Oberfläche unablässig zu ihrer Jungfräulichkeit, zu ihrer Fähigkeit, erneut klischiert zu werden, zurückkehrt.

Was die Ärzte in Bezug auf den Dermographismus mit Schweigen übergehen, ist der „Gedächtnis"-Effekt, den eine solche „intradermische"[30] Schrift über die Zeit ihrer Auslöschung hinaus hervorrufen kann. Die Hysterie ist eine Krankheit des „Vergessens der Unmöglichkeit des Vergessens", deren Auswirkungen und Artikulationen Freud als erster erkannt hat. Ich kann nicht umhin, die Hypothese aufzustellen, dass das auf der Haut eingeschriebene (graphié) Zeichen einer dermographischen Hysterie irgendwann einmal im Symptom „zurückkehren" könnte. Denn jede Spur – obwohl oder gerade weil sie die Zeit ihrer eigenen Auslöschung hervorgebracht hat – bleibt imstande, im Nachhinein zu wirken. Die Wege des

Austauschs zwischen Grund und Oberfläche sind an sich unergründlich. Lannois berichtet den Fall einer jungen Frau von dreiundzwanzig Jahren, die in dem Moment dermographisch wurde, da man ihr entfernte, was sie bis dahin von innen her auffraß – einen mehrere Meter langer Wurm … Nun „schrieben wir ihr mühelos ihren Namen auf die Brust, den Rücken oder die Unterarme".[31]

Ein Spiel des (Schrift-)Zugs: Wenn man versucht hat, dem Dermographismus seinen Status als Symptom zu nehmen, dann vielleicht deshalb, um ihn als Ganzes nicht nur auf die Seite des Syndroms, sondern auch auf die des Symbols zu ziehen. Mit der Frage der therapeutischen Behandlung beschäftigt sich übrigens niemand ernsthaft. So schlug Barthélémy lediglich vor, den „Klischee-Frauen" einen kräftigen Schluck Coca-Cola zu geben …[32] Dem Dermographismus wird danach ein sekundärer Status zugewiesen, nicht als ein Symptom, sondern als das, was „das Subjekt für ein anderes Symptom repräsentiert" (um eine berühmte Formulierung Lacans zu paraphrasieren[33]), zum Beispiel die Hysterie, die Epilepsie oder die Dementia praecox. Das bedeutet, dass er im klinischen Diskurs als ein Repräsentations-Träger fungiert.

Nun ist aber die Repräsentation etwas, das „ins Werk", ja in Szene gesetzt wird. Die gesamte Literatur, die auf die erste Veröffentlichung Dujardin-Beaumetzs folgt, besteht nur aus einer „verbissenen" Reihe experimenteller Variationen, die vermutlich irgendeiner ängstlichen Neugier entsprechen: Wie weit wird das Wunder des „sensiblen" Körpers gehen in seiner Fähigkeit, zu protokollieren, jeden Effekt der Zeichnung bzw. Linienziehung („tracement") zu „klischieren"? Man wird also das Wesen des dermographischen Effekts durch eine geregelte Variation der Klischierweisen hindurch suchen: stumpfe Stifte, Fingernägel, Nadeln, „thermische Reizungen" (das heißt Berührung mit etwas Eiskaltem oder Glühendheißem), Faradisationen mit Hilfe des berühmten „elektrischen Pinsels" Duchenne de Boulognes, galvanische Ströme, usw. Man bekommt eine Vorstellung von der Prägnanz des Schlüsselbegriffs der Empfindlichkeit oder Eindrucksfähigkeit, wenn man in den Schriften der Ärzte der Salpêtrière von der vagen Enttäuschung liest, mit Röntgenstrahlen nichts erreicht zu haben.[34] Dies hinderte nicht daran, systematisch nach den „elektiven Zonen" des Dermographismus zu suchen, wie man sich zu jener Zeit auch um eine ideale Kartographie aller „hysterogenen Zonen“ bemühte. Und man wird bis in die Mundhöhle hinein nach dem Klischee-Effekt fahnden.[35]

Durch diesen Einsatz experimenteller Vielfalt wurde das Symptom – oder Syndrom – auf die Seite einer techné verschoben. Der Begriff des Klischees verlagert sich ganz flexibel vom Paradigma des auf der Haut zu beobachtenden spontanen „Effekts“ zu dem jener „Kunst“, auf der Haut einen solchen Effekt auszulösen bzw. hervorzubringen. Das Klischieren kehrt also zu seiner alten Bedeutung zurück: „Die Kunst des Erstellens von Hoch- oder Tiefdrucken durch den Abdruck von Formen“ auf einem Metall, das in einen Zwischenzustand zwischen der Schmelze und seiner natürlichen Härte gebracht wurde.[36] Abdruck wäre hier ein Gattungsbegriff, der den Begriff der Linienziehung (tracement) als „Bilderschrift“* umfasst. Den Protokollen dieser vielfältigen Experimente folgend, wohnen wir hier allerdings dem Mimen einer Neuerfindung der Schrift bei. Es ist äußerst interessant, festzuhalten, „was sich“ auf den Klischee-Körpern „schrieb“ bzw. „was auf ihnen geschrieben wurde“.

Zunächst einmal ist es ein reines Spiel der Spur („trace“), der Differenz, auf dem Untergrund der Haut: eine reine Übung des Zugs („trait“). Darüber hinaus ist es folgerichtig ein Spiel der Differenz innerhalb der Materialität der Zeichnung bzw. Linien- oder Spurenziehung (tracement) selbst: Man wird vom „erhabenen“ Dermographismus im Unterschied zum „flachen“ Dermographismus sprechen, und vom „roten“ (aus einer Gefäßerweiterung resultierenden) im Unterschied zum „weißen“ (der eher aus einer Gefäßverengung resultiert). Das Wunder der widersprüchlichen Darstellbarkeit wird es dem Arzt Roudnew gestatten, auf dem Rücken ein und desselben Subjekts gleichzeitig ein weißes und ein rotes Klischee zu erhalten:[37] Wobei natürlich an die Experimente zu erinnern wäre, in denen Charcot „sein Subjekt“ buchstäblich „teilte“, indem er auf der einen Körperhälfte einen kataleptischen Zustand auslöste, während er die andere Hälfte in einen lethargischen Zustand versetzte.[38]

Wir stellen fest, dass Roudnew mit seinem roten und weißen Dermographismus ein Alphabet ins Spiel bringt. Die „Bilderschrift“* geht vom Zug bzw. Strich zur Schrift als solcher über. So ist an anderer Stelle zu lesen: „Ich führte auf ein und derselben Schulter, ein anderes Mal je zur Hälfte auf

ABB. 2

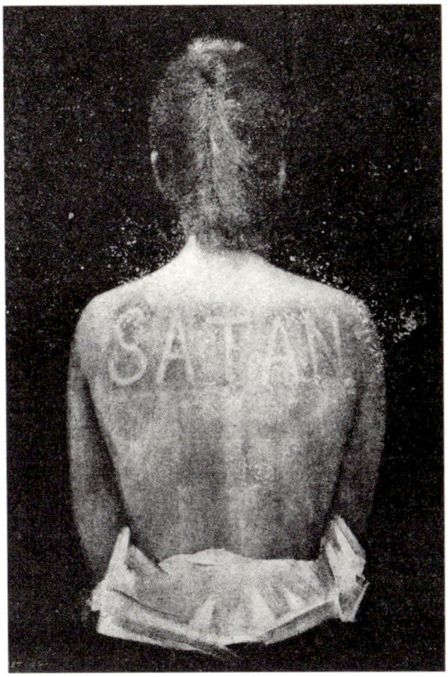

„Großer Dermographismus bei einer hochgestellten, aktiven, intelligenten, raffinierten, nervösen, wahrhaft sensiblen jungen Frau." T. Barthélémy, *Étude sur le dermographisme*, Paris, 1893, Tafel v.

beiden Schultern mehrere Zeichnungen gleichzeitig aus, um zum Beispiel Gedanken oder die ersten vier Buchstaben des Alphabets festzuhalten."[39] Doch wird der Sinn oder zumindest die Zielsetzung weiter präzisiert: Einer Beobachtung Lannois', die mit den Worten beginnt: „Besagte A.D., 33 Jahre […]", sind zwei Fotografien beigegeben, auf denen man sieht, wie die Patientin vorne auf dem Oberkörper das in großen Lettern geschriebene Wort ANGÉLINE trägt, während auf ihrem Rücken, zwischen ihren Schultern, ein großes DONADIEU geschrieben stand.[40] Hier liegt also ein doppeltes Klischieren vor – und die äußerste Form des Porträts: Das fotografierte Subjekt trägt eingeprägt auf der eigenen Haut seinen Eigennamen, der im Text gemäß der ärztlichen Schweigepflicht auf die Initialen beschränkt war.

In anderen Fällen findet sich nicht der Eigenname des Subjekts klischiert, sondern dessen Wahrheit, das heißt seine Wahrheit, wie sie durch den Anderen (den Fotografen, Arzt) definiert wird: die diagnostische „Wahrheit", oder eher das vermutete Wissen um sie, das – einem Urteil gleich – direkt auf die Haut geschrieben wird: DEMENTIA PRAECOX.[41] Dieser Wissens- und Einschreibungseffekt hatte Folgen, welche die Autoren selbst als pittoresk bezeichneten. So wurde eine Frau nach dem Muster von

Geldstücken klischiert; eine andere wurde mit phantastischen, „kabbalistisch" genannten Inschriften überzogen; wieder eine andere trug das Zeichen des sigillum diaboli, die „Teufelshand", oder den Namen Satans selbst; eine weitere war schlicht mit kleinen, ornamental angelegten Pünktchen übersät; eine letzte Frau wurde ihrem Mann mit den Worten übergeben, er möge dies ausnützen, um „ab und an seinen Namen auf die Haut seiner Gattin zu schreiben".[42] Diese ganze Arbeit des „Pittoresken" war aber keineswegs verrückt. Denn es ist klar, worum es dabei eigentlich ging: Darum, „aus dem Körper ein Werk zu machen und dieses zu signieren". Die „autographische" Haut war ein Appell an den Sinn des Anderen. Der – perverse – Andere machte sich dies zunutze: ein figurativer und identifikatorischer Glücksfall. Was auf dem Rücken des Klischee-Subjekts geschrieben stand, war letzten Endes der Name des Arztes selbst, der sich dabei als Künstler träumte, als „fictor", als „Autor des Subjekts". Im Jahre 1891 zögerte der Arzt Élie Châtelain nicht, den ikonischen Körper seines Klischee-Subjekts zu signieren und zu datieren, während er ihn zugleich fotografierte, um ihn dem großen Museum der Klinik einzuverleiben.[43]

Das dermographische Wunder besteht nicht nur im „Sichtbarwerden der Berührung" der Haut. Es besteht auch im „Sichtbarwerden des Diskurses" des Anderen, seiner Schrift, seiner Signatur. Dabei entfaltet sich gleichsam fotografisch ein Drängen des Buchstabens, bei dem der Sender der Spur – das Klischee-Subjekt – „seine Botschaft vom Empfänger in umgekehrter Form wieder" empfängt:[44] Um zu existieren, wünsche ich mich dich als meinen Meister, meinen Autor, meinen Maler [...] Nun bist du der Garant meiner Existenz-Fiktion, meiner Nichtexistenz. Die „Umkehrung", das „Umkehrverfahren", ist bekanntlich ein Teil der optischen und fotografischen Definition des Klischees.[45] Sie ist auch in der Verbindung des hysterischen und des perversen Phantasmas ständig am Werk. In diesem Sinne wäre das Klischee-Symptom ein „Effekt des Vertrags" der fotografischen „Pose" selbst, von der Balzac zurecht sagte, dass sie eine „Krankheit des Gehirns" sei. Denn die Pose ringt stets mit ihren beiden wesentlichen Grenzen: Melancholie und Hysterie. Das Klischee-Symptom gliche dem graphisch markierten Zurückbleiben, der Verspätung („hystérèsis") einer Krise, die mit der phänomenologischen Struktur der Pose selbst verbunden ist.[46] Pose und Hypnose überlagern sich in diesem Zusammenhang übrigens gegenseitig. Barthélémy notierte, dass die dermographischen Subjekte höchst hypnotisierbar seien. Er löste den dermographischen Zustand sogar durch Hypnose aus.[47] Das Klischee-Symptom wäre also der Effekt einer Art „taktilen Hypnose" oder einer Art haptischen Hypnose. Es wird nicht überraschen, dass wir hier ein zentrales Phantasma des fotografischen Vorgangs wiederfinden: das der Blick-Berührung, des Blick-Schocks, des Lichtstosses, des Kontaktes auf Distanz – für das sich Ärzte und Fotografen oft bis hin zum experimentellen Missbrauch und zum spiritistischen Delirium begeisterten.[48] Hier feiert das antike Paradigma der achiropoiesis Wiederauferstehung – den Anderen ohne Zuhilfenahme der Hände zu bewegen und zu berühren, ein Bild zu machen. Auf den medizinischen Fotografien zum Dermographismus ist das Instrument der Spur oder der Finger des Arztes nie zu sehen.

Eine Beobachtung Barthélémys scheint mir alle diese Parameter exemplarisch zu verknüpfen. Es handelt sich um eine Frau, deren hysterogene Zonen man suchte. Man fand den Dermographismus. Man untersucht ihn experimental, an den Füßen, den Händen, den Brüsten, „auch im Gesicht". Der dermographische Zustand erweist sich eindeutig als eine latente hysterische Krise. Mit der Krise aber auch als eine schmerzhafte Latenz des erneuten Aufsteigens von Körperflüssigkeiten und Gefühlswallungen[49]: Tränen, Blut. Und mehr noch: Dieser ganze Zustand tritt ein, wenn man diese Frau „von hinten ansieht". Denn der Blick bedarf der Präsenz des Auges nicht, er markiert hier nur die Wirksamkeit eines Phantasmas des Anderen als dem Sehenden-Berührenden: „Seltsames, unangenehmes, enervierendes Gefühl, stärker als der Wille, von der Kranken empfunden, wenn man sie von hinten ansieht. Wenn man insistiert, fließen Tränen, und würde man sie heftig reiben, käme es zweifellos zur Krise. Im selben Augenblick setzt die Regel ein."[50]

aus dem Französischen von Markus Sedlaczek

ANMERKUNGEN

[1] Auszug aus einem 1983 geschriebenen Text.

[2] G. Dujardin-Beaumetz, „Note sur des troubles vaso-moteur de la peau observés sur une hystérique (femme autographique)", in: *L'Union médicale*, Nr. 144, Dezember 1879, S. 918.

[3] Ibid., S. 920.

[4] Siehe Anm. 21.

[5] Siehe P. Sollier, *Les Phénomènes d'autoscopie*, Paris 1903.

[6] Siehe V. Cornu, *Contribution à l'étude de la dermographie (urticaire graphique, provoquée)*, Paris 1890; T. Barthélémy, *Étude sur le dermographisme ou dermo-neurose toxivasomotrice*, Paris 1893, S. 13.

[7] Ibid., T. Barthélémy.

[8] M. Lannois, „Dermographisme chez des épileptiques atteints d'helminthiase intestinale", in: *Nouvelle Iconographie de la Salpêtrière*, XIV, S. 207.

[9] Wie 6, T. Barthélémy, op. cit., S. 14.

[10] Ibid., S. 35.

[11] Ibid., S. 98.

[12] Ibid., S. 27–28.

[13] E. Chambard, „Dermoneurose stéréographique et érythrasma chez un imbécile alcoolique", in: *Archives de neurologie*, XVII, 1889, S. 8–21.

[14] C. Féré/H. Lamy, „La dermographie", in: *Nouvelle Iconograpie de la Salpêtrière*, II, 1889, S. 284 (Hervorhebung von mir).

[15] Wie 6, T. Barthélémy, op. cit., S. 38–40.

[16] Ibid., S. 12–13.

[17] Wie 8, art. cit., S. 207.

[18] Wie 6, T. Barthélémy, op. cit., S. 37.

[19] E. Boix, „Contribution à l'étude de l'œdème bleu hystérique", in: *Nouvelle Iconographique de la Salpêtrière*, IV, 1891, S. 76; wie 6, T. Barthélémy, op. cit., S. 129–130; siehe auch M. Féréol, „Dermographisme ou autographisme", in: *Bulletin de la Societe médicale des Hôpitaux de Paris*, 3. Reihe, VII, 1890, S. 888.

[20] Siehe S. Freud, „Hysterische Phantasien und ihre Beziehungen zur Bisexualität" (1908), in: *Gesammelte Werke*, Band 7, London 1941, S. 191–199; G. Didi-Huberman, *Erfindung der Hysterie. Die photographische Klinik von Jean-Martin Charcot*, übers. von S. Henke, M. Stingelin und H. Thüring, München 1997, S. 180–185.

[21] Das „Klischee" bezeichnet im Bereich der Drucktechnik sämtliche Arten von Hochdruckplatten (z.B. geätzte Metallplatten) und Druckstöcke, die beliebig viele Reproduktionen von einer typographischen Vorlage erlauben.

[22] Wie 2, art. cit., S. 919.

[23] Wie 6, T. Barthélémy, op. cit., S. 25–26; wie 8, art. cit., S. 209; wie 14, art. cit., S. 285; F. Allard/H. Meige, „Effets produits par les différents modes d'excitation de la peau dans un cas de grand dermographisme", in: *Archives générales de médecine*, 8. Reihe, X, 1898, S. 40–42.

[24] Wörtliche Übersetzung des Originaltextes „met en relief le dessin". Der Ausdruck „mettre en relief" wird im Französischen in der Regel im übertragenen Sinne als Redewendung für „etw. hervorheben, klar herausstellen" verwendet; das vorangehende „relever" hat ebenfalls beide (konkret und übertragen) Bedeutungsaspekte: „auf-, hoch-, anheben" und „etw. hervorheben, betonen" (A.d.Ü.).

[25] G. W. F. Hegel, *Ästhetik*, 2 Bände, hg. von F. Bassenge, Frankfurt/M. o. J., S. 220.

[26] Wie 6, T. Barthélémy, op. cit., S. 18 und S. 23–26.

[27] Mit Asteriskus gekennzeichnete Ausdrücke sind im Original deutsch (A.d.Ü.).

[28] S. Freud, „Notiz über den ‚Wunderblock'" (1925), in: *Gesammelte Werke*, Band 14, Frankfurt/M. 1968, S. 3–8.

[29] J. Derrida, „Freud und der Schauplatz

der Schrift", in: *Die Schrift und die Differenz* (1967), übers. von R. Gasché, Frankfurt/M. 1997, S. 321, 340.

[30] Wie 6, T. Barthélémy, op. cit., S. 33.

[31] Wie 8, art. cit., S. 212–213.

[32] Wie 6, T. Barthélémy, op. cit., S. 139. Es handelt sich, um genau zu sein, um „Kola-Coca".

[33] Vgl. J. Lacan, „Das Subjekt und der/das Andere: Alienation", übers. von N. Haas, in: *Die vier Grundbegriffe der Psychoanalyse*, Olten 1978, S. 218 (A.d.Ü.).

[34] Wie 23, F. Allard/H. Meige, art. cit., S. 42–50; wie 14, art. cit., S. 286–288; wie 6, T. Barthélémy, op.cit., S. 66–80.

[35] Wie 14, art. cit., S. 284.

[36] R. de Valicourt, *Nouveau manuel du moulage et du clichage des médailles*, Paris 1975, S. 339.

[37] M. Roudnew, „Dermographisme rouge et blanc", in: *Nouvelle Iconographie de la Salpêtrière*, XXIII, 1910, S. 197–201.

[38] Wie 20, G. Didi-Huberman, op. cit., S. 199–201.

[39] J. Delbœuf, „Autographisme", in: *Revue de l'hypnotisme*, VI, 1892, Nr. 9, S. 258–259.

[40] Wie 8, art. cit., Tafel XXVI.

[41] L. Trespsat, „Un cas de démence précoce catatonique avec pseudo-œdème compliqué de purpura", in: *Nouvelle Iconographie de la Salpêtrière*, XVII, 1904, S. 193–199 und Tafel XXVII. Siehe auch, wie 6, T. Barthélémy, op. cit., Tafel XIV; J. Séglas, „Démence précoce et catatonie", in: *Nouvelle Iconographie de la Salpêtrière*, XV, 1902, S. 330–348 und Tafel XLV.

[42] Wie 6, T. Barthélémy, op. cit., S. 63f.; siehe auch E. Chambard, art. cit., S. 15.

[43] E. Châtelain, „Pseudo-urticaire dermographique (urticaire factice, dermographie, autographisme, etc.)", in: *Journal des maladies cutanées et syphilitiques*, III, 1891, S. 547–555.

[44] Eine wohlbekannte Formel Lacans, siehe J. Lacan, „Das Seminar über E. A. Poes ‚Der entwendete Brief'" (1957), übers. von R. Gasché, in: *Schriften 1*, Frankfurt/M. 1975, S. 41 [siehe auch J. Lacan, „Das Drängen des Buchstabens im Unbewussten, oder die Vernunft seit Freud", übers. von N. Haas, in: *Schriften II*, Olten 1975, (A.d.Ü.)].

[45] Siehe namentlich E. Latreille, *Almanach-manuel du photographie*, Paris 1858, S. 28. Ich danke M. Wiedman für den Hinweis auf diesen Text.

[46] G. F. Nadar, *Quand j'étais photographe*, Paris 1900, S. 8.

[47] Wie 6, T. Barthélémy, op. cit., S. 81–99.

[48] Wie 20, G. Didi-Huberman, op. cit., S. 101–108.

[49] Im Orig. „humeurs", das von lat. humor herrührt und sowohl Körperflüssigkeiten bezeichnet (vgl. im Deutschen den med. Fachbegriff „Humor") als auch (die in alten Theorien auf deren Zirkulation zurückgeführten) Stimmungen, Gefühlswallungen (A.d.Ü.).

[50] Wie 6, T. Barthélémy, op. cit., S. 163.

GEORGES DIDI-HUBERMAN

Graphic Ecstasy

She was a young woman[1] whose history seems to have been dominated by a kind of hidden force spreading out from inside to the outer edges. All her clinical signs could be viewed as a journey from fate (the death of her father) towards her visceral "core" (the onset of periods, accompanied by stomach cramps) and then from this visceral core towards the "surfaces" of her body. These surfaces displayed either turbulence (convulsive movements, grimaces and neuralgia) or numbness (loss of consciousness, deafness and loss of bodily sensation). Loss of sensation over the whole area of the skin seems to be a major feature of the symptoms. Furthermore, it is not only common in hysteria but also was still regarded as one of its characteristic features in the 19th century. "The skin of her limbs, stomach, breast, face may be completely pierced without her feeling the slightest pain."[2]

This "loss of feeling" was mirrored symmetrically, as it were, by the amazing capacity of the skin, when touched (it has been noted), "to reproduce exactly" urticaria. "The urticaria is odd and really strange since it is so localized to the point touched that whatever characters are desired may be drawn on the skin of this female patient."[3] Everything seems to have been said: the skin has "lost its feeling", but in return it is "stigmatised" over the total graphic reproducibility of the line, of the signifier, of the "character" that absolutely anyone – provided he is legitimately entitled to do so, as is a doctor, of course – wants to draw, "imprint" on it. The skin has lost its meaning to welcome the meaning of the other.

So she is an "imprint-woman" (femme-cliché), or else an "autographic woman", and we can see the ambiguity of the latter term. If hysterical "autoscopy" – seeing one's own face "from the inside"[4] – in fact proceeds from the most extreme of appropriations, like an identification that has gone through and destroyed all the interfaces of reflexivity, the "autography" Dujardin-Beaumetz talks about, on the other hand, assumes that the relations of the inside to the outside have become infinitely complex and do not allow any circulation of selfness. Here the bodily surface determines its subject only in becoming the pure surface for inscribing the desire of the other. This system is an effect of writing where the writer will never exist except in a perpetual calling into question of existence and identity. Here the skin itself is written "on" itself, or rather the writing comes to it "from the inside". It is the surface and the subject of the inscription. But exists as such only in taking writing from the other: the meaning of the writing comes to it only from something "outside". To be more precise, the advent of this auto-graphy operates like the almost visceral advent of a "horripilation" at the gaze of – the slightest contact with – the other.

The names given to this symptom evolved during the 19 th century. The terms "artificial urticaria", "graphic urticaria", "nervous urticaria", "vasomotor dermoneurosis", "cutaneous stereography", "stigmatographism" were used, and others. Around the year 1890 the terminology settled more or less on the term "dermographia", or better still "dermographism".[5] At that time too the phenomenon ceased to be regarded as "very strange and extremely rare," as Dujardin-Beaumetz had thought it to be. It now occupied a much wider nosological field. The thesis devoted to dermographism by Dr Barthélémy in 1893 was already based on seventy described cases.[6] In 1901 we read that this symptom is in the end "not very rare if only the trouble is taken to look for it."[7]

However, aside from the problem of terminology, the question of knowing the subjective operation producing this "sensitive" or "printing" property of the skin still remained unanswered. Or rather indeterminate as to how it was actually formulated: for it has never ceased to try to move out of its original field of experimentation, hysteria, only always to go back to it. Dermographism, as a disorder of the functioning of the "vaso-vasomotoric nerves of the skin," naturally assumes "a particularly susceptible, impressionable and impressed nervous system," as Barthélémy writes.[8] It was thus regarded as a tendency to which the female sex was prone and in whom "the nervous system is more vibrant and impressionable,"[9] i.e. liable to hysteria. We should not forget that following Briquet's work this was thought to have been definitively understood according to an opto-photographic model, which Barthélémy himself called an "enlarger of the nervous impressions."[10] The recurrent emphasis on the aesthetic aspect of the problem in which a criterion of "venustà" (beauty), if I may use that term, cuts across the problem of the illness should also be noted: it is commonly said that the hysterical skins most susceptible to being "imprinted" are the smoothest, whitest and the most delicate ones.[11]

However, dermographism began to be considered outside the "monopoly of hysteria," as Chambard writes, who in 1889 detected it in an "alcoholic imbecile."[12] Generally this trend away from the field of hysteria went in three directions. The first was towards a greater "truth" of the symptom: by that I mean that the imprint symptom was looked for in the direction of what it exactly reproduced. "We find," write Drs Féré and Lamy, "a predominance in two categories of patients: on the one hand, hysterical women and on the other, persons already suffering from 'true' urticaria."[13] A second direction of research endeavoured to cloak the concept in the greater depths of "animality". It is true that animals, no less than hysterical subjects, are very prone to hypnotism: "[...] creatures no doubt inferior to the human species, but like it endowed with feelings," as Barthélémy notes in a chapter of his book, where he describes a classic imprint symptom which was produced in a thoroughbred horse (for "thoroughbreds have a lot more nerves and blood beneath the skin than other animals"). As "experimental" proof, Barthélémy wrote the word SATAN in capital letters on the animal's sides.[14] Lastly, this extension of dermographism almost ended in taking its existence as a symptom away from it: a move towards non-existence, or at least towards "epiphenomenal" status. Since dermographism covers a relatively vague nosological field at the frontier between neurology and dermatology, it was accorded the status of just an "effect" syndrome – a symptom common to several diseases. It was named thus in contrast to a "characteristic feature", and finally a "simple epiphenomenon".[15]

Perhaps dermographism is merely a simple "surface effect". Nonetheless, it is an effect – and a spectacular effect – of the touch of the Other. And even of his or her gaze. As such it already smacks of a construct of hysterical fantasy. Moreover, there has been no failure to note this in the "literature" in question: hysteria constantly creeps back in. Thus, epileptics suffering from dermographism show the "incorporation of a hysterical feature" in the general symptomatology of their epilepsy.[16] Although hysteria was dismissed to some extent by Bathélémy (who put forward intoxication – apart from impressionability – as a factor in the genesis of the dermographic syndrome), he nonetheless reverts to it in the final analysis when going on to consider hysterical disorders, themselves modelled on self-intoxication.[17] Finally dermographism is regarded by most writers as a means, a path or a tendency to hysteria. For the patient endowed with this figural property of the integument will inevitably be inclined to "simulate" other dermatological complaints, so we read. Clinical suspicion was henceforth attached to tracking down the desire to "configure" another illness, in the visible evidence of the imprint symptom. "How very well that typifies hysteria!" a doctor exclaimed about an "imprint man" who reproduced counterfeit scarlatina one day, and smallpox or measles the next…[8]

The integumentary arrival of the graphic image which the imprint symptom displays should therefore be understood as the fictional invading the "truth of the body" – which is always a possibility. The trouble-free practice of medicine would like to be founded on the prior assumption that symptoms never lie, and speak for the patient by uttering the truth concerning him or her, even when he or she is not thought to control, know or speak it. It will be understood why the hysterical symptom (which has at its core the duping of the patient – and of the other) has been able to function, in the words of Freud himself, as the "bête noire" of traditional medicine. Thus as a graphic effect, the imprint symptom is by its nature a prey to fiction, writing, the figurative. And what Freud calls hysterical "representability" (figuratibilité) will in any case operate, whether it is cause or effect, as the very element of this phenomenon of the surface of the body.

It is a representability of the antithesis and of the "antithetical transition".[19] In the phrases of what doctors themselves call the "development" of the dermographic imprint, we are in fact witnessing a double transition: on the one hand, the cutaneous surface changes from the "white" of its normal state to the "red" of the localised mark, and it in turn – without ceasing to be a mark, i.e. a difference – reverts to "white". On the other hand at the same time as this chromatic metamorphosis another transition takes place which turns "depth" (the vasomotor system of the dilation and contraction of the subcutaneous blood vessels) into "surface" (the epidermal coloration of the mark), and turns the surface into "relief": as it turns "white" the mark forms a horripilation in accordance with a phenomenon rather similar to goose pimples, and "becomes an imprint" in the typographical sense of the French term "cliché".[20] What Dujardin-Beaumetz calls the "white projection" of the mark stands out in relief which "becomes more and more pronounced until it becomes one and a half to two millimetres deep."[21] Barthélémy would raise the figure to six millimetres.

But the true raising of the stakes can rather be seen in the actual categories of description which themselves experienced a metamorphosis. To be more specific, the vocabulary used to describe the phenomenon blazes with all the subtleties and richness of "pictorial" semantics: it will vaguely attempt an "ekphrasis" of the colour transition, where one of the key moments obviously relates to the question of the "flesh tone".[22] This should not surprise us, especially as the imprint symptom is very closely connected with old figural fantasies: it "gives the line body", the drawn line, it creates relief, "putting the drawing in relief", in accordance with a graphic transaction which is at the same time an advent of colour, a local surge of blood to the surface, "from the inside". Hegel – in a different context, of course – referred to that as the "internal animation of colouring". A reason why he saw the rosy flesh tone as achieving the very ideal of pictorial quality in its sensitive materials.[23] Thus the perturbation of the blood at the heart of the being, its symptomatic rise towards the bodily surfaces, is what should be understood aesthetically as the acme of pictorial work. It is highly significant that 19th-century doctors – Meinert, for example – used this very paradigm to describe the cause of mental illnesses. In dermographism these two constellations meet, and even demonstrate their structural connivance.

The turning of the symptom into a metaphor, however, is still crystallized round the word "cliché" (imprint) in French. The idea of typographical "relief" is of course fundamental to it: the depth of the relief here operates as a criterion for the intensity or purity of the symptom. The primitive form of dermographism is its so-called "flat" form; "full-blown dermographism", on the other hand, is the term used to describe the form that stands out most.[24] And while the persistence of the dermographic effect is very variable, ranging from half an hour to several days, the indefinite "reproducibility" of the process is not the least part of its magic. It is typographical magic – slight relief – and also photographic magic: a prodigious phenomenon associated with the immediate impressionability of a pellicular surface. Between the optical and the textual. Here the notion of "graphy" covers both the mark made by an original, figurative writing ("Bilderschrift") and the repetition, the persistence of the "stigma", its possible reconversion into textuality, into meaning.

So something in the nature of a "Wunderblock", a magic notepad, and we know that Freud made use of this very metaphor for the psychological apparatus in the interstice between the optical and the written.[25] The dermographic symbol would here be a portraiture of the leafing through, the exfoliation, of the very madness of a notion of the patient's. For in its very process, just like the "Wunderblock", it disrupts the notions of outside and inside: the "image" which is effected "produces the space and the body of the sheet itself", as well as producing something like a "stratification of surfaces the relationship of which to the self, the inside, is only the implication of a different surface."[26] It produces the mark and the very moment when it is effaced. It is an act of engraving where the surface constantly returns to its virgin state, its capacity to receive new imprinting.

What doctors do not talk about in relation to dermographism is the "memory" effect that such "intradermic"[27] writing can cause after it has been erased. Hysteria is an illness about "forgetting the impossibility of forgetting," and Freud was the first to track down its effects and structures. I cannot help putting forward the hypothesis that the graphic sign on the skin of a hysterical subject suffering from dermographism could at some point "have gone back" into the symptom. For any mark, although or because it has engendered the time when it will be effaced, remains liable to act after the event. The paths of exchange between depths and surfacesare in themselves impenetrable: Lannois reports the case of a young twenty-three-year-old woman who became dermographic at the very moment when what had been devouring her up to then from the inside was removed – a worm several metres long. Then "we could easily write her name on her chest, back or forearms."[28]

Playing games with lines: if an attempt was made to deprive dermographism of its status as a symptom, it was perhaps to move it in its entirety in the direction not only of a syndrome, but even of a symbol. What is more, nobody was really concerned with the question of therapeutic treatment, Barthélémy at the very most suggesting that "imprint women" should be given a good swig of Coca-Cola…[29] In this sense, dermographism was assigned a secondary status: not a symptom but "what the subject would represent for another symptom" (to paraphrase Lacan's famous phrase), for example hysteria, epilepsy or dementia praecox. In any case this means that in clinical discourse it operated as a vehicle for representation.

Now, representation is used to create a "work" or even a setting. All the literature that follows the publication of the principle by Dujardin-Beaumetz is only an "eager" succession of experimental variations, no doubt answering some anxious curiosity: how far would the prodigious phenomenon of the "sensitive" body go in its capacity to receive and "imprint" any effect drawn on it? So the essence of the dermographic effect was sought through a controlled variation of the means of imprinting: blunt points, the tip of the fingernail, pins, "thermal stimulation" (i.e. contact with something freezing or burning), faradisation by means of Duchenne de Boulogne's famous "electric beam", galvanic currents, etc. We get some idea of the significance of the key notion which impressionability represented by reading the work of the doctors at the Salpêtriére and by recognizing their vague disappointment at not achieving results using X-rays.[30] But this did not prevent a systematic search for the "elective zones" of dermographism, just as at the same period there was an attempt to draw up the ideal mapping of all the "hysterogenous zones". And attempts were even made to look for the imprint effect inside the mouth.[31]

This setting up of an experimental variability had the result of moving the symptom – or syndrome – in the direction of a techne. The notion of the imprint moved readily away from the paradigm of the spontaneous "effect", observed on the skin, to the paradigm of an "art": provoking, producing such an effect on the skin. So we go back to the oldest definition or making a stereotype, as the "art of obtaining indented or relief imprints by placing moulds" on a metal brought to the intermediate state between melting and its natural hardness.[32] So "imprint" is here a generic word covering the notion of tracements, like "Bilderschrift". What we are really witnessing is a miming of the reinvention of writing, if we follow the actual reports on this experimental variability. It is very interesting to note "what was written" on these imprint bodies.

Initially it was a pure game of making a mark, the difference against the background of skin: a pure exercise in drawing a line. Next it was logically a question of the difference in the actual materiality of the line-drawing: differences were looked for between "raised" dermographism and "flat" dermographism, and between "red" (resulting from vasomotor dilation) as opposed to "white" (which tended rather to result from constriction). The phenomenon of contradictory representability enabled Dr Roudnew to obtain a white imprint and a red imprint on the back of the same patient simultaneously,[33] which surely brings to mind the experiments in which Charcot literally "divided his patient", by imposing a cataleptic state in one half of the body while inducing a lethargic state in the other half.[34]

We note that Roudnew is starting an alphabet with his red and white dermographism. "Bilderschrift" is moving from the line to writing as such: "At the same time I outlined several drawings, or to focus my ideas the first four letters of the alphabet, now on the same shoulder, now half on either shoulder," we read elsewhere.[35] But the meaning became more specific, if I may express it thus, or at least what was at issue did: an observation by Lannois who begins with the words: "The woman named A.D., 33 years old [...]" is accompanied by a double photograph where we see the patient bearing on the front of her torso the word ANGÉLINE written in capital letters, while on her back between the two shoulders appears the word DONADIEU in large letters.[36] So we have a double imprinting – and the crux of the portrait: the patient photographed making the impression of her own name on her own skin which in the text is reduced to initials in accordance with medical ethics.

Elsewhere it is not the patient's own name that is imprinted but the "truth" about him or her, by which I mean the truth according to the other (the photographer, the doctor): the diagnostic truth or rather supposed knowledge outlined on the skin like a sentence: DEMENTIA PRAECOX.[37] This effect of knowledge and drawing could not but have consequences which the authors themselves called "picturesque". Thus a woman was imprinted with the effigy of coins: another was covered with fanciful socalled "cabalistic" inscriptions; another bore the figure of the "sigillum diaboli", the "sign of the devil", or even the actual name of Satan; another was simply riddled with small ornamental pricks; and lastly one woman was returned to her husband who took advantage of her condition "to write his name on his wife's skin at certain times."[38] Even so, all this "picturesque" work was not nonsensical. For what was basically at stake is clearly proclaimed: it was a question of "making the body into a work, and signing it." The "autographic" skin was an appeal to the meaning of the other. The other – the perverse other – took advantage of it: a figurative and identificatory godsend. What was written on the imprint patient's back in the final analysis was the actual name of the doctor who then dreamt of himself as the artist, the fictor, the "author of his patient". In 1891 Dr Élie Châtelain did not scruple to sign and date the iconic body of his imprint patient at the same time as photographing it to put it into the great museum of the clinic.[39]

So the dermographic phenomenon is not only the "becoming visible of contact" with the skin. It is also the "becoming visible of the discourse" of the other, his writing, his signature. A solicitation by the letter unfolds as if by photography where the person emitting the mark – the imprint patient – in fact receives from the other "his own message in an inverted form":[40] in order to exist I desire you as my master, my author, my painter [...] and here you are as the guarantor of my fictional existence, my non-existence. As we know "inversion" comes into the optical and photographic definition of the imprint.[41] It is also constantly at work in the link between hysterical fantasy and perverse fantasy. In this sense the imprint symptom can be seen as an "effect of the contract of the (photographic) pose" itself which Balzac rightly described as a "sickness of the brain."[42] This is because the pose is always grappling with its two crucial limits: melancholy and hysteria. The imprint symptom is like the graphically recorded delay ("hysteresis") of a crisis associated with the actual phenomenological structure of the pose.

Moreover, in this context, pose and hypnosis overlap. Barthélémy noted that dermographic subjects are very easy to hypnotise. He even induced the dermographic state through hypnosis.[43] Thus the imprint system was apparently the effect of a kind of "tactile hypnosis", if I may term it thus, or haptic hypnosis. It is not surprising that we should rediscover here a central fantasy of the photographic transaction: it is that of the look as touch, the look as shock, the blow struck by light, contact at a distance – the reason why doctors and photographers often became carried away to the point of experimental abuse and spiritualistic delirium.[44] Here the ancient paradigm of achiropoiesis resurfaces – acting and affecting others, and making an image without using the hands. The medical photographs relating to dermographism never show the instrument used to make the mark or the doctor's finger.

An observation made by Barthélémy seems to tie up all these parameters in an exemplary way. It concerned a woman whose hysterogenous zones were being sought. Dermographism was found. Experiments were carried out with it on her feet, hands, breasts and "as well as her face." The dermographic state clearly appeared as a latent hysterical crisis. But accompanying the crisis was also the painful latency of an upsurge of humours: tears, blood. But there was another factor: this whole state arose when this woman was "looked at from behind." For the gaze does not require the eye to be present, and here it merely indicates how effective the fantasy of the Other as a seer-toucher is:

"A strange, unpleasant and enervating feeling stronger than will is experienced by the patient when she is looked at from behind. If we persist, tears come, and if strong friction is applied, without any doubt a crisis will follow. Her period starts at that very instant."[45]

translated by Judith Hayward

[1] Extract from a paper written in 1983.

[2] G. Dujardin-Beaumetz, "Note sur des troubles vaso-moteurs de la peau observés sur une hystérique (femme autographique)", in: *L'Union médicale*, no. 144, December 1879, p. 918.

[3] Ibid., p. 920.

[4] See P. Sollier, *Les Phénomènes d'autoscopie*, Paris 1903.

[5] See V. Cornu, *Contribution à l'étude de la dermographie (urticaire graphique, provoquée)*, Paris 1890. T. Barthélémy, *Étude sur le dermographisme ou dermo-neurose toxivasomotrice*, Paris 1893, p. 13.

[6] See 5, T. Barthélémy, op. cit.

[7] M. Lannois, "Dermographisme chez des épileptiques atteints d'helminthiase intestinale", in: *Nouvelle Iconographie de la Salpêtrière*, XIV, 1901, p. 207.

[8] See 5, T. Barthélémy, *Étude sur le dermographisme*, op. cit., p. 14.

[9] Ibid., p. 35.

[10] Ibid., p. 98.

[11] Ibid., pp. 27f.

[12] E. Chambard, "Dermoneurose stéréographique et érythrasma chez un imbécile alcoolique", in: *Archives de neurologie*, XVII, 1889, pp. 8–21.

[13] C. Féré/H. Lamy, "La dermographie", in: *Nouvelle Iconographie de la Salpêtrière*, II, 1889, p. 284. My emphasis.

[14] See 5, T. Barthélémy, op. cit., pp. 38–40.

[15] Ibid., pp. 12f.

[16] See 7, art. cit., p. 207.

[17] See 5, T. Barthélémy, op. cit., p. 37.

[18] E. Boix, "Contribution à l'étude de l'œdème bleu hystérique", in: *Nouvelle Iconographie de la Salpêtrière*, IV, 1891, p. 76; see 5, T. Barthélémy, op. cit., pp. 129–130; see also M. Féréol, "Dermographisme ou autographisme", in: *Bulletin de la Société Médicale des Hôpitaux de Paris*, 3rd series, VII, 1890, p. 888.

[19] See S. Freud, "Les fantasmes hystériques et leur relation à la bisexualitè" (1908), transl. into French by J. Laplanche and J.-B. Pontalis, in: *Névrose, psychose et perversion*, Paris 1973, p. 155; G. Didi-Huberman, *Invention de l'hystérie. Charcot et l'Iconographie photographique de la Salpêtrière*, Paris 1982, pp. 161–172.

[20] In engraving the "cliché" is a relief metal plate from which copies of typesetting can be printed.

[21] See 2, art. cit., p. 919.

[22] See 5, T. Barthélémy, *Étude sur le dermographisme*, op. cit., pp. 25–26, see 7, art. cit., p. 209; see 13, art. cit., p. 285; F. Allard/H. Meige, "Effets produits par les différents modes d'excitation de la peau dans un cas de grand dermographisme", in: *Archives générales de médecine*, 8th series, X, 1898, pp. 40–42.

[23] G.W.F. Hegel, *Esthétique*, transl. into French by S. Jankélévitch, Paris 1964, VII, p. 93.

[24] See T. Barthélémy, *Étude sur le dermographisme*, op. cit., pp. 18 and 23–26.

[25] S. Freud, "Note sur le 'bloc-notes magique'" (1925), transl. into French by J. Laplanche and J.-B. Pontalis, unpublished. [Since published in *Résultats, idées, problèmes, II. 1921–1938*, Paris 1985, pp. 119–124.]

[26] J. Derrida, *L'Écriture et la différence*,

Paris 1967, pp. 311, 331.

27 See 5, T. Barthélémy, op. cit., pp. 33.

28 See 7, art. cit., pp. 212f.

29 See 5, T. Barthélémy, op. cit., p. 139. To be more precise the recommendation was for "Kola-Coca".

30 See 22, F. Allard/H. Meige, art. cit., pp. 42–50; see 13, art. cit., pp. 286–288; see 5, T. Barthélémy, op. cit., pp. 66–80.

31 See 13, art. cit., pp. 284.

32 R. de Valicourt, *Nouveau manuel complet du moulage et du clichage des médailles*, Paris 1875, p. 339.

33 M. Roudnew, "Demographisme rouge et blanc", in: *Nouvelle Iconographie de la Salpêtrière*, XXIII, 1910, pp. 197–201.

34 See 19, G. Didi-Huberman, op cit., pp. 196–202.

35 J. Delboeuf, "Autographisme", in: *Revue de l'hypnotisme*, VI, 1892, no. 9, pp. 258–259.

36 See 7, art. cit., Pl. XXVI.

37 L. Trespsat, "Un cas de démence précoce catatonique avec pseudo-œdème compliqué de purpura", in: *Nouvelle Iconographie de la Salpêtrière*, XVII, 1904, pp. 193–199 and Pl. XXVII; see 5, T. Barthélémy, op. cit., Pl. XIV. J. Séglas, "Démence précoce et catatonie", *Nouvelle Iconographie de la Salpêtrière*, XV, 1902, pp. 330–348 and Pl. XLV.

38 See 5, T. Barthélémy, op. cit., pp. 63–64; see 12, art. cit., p. 15.

39 E. Châtelain, "Pseudo-urticaire dermographique (urticaire factice, dermographie, authographisme, etc.)", in: *Journal des maladies cutanées et syphilitiques*, III, 1891, pp. 547–555.

40 A well-known formula of Lacan's, see. J. Lacan, "Le séminaire sur la 'Lettre volée'" (1957), in: *Écrits*, Paris 1966, p. 41.

41 See in particular E. Latreille, *Almanach-manuel du photographe*, Paris 1858, p. 28. I would like to thank M. Wiedman for pointing out this passage to me.

42 G.F. Nadar, *Quand j'étais photographe*, Paris 1900, p. 8.

43 See 5, T. Barthélémy, op. cit. pp. 81–99.

44 See 19, G. Didi-Huberman, op. cit., pp. 89–97.

45 See 5, T. Barthélémy, op. cit., p. 163.

Ades
Dawn Ades, *Dada and surrealism reviewed*, Arts Council of Great Britain, London 1978

Akashe-Böhme
Farideh Akashe-Böhme (Ed.), *Reflexionen vor dem Spiegel*, Frankfurt/M. 1992

Angerer
Marie-Luise Angerer (Ed.), *The body of gender: Körper. Geschlechter. Identitäten*, Wien 1995

Ballard
J.G. Ballard, *The atrocity exhibition*, San Francisco 1990

Barta/Breu
Ilsebill Barta/Ziia Breu u.a. (Eds.), *Frauen. Bilder. Männer. Mythen. Kunsthistorische Beiträge*, Berlin 1987

Barta/Geissmar
Ilsebill Barta/Christoph Geissmar (Eds.), *Die Beredsamkeit des Leibes. Zur Körpersprache in der Kunst*, Salzburg-Wien 1992

Bataille
Georges Bataille, *Der heilige Eros*, Frankfurt/M.-Berlin-Wien 1979 (*L'Erotisme*, Paris 1957)

Beizer
Janet Beizer, *Ventriloquized bodies. Narratives of hysteria in nineteenth-century France*, Ithaca u.a. 1994

Bernheimer
Charles Bernheimer/Claire Kahane (Eds.), *In Dora's case. Freud, hysteria, feminism*, London-New York 1990

Billeter/Pierre
Erika Billeter/José Pierre (Eds.), *La Femme et le surréalisme*, Lausanne 1987

Birgus
Vladimir Birgus, *Tschechische Avantgarde-Fotografie 1918-1948*, Stuttgart 1999

Braun
Christina von Braun, *Nicht ich. Logik Lüge Libido*, Frankfurt/M. 1985
Männliche Hysterie – Weibliche Askese. Zum Paradigmenwechsel in den Geschlechterrollen, in: Karin Rick (Ed.), Das Sexuelle, die Frauen und die Kunst, *Konkursbuch 20*, Tübingen 1987

Brem
Richard Brem/Theo Ligthart, *Hommage à Hedy Lamarr*, Wien 1999

Breton
André Breton, *Der Surrealismus und die Malerei*, Berlin 1967 (*Le Surréalisme et la peinture*, Paris 1965)
L'Amour fou, Frankfurt/M. 1978 (1970) (*L'Amour fou*, Paris 1937)
Nadja, Frankfurt/M. 1978 (1960) (*Nadja*, Paris 1928)
Die Manifeste des Surrealismus, Reinbek 1980 (1968) (*Manifestes du Surréalisme*, Paris 1924)

Bronfen
Elisabeth Bronfen, *Das Verknotete Subjekt. Hysterie in der Moderne*, Berlin 1998 (*The knotted subject. Hysteria and its discontents*, Princeton 1998)
Elisabeth Bronfen/Jörg Huber (Eds.), *Die Wiederkehr des anderen. Interventionen*, Basel u.a. 1996

Bürger
Peter Bürger (Ed.), *Surrealismus*, Darmstadt 1982

Burroughs

William S. Burroughs, *The naked lunch*, Wiesbaden 1988 (5. Auflage) (*Naked lunch*, New York 1959; 11.Auflage)

Butler

Judith Butler, *Körper von Gewicht*, Frankfurt/M. 1993 (*Bodies that matter: on the discursive limits of ‚Sex'*, New York 1993)

Bynum

Carol Bynum, „Warum das ganze Theater mit dem Körper?", in: *Historische Anthropologie*, Bd. 4, 1996, Nr. 1, S. 1–33

Carrington

Leonora Carrington, *Unten*, Frankfurt/M. 1981 (*En bas*, Paris 1973)

Chadwick

Whitney Chadwick, *Women artists and the surrealist movement*, London 1985

Mirror images. Women, surrealism and self-representation, Cambridge/Mass. 1998

Conrad/Konnertz

Judith Conrad/Ursula Konnertz (Eds.), *Weiblichkeit in der Moderne. Ansätze feministischer Vernunftkritik*, Tübingen 1986

Cixous

Hélène Cixous, *Weiblichkeit in der Schrift*, Berlin 1980

Crary

Jonathan Crary/Sanford Kwinter (Eds.), *Incorporations*, New York 1992

DeLaurentis

Teresa DeLaurentis, *Alice doesn't. Feminism, semiotics, cinema*, Bloomington 1984

Deepwell

K. Deepwell, "Pains and pleasures: women's performance and body art", in: *Contemporary Visual Arts* 1997, Nr. 14

Derrida

Jacques Derrida, *Die Schrift und die Differenz*, Frankfurt/M. 1985 (*L'écriture et la différence*, Paris 1967)

Deleuze

Jacques Deleuze, *Francis Bacon – Logik der Sensation*, München 1995 (*Francis Bacon – Logique de la sensation*, Paris 1984)

Devereux

Georges Devereux, *Frau und Mythos*, München 1986 (*Femme et mythe*, Paris 1982)

Didi-Huberman

Georges Didi-Huberman, *Erfindung der Hysterie*, München 1997 (*Invention de l'hystérie. Charcot et l'iconographie photographique de la Salpêtrière*, Paris 1982)

Dotzler/Gendolla

Bernhard J. Dotzler/Peter Gendolla,/Jörg Schäfer (Eds.), *MaschinenMenschen. Eine Bibliographie*, Frankfurt/M. u.a. 1992

Duda/Pusch

Sybille Duda/Luise F. Pusch (Eds.), *Wahnsinns Frauen*, 3 Bde., Frankfurt/M. 1992

Dupuis

Jules-François Dupuis, *Der radioaktive Kadaver. Eine Geschichte des Surrealismus*, Hamburg 1979 (*Histoire desinvolte du surréalisme*, Nonville 1977)

Eiblmayr

Silvia Eiblmayr, *Gewalt im Bild – Gewalt am Bild. Zur Inszenierung des weiblichen Körpers in der Kunst des 20. Jahrhunderts*, in: I. Lindner/S. Schade/S. Wenk/G. Werner (Eds.), *Blick-Wechsel. Konstruktionen von Männlicheit und Weiblichkeit in Kunst und Kunstgeschichte*, Berlin 1989

Die Frau als Bild. Der Weibliche Körper in der Kunst des 20. Jahrhunderts, Berlin 1993

„Die mechanisierte Frau und das Phantasma der Re-produktionsmaschine", in: texte. *psychoanalyse. ästhetik. kulturkritik*, Heft 1, Wien 1995
„Automatismus und Medien: Die Frau als Symptom", in: Marie-Luise Angerer (Ed.), *The body of gender: Körper/Geschlechter/Identitäten*, Wien 1995
„Olimpia/Olympia. Zur Transformation eines Ideals", in: *Psyche – Körper – Material: Analysen von Menschen und Gegenständen*, Wien 1997

Ender
Evelyn Ender, *Sexing the mind. Nineteenth-century fictions of hysteria*, Ithaca u.a. 1995

Foster
Hal Foster (Ed.), *The anti-aesthetic. Essays on postmodern culture*, Port Townsend – Washington 1983
The return of the real. The avant-garde at the end of the century, Cambridge/Mass. u.a. 1996

Foucault
Michel Foucault, *Die Ordnung der Dinge. Eine Archäologie der Humanwissenschaften*, Frankfurt/M. 1971 (*Les mots et les choses*, Paris 1966)
Wahnsinn und Gesellschaft. Eine Geschichte des Wahns im Zeitalter der Vernunft, Frankfurt/M. 1973 (*Histoire de la folie*, Paris 1961)
Sexualität und Wahrheit, 3 Bde, Frankfurt/M. 1983–89 (*Histoire de la sexualité*, Vol. 1–3, Paris 1976–1984)

Freud/Breuer
Sigmund Freud/Josef Breuer, *Studien über Hysterie*, Frankfurt/M. 1985

Gallop
Jane Gallop, *The daughter's seduction. Feminism and psychoanalysis*, Ithaca – New York 1982
Thinking through the body, New York 1988

Garber
Marjorie Garber, *Verhüllte Interessen. Transvestismus und kulturelle Angst*, Frankfurt/M. 1993 (*Vested interests. Cross dressing & sexual anxiety*, New York u.a. 1992)

Gauthier
Xavier Gauthier, *Surrealismus und Sexualität. Zur Inszenierung der Weiblichkeit*, Berlin 1980 (*Surréalisme et sexualité*, Paris 1971)

Gendola
Peter Gendola, *Anatomien der Puppe. Zur Geschichte des MaschinenMenschen bei Jean Paul, E.T.A. Hoffmann, Villiers de l'Isle-Adam und Hans Bellmer*, Heidelberg 1992
Geschlechterverhältnisse und Politik, Frankfurt/M. 1994

Giedion
Sigfried Giedion, *Die Herrschaft der Mechanisierung*, Frankfurt/M. 1987 (*Mechanization takes command*, Oxford 1948)

Goldberg
RoseLee Goldberg, *Performance. Live art 1909 to the present*, New York 1979

Golden/Schwartz
Thelma Golden/Sheila Schwartz, *Black male. Representations of masculinity in contemporary Amercian art*, New York 1994

Gorsen
Peter Gorsen, *Sexualästhetik. Grenzformen der Sinnlichkeit im 20. Jahrhundert*, Reinbek 1987
Kunst und Krankheit, Frankfurt/M. 1980
Kunst und Wahn (Ed. und Autor mit anderen), Köln 1997

Haraway

Donna Jeanne Haraway, *Die Neuerfindung der Natur. Primaten, Cyborgs und Frauen*, Frankfurt/M. 1995 (*Simians, cyborgs and women. The reinvention of nature*, New York 1991)

Coyote-Geschichten zu Feminismus und Technowissenschaft, Hamburg 1995

Haskell

Barbara Haskell, *Blam! The explosion of pop, minimalism, and performance 1958–1964*, New York–London 1984

Hays

Hoffman R. Hays, *Mythos Frau. Das gefährliche Geschlecht*, Frankfurt/M. 1978 (*The dangerous sex. The myth of feminine evil*, New York 1964)

Henri

Adrian Henri, *Total art. Environments, happenings and performance*, New York – Toronto–London 1974

Hoffmann-Curtius/Wenk

Kathrin Hoffmann-Curtius/Silke Wenk (Eds.), *Mythen von Autorenschaft und Weiblichkeit im 20. Jahrhundert*, Marburg 1997

Irigaray

Luce Irigaray, *Das Geschlecht das nicht eins ist*, Berlin 1979 (*Ce sexe qui n'en est pas un*, Paris 1977)

Israël

Lucien Israël, *Die unerhörte Botschaft der Hysterie*, München–Basel 1993 (3. Auflage) (*L'hysterique, le sexe et le médecin*, Paris 1976)

Isaak

Joanne Isaak, *Feminism & contemporary art. The revolutionary power of women's laughter*, London 1996

Jaguer

Edouard Jaguer, *Surrealistische Photographie. Zwischen Traum und Wirklichkeit*, Köln 1984 (*Les mystères de la chambre noire. Le surréalisme et la photographie*, Paris 1982)

Jacobus/Fox/Shuttleworth

Mary Jacobus/Evelyn Fox/Sally Shuttleworth (Eds.), *Body/politics. Women and the discourse of science*, New York 1990

Jappe

Elisabeth Jappe, *Performance Ritual Prozess. Handbuch der Aktionskunst in Europa*, München 1993

Jobling

Paul Jobling, *Bodies and experience: gender and identity in women's photography since 1970*, London 1997

Jones

Amelia Jones, *Body art, performance, the subject*, Minneapolis 1998

Juno

Andrea Juno/V. Vale, *Angry women. Die weibliche Seite der Avantgarde*, St.-Andrä-Wördern 1997 (*Angry women*, San Francisco 1991)

Kamper/Wulf

Dietmar Kamper/Christoph Wulf (Eds.), *Die Wiederkehr des Körpers*, Frankfurt/M. 1982

Krauss

Rosalind E. Krauss, *The originality of the avant-garde and other modernist myths*, Cambridge/Mass.–London 1985

Kroker

Arthur/Marilouise Kroker (Eds.), *The last sex. Feminism and outlaw bodies*, London 1993

Lacan
Jacques Lacan, *Ecrits, Le champ freudien*, Collection dirigeé par Jacques Lacan, Paris 1966, 1978
Die vier Grundbegriffe der Psychoanalyse. Das Seminar von Jacques Lacan, Buch 11 (1964), Ed. Jacques Alain Miller, Übersetzung Norbert Haas, Olten 1978
Encore. Das Seminar von Jacques Lacan, Buch 20 (1972–73) , Berlin 1986 (*Le séminaire de Jacques Lacan*, Texte établis par Jacques Alain Miller, Livre 20, *Encore, 1972–1973*, Paris 1975)
Schriften 1–3, Ed. Norbert Haas, Berlin 1986 (Ecrits, Paris 1966)
Radiophonie. Television, Eds. Norbert Haas/H.J. Metzger, Weinheim 1988

Lichtenstern
Christa Lichtenstern, *Metamorphose. Vom Mythos zum Prozessdenken. Ovid-Rezeption – Surrealistische Ästhetik – Verwandlungsthematik der Nachkriegszeit, Metamorphose in der Kunst des 19. und 20. Jahrhunderts*, Bd. 2, Weinheim 1992

Lippard
Lucy Lippard, *From the center. Feminist essays on women's art*, New York 1976

Loeffler/Tong
Carl E. Loeffler/Arlene Tong (Eds.), *Performance anthology. Source book for a decade of California performance art*, San Francisco 1980

Lyotard
Jean-François Lyotard, *Philosophie und Malerei im Zeitalter ihres Experimentierens*, Berlin 1986

Marcuse
Herbert Marcuse, *Triebstruktur und Gesellschaft*, Frankfurt/M. 1965

Marks/Courtivron
Elaine Marks/Isabelle de Courtivron, *New French feminism. An anthology*, New York 1981

Mayer/Neumann
Mathias Mayer/Gerhard Neumann (Eds.), *Pygmalion. Die Geschichte des Mythos in der abendländischen Kultur*, Freiburg i. Br. 1997

Mazzoni
Christina Mazzoni, *Saint hysteria. Neurosis, mysticism and gender in European culture*, Ithaca u.a. 1996

Meyer
Eva Meyer, *Zählen und Erzählen. Für eine Semiotik des Weiblichen*, Berlin 1983

Mitchell
Juliet Mitchell, *Psychoanalysis and feminism. A Radical reassessement of Freudian psychoanalysis*, Harmondsworth 1975

Mitchell/Rose
Juliet Mitchell, Jacqueline Rose, *Feminine sexuality. Jacques Lacan and the école freudienne*, New York 1985

Nabakowski/Sander /Gorsen
Gislind Nabakowski/Helke Sander/Peter Gorsen (Eds.), *Frauen in der Kunst*, 2 Bde., Frankfurt/M. 1980

O'Dell
Kathy O'Dell, *Contract with the skin. Masochism, performance art and the 1970s*, Minneapolis 1998

Parker/Pollock
Roszika Parker/Griselda Pollock, *Old mistresses. Women, art and ideology*, London 1981

Peterson
Michael Peterson, *Straight white male. Performance art monologues*, Jackson 1997

Phelan

Peggy Phelan, *Unmarked – the politics of performance*, London 1993; *Mourning sex, performing public memories*, London u.a. 1997

Plant

Sadie Plant, *Nullen und Einsen. Digitale Frauen und die Kultur der neuen Technologien*, Berlin 1998

Rider

Jacques le Rider, *Otto Weininger, Werk und Wirkung, Quellen und Studien zur Österreichischen Geistesgeschichte im 19. und 20. Jahrhundert*, Bd.5, Wien 1984

Der Fall Otto Weininger, Wurzeln des Antifeminismus und Antisemitismus, Wien–München 1985

Rose

Jacqueline Rose, *Sexuality in the field of vision*, London 1986

Roth

Moira Roth, *The amazing decade. Women and performance art in America 1970–1980. A source book*, Los Angeles 1983

Rubin

William S. Rubin, *Dada und Surrealismus*, Stuttgart 1972

Ruitenbeek

Hendiik M. Ruitenbeek (Ed.), *Psychoanalysis and female sexuality*, New Haven/Connecticut 1966

Sawelson-Gorse

Naomi Sawelson-Gorse (Ed.), *Women in Dada. Essays on sex, gender and identity*, Cambridge/Mass. 1998

Schaps

Regina Schaps, *Hysterie und Weiblichkeit. Wissensmythen über die Frau*, Frankfurt/M. 1983

Scheich

Elvira Scheich (Ed.), *Vermittelte Weiblichkeit. Feministische Wissenschafts- und Gesellschaftstheorie*, Hamburg 1996

Schilling

Jürgen Schilling, *Aktionskunst. Identität von Kunst und Leben*, Luzern–Frankfurt/M. 1978

Schwarz

Dieter Schwarz, *Aktionsmalerei – Aktionismus. Wien 1960–1965. Eine Chronologie*, Zürich 1988

Seidler/Bölle

Günter H. Seidler/Martin Bölle, *Hysterie heute. Metamorphosen eines Paradiesvogels*, Stuttgart 1996

Showalter

Elaine Showalter, *Hysterische Epidemien im Zeitalter der Medien*, Berlin 1997 (*Hystories. Hysterical epidemies and modern culture*, New York 1997)

Suleiman

Susan Rubin Suleiman (Ed.), *The female body in western culture. Contemporary perspectives*, Cambridge/Mass.–London 1986

Sykora

Katharina Sykora, „Weibliche Kunst-Körper. Zwischen Bildersturm und Erlösungspathos", in: Wolfgang Welsch (Ed.), *Die Aktualität des Ästhetischen*, München 1992

Thévoz

Michel Thevoz, *Der bemalte Körper*, Zürich 1985 (*Le corps peint*, Genf 1984)

Theweleit

Klaus Theweleit, *Männerphantasien*, Bd. 1: *Frauen, Fluten, Körper, Geschichte*, Frankfurt/M. 1977; *Männerphantasien*, Bd. 2: *Zur Psychoanalyse des Weissen Terrors*, Frankfurt/M. 1978

Tickner
Lisa Tickner, "The body politic: female sexuality and women artists since 1970", in: *Art History*, Vol. 1, Nr. 2, June 1978

Ulmer
Gregory Ulmer, *Applied grammatology. Post(e)-pedagogy from Jacques Derrida to Joseph Beuys*, Baltimore–London 1985

Virilio
Paul Virilio, *Ästhetik des Verschwindens*, Berlin 1986 (*Esthétique de la disparition,* Paris 1980)

Wallis
Brian Wallis (Ed.), *Art after modernism: rethinking representation*, Boston 1985

Walters
Margaret Walters, *Der männliche Akt. Ideal und Verdrängung in der europäischen Kunstgeschichte*, Wien 1986 (*The nude male. A new perspective*, London 1978)

Warner
Marina Warner, *Monuments and maidens. The allegory of the female form*, London 1987 (1985)

Weber
Samuel M. Weber, *Rückkehr zu Freud. Jacques Lacans Ent-stellung der Psychoanalyse*, Frankfurt/M.–Berlin–Wien 1978

Weininger
Otto Weininger, *Geschlecht und Charakter* (1903), München 1980

Weissberg
Liliane Weissberg (Ed.), *Weiblichkeit als Maskerade*, Frankfurt/M. 1994

Žižek
Slavoj Žižek, *The sublime object of ideology*, London 1989; *Der erhabenste aller Hysteriker. Lacans Rückkehr zu Hegel*, Wien–Berlin 1991; (*Le sublime des hystériques. Hegel passe*, Paris 1988)

AUSSTELLUNGSKATALOGE

Junggesellenmaschinen/Les Machines Célibataires, Ausst.-Kat. Kunsthalle Bern u.a., Venedig 1975

Maschinenmenschen, Ausst.-Kat. Neuer Berliner Kunstverein, Berlin 1989

Eberhard Roters/Bernhard Schulz (Eds.), *Ich und die Stadt. Mensch und Großstadt in der Kunst des 20. Jahrhunderts*, Ausst.-Kat. Berlinische Galerie, Berlin 1987

Androgyn. Sehnsucht nach Vollkommenheit, Ausst.-Kat. Neuer Berliner Kunstverein, Berlin 1986

Amour fou. Photography and Surrealism, Ausst.-Kat. The Corcoran Gallery of Art Washington, New York 1985

Andere Körper – Different Bodies, Ausst.-Kat. Offenes Kulturhaus, Linz 1994

femininmasculin. Le sexe de l'art, Ausst.-Kat. Musée nationale d'art moderne, Centre George Pompidou, Paris 1995

Auf den Leib: (sic) geschrieben (Tailor-made), Ausst.-Kat. Kunsthalle Wien, Wien 1995

Split:Reality. Valie Export, Ausst.-Kat. Museum moderner Kunst, Wien 1997

Martha Rosler. Positionen in der Lebenswelt, Ausst.-Kat. Generali Foundation, Wien 1999

Puppen – Körper – Automaten, Ausst.-Kat. Kunstsammlung Nordrhein-Westfalen, Köln 1999

CHRISTINA VON BRAUN

Kulturtheoretikerin, Autorin und Filmemacherin. 1944 in Rom geboren, lebt in Berlin. Studium in den USA und Deutschland (Promotion). 1969 bis 1981 in Paris ansässig, als freischaffende Autorin und Filmemacherin. Seit 1994 Professorin für Kulturwissenschaft an der Humboldt-Universität in Berlin. Etwa fünfzig Filmdokumentationen und Fernsehspiele zu kulturgeschichtlichen Themen. Zahlreiche Bücher und Aufsätze über das Wechselverhältnis von Geistesgeschichte und Geschlechterrollen. Forschungsschwerpunkte: Gender, Medien, Religion und Moderne, Antisemitismus.

Publikationen u.a.: *Nicht ich. Logik Lüge Libido*, Frankfurt/M. 1985; *Die Schamlose Schönheit des Vergangenen. Zum Verhältnis von Geschlecht und Geschichte*, Frankfurt/M. 1989; *Multiple Persönlichkeit. Krankheit Medium oder Metapher*, Frankfurt/M. 1999.

Filme u.a.: *Von Wunschtraum zu Alptraum. Eine Geschichte des utopischen Denkens* (1984); *Böses Blut. Mythen und Wirkungsgeschichte der Syphilis* (1993); *Vom Sinn des Sehens. Augen-Blicke der Geschlechter* (1994); *Das geteilte Ich. Gestalten des Selbst in der Moderne* (1996).

ELISABETH BRONFEN

Literatur- und Kulturwissenschaftlerin, lebt in Zürich. Studium in München (Promotion und Habilitation). Mehrfach Gastdozenturen, u.a. in den USA. Lehrstuhlinhaberin am Englischen Seminar der Universität Zürich. Spezialgebiet ist die Anglo-Amerikanische Literatur des 19. und 20. Jahrhunderts. Zahlreiche wissenschaftliche Aufsätze zu den Bereichen Gender, Psychoanalyse, Film und Kulturwissenschaften. Momentanes Forschungsgebiet ist eine Studie über kulturelle Konfigurationen der Nacht.

Publikationen u.a.: *Nur über ihre Leiche. Tod, Weiblichkeit und Ästhetik*, München 1994 (*Over her dead body: Death, Femininity and the Aesthetic*, Manchester 1992); *Das Verknotete Subjekt. Hysterie in der Moderne*, Berlin 1998 (*The knotted subject. Hysteria and its discontents*, Princeton 1998); *Heimweh: Illusionsspiele in Hollywood*, Berlin 1999; *Gender Studies* (Sammelband herausgegeben mit Misha Kavka), Columbia 2000.

GILLES DELEUZE

Philosoph. 1925 in Paris geboren, 1995 in Paris gestorben. 1944–1948 Studium in Paris (1948 Promotion). 1957–1987 Professor für Philosophie, u.a. an der Sorbonne in Paris und der Universität in Lyon. Entwarf 1968, beeinflusst durch die politische Situation, eine Philosophie des Begehrens und produktiven Wünschens und vertrat die Idee des „nomadischen Denkens der Zerstreuung", wobei anstelle allgemeiner Kategorien das Singuläre und das Lokale hervorgehoben wurde.

Publikationen u.a.: *Differenz und Wiederholung*, München 1992; 1997 (*Différence et répétition*, Paris 1968); *Die Logik des Sinns*, Frankfurt/M. 1993 (*Logique du sens*, Paris 1969); *Francis Bacon – Logik der Sensation*, München 1995 (*Francis Bacon – Logique de la sensation*, Paris 1984).

PETER GORSEN

Kunsthistoriker und Kulturtheoretiker. 1933 in Danzig geboren, lebt in Wien. Studium in Frankfurt/M. (Promotion). Professor an der Universität für angewandte Kunst in Wien. Zahlreiche Publikationen im Grenzbereich von Kunstgeschichte, Philosophie, Psychiatrie und Sexualwissenschaft.

Publikationen u.a.: *Das Bild Pygmalions*, Reinbek 1969; *Das Prinzip Obszön*, Reinbek 1969; *Sexualästhetik*, 2 Bde., Reinbek 1972 (1.Bd.), 1987 (2.Bd.); *Molinier – lui même*, München 1972; *Salvador Dalí, der kritische Paranoiker*, München 1974; *Kunst und Krankheit*, Frankfurt/M. 1980; *Von Chaos und Ordnung der Seele* (mit O. Benkert), Berlin-Heidelberg-New York 1990; *Kunst und Wahn*, Ed. und Autor mit anderen, Köln 1997; *Jenseits der Anatomie: Marionette und Übermensch im Werk Hans Bellmers und Heinrich Kleists*, Heilbronn 2000.

GEORGES DIDI-HUBERMAN

Philosoph und Kunsthistoriker. 1953 geboren, lebt in Paris. Studium in Paris (Promotion). Professor an der École des Hautes Études en Sciences Sociales, Paris. Zahlreiche Publikationen zu Geschichte und Theorie der Bilder.

Publikationen u.a.: *Erfindung der Hysterie. Die photographische Klinik von Jean-Martin Charcot*, München 1997 (*Invention de l'hystérie. Charcot et l'iconographie photographique de la Salpêtrière*, Paris 1982); *La ressemblance informe, ou le gai savoir visuel selon Georges Bataille*, Paris 1995; *Phasmes. Essais sur l'apparition et L'Etoilement. Conversation avec Hantaï*, Paris, 1998; *Ähnlichkeit und Berührung*, Köln 1999 (*L'Empreinte* , Paris 1997); *Ouvrir Vénus. Nudité, rêve, cruauté*, Paris 1999.

SILVIA EIBLMAYR

Kunsthistorikerin, Kunstheoretikerin. Lebt in Wien und Innsbruck. Studium in Wien (Promotion). Ab 1988 Lehrauftrag an der Wiener Akademie der bildenden Künste. Seit 1999 Leiterin der Galerie im Taxispalais in Innsbruck. Zahlreiche Publikationen über Inszenierungen des weiblichen Körpers in der Kunst des 20. Jahrhunderts.

Publikationen u.a.: *Gewalt im Bild – Gewalt am Bild. Zur Inszenierung des weiblichen Körpers in der Kunst des 20.Jahrhunderts*, in: I. Lindner/S. Schade/S. Wenk/G. Werner (Eds.), *Blick-Wechsel. Konstruktionen von Männlichkeit und Weiblichkeit in Kunst und Kunstgeschichte*, Berlin 1989; *Die Frau als Bild. Der weibliche Körper in der Kunst des 20. Jahrhunderts*, Berlin 1993.

THOMAS LISCHEID

Literaturwissenschaftler. 1964 geboren, lebt in Witten. Studium in Bochum (Promotion). Lehrauftrag am Germanischen Institut der Ruhr-Universität Bochum. Publikationen zur Geschichte der deutschen Literatur, Literaturwissenschaft und Literaturdidaktik (u.a. Dissertation über Symbolische Politik. Die NS-Bücherverbrennung im Kontext ihrer Diskursgeschichte).

KÄTE MEYER-DRAWE

Pädagogikwissenschaftlerin. 1949 in Bielefeld geboren, lebt in Herten. Studium an der PH Westfalen-Lippe (Promotion). Seit 1987 Professorin an der Ruhr-Universität Bochum im Bereich Allgemeine Pädagogik mit besonderer Berücksichtigung der neuen Technologien und Medien.

Publikationen u.a.: *Leiblichkeit und Sozialität. Phänomenologische Beiträge zu einer pädagogischen Theorie der Inter-Subjektivität*, München 1987; *Illusionen von Autonomie. Diesseits von Ohnmacht und Allmacht des Ich*, München 1990; *Menschen im Spiegel ihrer Maschinen*, München 1996.

IRIT ROGOFF

Kunsthistorikerin. In Israel geboren, lebt in London. Studium in Jerusalem und London (1987 Promotion). Mehrere Gastdozenturen, u.a. in Deutschland. Seit 1997 Professorin für Kunstgeschichte und Visual Culture am Goldsmiths College, London University.

Publikationen u.a. : *The Public Self – self portraits and cultural ideologies in German modernism*, London 1987 (Diss.); *The Devided Heritage. Themes and problems in German modernism*, Cambridge 1991; "Daughters of Sunshine. Diasporic impulses and Feminine Identities", in: Sigrid Weigel (Ed.), *Jüdische Kultur und Weiblichkeit in der Moderne*, Köln 1994 (in: Lisa Bloom, Ed., *Race and Gender in Visual Culture*, Durham 1997); *Other's Others. Intersections of Sexual an Cultural Difference*, in: M. Wetzel/H. Wolf (Eds.), *Der Entzug der Bilder. Visuelle Realitäten*, München 1994 ("Other's Others. Spectatorship and Difference", in: Theresa Brennan/Martin Jay (Eds.), *Vision*, London 1995); *Terra Infirma. Geography's visual culture*, London 2000.

KLAUS THEWELEIT

Literaturwissenschaftler, Kulturtheoretiker. 1942 in Ostpreußen geboren, lebt als freier Autor in Freiburg i. Breisgau. Studium der Literaturwissenschaft in Kiel und Freiburg i. Br. (1977 Promotion). Mehrfach Gastprofessuren, u.a. in den USA.

Publikationen u. a.: *Männerphantasien*, Bd. 1: *Frauen, Fluten, Körper, Geschichte*, Frankfurt/M. 1977; *Männerphantasien*, Bd. 2: *Zur Psychoanalyse des Weißen Terrors*, Frankfurt/M. 1978; *Objektwahl. All You Need Is Love. Über Paarbildungsstrategien und Bruchstück einer Freud-Biographie*, Frankfurt/M. 1990 (München 1996); *Ghosts: Drei leicht inkorrekte Vorträge*, Frankfurt/M. 1998.

MATTHIAS WINZEN

Kunstkritiker, Kunsthistoriker. Lebt in Baden-Baden. Studium der Bildhauerei an der Kunstakademie Düsseldorf (Meisterschüler); Studium der Kunstgeschichte, Pädagogik und Germanistik in New York und Bochum (Promotion). Seit 1989 Kunstkritiken (u.a. für *Art in America* und *Das Kunst-Bulletin*), zahlreiche fachwissenschaftliche Publikationen und Katalogbeiträge. 1995–1999 Projektleiter Bildende Kunst, Siemens Kulturprogramm in München (u.a. Kurator der Reihe ZUSPIEL). Seit 1999 Leiter der Staatlichen Kunsthalle in Baden-Baden.

SLAVOJ ŽIŽEK

Psychoanalytiker, Philosoph. 1949 in Ljubljana/Slowenien geboren, lebt in Ljubljana und in New York. Studium in Ljubljana und Paris (Promotion: 1981 Philosophie; 1985 Psychologie). Seit 1979 Mitarbeiter am Institut für Soziologie und Philosophie in Ljubljana; seit 1992 an der Sozialwissenschaftlichen Fakultät. Zahlreiche Gastprofessuren (Psychoanalyse, Soziologie), u.a. in den USA und in Paris. Gründer und Präsident der Gesellschaft für theoretische Psychoanalyse in Ljubljana.

Publikationen u.a.: *The sublime object of ideology*, London 1989; *Der erhabenste aller Hysteriker. Lacans Rückkehr zu Hegel*, Wien–Berlin 1991 (*Le plus sublime des hystériques. Hegel passe*, Paris 1988); *Liebe Dein Symptom wie Dich selbst. Jacques Lacans Psychoanalyse und die Medien*, Berlin 1991; *Grimassen des Realen. Jacques Lacan oder die Monstrosität des Aktes*, Köln 1993; *Die Metastasen des Geniessens. Sechs erotisch-ploitische Versuche*, Wien 1996 (*The metastasis of enjoyment. Six essays on woman and culture*, London u.a. 1994); *Die Pest der Phantasmen. Die Effizienz des Phantasmatischen in den neuen Medien*, Wien 1997; *Das Unbehagen im Subjekt*, Wien 1998; *Liebe deinen Nächsten? Nein, danke! Die Sackgasse des Sozialen in der Postmoderne*, Berlin 1999.

CHRISTINA VON BRAUN

Cultural theorist, writer and filmmaker. Born in Rome in 1944; lives in Berlin. Studied in the USA and Germany (where she gained her Ph.D.). From 1969 to 1981, she lived in Paris working as a freelance writer and filmmaker. Since 1994, Professor of Cultural Studies at Humboldt University, Berlin. She has made about 50 documentary films and TV programmes on cultural history subjects and written numerous books and essays about the relationship between the humanities and sex roles. Major areas of research: gender, media, religion and modernism, anti-Semitism.

Publications include: *Nicht ich: Logik, Lüge, Libido*, Frankfurt/M. 1985; *Die schamlose Schönheit des Vergangenen: Zum Verhältnis von Geschlecht und Geschichte*, Frankfurt/M. 1989; *Multiple Persönlichkeit: Krankheit, Medium oder Metapher*, Frankfurt/M. 1999.

Films include: *Von Wunschtraum zu Alptraum: Eine Geschichte des utopischen Denkens* (1984); *Böses Blut: Mythen und Wirkungsgeschichte der Syphilis* (1993); *Vom Sinn des Sehens: Augen-Blicke der Geschlechter* (1994); *Das geteilte Ich: Gestalten des Selbst in der Moderne* (1996).

ELISABETH BRONFEN

Literary and media studies scholar. Lives in Zurich. Studied in Munich (Ph. D. and Habilitation). Guest lecturer at several universities in Europe and the USA. Professor at the English Department of the University of Zurich. Her special area of expertise is Anglo-American literature of the 19th and 20th centuries, and she has written numerous scholarly essays on gender, psychoanalysis, film and cultural studies. She is currently working on a study of the cultural configurations of the night.

Publications include: *Over her dead body: Death, Femininity and the Aesthetic*, Manchester 1992; *The Knotted Subject: Hysteria and its Discontents*, Princeton 1998; *Heimweh: Illusionsspiele in Hollywood*, Berlin 1999; *Gender Studies* (collection of essays co-edited with Misha Kavka), Columbia, N.Y. 2000.

GILLES DELEUZE

Philosopher. Born in Paris in 1925, where he died in 1995. 1944–1948 he studied in Paris (Ph. D. in 1948). 1957–1987 Professor of Philosophy at the Sorbonne in Paris, the University of Lyon, and others. Influenced by the political situation in 1968, he drew up a philosophy of desire and of productive wishing, and advocated the idea of "nomadic thought of dispersion," highlighting the singular and the local instead of general categories.

Publications include: *Différence et répétition*, Paris 1968; *Logique du sens*, Paris 1969; *Francis Bacon: logique de la sensation*, Paris 1984.

PETER GORSEN

Art historian and cultural theorist. Born in Danzig in 1933; lives in Vienna. Studied in Frankfurt am Main (Ph. D.). Professor at the University of Applied Arts in Vienna. Numerous publications on peripheral subjects related to art history, philosophy, psychiatry and sexology.

Publications include: *Das Bild Pygmalions*, Reinbek 1969; *Das Prinzip Obszön*, Reinbek 1969; *Sexualästhetik*, Reinbek 1972–87 (2 vols); *Molinier lui même*, Munich 1972; *Salvador Dalí, der kritische Paranoiker*, Munich 1974; *Kunst und Krankheit*, Frankfurt/M 1980; *Von Chaos und Ordnung der Seele* (O. Benkert, co-author), Berlin, Heidelberg, New York 1990; *Kunst und Wahn*, (ed. and co-author), Cologne 1997; *Jenseits der Anatomie: Marionette und Übermensch im Werk Hans Bellmers und Heinrich Kleists*, Heilbronn 2000.

GEORGES DIDI-HUBERMAN

Philosopher and art historian. Born in 1953; lives in Paris. Studied in Paris (Ph. D.). Professor at the École des Hautes Études en Sciences Sociales in Paris. Numerous publications on the history and theory of images.

Publications include: *Invention de l'hystérie. Charcot et l'iconographie photographique de la Salpêtrière*, Paris 1982; *La ressemblance informe, ou le gai savoir visuel selon Georges Bataille*, Paris 1995; *Phasmes: Essais sur l'apparition et l'étoilement. Conversation avec Hantaï*, Paris 1998; *L'Empreinte*, Paris 1997; *Ouvrir Vénus: Nudité, rêve, cruauté*, Paris 1999.

SILVIA EIBLMAYR

Art historian and art theorist. Lives in Vienna and Innsbruck. Studied in Vienna (Ph. D.). From 1988 on, she was a lecturer at the Vienna Academy of Visual Arts. Since 1999, the Director of the Taxis Palais Gallery in Innsbruck. Numerous publications on the appearance of the female body in 20th-century art.

Publications include: "Gewalt am Bild: Zur Inszenierung des weiblichen Körpers in der Kunst des 20.Jahrhunderts," in: I. Lindner/S. Schade/S. Wenk/G. Werner (eds.), *Blick-Wechsel: Konstruktionen von Männlichkeit und Weiblichkeit in Kunst und Kunstgeschichte*, Berlin 1989; *Die Frau als Bild: Der weibliche Körper in der Kunst des 20. Jahrhunderts*, Berlin 1993.

THOMAS LISCHEID

Literary scholar. Born in 1964; lives in Witten. Studied in Bochum (Ph. D.). Lecturer at the Department of German literature at the Ruhr University of Bochum. He has published numerous works on the history of German literature, literary studies and literary didactics (including a dissertation on symbolic politics, a study of Nazi book burning in the context of its discursive history).

KÄTE MEYER-DRAWE

Educational theorist. Born in 1949 in Bielefeld; lives in Herten. Studied at the Pädagogische Hochschule (College of Education) Westfalen-Lippe (Ph.D.). Since 1987 Professor at the Ruhr University, Bochum, in the Department of General Pedagogics specialising in new technologies and media.

Publications include: *Leiblichkeit und Sozialität: Phänomenologische Beiträge zu einer pädagogischen Theorie der Inter-Subjektivität*, Munich 1987; *Illusionen von Autonomie: Diesseits von Ohnmacht und Allmacht des Ich*, Munich 1990; *Menschen im Spiegel ihrer Maschinen*, Munich 1996.

IRIT ROGOFF

Art historian. Born in Israel; lives in London. Studied in Jerusalem and London (Ph. D. in 1987). Several guest lectureships; some in Germany. Since 1997, Professor of Art History and Visual Culture at Goldsmith College, London University.

Publications include: *The Public Self: Self Portraits and Cultural Ideologies in German Modernism*, London 1987 (Ph.D. thesis); *The Divided Heritage: Themes and Problems in German Modernism*, Cambridge 1991; "Daughters of Sunshine: Diasporic Impulses and Feminine Identities," in: Lisa Bloom (ed.), *Race and Gender in Visual Culture*, Durham 1997; "Other's Others: Spectatorship and Difference," in: Theresa Brennan/Martin Jay (eds.), *Vision*, London 1995; *Terra Infirma: Geography's Visual Culture*, London, New York 2000.

KLAUS THEWELEIT

Literary scholar and cultural theorist. Born in East Prussia in 1942, he is a freelance writer living in Freiburg. Studied German literature in Kiel and Freiburg (Ph. D. in 1977). He has held several guest professorships, some in the USA.

Publications include: *Male Fantasies*, vol. 1: *Women, Floods, Bodies, History*, Cambridge 1987; vol. 2: *Male Bodies: Psychoanalysing the White Terror*, Cambridge 1989; *Objektwahl: All You Need Is Love. Über Paarbildungsstrategien und Bruchstück einer Freud-Biographie*, Frankfurt/M. 1990 (2nd edn., Munich 1996); *Ghosts: Drei leicht inkorrekte Vorträge*, Frankfurt/M. 1998.

MATTHIAS WINZEN

Art critic and art historian. Lives in Baden-Baden. Studied sculpture at the Academy of Arts in Düsseldorf (in the master class) and art history, educational science and German literature in New York and Bochum (Ph. D.). Since 1989, he has been writing art criticism (for *Art in America, Das Kunst-Bulletin and others) and has published numerous specialised studies and* catalogue essays. 1995–1999 he was the Visual Arts Project Leader for the Siemens Cultural Programme in Munich (curator of the ZUSPIEL series and others). Since 1999 he has been the director of the Staatliche Kunsthalle in Baden-Baden.

SLAVOJ ŽIŽEK

Psychoanalyst and philosopher. Born in 1949 in Ljubljana, Slovenia; lives in Ljubljana and New York. Studied in Ljubljana and Paris (Ph. D. in philosophy, 1981; Ph. D. in psychology, 1985). Since 1979 he has been a member of the Institute for Sociology and Philosophy in Ljubljana, since 1992 of the Faculty for Social Studies. Numerous guest professorships in psychoanalysis and sociology in the USA and Paris. Founder and President of the Society for Theoretical Psychoanalysis in Ljubljana.

Publications include: *Lacans Rückkehr zu Hegel*, Vienna–Berlin 1991 (orig. Fr. edn: *Le plus sublime des hystériques: Hegel passe*, Paris 1988); *Liebe dein Symptom wie dich selbst: Jacques Lacans Psychoanalyse und die Medien*, Berlin 1991; *Grimassen des Realen: Jacques Lacan oder die Monstrosität des Aktes*, Cologne 1993; *The Metastasis of Enjoyment: Six Essays on Woman and Culture*, London 1994; *Die Pest der Phantasmen: Die Effizienz des Phantasmatischen in den neuen Medien*, Vienna 1997; *Das Unbehagen im Subjekt*, Vienna 1998; *Liebe deinen Nächsten? Nein, danke! Die Sackgasse des Sozialen in der Postmoderne*, Berlin 1999.

Städtische Galerie im Lenbachhaus, München

Stedelijk Museum, Amsterdam
Herr und Frau Charly Szwajcer
Galerie Beyeler, Basel
Elisabeth Kaufmann, Basel
Galerie Berinson, Berlin
Staatliche Museen zu Berlin, Nationalgalerie
Rheinisches Landesmuseum, Bonn
Musée d'Ixelles, Brüssel
Ludwig Museum, Museum für zeitgenössische Kunst, Budapest
Szépmüvészeti Múzeum, Budapest
Kunstsammlung Nordrhein-Westfalen, Düsseldorf
Kunsthalle, Hamburg
The Israel Museum, Jerusalem
Birger Raben-Skov, Kopenhagen
Galerie Karsten Greve, Köln–Paris–Milano–St. Moritz
Erzbischöfliches Diözesanmuseum, Köln
Galerie Gmurzynska, Köln
Museum Ludwig, Köln
Museum Würth, Künzelsau
Arturo Schwarz
Bayerische Staatsgemäldesammlungen, Staatsgalerie moderner Kunst, München
Sammlung Klewan
Stadtmuseum, München
Sammlung Dietmar Siegert
Carolee Schneemann
Cheim & Reed Gallery, New York
Louise Bourgeois Studio, New York
Sammlung Galérie 1900–2000, Marcel Fleiss, Paris
Galerie de France, Paris
Galerie Daniel Malingue
Ministre de la Culture – France
Sammlung Lucien Treillard
Museum Boijmans Van Beuningen, Rotterdam
City Art Gallery, Southampton
Moderna Museet, Stockholm
Galerie der Stadt Stuttgart, Stuttgart
Jane Corkin Gallery, Toronto/Canada
Sammlung Carol Rama
Fondazione Sandretto Re Rebaudengo per l'Arte
Galleria Giancarlo Salzano, Turin
Galerie Ulysses, Wien
Sammlung Gorsen/Koeck, Wien – Frankfurt/M.

und alle privaten Leihgeber, die nicht genannt werden möchten.

Rotunde Siemens Kulturprogramm, München

Else Gabriel, Ullf Wrede, Berlin

Galerie im Taxispalais, Innsbruck

Sean Kelly Gallery, New York
Monte Video/TBA Production, Amsterdam
Museum Moderner Kunst,
Stiftung Ludwig, Wien
Fundação Calouste Gulbenkian, Centro de Arte Moderna José de Azeredo Perdigão, Lissabon
Helena Almeida
Ronald Feldman Gallery, New York
Renate Bertlmann
Valie EXPORT
Electronics Arts Intermix, New York
Jacques Miège (Paris)
Private Sammlung, Paris
Mary Kelly
Stedelijk Museum voor Actuele Kunst, Gent
Galerie Georg Kargl, Wien
Galerie Gaby Kraushaar, Düsseldorf
Michaela Melián
Galerie Barbara Gross, München, und Lelong Gallery, New York
Lelong Gallery, New York
Annette Messager
FRAC Collection Aquitaine, Bordeaux
Orlan
Private Sammlung, Galérie Christine und Isy Brachot, Brüssel
Art & Public, Geneva & Brent Sikkema Gallery, New York
Galerie Barbara Thumm, Berlin
Sammlung Lothar Schirmer, München
Faith Wilding
Betty und George Woodman

Kunstverein München

Sammlung Goetz
Rebecca Horn
Piotr Nathan
Martha Rosler
Valie EXPORT
Privatsammlung, Courtesy Paul Andriesse, Amsterdam
Sammlung MACBA, Museu d'Arte Contemporani, Barcelona
Sammlung Fundação Antoni Tàpies, Barcelona
Sammlung Mimi Dusselier, Belgien
Video Data Bank, Chicago
Galerie Daniel Varenne, Genf
Galerie Johnen & Schöttle, Köln/ Galerie Rüdiger Schöttle, München
Sammlung Grassi, Courtesy Le Case d'Arte, Mailand
Sammlung Lothar Schirmer, München
Sammlung FRAC du Pays de la Loire, Nantes
Electronics Arts Intermix, New York
Paula Cooper Gallery, New York
Marian Goodman Gallery, New York
Ronald Feldman Gallery, New York
Sammlung Lieven Declercq, Rumbeke
Sammlung Generali Foundation, Wien
Fotomuseum, Winterthur
Sammlung Ackermans, Xanten
Graphische Sammlung der Eidgenössischen Technischen Hochschule, Zürich
Courtesy Galerie Hauser & Wirth, Zürich

Ausstellungsorte

Städtische Galerie im Lenbachhaus und Kunstbau, München

Kunstverein, München

Rotunde Siemens Kulturprogramm, München

Galerie im Taxispalais, Innsbruck

Staatliche Kunsthalle Baden-Baden

Ausstellungsdauer

Innsbruck:
3. März bis 7. Mai 2000

München:
4. März bis 7. Mai 2000

Baden-Baden:
25. Juni bis 27. August 2000

Nach einem Konzept von
Silvia Eiblmayr

Kuratoren
Silvia Eiblmayr
Dirk Snauwaert
Ulrich Wilmes
Matthias Winzen

Koordination

Lenbachhaus:
Susanne Böller, Karin Dotzer, Andreas Hofstett

Kunstverein:
Heike Ander, Renate Kern, Susanne Neubauer, Dietmar Stegemann und Team

Siemens Kulturprogramm:
Simone Kober

Innsbruck:
Tereza Kotyk, Julia Rhomberg

Baden-Baden:
Jürgen Jwaniuk, Simone Kober, Anne Pitz, Hans-Peter Steurer

Öffentlichkeitsarbeit

Konzeption und Koordination
Karolin Timm

Realisierung
Lenbachhaus:
Johanna zu Eltz
Siemens Kulturprogramm:
Christina Kaufmann, Karolin Timm
Galerie im Taxispalais:
Julia Rhomberg

Dieser Katalog erscheint
anlässlich der Ausstellung

Die verletzte Diva. Hysterie, Körper, Technik in der Kunst des 20. Jahrhunderts

Städtische Galerie im Lenbachhaus
und Kunstbau, München

Kunstverein, München

Rotunde Siemens Kulturprogramm,
München

Galerie im Taxispalais, Innsbruck

Staatliche Kunsthalle Baden-Baden

Herausgeber
Silvia Eiblmayr, Dirk Snauwaert,
Ulrich Wilmes, Matthias Winzen

Katalogorganisation, -koordination und -lektorat
Karin Sagner-Düchting

Redaktion
Silvia Eiblmayr,
Karin Sagner-Düchting,
Matthias Winzen

Übersetzung
Pauline Cumbers, Günther Ehmcke,
Judith Hayward, Jonas Maatsch,
Heidemarie Markhart, Camilla Nielsen,
Virginia Schildhauer, Markus Sedlaczek,
Christiane Spelsberg

Englisches Lektorat
Beverly Blaschke, Günther Ehmcke,
Jeanne Haunschild, Maria Nievoll,
Almuth Seebohm

Grafische Gestaltung
Kühle und Mozer, Köln

Lithographie
Art Publishing, Troisdorf-Spich

Druck und Bindung
Snoeck-Ducaju & Zoon, Gent

Die Deutsche Bibliothek
CIP-Einheitsaufnahme
Die verletzte Diva : Hysterie, Technik in der Kunst des 20. Jahrhunderts ; [anlässlich der Ausstellung Die Verletzte Diva. Hysterie, Körper, Technik in der Kunst des 20. Jahrhunderts, Städtische Galerie im Lenbachhaus und Kunstbau, München, 4. März bis 7. Mai 2000 ... Staatliche Kunsthalle Baden-Baden, 25. Juni bis 27. August] / hrsg. von Silvia Eiblmayr ... Mit Texten von Christina von Braun ... [Übers. Pauline Cumbers ...]. - Köln : Oktagon, 2000
ISBN 3-89611-088-8

COPYRIGHT

Abb. Seite 6
CINDY SHERMAN
Untitled (Filmstill #11), 1978,
Fotografie, 17,5 x 23,7 cm,
Sammlung Goetz

Abb. Seite 10
VALIE EXPORT
Hyperbulie, 1973,
Video einer Körperaktion,
s/w Fotografie, 40 x 50 cm,
Besitz der Künstlerin

Abb. Seite 314
MARIA LASSNIG
Selbstporträt im grünen Zimmer,
1968, Öl auf Leinwand,
126 x 101 cm, (Detail),
Sammlung Klewan

Abb. Seite 330–331
FRANZ ROH
o.T. (Unterführung/Frau),
ca. 1925–1933, Silbergelatine-abzug, Doppelbelichtung,
15 x 22,3 cm, (Detail),
München, Stadtmuseum

Aus drucktechnischen Gründen konnten folgende Ergänzungen und Berichtigungen nicht mehr in den Katalog aufgenommen werden.

Zusätzliche Leihgeber:

Lenbachhaus Kunstbau
Sammlung Frieder Burda
Galerie Gmurzynska Zug
Kunsthalle zu Kiel
Alfred Neven DuMont, Köln
Buchhandlung Walther König, Köln
Sammlung Klüser
Fotomuseum im Münchner Stadtmuseum
Sammlung Jerry Gorovoy
Géraldine Galateau, Paris
Staatsgalerie Stuttgart
Österreichische Galerie im Belvedere, Wien
Maria Lassnig
Valie EXPORT, Wien

Kunstverein München
Sammlung L. Declerck, Belgien
Fotomuseum Winterthur, Schenkung George Reinhart
Sammlung Fundação de Serralves, Porto/Sammlung Generali Foundation,
Wien, Courtesy Marian Goodman Gallery, New York
Pipilotti Rist, Courtesy Galerie Hauser & Wirth, Zürich und Luhring Augustine, New York
Privatsammlung Muri, Courtesy Galerie Daniel Varenne, Genf
Privatsammlung NRW, Courtesy Schönewald und Beuse, Krefeld
Martha Rosler, Courtesy Galerie Christian Nagel, Köln

Galerie im Taxispalais
Peter Weibel

Danksagung
Wir danken für die Unterstützung der Ausstellung in der Galerie im Taxispalais dem Institut für Auslandsbeziehungen (IFA), Stuttgart, sowie dem Ministerie van de Vlaamse Gemeenschap, Administratie Cultuur, Brüssel.

Der **Leihgebernachweis** für folgende Leihgaben lautet:

Seite 87	André Kertész, *Distorsion #20*, 1933 Fotomuseum im Münchner Stadtmuseum
Seite 168	Heinz Hajek-Halke, *Die üble Nachrede*, 1928/32 Fotomuseum im Münchner Stadtmuseum
Seite 169	Franz Roh, *o.T.,(zwei Frauen mit Masken)*, um 1925-1933 Fotomuseum im Münchner Stadtmuseum
Seite 170	Louise Bourgeois, *Arch of Hysteria*, 1993, Courtesy Galerie Karsten Greve, Köln, Paris, Milano, St. Moritz
Seite 176	Marlene Dumas, *The Image as Burden*, 1993, Sammlung Mimi Dusselier, Belgien, Courtesy Zeno X Galerie, Antwerpen
Seite 255	Bruce Nauman, *Studies for Holograms (a-e),* 1970 Belgien, Sammlung L. Declerck
Seite 256	Candice Breitz, *Rainbow Series #3*, 1996 Köln, Galerie Johnen & Schöttle und München, Galerie Rüdiger Schöttle

Abbildungen:

Seite 12	Abb.1, seitenverkehrt
Seite 13	Abb.2, steht auf dem Kopf
Seite 19	Abb.6, steht auf dem Kopf
Seite 50	Abb.6, Hochformat
Seite 78	Abb. unten, seitenverkehrt
Seite 80	Abb. oben, Rudolf Belling
Seite 81	Abb. unten, Ausschnitt
Seite 251	Abb., seitenverkehrt
Seite 263	Abb. unten, seitenverkehrt
Seite 264	Abb. Mitte, seitenverkehrt
Seite 264	Abb. unten, seitenverkehrt